BIRMANO

VOCABOLARIO

PER STUDIO AUTODIDATTICO

ITALIANO-BIRMANO

Le parole più utili
Per ampliare il proprio lessico e affinare le proprie abilità linguistiche

9000 parole

Vocabolario Italiano-Birmano per studio autodidattico - 9000 parole
Di Andrey Taranov

I vocabolari T&P Books si propongono come strumento di aiuto per apprendere, memorizzare e revisionare l'uso di termini stranieri. Il dizionario si divide in vari argomenti che includono la maggior parte delle attività quotidiane, tra cui affari, scienza, cultura, ecc.

Il processo di apprendimento delle parole attraverso i dizionari divisi in liste tematiche della collana T&P Books offre i seguenti vantaggi:

- Le fonti d'informazione correttamente raggruppate garantiscono un buon risultato nella memorizzazione delle parole
- La possibilità di memorizzare gruppi di parole con la stessa radice (piuttosto che memorizzarle separatamente)
- Piccoli gruppi di parole facilitano il processo di apprendimento per associazione, utile al potenziamento lessicale
- Il livello di conoscenza della lingua può essere valutato attraverso il numero di parole apprese

T&P Books Publishing
www.tpbooks.com

ISBN: 978-1-83955-061-4

Questo libro è disponibile anche in formato e-book.
Visitate il sito www.tpbooks.com o le principali librerie online.

VOCABOLARIO BIRMANO
per studio autodidattico

I vocabolari T&P Books si propongono come strumento di aiuto per apprendere, memorizzare e revisionare l'uso di termini stranieri. Il vocabolario contiene oltre 9000 parole di uso comune ordinate per argomenti.

- Il vocabolario contiene le parole più comunemente usate
- È consigliato in aggiunta ad un corso di lingua
- Risponde alle esigenze degli studenti di lingue straniere sia essi principianti o di livello avanzato
- Pratico per un uso quotidiano, per gli esercizi di revisione e di autovalutazione
- Consente di valutare la conoscenza del proprio lessico

Caratteristiche specifiche del vocabolario:

- Le parole sono ordinate secondo il proprio significato e non alfabeticamente
- Le parole sono riportate in tre colonne diverse per facilitare il metodo di revisione e autovalutazione
- I gruppi di parole sono divisi in sottogruppi per facilitare il processo di apprendimento
- Il vocabolario offre una pratica e semplice trascrizione fonetica per ogni termine straniero

Il vocabolario contiene 256 argomenti tra cui:

Concetti di Base, Numeri, Colori, Mesi, Stagioni, Unità di Misura, Abbigliamento e Accessori, Cibo e Alimentazione, Ristorante, Membri della Famiglia, Parenti, Personalità, Sentimenti, Emozioni, Malattie, Città, Visita Turistica, Acquisti, Denaro, Casa, Ufficio, Lavoro d'Ufficio, Import-export, Marketing, Ricerca di un Lavoro, Sport, Istruzione, Computer, Internet, Utensili, Natura, Paesi, Nazionalità e altro ancora ...

INDICE

GUIDA ALLA PRONUNCIA

Note di commento

Il MLC Transcription System (MLCTS) è usato come trascrizione in questo libro.
Una descrizione di questo sistema può essere trovata qui:
https://en.wiktionary.org/wiki/Wiktionary:Burmese_transliteration
https://en.wikipedia.org/wiki/MLC_Transcription_System

ABBREVIAZIONI
usate nel vocabolario

Italiano. Abbreviazioni

agg	-	aggettivo
anim.	-	animato
avv	-	avverbio
cong	-	congiunzione
ecc.	-	eccetera
f	-	sostantivo femminile
f pl	-	femminile plurale
fem.	-	femminile
form.	-	formale
inanim.	-	inanimato
inform.	-	familiare
m	-	sostantivo maschile
m pl	-	maschile plurale
m, f	-	maschile, femminile
masc.	-	maschile
mil.	-	militare
pl	-	plurale
pron	-	pronome
qc	-	qualcosa
qn	-	qualcuno
sing.	-	singolare
v aus	-	verbo ausiliare
vi	-	verbo intransitivo
vi, vt	-	verbo intransitivo, transitivo
vr	-	verbo riflessivo
vt	-	verbo transitivo

CONCETTI DI BASE

Concetti di base. Parte 1

1. Pronomi

io	ကျွန်ုပ်	kjunou'
tu	သင်	thin
lui	သူ	thu
lei	သူမ	thu ma.
esso	၎င်း	jin:
noi	ကျွန်ုပ်တို့	kjunou' tou.
noi (masc.)	ကျွန်တော်တို့	kjun do. dou.
noi (fem.)	ကျွန်မတို့	kjun ma. tou.
voi	သင်တို့	thin dou.
Lei	သင်	thin
Voi	သင်တို့	thin dou.
essi	သူတို့	thu dou.
loro (masc.)	သူတို့	thu dou.
loro (fem.)	သူမတို့	thu ma. dou.

2. Saluti. Convenevoli. Saluti di congedo

Salve!	မင်္ဂလာပါ	min ga. la ba
Buongiorno!	မင်္ဂလာပါ	min ga. la ba
Buongiorno! (la mattina)	မင်္ဂလာနံနက်ခင်းပါ	min ga. la nan ne' gin: ba
Buon pomeriggio!	မင်္ဂလာနေ့လယ်ခင်းပါ	min ga. la nei. le gin: ba
Buonasera!	မင်္ဂလာညနေခင်းပါ	min ga. la nja nei gin: ba
salutare (vt)	နှုတ်ဆက်သည်	hnou' hsei' te
Ciao! Salve!	ဟိုင်း	hain:
saluto (m)	ဟလို	ha. lou
Come sta?	နေကောင်းပါသလား	nei gaun: ba dha la:
Come stai?	အဆင်ပြေလား	ahsin bjei la:
Che c'è di nuovo?	ဘာထူးသေးလဲ	ba du: dei: le:
Arrivederci!	ဂွတ်ဘိုင်	gu' bain
Ciao!	တာ့တာ	ta. da
A presto!	မကြာခင်ပြန်ဆုံကြမယ်	ma gja. gin bjan zoun gja. me
Addio! (inform.)	နှုတ်ဆက်ပါတယ်	hnou' hsei' pa de
Addio! (form.)	နှုတ်ဆက်ပါတယ်	hnou' hsei' pa de
congedarsi (vr)	နှုတ်ဆက်သည်	hnou' hsei' te
Ciao! (A presto!)	တာ့တာ	ta. da
Grazie!	ကျေးဇူးတင်ပါတယ်	kjei: zu: din ba de

Grazie mille!	ကျေးဇူးအများကြီးတင်ပါတယ်	kjei: zu: amja: kji: din ba de
Prego	ရပါတယ်	ja. ba de
Non c'è di che!	ကိစ္စမရှိပါဘူး	kei. sa ma. shi. ba bu:
Di niente	ရပါတယ်	ja. ba de
Scusa!	ဆောရီးနော်	hso: ji: no:
Scusi!	တောင်းပန်ပါတယ်	thaun: ban ba de
scusare (vt)	ခွင့်လွှတ်သည်	khwin. hlu' te
scusarsi (vr)	တောင်းပန်သည်	thaun: ban de
Chiedo scusa	တောင်းပန်ပါတယ်	thaun: ban ba de
Mi perdoni!	ခွင့်လွှတ်ပါ	khwin. hlu' pa
perdonare (vt)	ခွင့်လွှတ်သည်	khwin. hlu' te
Non fa niente	ကိစ္စမရှိပါဘူး	kei. sa ma. shi. ba bu:
per favore	ကျေးဇူးပြု၍	kjei: zu: pju. i.
Non dimentichi!	မမေ့ပါနဲ့	ma. mei. ba ne.
Certamente!	ရတာပေါ့	ja. da bo.
Certamente no!	မဟုတ်တာသေချာတယ်	ma hou' ta dhei gja de
D'accordo!	သဘောတူတယ်	dhabo: tu de
Basta!	တော်ပြီ	to bji

3. Come rivolgersi

Mi scusi!	ခွင့်ပြုပါ	khwin. bju. ba
signore	ဦး	u:
signora	ဒေါ်	do
signorina	မိန်းကလေး	mein: ga. lei:
signore	လူငယ်	lu nge
ragazzo	ကောင်ကလေး	keaagkle:
ragazza	ကောင်မလေး	kaun ma. lei:

4. Numeri cardinali. Parte 1

zero (m)	သုည	thoun nja.
uno	တစ်	ti'
due	နှစ်	hni'
tre	သုံး	thoun:
quattro	လေး	lei:
cinque	ငါး	nga:
sei	ခြောက်	chau'
sette	ခုနစ်	khun hni'
otto	ရှစ်	shi'
nove	ကိုး	kou:
dieci	တစ်ဆယ်	ti' hse
undici	တစ်ဆယ့်တစ်	ti' hse. ti'
dodici	တစ်ဆယ့်နှစ်	ti' hse. hni'
tredici	တစ်ဆယ့်သုံး	ti' hse. thoun:
quattordici	တစ်ဆယ့်လေး	ti' hse. lei:
quindici	တစ်ဆယ့်ငါး	ti' hse. nga:

sedici	တစ်ဆယ့်ခြောက်	ti' hse. khau'
diciassette	တစ်ဆယ့်ခုနစ်	ti' hse. khu ni'
diciotto	တစ်ဆယ့်ရှစ်	ti' hse. shi'
diciannove	တစ်ဆယ့်ကိုး	ti' hse. gou:

venti	နှစ်ဆယ်	hni' hse
ventuno	နှစ်ဆယ့်တစ်	hni' hse. ti'
ventidue	နှစ်ဆယ့်နှစ်	hni' hse. hni'
ventitre	နှစ်ဆယ့်သုံး	hni' hse. thuan:

trenta	သုံးဆယ်	thoun: ze
trentuno	သုံးဆယ့်တစ်	thoun: ze. di'
trentadue	သုံးဆယ့်နှစ်	thoun: ze. hni'
trentatre	သုံးဆယ့်သုံး	thoun: ze. dhoun:

quaranta	လေးဆယ်	lei: hse
quarantuno	လေးဆယ့်တစ်	lei: hse. ti'
quarantadue	လေးဆယ့်နှစ်	lei: hse. hni'
quarantatre	လေးဆယ့်သုံး	lei: hse. thaun:

cinquanta	ငါးဆယ်	nga: ze
cinquantuno	ငါးဆယ့်တစ်	nga: ze di'
cinquantadue	ငါးဆယ့်နှစ်	nga: ze hni'
cinquantatre	ငါးဆယ့်သုံး	nga: ze dhoun:

sessanta	ခြောက်ဆယ်	chau' hse
sessantuno	ခြောက်ဆယ့်တစ်	chau' hse. di'
sessantadue	ခြောက်ဆယ့်နှစ်	chau' hse. hni'
sessantatre	ခြောက်ဆယ့်သုံး	chau' hse. dhoun:

settanta	ခုနစ်ဆယ်	khun hni' hse.
settantuno	ခုနစ်ဆယ့်တစ်	qunxcy•tx
settantadue	ခုနစ်ဆယ့်နှစ်	khun hni' hse. hni
settantatre	ခုနစ်ဆယ့်သုံး	khu. ni' hse. dhoun:

ottanta	ရှစ်ဆယ်	shi' hse
ottantuno	ရှစ်ဆယ့်တစ်	shi' hse. ti'
ottantadue	ရှစ်ဆယ့်နှစ်	shi' hse. hni'
ottantatre	ရှစ်ဆယ့်သုံး	shi' hse. dhun:

novanta	ကိုးဆယ်	kou: hse
novantuno	ကိုးဆယ့်တစ်	kou: hse. ti'
novantadue	ကိုးဆယ့်နှစ်	kou: hse. hni'
novantatre	ကိုးဆယ့်သုံး	kou: hse. dhaun:

5. Numeri cardinali. Parte 2

cento	တစ်ရာ	ti' ja
duecento	နှစ်ရာ	hni' ja
trecento	သုံးရာ	thoun: ja
quattrocento	လေးရာ	lei: ja
cinquecento	ငါးရာ	nga: ja
seicento	ခြောက်ရာ	chau' ja
settecento	ခုနစ်ရာ	khun hni' ja

ottocento	ရှစ်ရာ	shi' ja
novecento	ကိုးရာ	kou: ja
mille	တစ်ထောင်	ti' htaun
duemila	နှစ်ထောင်	hni' taun
tremila	သုံးထောင်	thoun: daun
diecimila	တစ်သောင်း	ti' thaun:
centomila	တစ်သိန်း	ti' thein:
milione (m)	တစ်သန်း	ti' than:
miliardo (m)	ဘီလီယံ	bi li jan

6. Numeri ordinali

primo	ပထမ	pahtama.
secondo	ဒုတိယ	du. di. ja.
terzo	တတိယ	tati. ja.
quarto	စတုတ္ထ	zadou' hta.
quinto	ပဉ္စမ	pjin sama.
sesto	ဆဋ္ဌမ	hsa. htama.
settimo	သတ္တမ	tha' tama.
ottavo	အဋ္ဌမ	a' htama.
nono	နဝမ	na. wa. ma.
decimo	ဒသမ	da dha ma

7. Numeri. Frazioni

frazione (f)	အပိုင်းကိန်း	apain: gein:
un mezzo	နှစ်ပိုင်းတစ်ပိုင်း	hni' bain: di' bain:
un terzo	သုံးပိုင်းတစ်ပိုင်း	thoun: bain: di' bain:
un quarto	လေးပိုင်းတစ်ပိုင်း	lei: bain: ti' pain:
un ottavo	ရှစ်ပိုင်းတစ်ပိုင်း	shi' bain: di' bain:
un decimo	ဆယ်ပိုင်းတစ်ပိုင်း	hse bain: da' bain:
due terzi	သုံးပိုင်းနှစ်ပိုင်း	thoun: bain: hni' bain:
tre quarti	လေးပိုင်းသုံးပိုင်း	lei: bain: dhoun: bain:

8. Numeri. Operazioni aritmetiche di base

sottrazione (f)	နုတ်ခြင်း	nou' khjin:
sottrarre (vt)	နုတ်သည်	nou' te
divisione (f)	စားခြင်း	sa: gjin:
dividere (vt)	စားသည်	sa: de
addizione (f)	ပေါင်းခြင်း	paun: gjin:
addizionare (vt)	ပေါင်းသည်	paun: de
aggiungere (vt)	ထပ်ပေါင်းသည်	hta' paun: de
moltiplicazione (f)	မြှောက်ခြင်း	hmjau' chin:
moltiplicare (vt)	မြှောက်သည်	hmjau' de

9. Numeri. Varie

cifra (f)	ကိန်းဂဏန်း	kein: ga nan:
numero (m)	ကိန်း	kein:
numerale (m)	ဂဏန်းအက္ခရာ	ganan: e' kha ja
meno (m)	အနုတ်	ahnou'
più (m)	အပေါင်း	apaun:
formula (f)	ပုံသေနည်း	poun dhei ne:
calcolo (m)	တွက်ချက်ခြင်း	twe' che' chin:
contare (vt)	ရေတွက်သည်	jei dwe' te
calcolare (vt)	ရေတွက်သည်	jei dwe' te
comparare (vt)	နှိုင်းယှဉ်သည်	hnain: shin de
Quanto? Quanti?	ဘယ်လောက်လဲ	be lau' le:
somma (f)	ပေါင်းလဒ်	paun: la'
risultato (m)	ရလဒ်	jala'
resto (m)	အကြွင်း	akjwin:
qualche ...	အချို့	achou.
un po' di ...	အနည်းငယ်	ane: nge
alcuni, pochi (non molti)	အနည်းငယ်	ane: nge
poco (non molto)	အနည်းငယ်	ane: nge
resto (m)	ကျန်သော	kjan de.
uno e mezzo	တစ်ခုခွဲ	ti' khu. khwe:
dozzina (f)	ဒါဇင်	da zin
in due	တစ်ဝက်စီ	ti' we' si
in parti uguali	ညီတူညီမျှ	nji du nji hmja.
metà (f), mezzo (m)	တစ်ဝက်	ti' we'
volta (f)	ကြိမ်	kjein

10. I verbi più importanti. Parte 1

accorgersi (vr)	သတိထားမိသည်	dhadi. da: mi. de
afferrare (vt)	ဖမ်းသည်	hpan: de
affittare (dare in affitto)	ငှားသည်	hnga: de
aiutare (vt)	ကူညီသည်	ku nji de
amare (qn)	ချစ်သည်	chi' te
andare (camminare)	သွားသည်	thwa: de
annotare (vt)	ရေးထားသည်	jei: da: de
appartenere (vi)	ပိုင်ဆိုင်သည်	pain zain de
aprire (vt)	ဖွင့်သည်	hpwin. de
arrivare (vi)	ရောက်သည်	jau' te
aspettare (vt)	စောင့်သည်	saun. de
avere (vt)	ရှိသည်	shi. de
avere fame	ဗိုက်ဆာသည်	bai' hsa de
avere fretta	လောသည်	lo de
avere paura	ကြောက်သည်	kjau' te
avere sete	ရေဆာသည်	jei za de

avvertire (vt)	သတိပေးသည်	dhadi. pei: de
cacciare (vt)	အမဲလိုက်သည်	ame: lai' de
cadere (vi)	ကျဆင်းသည်	kja zin: de
cambiare (vt)	ပြောင်းလဲသည်	pjaun: le: de
capire (vt)	နားလည်သည်	na: le de
cenare (vi)	ညစာစားသည်	nja. za za: de
cercare (vt)	ရှာသည်	sha de
cessare (vt)	ရပ်သည်	ja' te
chiedere (~ aiuto)	ခေါ်သည်	kho de
chiedere (domandare)	မေးသည်	mei: de
cominciare (vt)	စတင်သည်	sa. tin de
comparare (vt)	နှိုင်းယှဉ်သည်	hnain: shin de
confondere (vt)	ရောထွေးသည်	jo: dwei: de
conoscere (qn)	သိသည်	thi. de
conservare (vt)	ထိန်းထားသည်	htein: da: de
consigliare (vt)	အကြံပေးသည်	akjan bei: de
contare (calcolare)	ရေတွက်သည်	jei dwe' te
contare su …	အားကိုးသည်	a: kou: de
continuare (vt)	ဆက်လုပ်သည်	hse' lou' te
controllare (vt)	ထိန်းချုပ်သည်	htein: gjou' te
correre (vi)	ပြေးသည်	pjei: de
costare (vt)	ကုန်ကျသည်	koun kja de
creare (vt)	ဖန်တီးသည်	hpan di: de
cucinare (vi)	ချက်ပြုတ်သည်	che' pjou' te

11. I verbi più importanti. Parte 2

dare (vt)	ပေးသည်	pei: de
dare un suggerimento	အရိပ်အမြွက်ပေးသည်	aji' ajmwe' pei: de
decorare (adornare)	အလှဆင်သည်	ahla. zin dhe
difendere (~ un paese)	ကာကွယ်သည်	ka gwe de
dimenticare (vt)	မေ့သည်	mei. de
dire (~ la verità)	ပြောသည်	pjo: de
dirigere (compagnia, ecc.)	ညွှန်ကြားသည်	hnjun gja: de
discutere (vt)	ဆွေးနွေးသည်	hswe: nwe: de
domandare (vt)	တောင်းဆိုသည်	taun: hsou: de
dubitare (vi)	သံသယဖြစ်သည်	than thaja. bji' te
entrare (vi)	ဝင်သည်	win de
esigere (vt)	တိုက်တွန်းသည်	tai' tun: de
esistere (vi)	တည်ရှိသည်	ti shi. de
essere (~ a dieta)	ဖြစ်နေသည်	hpji' nei de
essere (~ un insegnante)	ဖြစ်သည်	hpji' te
essere d'accordo	သဘောတူသည်	dhabo: tu de
fare (vt)	ပြုလုပ်သည်	pju. lou' te
fare colazione	နံနက်စာစားသည်	nan ne' za za: de
fare il bagno	ရေကူးသည်	jei ku: de
fermarsi (vr)	ရပ်သည်	ja' te

fidarsi (vr)	ယုံကြည်သည်	joun kji de
finire (vt)	ပြီးသည်	pji: de
firmare (~ un documento)	လက်မှတ်ထိုးသည်	le' hma' htou: de
giocare (vi)	ကစားသည်	gaza: de
girare (~ a destra)	ကွေ့သည်	kwei. de
gridare (vi)	အော်သည်	o de
indovinare (vt)	မှန်းဆသည်	hman za de
informare (vt)	အကြောင်းကြားသည်	akjaun: kja: de
ingannare (vt)	လိမ်ပြောသည်	lain bjo: de
insistere (vi)	တိုက်တွန်းပြောဆိုသည်	tou' tun: bjo: zou de
insultare (vt)	စော်ကားသည်	so ga: de
interessarsi di ...	စိတ်ဝင်စားသည်	sei' win za: de
invitare (vt)	ဖိတ်သည်	hpi' de
lamentarsi (vr)	တိုင်ပြောသည်	tain bjo: de
lasciar cadere	ဖြုတ်ချသည်	hpjou' cha. de
lavorare (vi)	အလုပ်လုပ်သည်	alou' lou' te
leggere (vi, vt)	ဖတ်သည်	hpa' te
liberare (vt)	လွှတ်မြောက်စေသည်	lu' mjau' sei de

12. I verbi più importanti. Parte 3

mancare le lezioni	ပျက်ကွက်သည်	pje' kwe' te
mandare (vt)	ပို့သည်	pou. de
menzionare (vt)	ဖော်ပြသည်	hpjo bja. de
minacciare (vt)	ခြိမ်းခြောက်သည်	chein: gjau' te
mostrare (vt)	ပြသည်	pja. de
nascondere (vt)	ဖုံးကွယ်သည်	hpoun: gwe de
nuotare (vi)	ရေကူးသည်	jei ku: de
obiettare (vt)	ငြင်းသည်	njin: de
occorrere (vimp)	အလိုရှိသည်	alou' shi. de
ordinare (~ il pranzo)	မှာသည်	hma de
ordinare (mil.)	အမိန့်ပေးသည်	amin. bei: de
osservare (vt)	စောင့်ကြည့်သည်	saun. gji. de
pagare (vi, vt)	ပေးချေသည်	pei: gjei de
parlare (vi, vt)	ပြောသည်	pjo: de
partecipare (vi)	ပါဝင်သည်	pa win de
pensare (vi, vt)	ထင်သည်	htin de
perdonare (vt)	ခွင့်လွှတ်သည်	khwin. hlu' te
permettere (vt)	ခွင့်ပြုသည်	khwin bju. de
piacere (vi)	ကြိုက်သည်	kjai' de
piangere (vi)	ငိုသည်	ngou de
pianificare (vt)	စီစဉ်သည်	si zin de
possedere (vt)	ပိုင်ဆိုင်သည်	pain zain de
potere (v aus)	တတ်နိုင်သည်	ta' nain de
pranzare (vi)	နေ့လယ်စာစားသည်	nei. le za za de
preferire (vt)	ပိုကြိုက်သည်	pou gjai' te
pregare (vi, vt)	ရှိခိုးသည်	shi. gou: de

prendere (vt)	ယူသည်	ju de
prevedere (vt)	ကြိုမြင်သည်	kjou mjin de
promettere (vt)	ကတိပေးသည်	gadi pei: de
pronunciare (vt)	အသံထွက်သည်	athan dwe' te
proporre (vt)	အဆိုပြုသည်	ahsou bju. de
punire (vt)	အပြစ်ပေးသည်	apja' pei: de
raccomandare (vt)	အကြံပြုထောက်ခံသည်	akjan pju htau' khan de
ridere (vi)	ရယ်သည်	je de
rifiutarsi (vr)	ငြင်းဆန်သည်	njin: zan de
rincrescere (vi)	နောင်တရသည်	naun da. ja. de
ripetere (ridire)	ထပ်လုပ်သည်	hta' lou' te
riservare (vt)	မှာသည်	hma de
rispondere (vi, vt)	ဖြေသည်	hpjei de
rompere (spaccare)	ဖျက်ဆီးသည်	hpje' hsi: de
rubare (~ i soldi)	ခိုးသည်	khou: de

13. I verbi più importanti. Parte 4

salvare (~ la vita a qn)	ကယ်ဆယ်သည်	ke ze de
sapere (vt)	သိသည်	thi. de
sbagliare (vi)	မှားသည်	hma: de
scavare (vt)	တူးသည်	tu: de
scegliere (vt)	ရွေးသည်	jwei: de
scendere (vi)	ဆင်းသည်	hsin: de
scherzare (vi)	စနောက်သည်	sanau' te
scrivere (vt)	ရေးသည်	jei: de
scusare (vt)	ခွင့်လွှတ်သည်	khwin. hlu' te
scusarsi (vr)	တောင်းပန်သည်	thaun: ban de
sedersi (vr)	ထိုင်သည်	htain de
seguire (vt)	လိုက်သည်	lai' te
sgridare (vt)	ဆူသည်	hsu. de
significare (vt)	ဆိုလိုသည်	hsou lou de
sorridere (vi)	ပြုံးသည်	pjoun: de
sottovalutare (vt)	လျှော့တွက်သည်	sho. dwe' de
sparare (vi)	ပစ်သည်	pi' te
sperare (vi, vt)	မျှော်လင့်သည်	hmjo. lin. de
spiegare (vt)	ရှင်းပြသည်	shin: bja. de
studiare (vt)	သင်ယူလေ့လာသည်	thin ju lei. la de
stupirsi (vr)	အံ့ဩသည်	an. o. de
tacere (vi)	နှုတ်ဆိတ်သည်	hnou' hsei' te
tentare (vt)	စမ်းကြည့်သည်	san: kji. de
toccare (~ con le mani)	ကိုင်သည်	kain de
tradurre (vt)	ဘာသာပြန်သည်	ba dha bjan de
trovare (vt)	ရှာတွေ့သည်	sha dwei. de
uccidere (vt)	သတ်သည်	tha' te
udire (percepire suoni)	ကြားသည်	ka: de
unire (vt)	ပေါင်းစည်းသည်	paun: ze: de

uscire (vi)	ထွက်သည်	htwe' te
vantarsi (vr)	ကြွားသည်	kjwa: de
vedere (vt)	မြင်သည်	mjin de
vendere (vt)	ရောင်းသည်	jaun: de
volare (vi)	ပျံသန်းသည်	pjan dan: de
volere (desiderare)	လိုချင်သည်	lou gjin de

14. Colori

colore (m)	အရောင်	ajaun
sfumatura (f)	အသွေးအဆင်း	athwei: ahsin:
tono (m)	အရောင်အသွေး	ajaun athwei:
arcobaleno (m)	သက်တံ	the' tan
bianco (agg)	အဖြူရောင်	ahpju jaun
nero (agg)	အနက်ရောင်	ane' jaun
grigio (agg)	ခဲရောင်	khe: jaun
verde (agg)	အစိမ်းရောင်	asain: jaun
giallo (agg)	အဝါရောင်	awa jaun
rosso (agg)	အနီရောင်	ani jaun
blu (agg)	အပြာရောင်	apja jaun
azzurro (agg)	အပြာနုရောင်	apja nu. jaun
rosa (agg)	ပန်းရောင်	pan: jaun
arancione (agg)	လိမ္မော်ရောင်	limmo jaun
violetto (agg)	ခရမ်းရောင်	khajan: jaun
marrone (agg)	အညိုရောင်	anjou jaun
d'oro (agg)	ရွှေရောင်	shwei jaun
argenteo (agg)	ငွေရောင်	ngwei jaun
beige (agg)	ဝါညိုနုရောင်	wa njou nu. jaun
color crema (agg)	နို့နှစ်ရောင်	nou. hni' jaun
turchese (agg)	စိမ်းပြာရောင်	sein: bja jaun
rosso ciliegia (agg)	ချယ်ရီရောင်	che ji jaun
lilla (agg)	ခရမ်းဖျော့ရောင်	khajan: bjo. jaun
rosso lampone (agg)	ကြက်သွေးရောင်	kje' thwei: jaun
chiaro (agg)	အရောင်ဖျော့သော	ajaun bjo. de.
scuro (agg)	အရောင်ရင့်သော	ajaun jin. de.
vivo, vivido (agg)	တောက်ပသော	tau' pa. de.
colorato (agg)	အရောင်ရှိသော	ajaun shi. de.
a colori	ရောင်စုံ	jau' soun
bianco e nero (agg)	အဖြူအမည်း	ahpju ame:
in tinta unita	တစ်ရောင်တည်းရှိသော	ti' jaun te: shi. de.
multicolore (agg)	အရောင်စုံသော	ajaun zoun de.

15. Domande

Chi?	ဘယ်သူလဲ	be dhu le:
Che cosa?	ဘာလဲ	ba le:

Dove? (in che luogo?)	ဘယ်မှာလဲ	be hma le:
Dove? (~ vai?)	ဘယ်ကိုလဲ	be gou le:
Di dove?, Da dove?	ဘယ်ကလဲ	be ga. le:
Quando?	ဘယ်တော့လဲ	be do. le:
Perché? (per quale scopo?)	ဘာအတွက်လဲ	ba atwe' le:
Perché? (per quale ragione?)	ဘာကြောင့်လဲ	ba gjaun. le:
Per che cosa?	ဘာအတွက်လဲ	ba atwe' le:
Come?	ဘယ်လိုလဲ	be lau le:
Che? (~ colore è?)	ဘယ်လိုမျိုးလဲ	be lau mjou: le:
Quale?	ဘယ်ဟာလဲ	be ha le:
A chi?	ဘယ်သူ့ကိုလဲ	be dhu. gou le:
Di chi?	ဘယ်သူ့အကြောင်းလဲ	be dhu. kjaun: le:
Di che cosa?	ဘာအကြောင်းလဲ	ba akjain: le:
Con chi?	ဘယ်သူနဲ့လဲ	be dhu ne. le:
Quanti?, Quanto?	ဘယ်လောက်လဲ	be lau' le:
Di chi?	ဘယ်သူ့	be dhu.

16. Preposizioni

con (tè ~ il latte)	နဲ့အတူ	ne. atu
senza	မပါဘဲ	ma. ba be:
a (andare ~ …)	သို့	thou.
di (parlare ~ …)	အကြောင်း	akjaun:
prima di …	မတိုင်မီ	ma. dain mi
di fronte a …	ရှေ့မှာ	shei. hma
sotto (avv)	အောက်မှာ	au' hma
sopra (al di ~)	အပေါ်မှာ	apo hma
su (sul tavolo, ecc.)	အပေါ်	apo
da, di (via da …, fuori di …)	မှ	hma.
di (fatto ~ cartone)	ဖြင့်	hpjin.
fra (~ dieci minuti)	နောက်	nau'
attraverso (dall'altra parte)	ဖြတ်လျက်	hpja' lje'

17. Parole grammaticali. Avverbi. Parte 1

Dove?	ဘယ်မှာလဲ	be hma le:
qui (in questo luogo)	ဒီမှာ	di hma
lì (in quel luogo)	ဟိုမှာ	hou hma.
da qualche parte (essere ~)	တစ်နေရာရာမှာ	ti' nei ja ja hma
da nessuna parte	ဘယ်မှာမှ	be hma hma.
vicino a …	နားမှာ	na: hma
vicino alla finestra	ပြတင်းပေါက်နားမှာ	badin: pau' hna: hma
Dove?	ဘယ်ကိုလဲ	be gou le:
qui (vieni ~)	ဒီဘက်ကို	di be' kou

ci (~ vado stasera)	ဟိုဘက်ကို	hou be' kou
da qui	ဒီဘက်မှ	di be' hma
da lì	ဟိုဘက်မှ	hou be' hma.
vicino, accanto (avv)	နီးသည်	ni: de
lontano (avv)	အဝေးမှာ	awei: hma
vicino (~ a Parigi)	နားမှာ	na: hma
vicino (qui ~)	ဘေးမှာ	bei: hma
non lontano	မနီးမဝေး	ma. ni ma. wei:
sinistro (agg)	ဘယ်	be
a sinistra (rimanere ~)	ဘယ်ဘက်မှာ	be be' hma
a sinistra (girare ~)	ဘယ်ဘက်	be be'
destro (agg)	ညာဘက်	nja be'
a destra (rimanere ~)	ညာဘက်မှာ	nja be' hma
a destra (girare ~)	ညာဘက်	nja be'
davanti	ရှေ့မှာ	shei. hma
anteriore (agg)	ရှေ့	shei.
avanti	ရှေ့	shei.
dietro (avv)	နောက်မှာ	nau' hma
da dietro	နောက်က	nau' ka.
indietro	နောက်	nau'
mezzo (m), centro (m)	အလယ်	ale
in mezzo, al centro	အလယ်မှာ	ale hma
di fianco	ဘေးမှာ	bei: hma
dappertutto	နေရာတိုင်းမှာ	nei ja dain: hma
attorno	ပတ်လည်မှာ	pa' le hma
da dentro	အထဲမှ	a hte: hma.
da qualche parte (andare ~)	တစ်နေရာရာကို	ti' nei ja ja gou
dritto (direttamente)	တိုက်ရိုက်	tai' jai'
indietro	အပြန်	apjan
da qualsiasi parte	တစ်နေရာရာမှ	ti' nei ja ja hma.
da qualche posto (veniamo ~)	တစ်နေရာရာမှ	ti' nei ja ja hma.
in primo luogo	ပထမအနေဖြင့်	pahtama. anei gjin.
in secondo luogo	ဒုတိယအနေဖြင့်	du. di. ja. anei bjin.
in terzo luogo	တတိယအနေဖြင့်	tati. ja. anei bjin.
all'improvviso	မတော်တဆ	ma. do da. za.
all'inizio	အစမှာ	asa. hma
per la prima volta	ပထမဆုံး	pahtama. zoun:
molto tempo prima di...	မတိုင်ခင် အတော်လေး အလိုက	ma. dain gin ato lei: alou ga.
di nuovo	အသစ်တဖန်	athi' da. ban
per sempre	အမြဲတမ်း	amje: dan:
mai	ဘယ်တော့မှ	be do hma.
ancora	တဖန်	tahpan

adesso	အခုတော့	akhu dau.
spesso (avv)	ခဏခဏ	khana. khana.
allora	ထိုသို့ဖြစ်လျှင်	htou dhou. bji' shin
urgentemente	အမြန်	aman
di solito	ပုံမှန်	poun hman
a proposito, …	စကားမစပ်	zaga: ma. za'
è possibile	ဖြင်နိုင်သည်	hpjin nain de
probabilmente	ဖြစ်နိုင်သည်	hpji' nein de
forse	ဖြစ်နိုင်သည်	hpji' nein de
inoltre …	ဒါ့အပြင်	da. apjin
ecco perché …	ဒါကြောင့်	da gjaun.
nonostante (~ tutto)	သော်လည်း	tho lei:
grazie a …	ကြောင့်	kjaun.
che cosa (pron)	ဘာ	ba
che (cong)	ဟု	hu
qualcosa (qualsiasi cosa)	တစ်ခုခု	ti' khu. gu.
qualcosa (le serve ~?)	တစ်ခုခု	ti' khu. gu.
niente	ဘာမှ	ba hma.
chi (pron)	ဘယ်သူ	be dhu.
qualcuno (annuire a ~)	တစ်ယောက်ယောက်	ti' jau' jau'
qualcuno (dipendere da ~)	တစ်ယောက်ယောက်	ti' jau' jau'
nessuno	ဘယ်သူမှ	be dhu hma.
da nessuna parte	ဘယ်ကိုမှ	be gou hma.
di nessuno	ဘယ်သူမှမပိုင်သော	be dhu hma ma. bain de.
di qualcuno	တစ်ယောက်ယောက်ရဲ့	ti' jau' jau' je.
così (era ~ arrabbiato)	ဒီလို	di lou
anche (penso ~ a …)	ထို့ပြင်လည်း	htou. bjin le:
anche, pure	လည်းဘဲ	le: be:

18. Parole grammaticali. Avverbi. Parte 2

Perché?	ဘာကြောင့်လဲ	ba gjaun. le:
per qualche ragione	တစ်ခုခုကြောင့်	ti' khu. gu. gjaun.
perché …	အဘယ်ကြောင့်ဆိုသော်	abe gjo:n. zou dho
per qualche motivo	တစ်ခုခုအတွက်	ti' khu. gu. atwe'
e (cong)	နှင့်	hnin.
o (sì ~ no?)	သို့မဟုတ်	thou. ma. hou'
ma (però)	ဒါပေမဲ့	da bei me.
per (~ me)	အတွက်	atwe'
troppo	အလွန်	alun
solo (avv)	သာ	tha
esattamente	အတိအကျ	ati. akja.
circa (~ 10 dollari)	ခန့်	khan.
approssimativamente	ခန့်မှန်းခြေအားဖြင့်	khan hman: gjei a: bjin.
approssimativo (agg)	ခန့်မှန်းခြေဖြစ်သော	khan hman: gjei bji' te.
quasi	နီးပါး	ni: ba:

resto	ကျန်သော	kjan de.
l'altro (~ libro)	တခြားသော	tacha: de.
altro (differente)	အခြားသော	apja: de.
ogni (agg)	တိုင်း	tain:
qualsiasi (agg)	မဆို	ma. zou
molti	အမြောက်အများ	amjau' amja:
molto (avv)	အများကြီး	amja: gji:
molta gente	များစွာသော	mja: zwa de.
tutto, tutti	အားလုံး	a: loun:

in cambio di ...	အစား	asa:
in cambio	အစား	asa:
a mano (fatto ~)	လက်ဖြင့်	le' hpjin.
poco probabile	ဖြစ်နိုင်ခြေ နည်းသည်	hpji' nain gjei ni: de

probabilmente	ဖြစ်နိုင်သည်	hpji' nein de
apposta	တမင်	tamin
per caso	အမှတ်တမဲ့	ahma' ta. me.

molto (avv)	သိပ်	thei'
per esempio	ဥပမာအားဖြင့်	upama a: bjin.
fra (~ due)	ကြား	kja:
fra (~ più di due)	ကြားထဲတွင်	ka: de: dwin:
tanto (quantità)	ဒီလောက်	di lau'
soprattutto	အထူးသဖြင့်	a htu: dha. hjin.

Concetti di base. Parte 2

19. Contrari

ricco (agg)	ချမ်းသာသော	chan: dha de.
povero (agg)	ဆင်းရဲသော	hsin: je: de.
malato (agg)	နေမကောင်းသော	nei ma. kaun: de.
sano (agg)	ကျန်းမာသော	kjan: ma de.
grande (agg)	ကြီးသော	kji: de.
piccolo (agg)	သေးသော	thei: de.
rapidamente	မြန်မြန်	mjan mjan
lentamente	ဖြည်းဖြည်း	hpjei: bjei:
veloce (agg)	မြန်သော	mjan de.
lento (agg)	ဖြည်းသော	hpjei: de.
allegro (agg)	ပျော်ရွှင်သော	pjo shwin de.
triste (agg)	ဝမ်းနည်းသော	wan: ne: de.
insieme	အတူတကွ	atu da. kwa.
separatamente	သီးခြင်းစီ	thi: gjin: zi
ad alta voce (leggere ~)	ကျယ်လောင်စွာ	kje laun zwa
in silenzio	တိတ်ဆိတ်စွာ	tei' hsei' swa
alto (agg)	မြင့်သော	mjin. de.
basso (agg)	ပုသော	pu dho:
profondo (agg)	နက်သော	ne' te.
basso (agg)	တိမ်သော	tein de
sì	ဟုတ်တယ်	hou' te
no	မဟုတ်ဘူး	ma hou' bu:
lontano (agg)	ဝေးသော	wei: de.
vicino (agg)	နီးသော	ni: de.
lontano (avv)	အဝေးမှာ	awei: hma
vicino (avv)	အနီးမှာ	ani: hma
lungo (agg)	ရှည်သော	shei lja: zu: sha. zwa ode
corto (agg)	တိုသော	tou de.
buono (agg)	သဘောကောင်းသော	thabo: kaun: de.
cattivo (agg)	ယုတ်မာသော	jou' ma de.

sposato (agg)	မိန်းမရှိသော	mein: ma. shi. de.
celibe (agg)	တစ်ဦးတည်းဖြစ်သော	ti' u: te: hpi' te.
vietare (vt)	တားမြစ်သည်	ta: mji' te
permettere (vt)	ခွင့်ပြုသည်	khwin bju. de
fine (f)	အဆုံး	ahsoun:
inizio (m)	အစ	asa.
sinistro (agg)	ဘယ်	be
destro (agg)	ညာဘက်	nja be'
primo (agg)	ပထမ	pahtama.
ultimo (agg)	နောက်ဆုံးဖြစ်သော	nau' hsoun: bji' te.
delitto (m)	ရာဇဝတ်မှု	raza. wu' hma.
punizione (f)	အပြစ်ပေးခြင်း	apja' pei: gjin:
ordinare (vt)	အမိန့်ချသည်	amin. gja. de
obbedire (vi)	နာခံသည်	na gan de
dritto (agg)	ဖြောင့်တန်းသော	hpjaun. dan: de.
curvo (agg)	ကောက်ကွေ့သော	kau' kwe. de.
paradiso (m)	ကောင်းကင်ဘုံ	kaun: gin boun
inferno (m)	ငရဲ	nga. je:
nascere (vi)	မွေးဖွားသည်	mwei: bwa: de
morire (vi)	ကွယ်လွန်သည်	kwe lun de
forte (agg)	သန်မာသော	than ma de.
debole (agg)	အားပျော့သော	a: bjo. de.
vecchio (agg)	အိုမင်းသော	ou min de.
giovane (agg)	ငယ်ရွယ်သော	ngwe jwe de.
vecchio (agg)	အိုဟောင်းသော	ou haun: de.
nuovo (agg)	သစ်သော	thi' te.
duro (agg)	မာသော	ma de.
morbido (agg)	နူးညံ့သော	nu: njan. de.
caldo (agg)	နွေးသော	nwei: de.
freddo (agg)	အေးသော	ei: de.
grasso (agg)	ဝသော	wa. de.
magro (agg)	ပိန်သော	pein de.
stretto (agg)	ကျဉ်းသော	kjin de.
largo (agg)	ကျယ်သော	kje de.
buono (agg)	ကောင်းသော	kaun: de.
cattivo (agg)	ဆိုးသော	hsou: de.
valoroso (agg)	ရဲရင့်သော	je: jin. de.
codardo (agg)	ကြောက်တတ်သော	kjau' ta' te.

20. Giorni della settimana

lunedì (m)	တနင်္လာ	tanin: la
martedì (m)	အင်္ဂါ	in ga
mercoledì (m)	ဗုဒ္ဓဟူး	bou' da, hu:
giovedì (m)	ကြာသပတေး	kja dha ba. dei:
venerdì (m)	သောကြာ	thau' kja
sabato (m)	စနေ	sanei
domenica (f)	တနင်္ဂနွေ	tanin: ganwei
oggi (avv)	ယနေ့	ja. nei.
domani	မနက်ဖြန်	mane' bjan
dopodomani	သဘက်ခါ	dhabe' kha
ieri (avv)	မနေ့က	ma. nei. ka.
l'altro ieri	တနေ့က	ta. nei. ga.
giorno (m)	နေ့	nei.
giorno (m) lavorativo	ရုံးဖွင့်ရက်	joun: hpwin je'
giorno (m) festivo	ပွဲတော်ရက်	pwe: do je'
giorno (m) di riposo	ရုံးပိတ်ရက်	joun: bei' je'
fine (m) settimana	ရုံးပိတ်ရက်များ	joun: hpwin je' mja:
tutto il giorno	တနေ့လုံး	ta. nei. loun:
l'indomani	နောက်နေ့	nau' nei.
due giorni fa	လွန်ခဲ့သော နှစ်ရက်က	lun ge: de. hni' ja' ka.
il giorno prima	အကြိုနေ့မှာ	akjou nei. hma
quotidiano (agg)	နေ့စဉ်	nei. zin
ogni giorno	နေ့တိုင်း	nei dain:
settimana (f)	ရက်သတ္တပတ်	je' tha' daba'
la settimana scorsa	ပြီးခဲ့တဲ့အပတ်က	pji: ge. de. apa' ka.
la settimana prossima	လာမယ့်အပတ်မှာ	la. me. apa' hma
settimanale (agg)	အပတ်စဉ်	apa' sin
ogni settimana	အပတ်စဉ်	apa' sin
due volte alla settimana	တစ်ပတ် နှစ်ကြိမ်	ti' pa' hni' kjein
ogni martedì	အင်္ဂါနေ့တိုင်း	in ga nei. dain:

21. Ore. Giorno e notte

mattina (f)	နံနက်ခင်း	nan ne' gin:
di mattina	နံနက်ခင်းမှာ	nan ne' gin: hma
mezzogiorno (m)	မွန်းတည့်	mun: de.
nel pomeriggio	နေ့လယ်စာစားချိန်ပြီးနောက်	nei. le za za: gjein bji: nau'
sera (f)	ညနေခင်း	nja. nei gin:
di sera	ညနေခင်းမှာ	nja. nei gin: hma
notte (f)	ည	nja
di notte	ညမှာ	nja hma
mezzanotte (f)	သန်းခေါင်ယံ	than: gaun jan
secondo (m)	စက္ကန့်	se' kan.
minuto (m)	မိနစ်	mi. ni'
ora (f)	နာရီ	na ji

mezzora (f)	နာရီဝက်	na ji we'
un quarto d'ora	ဆယ့်ငါးမိနစ်	hse. nga: mi. ni'
quindici minuti	၁၅ မိနစ်	ta' hse. nga: mi ni'
ventiquattro ore	နှစ်ဆယ်လေးနာရီ	hni' hse lei: na ji
levata (f) del sole	နေထွက်ချိန်	nei dwe' gjein
alba (f)	အာရုဏ်ဦး	a joun u:
mattutino (m)	နံနက်စောစော	nan ne' so: zo:
tramonto (m)	နေဝင်ချိန်	nei win gjein
di buon mattino	နံနက်အစောပိုင်း	nan ne' aso: bain:
stamattina	ယနေ့နံနက်	ja. nei. nan ne'
domattina	မနက်ဖြန်နံနက်	mane' bjan nan ne'
oggi pomeriggio	ယနေ့နေ့လယ်	ja. nei. nei. le
nel pomeriggio	နေ့လယ်စာစားချိန်ပြီးနောက်	nei. le za za: gjein bji: nau'
domani pomeriggio	မနက်ဖြန်မွန်းလွဲပိုင်း	mane' bjan mun: lwe: bain:
stasera	ယနေ့ညနေ	ja. nei. nja. nei
domani sera	မနက်ဖြန်ညနေ	mane' bjan nja. nei
alle tre precise	၃ နာရီတွင်	thoun: na ji dwin
verso le quattro	၄ နာရီခန့်တွင်	lei: na ji khan dwin
per le dodici	၁၂ နာရီအရောက်	hse. hni' na ji ajau'
fra venti minuti	နောက် မိနစ် ၂၀ မှာ	nau' mi. ni' hni' se hma
fra un'ora	နောက်တစ်နာရီမှာ	nau' ti' na ji hma
puntualmente	အချိန်ကိုက်	achein kai'
un quarto di ...	မတ်တင်း	ma' tin:
entro un'ora	တစ်နာရီအတွင်း	ti' na ji atwin:
ogni quindici minuti	၁၅ မိနစ်တိုင်း	ta' hse. nga: mi ni' htain:
giorno e notte	၂၄ နာရီလုံး	hna' hse. lei: na ji

22. Mesi. Stagioni

gennaio (m)	ဇန်နဝါရီလ	zan na. wa ji la.
febbraio (m)	ဖေဖော်ဝါရီလ	hpei bo wa ji la
marzo (m)	မတ်လ	ma' la.
aprile (m)	ဧပြီလ	ei bji la.
maggio (m)	မေလ	mei la.
giugno (m)	ဇွန်လ	zun la.
luglio (m)	ဇူလိုင်လ	zu lain la.
agosto (m)	ဩဂုတ်လ	o: gou' la.
settembre (m)	စက်တင်ဘာလ	sa' htin ba la.
ottobre (m)	အောက်တိုဘာလ	au' tou ba la
novembre (m)	နိုဝင်ဘာလ	nou win ba la.
dicembre (m)	ဒီဇင်ဘာလ	di zin ba la.
primavera (f)	နွေဦးရာသီ	nwei: u: ja dhi
in primavera	နွေဦးရာသီမှာ	nwei: u: ja dhi hma
primaverile (agg)	နွေဦးရာသီနှင့်ဆိုင်သော	nwei: u: ja dhi hnin. zain de.
estate (f)	နွေရာသီ	nwei: ja dhi

in estate	နွေရာသီမှာ	nwei: ja dhi hma
estivo (agg)	နွေရာသီနှင့်ဆိုင်သော	nwei: ja dhi hnin. zain de.
autunno (m)	ဆောင်းဦးရာသီ	hsaun: u: ja dhi
in autunno	ဆောင်းဦးရာသီမှာ	hsaun: u: ja dhi hma
autunnale (agg)	ဆောင်းဦးရာသီနှင့်ဆိုင်သော	hsaun: u: ja dhi hnin. zain de.
inverno (m)	ဆောင်းရာသီ	hsaun: ja dhi
in inverno	ဆောင်းရာသီမှာ	hsaun: ja dhi hma
invernale (agg)	ဆောင်းရာသီနှင့်ဆိုင်သော	hsaun: ja dhi hnin. zain de.
mese (m)	လ	la.
questo mese	ဒီလ	di la.
il mese prossimo	နောက်လ	nau' la
il mese scorso	ယခင်လ	jakhin la.
un mese fa	ပြီးခဲ့တဲ့တစ်လကျော်	pji: ge. de. di' la. gjo
fra un mese	နောက်တစ်လကျော်	nau' ti' la. gjo
fra due mesi	နောက်နှစ်လကျော်	nau' hni' la. gjo
un mese intero	တစ်လလုံး	ti' la. loun:
per tutto il mese	တစ်လလုံး	ti' la. loun:
mensile (rivista ~)	လစဉ်	la. zin
mensilmente	လစဉ်	la. zin
ogni mese	လတိုင်း	la. dain:
due volte al mese	တစ်လနှစ်ကြိမ်	ti' la. hni' kjein:
anno (m)	နှစ်	hni'
quest'anno	ဒီနှစ်မှာ	di hna' hma
l'anno prossimo	နောက်နှစ်မှာ	nau' hni' hnma
l'anno scorso	ယခင်နှစ်မှာ	jakhin hni' hma
un anno fa	ပြီးခဲ့တဲ့တစ်နှစ်ကျော်က	pji: ge. de. di' hni' kjo ga.
fra un anno	နောက်တစ်နှစ်ကျော်	nau' ti' hni' gjo
fra due anni	နောက်နှစ်နှစ်ကျော်	nau' hni' hni' gjo
un anno intero	တစ်နှစ်လုံး	ti' hni' loun:
per tutto l'anno	တစ်နှစ်လုံး	ti' hni' loun:
ogni anno	နှစ်တိုင်း	hni' tain:
annuale (agg)	နှစ်စဉ်ဖြစ်သော	hni' san bji' te.
annualmente	နှစ်စဉ်	hni' san
quattro volte all'anno	တစ်နှစ်လေးကြိမ်	ti' hni' lei: gjein
data (f) (~ di oggi)	နေ့စွဲ	nei. zwe:
data (f) (~ di nascita)	ရက်စွဲ	je' swe:
calendario (m)	ပြက္ခဒိန်	pje' gadein
mezz'anno (m)	နှစ်ဝက်	hni' we'
semestre (m)	နှစ်ဝက်	hni' we'
stagione (f) (estate, ecc.)	ရာသီ	ja dhi
secolo (m)	ရာစု	jazu.

23. Orario. Varie

tempo (m)	အချိန်	achein
istante (m)	အခိုက်အတန့်	akhai' atan.

momento (m)	ခဏ	khana.
istantaneo (agg)	ချက်ချင်း	che' chin:
periodo (m)	ကာလအပိုင်းအခြား	ka la apain: acha:
vita (f)	ဘဝ	ba. wa.
eternità (f)	ထာဝရ	hta wa. ja.
epoca (f)	ခေတ်	khi'
era (f)	ခေတ်	khi'
ciclo (m)	စက်ဝန်း	se' wun:
periodo (m)	အချိန်ပိုင်း	achein bain:
scadenza (f)	သက်တမ်း	the' tan
futuro (m)	အနာဂတ်	ana ga'
futuro (agg)	အနာဂတ်	ana ga'
la prossima volta	နောက်တစ်ကြိမ်	nau' ti' kjein
passato (m)	အတိတ်	ati'
scorso (agg)	လွန်ခဲ့သော	lun ge. de.
la volta scorsa	ပြီးခဲ့သောတစ်ခေါက်	pji: ge. dho di' gau'
più tardi	နောက်မှ	nau' hma.
dopo	ပြီးနောက်	pji: nau'
oggigiorno	ယခုအချိန်	jakhu. achein
adesso, ora	အခု	akhu.
immediatamente	ချက်ချင်း	che' chin:
fra poco, presto	မကြာခင်	ma. gja gin
in anticipo	ကြိုတင်	kjou tin
tanto tempo fa	တော်တော်ကြာကြာက	to do gja gja
di recente	သိပ်မကြာခင်က	thei' ma. gja gjin ga.
destino (m)	ကံတရား	kan daja:
ricordi (m pl)	အမှတ်တရ	ahma' ta ra
archivio (m)	မော်ကွန်း	mo gun:
durante ...	အချိန်အတွင်း	achein atwin
a lungo	ကြာကြာ	kja gja
per poco tempo	ခဏ	khana.
presto (al mattino ~)	စောစော	so: zo:
tardi (non presto)	နောက်ကျမှ	nau' kja. hma.
per sempre	အမြဲတမ်း	amje: dan:
cominciare (vt)	စတင်သည်	sa. tin de
posticipare (vt)	ရွှေ့ဆိုင်းသည်	shwei. zain: de
simultaneamente	တချိန်တည်းမှာ	takhein de: hma
tutto il tempo	အမြဲတမ်း	amje: dan:
costante (agg)	ဆက်တိုင်ဖြစ်သော	hse' dain bja' de.
temporaneo (agg)	ယာယီဖြစ်သော	ja ji bji' te.
a volte	တခါတလေ	takha talei
raramente	ရှားရှားပါးပါး	sha: sha: ba: ba:
spesso (avv)	ခဏခဏ	khana. khana.

24. Linee e forme

quadrato (m)	စတုရန်း	satu. jan:
quadrato (agg)	စတုရန်းပုံဖြစ်သော	satu. jan: boun bji' te.

cerchio (m)	အဝိုင်း	awain:
rotondo (agg)	ဝိုင်းသော	wain: de.
triangolo (m)	တြိဂံ	tri. gan
triangolare (agg)	တြိဂံပုံဖြစ်သော	tri. gan bou hpi' te
ovale (m)	ဘဲဥပုံ	be: u. boun
ovale (agg)	ဘဲဥပုံဖြစ်သော	be: u. boun pja' de.
rettangolo (m)	ထောင့်မှန်စတုဂံ	htaun. hman zatu. gan
rettangolare (agg)	ထောင့်မှန်ဖြစ်သော	htaun. hman hpji' te.
piramide (f)	ထုချွန်းပုံ	htu. gjwan: boun
rombo (m)	ရမ္ဗု	ran bu
trapezio (m)	ထရာပီးဇီးယမ်း	htaja bi: zi: jan:
cubo (m)	ကုဗတုံး	ku ba. toun:
prisma (m)	ပရစ်ဇမ်	pa. ji' zan
circonferenza (f)	အဝန်း	awun:
sfera (f)	ထုလုံး	htu. loun:
palla (f)	မို့မောင်လုံးဝန်းသော	mou maun loun: wun: de.
diametro (m)	အချင်း	achin:
raggio (m)	အချင်းဝက်	achin: we'
perimetro (m)	ပတ်လည်အနား	pa' le ana:
centro (m)	ဗဟို	ba hou
orizzontale (agg)	အလျားလိုက်	alja: lai'
verticale (agg)	ဒေါင်လိုက်	daun lou'
parallela (f)	အပြိုင်	apjain
parallelo (agg)	အပြိုင်ဖြစ်သော	apjain bja' te.
linea (f)	မျဉ်း	mjin:
tratto (m)	ချက်	che'
linea (f) retta	မျဉ်းဖြောင့်	mjin: baun.
linea (f) curva	မျဉ်းကွေး	mjin: gwei:
sottile (uno strato ~)	ပါးသော	pa: de.
contorno (m)	ကွန်တိုမျဉ်း	kun tou mjin:
intersezione (f)	ဖြတ်မှတ်	hpja' hma'
angolo (m) retto	ထောင့်မှန်	htaun. hman
segmento	အပိုင်း	apain:
settore (m)	စက်ဝိုင်းစိတ်	se' wain: zei'
lato (m)	အနား	ana:
angolo (m)	ထောင့်	htaun.

25. Unità di misura

peso (m)	အလေးချိန်	alei: gjein
lunghezza (f)	အရှည်	ashei
larghezza (f)	အကျယ်	akje
altezza (f)	အမြင့်	amjin.
profondità (f)	အနက်	ane'
volume (m)	ထုထည်	du. de
area (f)	အကျယ်အဝန်း	akje awun:
grammo (m)	ဂရမ်	ga ran
milligrammo (m)	မီလီဂရမ်	mi li ga. jan

chilogrammo (m)	ကီလိုဂရမ်	ki lou ga jan
tonnellata (f)	တန်	tan
libbra (f)	ပေါင်	paun
oncia (f)	အောင်စ	aun sa.
metro (m)	မီတာ	mi ta
millimetro (m)	မီလီမီတာ	mi li mi ta
centimetro (m)	စင်တီမီတာ	sin ti mi ta
chilometro (m)	ကီလိုမီတာ	ki lou mi ta
miglio (m)	မိုင်	main
pollice (m)	လက်မ	le' ma
piede (f)	ပေ	pei
iarda (f)	ကိုက်	kou'
metro (m) quadro	စတုရန်းမီတာ	satu. jan: mi ta
ettaro (m)	ဟက်တာ	he' ta
litro (m)	လီတာ	li ta
grado (m)	ဒီဂရီ	di ga ji
volt (m)	ဗို့	boi.
ampere (m)	အမ်ပီယာ	an bi ja
cavallo vapore (m)	မြင်းကောင်ရေအား	mjin: gaun jei a:
quantità (f)	အရေအတွက်	ajei adwe'
un po' di ...	နည်းနည်း	ne: ne:
metà (f)	တစ်ဝက်	ti' we'
dozzina (f)	ဒါဇင်	da zin
pezzo (m)	ခု	khu.
dimensione (f)	အတိုင်းအတာ	atain: ata
scala (f) (modello in ~)	စကေး	sakei:
minimo (agg)	အနည်းဆုံး	ane: zoun
minore (agg)	အသေးဆုံး	athei: zoun:
medio (agg)	အလယ်အလတ်	ale ala'
massimo (agg)	အများဆုံး	amja: zoun:
maggiore (agg)	အကြီးဆုံး	akji: zoun:

26. Contenitori

barattolo (m) di vetro	ဖန်ဘူး	hpan bu:
latta, lattina (f)	သံဘူး	than bu:
secchio (m)	ရေပုံး	jei boun:
barile (m), botte (f)	စည်ပိုင်း	si bain:
catino (m)	ဇလုံ	za loun
serbatoio (m) (per liquidi)	သံစည်	than zi
fiaschetta (f)	အရက်ပုလင်းပြား	aje' pu lin: pja:
tanica (f)	ဓာတ်ဆီပုံး	da' hsi boun:
cisterna (f)	တိုင်ကီ	tain ki
tazza (f)	မတ်ခွက်	ma' khwe'
tazzina (f) (~ di caffé)	ခွက်	khwe'

piattino (m)	အောက်ခံပန်းကန်ပြား	au' khan ban: kan pja:
bicchiere (m) (senza stelo)	ဖန်ခွက်	hpan gwe'
calice (m)	ဝိုင်ခွက်	wain gwe'
casseruola (f)	ပေါင်းအိုး	paun: ou:
bottiglia (f)	ပုလင်း	palin:
collo (m) (~ della bottiglia)	ပုလင်းလည်ပင်း	palin: le bin:
caraffa (f)	ဖန်ချိုင့်	hpan gjain.
brocca (f)	ကရား	kaja:
recipiente (m)	အိုးခွက်	ou: khwe'
vaso (m) di coccio	မြေအိုး	mjei ou:
vaso (m) di fiori	ပန်းအိုး	pan: ou:
boccetta (f) (~ di profumo)	ပုလင်း	palin:
fiala (f)	ပုလင်းကလေး	palin: galei:
tubetto (m)	ဘူး	bu:
sacco (m) (~ di patate)	ဂုံနီအိတ်	goun ni ei'
sacchetto (m) (~ di plastica)	အိတ်	ei'
pacchetto (m) (~ di sigarette, ecc.)	ဘူး	bu:
scatola (f) (~ per scarpe)	စက္ကူဘူး	se' ku bu:
cassa (f) (~ di vino, ecc.)	သေတ္တာ	thi' ta
cesta (f)	တောင်း	taun:

27. Materiali

materiale (m)	အထည်	a hte
legno (m)	သစ်သား	thi' tha:
di legno	သစ်သားနှင့်လုပ်သော	thi' tha: hnin. lou' te.
vetro (m)	ဖန်	hpan
di vetro	ဖန်နှင့်လုပ်သော	hpan hnin. lou' te
pietra (f)	ကျောက်	kjau'
di pietra	ကျောက်ဖြင့်လုပ်ထားသော	kjau' hpjin. lou' hta: de.
plastica (f)	ပလတ်စတစ်	pa. la' sa. ti'
di plastica	ပလတ်စတစ်နှင့်လုပ်သော	pa. la' sa. ti' hnin. zain de
gomma (f)	ရော်ဘာ	jo ba
di gomma	ရော်ဘာနှင့်လုပ်သော	jo ba hnin. lou' te.
stoffa (f)	အထည်	a hte
di stoffa	အထည်နှင့်လုပ်သော	a hte hnin. lou' te.
carta (f)	စက္ကူ	se' ku
di carta	စက္ကူနှင့်လုပ်သော	se' ku hnin. lou' te.
cartone (m)	စက္ကူထူ	se' ku htu
di cartone	စက္ကူထူနှင့်လုပ်သော	se' ku htu hnin. lou' te.
polietilene (m)	ပေါ်လီသင်း	po li thin:

cellofan (m)	မှန်ကြည်စက္ကူ	hman gji se' ku
linoleum (m)	ကြမ်းခင်း ဖယောင်းပုဆိုး	kjan: khin: hpa jaun: pou hsou:
legno (m) compensato	အထပ်သား	a hta' tha:
porcellana (f)	ကြွေ	kjwei
di porcellana	ကြွေနှင့်လုပ်သော	kjwei hnin. lou' te
argilla (f)	မြေစေး	mjei zei:
d'argilla	မြေထည်	mjei de
ceramica (f)	ကြွေထည်မြေထည်	kjwei de mjei de
ceramico	ကြွေထည်မြေထည်နှင့်လုပ်သော	kjwei de mjei de hnin. lou' te.

28. Metalli

metallo (m)	သတ္တု	tha' tu.
metallico	သတ္တုနှင့်လုပ်သော	tha' tu. hnin. lou' te.
lega (f)	သတ္တုစပ်	tha' tu. za'
oro (m)	ရွှေ	shwei
d'oro	ရွှေနှင့်လုပ်သော	shwei hnin. lou' te
argento (m)	ငွေ	ngwei
d'argento	ငွေနှင့်လုပ်သော	ngwei hnin. lou' de.
ferro (m)	သံ	than
di ferro	သံနှင့်လုပ်သော	than hnin. lou' te.
acciaio (m)	သံမဏိ	than mani.
d'acciaio	သံမဏိနှင့်လုပ်သော	than mani. hnin. lou' te.
rame (m)	ကြေးနီ	kjei: ni
di rame	ကြေးနီနှင့်လုပ်သော	kjei: ni hnin. lou. de.
alluminio (m)	အလူမီနီယံ	alu mi ni jan
di alluminio, alluminico	အလူမီနီယံနှင့်လုပ်သော	alu mi ni jan hnin. lou' te.
bronzo (m)	ကြေးညို	kjei: njou
di bronzo	ကြေးညိုနှင့်လုပ်သော	kjei: njou hnin. lou' de.
ottone (m)	ကြေးဝါ	kjei: wa
nichel (m)	နီကယ်	ni ke
platino (m)	ရွှေဖြူ	shwei bju
mercurio (m)	ပြဒါး	bada:
stagno (m)	သံဖြူ	than bju
piombo (m)	ခဲ	khe:
zinco (m)	သွပ်	thu'

ESSERE UMANO

Essere umano. Il corpo umano

29. L'uomo. Concetti di base

uomo (m) (essere umano)	လူ	lu
uomo (m) (adulto maschio)	အမျိုးသား	amjou: dha:
donna (f)	အမျိုးသမီး	amjou: dhami:
bambino (m) (figlio)	ကလေး	kalei:
bambina (f)	ကောင်မလေး	kaun ma. lei:
bambino (m)	ကောင်လေး	kaun lei:
adolescente (m, f)	ဆယ်ကျော်သက်	hse gjo dhe'
vecchio (m)	လူကြီး	lu gji:
vecchia (f)	အမျိုးသမီးကြီး	amjou: dhami: gji:

30. Anatomia umana

organismo (m)	ဇီဝရုပ်	zi wa ju'
cuore (m)	နှလုံး	hnaloun:
sangue (m)	သွေး	thwei:
arteria (f)	သွေးလွှတ်ကြော	thwei hlwa' kjo:
vena (f)	သွေးပြန်ကြော	thwei: bjan gjo:
cervello (m)	ဦးနှောက်	oun: hnau'
nervo (m)	အာရုံကြော	a joun gjo:
nervi (m pl)	အာရုံကြောများ	a joun gjo: mja:
vertebra (f)	ကျောရိုးအဆစ်	kjo: jou: ahsi'
colonna (f) vertebrale	ကျောရိုး	kjo: jou:
stomaco (m)	အစာအိမ်	asa: ein
intestini (m pl)	အူ	au
intestino (m)	အူ	au
fegato (m)	အသည်း	athe:
rene (m)	ကျောက်ကပ်	kjau' ka'
osso (m)	အရိုး	ajou:
scheletro (m)	အရိုးစု	ajou: zu
costola (f)	နံရိုး	nan jou:
cranio (m)	ဦးခေါင်းခွံ	u: gaun: gwan
muscolo (m)	ကြွက်သား	kjwe' tha:
bicipite (m)	လက်ရိုးကြွက်သား	le' jou: gjwe' tha:
tricipite (m)	လက်မောင်းနောက်သား	le' maun: nau' tha:
tendine (m)	အရွတ်	ajwa'
articolazione (f)	အဆစ်	ahsi'

polmoni (m pl)	အဆုတ်	ahsou'
genitali (m pl)	အင်္ဂါဇတ်	in ga za'
pelle (f)	အရေပြား	ajei bja:

31. Testa

testa (f)	ခေါင်း	gaun:
viso (m)	မျက်နှာ	mje' hna
naso (m)	နှာခေါင်း	hna gaun:
bocca (f)	ပါးစပ်	pa: zi'
occhio (m)	မျက်စိ	mje' si.
occhi (m pl)	မျက်စိများ	mje' si. mja:
pupilla (f)	သူငယ်အိမ်	thu nge ein
sopracciglio (m)	မျက်ခုံး	mje' khoun:
ciglio (m)	မျက်တောင်	mje' taun
palpebra (f)	မျက်ခွံ	mje' khwan
lingua (f)	လျှာ	sha
dente (m)	သွား	thwa:
labbra (f pl)	နှုတ်ခမ်း	hna' khan:
zigomi (m pl)	ပါးရိုး	pa: jou:
gengiva (f)	သွားဖုံး	thwahpoun:
palato (m)	အာခေါင်	a gaun
narici (f pl)	နှာခေါင်းပေါက်	hna gaun: bau'
mento (m)	မေးစေ့	mei: zei.
mascella (f)	မေးရိုး	mei: jou:
guancia (f)	ပါး	pa:
fronte (f)	နဖူး	na. hpu:
tempia (f)	နားထင်	na: din
orecchio (m)	နားရွက်	na: jwe'
nuca (f)	နောက်စေ့	nau' sei.
collo (m)	လည်ပင်း	le bin:
gola (f)	လည်ချောင်း	le gjaun:
capelli (m pl)	ဆံပင်	zabin
pettinatura (f)	ဆံပင်ပုံစံ	zabin boun zan
taglio (m)	ဆံပင်ညှပ်သည့်ပုံစံ	zabin hnja' thi. boun zan
parrucca (f)	ဆံပင်တု	zabin du.
baffi (m pl)	နှုတ်ခမ်းမွေး	hnou' khan: hmwei:
barba (f)	မုတ်ဆိတ်မွေး	mou' hsei' hmwei:
portare (~ la barba, ecc.)	အရှည်ထားသည်	ashei hta: de
treccia (f)	ကျစ်ဆံမြီး	kji' zan mji:
basette (f pl)	ပါးသိုင်းမွေး	pa: dhain: hmwei:
rosso (agg)	ဆံပင်အနီရောင်ရှိသော	zabin ani jaun shi. de
brizzolato (agg)	အရောင်ဖျော့သော	ajaun bjo. de.
calvo (agg)	ထိပ်ပြောင်သော	htei' pjaun de.
calvizie (f)	ဆံပင်ကျွတ်နေသောနေရာ	zabin kju' nei dho nei ja
coda (f) di cavallo	မြင်းမြီးပုံစံဆံပင်	mjin: mji: boun zan zan bin
frangetta (f)	ဆံရစ်	hsaji'

32. Corpo umano

mano (f)	လက်	le'
braccio (m)	လက်မောင်း	le' maun:
dito (m)	လက်ချောင်း	le' chaun:
dito (m) del piede	ခြေချောင်း	chei gjaun:
pollice (m)	လက်မ	le' ma
mignolo (m)	လက်သန်း	le' than:
unghia (f)	လက်သည်းခွံ	le' the: dou' tan zin:
pugno (m)	လက်သီး	le' thi:
palmo (m)	လက်ဝါး	le' wa:
polso (m)	လက်ကောက်ဝတ်	le' kau' wa'
avambraccio (m)	လက်ဖျံ	le' hpjan
gomito (m)	တံတောင်ဆစ်	daduan zi'
spalla (f)	ပခုံး	pakhoun:
gamba (f)	ခြေထောက်	chei htau'
pianta (f) del piede	ခြေထောက်	chei htau'
ginocchio (m)	ဒူး	du:
polpaccio (m)	ခြေသလုံးကြွက်သား	chei dha. loun: gjwe' dha:
anca (f)	တင်ပါး	tin ba:
tallone (m)	ခြေဖနောင့်	chei ba. naun.
corpo (m)	ခန္ဓာကိုယ်	khan da kou
pancia (f)	ဗိုက်	bai'
petto (m)	ရင်ဘတ်	jin ba'
seno (m)	နို့	nou.
fianco (m)	နံပါး	nan ba:
schiena (f)	ကျော	kjo:
zona (f) lombare	ခါးအောက်ပိုင်း	kha: au' pain:
vita (f)	ခါး	kha:
ombelico (m)	ချက်	che'
natiche (f pl)	တင်ပါး	tin ba:
sedere (m)	နောက်ပိုင်း	nau' pain:
neo (m)	မှဲ့	hme.
voglia (f) (~ di fragola)	မွေးရာပါအမှတ်	mwei: ja ba ahma'
tatuaggio (m)	တက်တူး	te' tu:
cicatrice (f)	အမာရွတ်	ama ju'

Abbigliamento e Accessori

33. Indumenti. Soprabiti

vestiti (m pl)	အဝတ်အစား	awu' aza:
soprabito (m)	အပေါ်ဝတ်အင်္ကျီ	apo we' in: gji
abiti (m pl) invernali	ဆောင်းတွင်းဝတ်အဝတ်အစား	hsaun: dwin: wu' awu' asa:
cappotto (m)	ကုတ်အင်္ကျီရှည်	kou' akji shi
pelliccia (f)	သားမွေးအနွေးထည်	tha: mwei: anwei: de
pelliccciotto (m)	အမွေးပွအပေါ်အင်္ကျီ	ahmwei pwa po akji.
piumino (m)	ငှက်မွေးကုတ်အင်္ကျီ	hnge' hmwei: kou' akji.
giubbotto (m), giaccha (f)	အပေါ်အင်္ကျီ	apo akji.
impermeabile (m)	မိုးကာအင်္ကျီ	mou: ga akji
impermeabile (agg)	ရေလုံသော	jei loun de.

34. Abbigliamento uomo e donna

camicia (f)	ရှပ်အင်္ကျီ	sha' in gji
pantaloni (m pl)	ဘောင်းဘီ	baun: bi
jeans (m pl)	ဂျင်းဘောင်းဘီ	gjin: bain: bi
giacca (f) (~ di tweed)	အပေါ်အင်္ကျီ	apo akji.
abito (m) da uomo	အနောက်တိုင်းဝတ်စုံ	anau' tain: wu' saun
abito (m)	ဂါဝန်	ga wun
gonna (f)	စကတ်	saka'
camicetta (f)	ဘလောက်စ်အင်္ကျီ	ba. lau' s in: gji
giacca (f) a maglia	ကြယ်သီးပါသော အနွေးထည်	kje dhi: ba de. anwei: dhe
giacca (f) tailleur	အပေါ်ဖုံးအင်္ကျီ	apo hpoun akji.
maglietta (f)	တီရှပ်	ti shi'
pantaloni (m pl) corti	ဘောင်းဘီတို	baun: bi dou
tuta (f) sportiva	အားကစားဝတ်စုံ	a: gaza: wu' soun
accappatoio (m)	ရေချိုးခန်းဝတ်စုံ	jei gjou: gan: wu' soun
pigiama (m)	ညအိပ်ဝတ်စုံ	nja a' wu' soun
maglione (m)	ဆွယ်တာ	hswe da
pullover (m)	ဆွယ်တာ	hswe da
gilè (m)	ဝစ်ကုတ်	wi' kou'
frac (m)	တေးလ်ကုတ်အင်္ကျီ	tei: l kou' in: gji
smoking (m)	ညစာစားပွဲဝတ်စုံ	nja. za za: bwe: wu' soun
uniforme (f)	တူညီဝတ်စုံ	tu nji wa' soun
tuta (f) da lavoro	အလုပ်ဝင် ဝတ်စုံ	alou' win wu' zoun
salopette (f)	စက်ရုံဝတ်စုံ	se' joun wu' soun
camice (m) (~ del dottore)	ဂျူတီကုတ်	gju di gou'

35. Abbigliamento. Biancheria intima

biancheria (f) intima	အတွင်းခံ	atwin: gan
boxer (m pl)	ယောက်ျားဝတ်အတွင်းခံ	jau' kja: wu' atwin: gan
mutandina (f)	မိန်းကလေးဝတ်အတွင်းခံ	mein: galei: wa' atwin: gan
maglietta (f) intima	စွပ်ကျယ်	su' kje
calzini (m pl)	ခြေအိတ်များ	chei ei' mja:
camicia (f) da notte	ညအိပ်ဂါဝန်ရှည်	nja a' ga wun she
reggiseno (m)	ဘရာစီယာ	ba ra si ja
calzini (m pl) alti	ခြေအိတ်ရှည်	chei ei' shi
collant (m)	အသားကပ်-ဘောင်းဘီရှည်	atha: ka' baun: bi shei
calze (f pl)	စတော့ကင်	sato. kin
costume (m) da bagno	ရေကူးဝတ်စုံ	jei ku: wa' zoun

36. Copricapo

cappello (m)	ဦးထုပ်	u: htou'
cappello (m) di feltro	ဦးထုပ်ပျော့	u: htou' pjo.
cappello (m) da baseball	ရှာထိုးဦးထုပ်	sha dou: u: dou'
coppola (f)	လူကြီးဆောင်းဦးထုပ်ပြား	lu gji: zaun: u: dou' pja:
basco (m)	ဘယ်ရီဦးထုပ်	be ji u: htu'
cappuccio (m)	အင်္ကျီတွင်ပါသော ခေါင်းစွပ်	akji. twin pa dho: gaun: zu'
panama (m)	ဦးထုပ်အဝိုင်း	u: htou' awain:
berretto (m) a maglia	သိုးမွှေးခေါင်းစွပ်	thou: mwei: gaun: zu'
fazzoletto (m) da capo	ခေါင်းစည်းပုဝါ	gaun: zi: bu. wa
cappellino (m) donna	အမျိုးသမီးဆောင်းဦးထုပ်	amjou: dhami: zaun: u: htou'
casco (m) (~ di sicurezza)	ဦးထုပ်အမာ	u: htou' ama
bustina (f)	တပ်မတော်သုံးဦးထုပ်	ta' mado dhoun: u: dou'
casco (m) (~ moto)	အမာစားဦးထုပ်	ama za: u: htou'
bombetta (f)	ဦးထုပ်လုံး	u: htou' loun:
cilindro (m)	ဦးထုပ်မြင့်	u: htou' mjin.

37. Calzature

calzature (f pl)	ဖိနပ်	hpana'
stivaletti (m pl)	ရှူးဖိနပ်	shu: hpi. na'
scarpe (f pl)	မိန်းကလေးစီးရှူးဖိနပ်	mein: galei: zi: shu: bi. na'
stivali (m pl)	လည်ရှည်ဖိနပ်	le she bi. na'
pantofole (f pl)	အိမ်တွင်းစီးကွင်းထိုးဖိနပ်	ein dwin:
scarpe (f pl) da tennis	အားကစားဖိနပ်	a: gaza: bana'
scarpe (f pl) da ginnastica	ပတ္တူဖိနပ်	pa' tu bi. na'
sandali (m pl)	ကြိုးသိုင်းဖိနပ်	kjou: dhain: bi. na'
calzolaio (m)	ဖိနပ်ချုပ်သမား	hpana' chou' tha ma:
tacco (m)	ဒေါက်	dau'

paio (m)	အစုံ	asoun.
laccio (m)	ဖိနပ်ကြိုး	hpana' kjou:
allacciare (vt)	ဖိနပ်ကြိုးချည်သည်	hpana' kjou: gjin de
calzascarpe (m)	ဖိနပ်စီးရာသွင်သုံးသည့် ဖိနပ်ကော်	hpana' si: ja dhwin dhoun: dhin. hpana' ko
lucido (m) per le scarpe	ဖိနပ်တိုက်ဆေး	hpana' tou' hsei:

38. Tessuti. Stoffe

cotone (m)	ဝါချည်	wa gji
di cotone	ဝါချည်မှ	wa gji hma.
lino (m)	ချည်ကြမ်း	che kjan:
di lino	ချည်ကြမ်းမှ	che kjan: hma.
seta (f)	ပိုးချည်	pou: gje
di seta	ပိုးသားဖြင့်ပြုလုပ်ထားသော	pou: dha: bjin. bju. lou' hta: de.
lana (f)	သိုးမွေးချည်	thou: mwei: gji
di lana	သိုးမွေးဖြင့်ပြုလုပ်ထားသော	thou: mwei: bjin. bju lou' hta: de.
velluto (m)	ကတ္တီပါ	gadi ba
camoscio (m)	မျက်နှာပြင်ကြမ်းသောသားရေ	mje' hna bin gjain: dho dha: jei
velluto (m) a coste	ချည်ကတ္တီပါ	che gadi ba
nylon (m)	နိုင်လွန်	nain lun
di nylon	နိုင်လွန်မှ	nain lun hma
poliestere (m)	ပေါ်လီအက်စတာ	po li e' sa. ta
di poliestere	ပေါ်လီအက်စတာ	po li e' sa. ta
pelle (f)	သားရေ	tha: ei
di pelle	သားရေမှ	tha: jei hma.
pelliccia (f)	သားမွေး	tha: mwei:
di pelliccia	သားမွေးဖြင့်ပြုလုပ်ထားသော	tha: mwei: bjin. bju. lou' hta: de.

39. Accessori personali

guanti (m pl)	လက်အိတ်	lei' ei'
manopole (f pl)	နှစ်ကန့်လက်အိတ်	hni' kan. le' ei'
sciarpa (f)	မာဖလာ	ma ba. la
occhiali (m pl)	မျက်မှန်	mje' hman
montatura (f)	မျက်မှန်ကိုင်း	mje' hman gain:
ombrello (m)	ထီး	hti:
bastone (m)	တုတ်ကောက်	tou' kau'
spazzola (f) per capelli	ခေါင်းဘီး	gaun: bi:
ventaglio (m)	ပန်ကန်	pan gan
cravatta (f)	လည်စည်း	le zi:
cravatta (f) a farfalla	ဖဲပြားပုံလည်စည်း	hpe: bja: boun le zi:

bretelle (f pl)	ဘောင်းဘီသိုင်းကြိုး	baun: bi dhain: gjou:
fazzoletto (m)	လက်ကိုင်ပုဝါ	le' kain bu. wa
pettine (m)	ဘီး	bi:
fermaglio (m)	ဆံညှပ်	hsan hnja'
forcina (f)	ကလစ်	kali'
fibbia (f)	ခါးပတ်ခေါင်း	kha: ba' khaun:
cintura (f)	ခါးပတ်	kha: ba'
spallina (f)	ပုခုံးသိုင်းကြိုး	pu. goun: dhain: gjou:
borsa (f)	လက်ကိုင်အိတ်	le' kain ei'
borsetta (f)	မိန်းကလေးပုခုံးလွယ်အိတ်	mein: galei: bou goun: lwe ei'
zaino (m)	ကျောပိုးအိတ်	kjo: bou: ei'

40. Abbigliamento. Varie

moda (f)	ဖက်ရှင်	hpe' shin
di moda	ခေတ်မီသော	khi' mi de.
stilista (m)	ဖက်ရှင်ဒီဇိုင်နာ	hpe' shin di zain na
collo (m)	အင်္ကျီကော်လာ	akji. ko la
tasca (f)	အိတ်ကပ်	ei' ka'
tascabile (agg)	အိတ်ဆောင်	ei' hsaun
manica (f)	အင်္ကျီလက်	akji. le'
asola (f) per appendere	အင်္ကျီချိတ်ကွင်း	akji. gjei' kwin:
patta (f) (~ dei pantaloni)	ဘောင်းဘီလျှာဆက်	baun: bi ja ze'
cerniera (f) lampo	ဇစ်	zi'
chiusura (f)	ချိတ်စရာ	che' zaja
bottone (m)	ကြယ်သီး	kje dhi:
occhiello (m)	ကြယ်သီးပေါက်	kje dhi: bau'
staccarsi (un bottone)	ပြုတ်ထွက်သည်	pjou' htwe' te
cucire (vi, vt)	စက်ချုပ်သည်	se' khjou' te
ricamare (vi, vt)	ပန်းထိုးသည်	pan: dou: de
ricamo (m)	ပန်းထိုးခြင်း	pan: dou: gjin:
ago (m)	အပ်	a'
filo (m)	အပ်ချည်	a' chi
cucitura (f)	ချုပ်ရိုး	chou' jou:
sporcarsi (vr)	ညစ်ပေသွားသည်	nji' pei dhwa: de
macchia (f)	အစွန်းအထင်း	aswan: ahtin:
sgualcirsi (vr)	တွန့်ကြေစေသည်	tun. gjei zei de
strappare (vt)	ပေါက်ပြဲသွားသည်	pau' pje: dhwa: de
tarma (f)	အဝတ်ပိုးဖလံ	awu' pou: hpa. lan

41. Cura della persona. Cosmetici

dentifricio (m)	သွားတိုက်ဆေး	thwa: tai' hsei:
spazzolino (m) da denti	သွားတိုက်တံ	thwa: tai' tan
lavarsi i denti	သွားတိုက်သည်	thwa: tai' te

rasoio (m)	သင်တုန်းဓား	thin toun: da:
crema (f) da barba	မုတ်ဆိတ်ရိတ် ဆပ်ပြာ	mou' zei' jei' hsa' pja
rasarsi (vr)	ရိတ်သည်	jei' te
sapone (m)	ဆပ်ပြာ	hsa' pja
shampoo (m)	ခေါင်းလျှော်ရည်	gaun: sho je
forbici (f pl)	ကတ်ကြေး	ka' kjei:
limetta (f)	လက်သည်းတိုက်တံစဉ်း	le' the:
tagliaunghie (m)	လက်သည်းညှပ်	le' the: hnja'
pinzette (f pl)	ဇာဂနာ	za ga. na
cosmetica (f)	အလှကုန်ပစ္စည်း	ahla. koun pji' si:
maschera (f) di bellezza	မျက်နှာပေါင်းတင်ခြင်း	mje' hna baun: din gjin:
manicure (m)	လက်သည်းအလှပြင်ခြင်း	le' the: ahla bjin gjin
fare la manicure	လက်သည်းအလှပြင်သည်	le' the: ahla bjin de
pedicure (m)	ခြေသည်းအလှပြင်သည်	chei dhi: ahla. pjin de
borsa (f) del trucco	မိတ်ကပ်အိတ်	mi' ka' ei'
cipria (f)	ပေါင်ဒါ	paun da
portacipria (m)	ပေါင်ဒါဘူး	paun da bu:
fard (m)	ပါးနီ	pa: ni
profumo (m)	ရေမွှေး	jei mwei:
acqua (f) da toeletta	ရေမွှေး	jei mwei:
lozione (f)	လိုးရှင်း	lou shin:
acqua (f) di Colonia	အော်ဒီကလုန်းရေမွှေး	o di ka lun: jei mwei:
ombretto (m)	မျက်ခွံဆိုးဆေး	mje' khwan zou: zei:
eyeliner (m)	အိုင်းလိုင်နာတောင့်	ain: lain: na daun.
mascara (m)	မျက်တောင်ခြယ်ဆေး	mje' taun gje zei:
rossetto (m)	နှုတ်ခမ်းနီ	hna' khan: ni
smalto (m)	လက်သည်းဆိုးဆေး	le' the: azou: zei:
lacca (f) per capelli	ဆံပင်သုံး စပရေး	zabin dhoun za. ba. jei:
deodorante (m)	ချွေးနံ့ပျောက်ဆေး	chwei: nan. bjau' hsei:
crema (f)	ခရင်မ်	khajin m
crema (f) per il viso	မျက်နှာခရင်မ်	mje' hna ga. jin m
crema (f) per le mani	ဟန်ခရင်မ်	han kha. rin m
crema (f) antirughe	အသားခြောက်ကာကွယ်ဆေး	atha: gjau' ka gwe zei:
crema (f) da giorno	နေ့လိမ်းခရင်မ်	nei. lein: ga jin'm
crema (f) da notte	ညလိမ်းခရင်မ်	nja lein: khajinm
da giorno	နေ့လယ်ဘက်သုံးသော	nei. le be' thoun: de.
da notte	ညဘက်သုံးသော	nja. be' thoun: de.
tampone (m)	အတောင့်	ataun.
carta (f) igienica	အိမ်သာသုံးစက္ကူ	ein dha dhoun: se' ku
fon (m)	ဆံပင်အခြောက်ခံစက်	zabin achou' hsan za'

42. Gioielli

gioielli (m pl)	လက်ဝတ်ရတနာ	le' wa' ja. da. na
prezioso (agg)	အဖိုးတန်	ahpou: dan
marchio (m)	ရွှေကဲ့ငွေကဲ့မှတ်	shwei ge: ngwei ge: hma'

anello (m)	လက်စွပ်	le' swa'
anello (m) nuziale	လက်ထပ်လက်စွပ်	le' hta' le' swa'
braccialetto (m)	လက်ကောက်	le' kau'
orecchini (m pl)	နားကပ်	na: ka'
collana (f)	လည်ဆွဲ	le zwe:
corona (f)	သရဖူ	tharahpu:
perline (f pl)	လည်ဆွဲပုတီး	le zwe: bu. di:
diamante (m)	စိန်	sein
smeraldo (m)	မြ	mja.
rubino (m)	ပတ္တမြား	pa' ta. mja:
zaffiro (m)	နီလာ	ni la
perle (f pl)	ပုလဲ	pale:
ambra (f)	ပယင်း	pajin:

43. Orologi da polso. Orologio

orologio (m) (~ da polso)	နာရီ	na ji
quadrante (m)	နာရီဒိုက်ခွက်	na ji dai' hpwe'
lancetta (f)	နာရီလက်တံ	na ji le' tan
braccialetto (m)	နာရီကြိုး	na ji gjou:
cinturino (m)	နာရီကြိုး	na ji gjou:
pila (f)	ဓာတ်ခဲ	da' khe:
essere scarico	အားကုန်သည်	a: kun de
cambiare la pila	ဘတ်ထရီလဲသည်	ba' hta ji le: de
andare avanti	မြန်သည်	mjan de
andare indietro	နောက်ကျသည်	nau' kja. de
orologio (m) da muro	တိုင်ကပ်နာရီ	tain ka' na ji
clessidra (f)	သဲနာရီ	the: naji
orologio (m) solare	နေနာရီ	nei na ji
sveglia (f)	နှိုးစက်	hnou: ze'
orologiaio (m)	နာရီပြင်ဆရာ	ma ji bjin zaja
riparare (vt)	ပြင်သည်	pjin de

Cibo. Alimentazione

44. Cibo

carne (f)	အသား	atha:
pollo (m)	ကြက်သား	kje' tha:
pollo (m) novello	ကြက်ကလေး	kje' ka. lei:
anatra (f)	ဘဲသား	be: dha:
oca (f)	ဘဲငန်းသား	be: ngan: dha:
cacciagione (f)	တောကောင်သား	to: gaun dha:
tacchino (m)	ကြက်ဆင်သား	kje' hsin dha:
maiale (m)	ဝက်သား	we' tha:
vitello (m)	နွားကလေးသား	nwa: ga. lei: dha:
agnello (m)	သိုးသား	thou: tha:
manzo (m)	အမဲသား	ame: dha:
coniglio (m)	ယုန်သား	joun dha:
salame (m)	ဝက်အူချောင်း	we' u gjaun:
w?rstel (m)	အသားချောင်း	atha: gjaun:
pancetta (f)	ဝက်ဆားနယ်ခြောက်	we' has: ne gjau'
prosciutto (m)	ဝက်ပေါင်ခြောက်	we' paun gjau'
prosciutto (m) affumicato	ဝက်ပေါင်ကြက်တိုက်	we' paun gje' tai'
pâté (m)	အနှစ်အခဲပျော့	ahni' akhe pjo.
fegato (m)	အသည်း	athe:
carne (f) trita	ကြိတ်သား	kjei' tha:
lingua (f)	လျှာ	sha
uovo (m)	ဥ	u.
uova (f pl)	ဥများ	u. mja:
albume (m)	အကာ	aka
tuorlo (m)	အနှစ်	ahni'
pesce (m)	ငါး	nga:
frutti (m pl) di mare	ပင်လယ်အစားအစာ	pin le asa: asa
crostacei (m pl)	အခွံမာရေနေသတ္တဝါ	akhun ma jei nei dha' ta. wa
caviale (m)	ငါးဥ	nga: u.
granchio (m)	ကဏန်း	kanan:
gamberetto (m)	ပုစွန်	bazun
ostrica (f)	ကမာကောင်	kama kaun
aragosta (f)	ကျောက်ပုစွန်	kjau' pu. zun
polpo (m)	ရေဘဝဲသား	jei ba. we: dha:
calamaro (m)	ပြည်ကြီးငါး	pjei gji: nga:
storione (m)	စတာဂျင်ငါး	sata gjin nga:
salmone (m)	ဆော်လမွန်ငါး	hso: la. mun nga:
ippoglosso (m)	ပင်လယ်ငါးကြီးသား	pin le nga: gji: dha:
merluzzo (m)	ငါးကြီးဆီထုတ်သောငါး	nga: gji: zi dou' de. nga:

scombro (m)	မက်ကရယ်ငါး	me' ka. je nga:
tonno (m)	တူနာငါး	tu na nga:
anguilla (f)	ငါးရှဉ့်	nga: shin.
trota (f)	ထရောက်ငါး	hta. jau' nga:
sardina (f)	ငါးသေတ္တာငါး	nga: dhei ta' nga:
luccio (m)	ပိုက်ငါး	pai' nga
aringa (f)	ငါးသလောက်	nga: dha. lau'
pane (m)	ပေါင်မုန့်	paun moun.
formaggio (m)	ဒိန်ခဲ	dain ge:
zucchero (m)	သကြား	dhagja:
sale (m)	ဆား	hsa:
riso (m)	ဆန်စပါး	hsan zaba
pasta (f)	အီတာလီခေါက်ဆွဲ	ita. li khau' hswe:
tagliatelle (f pl)	ခေါက်ဆွဲ	gau' hswe:
burro (m)	ထောပတ်	hto: ba'
olio (m) vegetale	ဆီ	hsi
olio (m) di girasole	နေကြာပန်းဆီ	nei gja ban: zi
margarina (f)	ဟင်းရွက်အဆီခဲ	hin: jwe' ahsi khe:
olive (f pl)	သံလွင်သီး	than lun dhi:
olio (m) d'oliva	သံလွင်ဆီ	than lun zi
latte (m)	နွားနို့	nwa: nou.
latte (m) condensato	နို့ဆီ	ni. zi
yogurt (m)	ဒိန်ချဉ်	dain gjin
panna (f) acida	နို့ချဉ်	nou. gjin
panna (f)	မလိုင်	ma. lain
maionese (m)	ခပ်ပျစ်ပျစ်စားမြိန်ရည်	kha' pji' pji' sa: mjein jei
crema (f)	ထောပတ်မလိုင်	hto: ba' ma. lein
cereali (m pl)	နှံစားစေ့	nhnan za: zei.
farina (f)	ဂျုံမှုန့်	gjoun hmoun.
cibi (m pl) in scatola	စည်သွပ်ဗူးများ	si dhwa' bu: mja:
fiocchi (m pl) di mais	ပြောင်းဖူးမုန့်ဆန်း	pjaun: bu: moun. zan:
miele (m)	ပျားရည်	pja: je
marmellata (f)	ယို	jou
gomma (f) da masticare	ပီကေ	pi gei

45. Bevande

acqua (f)	ရေ	jei
acqua (f) potabile	သောက်ရေ	thau' jei
acqua (f) minerale	ဓာတ်ဆားရည်	da' hsa: ji
liscia (non gassata)	ဂတ်စ်မပါသော	ga' s ma. ba de.
gassata (agg)	ဂတ်စ်ပါသော	ga' s ba de.
frizzante (agg)	စပါကလင်	saba ga. lin
ghiaccio (m)	ရေခဲ	jei ge:

con ghiaccio	ရေခဲနှင့်	jei ge: hnin.
analcolico (agg)	အယ်ကိုဟောမပါသော	e kou ho: ma. ba de.
bevanda (f) analcolica	အယ်ကိုဟောမဟုတ်သော သောက်စရာ	e kou ho: ma. hou' te. dhau' sa. ja
bibita (f)	အအေး	aei:
limonata (f)	လီမွန်ဖျော်ရည်	li mun hpjo ji
bevande (f pl) alcoliche	အယ်ကိုဟောပါဝင်သော သောက်စရာ	e kou ho: ba win de. dhau' sa. ja
vino (m)	ဝိုင်	wain
vino (m) bianco	ဝိုင်ဖြူ	wain gju
vino (m) rosso	ဝိုင်နီ	wain ni
liquore (m)	အရက်ချိုပြင်း	aje' gjou pjin
champagne (m)	ရှန်ပိန်	shan pein
vermouth (m)	ရနံ့သင်းသောဆေးစိမ်ဝိုင်	jan dhin: dho: zei: zein wain
whisky	ဝီစကီ	wi sa. gi
vodka (f)	ဗော်ကာ	bo ga
gin (m)	ဂျင်	gjin
cognac (m)	ကော့ညက်	ko. nja'
rum (m)	ရမ်	ran
caffè (m)	ကော်ဖီ	ko hpi
caffè (m) nero	ဘလက်ကော်ဖီ	ba. le' ko: phi
caffè latte (m)	ကော်ဖီနို့ရော	ko hpi ni. jo:
cappuccino (m)	ကပူချီနို	ka. pu chi ni.
caffè (m) solubile	ကော်ဖီမစ်	ko hpi mi'
latte (m)	နွားနို့	nwa: nou.
cocktail (m)	ကော့တေး	ko. dei:
frullato (m)	မစ်ရှိတ်	mi' shei'
succo (m)	အချိုရည်	achou ji
succo (m) di pomodoro	ခရမ်းချဉ်သီးအချိုရည်	khajan: chan dhi: achou jei
succo (m) d'arancia	လိမ္မော်ရည်	limmo ji
spremuta (f)	အသီးဖျော်ရည်	athi: hpjo je
birra (f)	ဘီယာ	bi ja
birra (f) chiara	အရောင်ဖျော့သောဘီယာ	ajaun bjau. de. bi ja
birra (f) scura	အရောင်ရင့်သောဘီယာ	ajaun jin. de. bi ja
tè (m)	လက်ဖက်ရည်	le' hpe' ji
tè (m) nero	လက်ဖက်နက်	le' hpe' ne'
tè (m) verde	လက်ဖက်စိမ်း	le' hpe' sein:

46. Verdure

ortaggi (m pl)	ဟင်းသီးဟင်းရွက်	hin: dhi: hin: jwe'
verdura (f)	ဟင်းခတ်အမွှေးရွက်	hin: ga' ahmwei: jwe'
pomodoro (m)	ခရမ်းချဉ်သီး	khajan: chan dhi:
cetriolo (m)	သခွါးသီး	thakhwa: dhi:
carota (f)	မုန်လာဥနီ	moun la u. ni

patata (f)	အာလူး	a lu:
cipolla (f)	ကြက်သွန်နီ	kje' thwan ni
aglio (m)	ကြက်သွန်ဖြူ	kje' thwan bju
cavolo (m)	ဂေါ်ဖီ	go bi
cavolfiore (m)	ပန်းဂေါ်ဖီ	pan: gozi
cavoletti (m pl) di Bruxelles	ဂေါ်ဖီထုပ်အသေးစား	go bi dou' athei: za:
broccolo (m)	ပန်းဂေါ်ဖီအစိမ်း	pan: gozi asein:
barbabietola (f)	မုန်လာဥနီလုံး	moun la u. ni loun:
melanzana (f)	ခရမ်းသီး	khajan: dhi:
zucchina (f)	ဘူးသီး	bu: dhi:
zucca (f)	ဖရုံသီး	hpa joun dhi:
rapa (f)	တရုတ်မုန်လာဥ	tajou' moun la u.
prezzemolo (m)	တရုတ်နံနံပင်	tajou' nan nan bin
aneto (m)	စမြိတ်ပင်	samjei' pin
lattuga (f)	ဆလပ်ရွက်	hsa. la' jwe'
sedano (m)	တရုတ်နံနံကြီး	tajou' nan nan gji:
asparago (m)	ကညွတ်မာပင်	ka. nju' ma bin
spinaci (m pl)	ဒေါက်ခွ	dau' khwa.
pisello (m)	ပဲစေ့	pe: zei.
fave (f pl)	ပဲအမျိုးမျိုး	pe: amjou: mjou:
mais (m)	ပြောင်းဖူး	pjaun: bu:
fagiolo (m)	ဗိုလ်စားပဲ	bou za: be:
peperone (m)	ငရုတ်သီး	nga jou' thi:
ravanello (m)	မုန်လာဥသေး	moun la u. dhei:
carciofo (m)	အာတီချော့	a ti cho.

47. Frutta. Noci

frutto (m)	အသီး	athi:
mela (f)	ပန်းသီး	pan: dhi:
pera (f)	သစ်တော်သီး	thi' to dhi:
limone (m)	သံပုယိုသီး	than bu. jou dhi:
arancia (f)	လိမ္မော်သီး	limmo dhi:
fragola (f)	စတော်ဘယ်ရီသီး	sato be ri dhi:
mandarino (m)	ပျားလိမ္မော်သီး	pja: lein mo dhi:
prugna (f)	ဆီးသီး	hsi: dhi:
pesca (f)	မက်မွန်သီး	me' mwan dhi:
albicocca (f)	တရုတ်ဆီးသီး	jau' hsi: dhi:
lampone (m)	ရတ်စဘယ်ရီ	re' sa be ji
ananas (m)	နာနတ်သီး	na na' dhi:
banana (f)	ငှက်ပျောသီး	hnge' pjo: dhi:
anguria (f)	ဖရဲသီး	hpa. je: dhi:
uva (f)	စပျစ်သီး	zabji' thi:
amarena (f), ciliegia (f)	ချယ်ရီသီး	che ji dhi:
amarena (f)	ချယ်ရီချဉ်သီး	che ji gjin dhi:
ciliegia (f)	ချယ်ရီချိုသီး	che ji gjou dhi:
melone (m)	သခွားမွှေးသီး	thakhwa: hmwei: dhi:

pompelmo (m)	ဂရိတ်ဖရုသီး	ga. ri' hpa. ju dhi:
avocado (m)	ထောပတ်သီး	hto: ba' thi:
papaia (f)	သင်္ဘောသီး	thin: bo: dhi:
mango (m)	သရက်သီး	thaje' thi:
melagrana (f)	တလည်းသီး	tale: dhi:
ribes (m) rosso	အနီရောင်ဘယ်ရီသီး	ani jaun be ji dhi:
ribes (m) nero	ဘလက်ကားရန့်	ba. le' ka: jan.
uva (f) spina	ကလားဆီးဖြူ	ka. la: his: hpju
mirtillo (m)	ဘီဘယ်ရီအသီး	bi: be ji athi:
mora (f)	ရှမ်းဆီးသီး	shan: zi: di:
uvetta (f)	စပျစ်သီးခြောက်	zabji' thi: gjau'
fico (m)	သဖန်းသီး	thahpjan: dhi:
dattero (m)	စွန်ပလွံသီး	sun palun dhi:
arachide (f)	မြေပဲ	mjei be:
mandorla (f)	ဗာဒံသီး	ba dan di:
noce (f)	သစ်ကြားသီး	thi' kja: dhi:
nocciola (f)	ဟေဇယ်သီး	ho: ze dhi:
noce (f) di cocco	အုန်းသီး	aun: dhi:
pistacchi (m pl)	ခွံမာသီး	khwan ma dhi:

48. Pane. Dolci

pasticceria (f)	မုန့်ချို	moun. gjou
pane (m)	ပေါင်မုန့်	paun moun.
biscotti (m pl)	ဘီစကစ်	bi za. ki'
cioccolato (m)	ချောကလက်	cho: ka. le'
al cioccolato (agg)	ချောကလက်အရသာရှိသော	cho: ka. le' aja. dha shi. de.
caramella (f)	သကြားလုံး	dhagja: loun:
tortina (f)	ကိတ်	kei'
torta (f)	ကိတ်မုန့်	kei' moun.
crostata (f)	ပိုင်မုန့်	pain hmoun.
ripieno (m)	သွပ်ထားသောအစာ	thu' hta: dho: asa
marmellata (f)	ယို	jou
marmellata (f) di agrumi	အထူးပြုလုပ်ထားသော ယို	a htu: bju. lou' hta: de. jou
wafer (m)	ဝေဖာ	wei hpa
gelato (m)	ရေခဲမုန့်	jei ge: moun.
budino (m)	ပူတင်း	pu tin:

49. Pietanze cucinate

piatto (m) (≈ principale)	ဟင်းပွဲ	hin: bwe:
cucina (f)	အစားအသောက်	asa: athau'
ricetta (f)	ဟင်းချက်နည်း	hin: gji' ne:
porzione (f)	တစ်ယောက်စာဟင်းပွဲ	ti' jau' sa hin: bwe:
insalata (f)	အသုပ်	athou'
minestra (f)	စွပ်ပြုတ်	su' pjou'

brodo (m)	ဟင်းရည်	hin: ji
panino (m)	အသားညှပ်ပေါင်မုန့်	atha: hnja' paun moun.
uova (f pl) al tegamino	ကြက်ဥကြော်	kje' u. kjo
hamburger (m)	ဟန်ဘာဂါ	han ba ga
bistecca (f)	အမဲသားတုံး	ame: dha: doun:
contorno (m)	အရံဟင်း	ajan hin:
spaghetti (m pl)	အီတလီခေါက်ဆွဲ	ita. li khau' hswe:
purè (m) di patate	အာလူးနွားနို့ဖျော်	a luu: nwa: nou. bjo
pizza (f)	ပီဇာ	pi za
porridge (m)	အုတ်ဂျုံယာဂု	ou' gjoun ja gu.
frittata (f)	ကြက်ဥခေါက်ကြော်	kje' u. khau' kjo
bollito (agg)	ပြုတ်ထားသော	pjou' hta: de.
affumicato (agg)	ကြပ်တင်ထားသော	kja' tin da: de.
fritto (agg)	ကြော်ထားသော	kjo da de.
secco (agg)	ခြောက်နေသော	chau' nei de.
congelato (agg)	အေးခဲနေသော	ei: khe: nei de.
sottoaceto (agg)	ဆားရည်စိမ်ထားသော	hsa:
dolce (gusto)	ချိုသော	chou de.
salato (agg)	ငန်သော	ngan de.
freddo (agg)	အေးသော	ei: de.
caldo (agg)	ပူသော	pu dho:
amaro (agg)	ခါးသော	kha: de.
buono, gustoso (agg)	အရသာရှိသော	aja. dha shi. de.
cuocere, preparare (vt)	ပြုတ်သည်	pjou' te
cucinare (vi)	ချက်သည်	che' de
friggere (vt)	ကြော်သည်	kjo de
riscaldare (vt)	အပူပေးသည်	apu bei: de
salare (vt)	ဆားထည့်သည်	hsa: hte. de
pepare (vt)	အစပ်ထည့်သည်	asin hte. dhe
grattugiare (vt)	ခြစ်သည်	chi' te
buccia (f)	အခွံ	akhun
sbucciare (vt)	အခွံနွှာသည်	akhun hnwa de

50. Spezie

sale (m)	ဆား	hsa:
salato (agg)	ငန်သော	ngan de.
salare (vt)	ဆားထည့်သည်	hsa: hte. de
pepe (m) nero	ငရုတ်ကောင်း	nga jou' kaun:
peperoncino (m)	ငရုတ်သီး	nga jou' thi:
senape (f)	မုန်ညင်း	moun njin:
cren (m)	သဘော်ဒန့်သလွန်	thin: bo: dan. dha lun
condimento (m)	ဟင်းခတ်အမှုန့်အမျိုးမျိုး	hin: ga' ahnun. amjou: mjou:
spezie (f pl)	ဟင်းခတ်အမွှေးအကြိုင်	hin: ga' ahmwei: akjain
salsa (f)	ဆော့	hso.
aceto (m)	ရှာလကာရည်	sha la. ga je

anice (m)	စမုန်စပါးပင်	samoun zaba: bin
basilico (m)	ပင်စိမ်း	pin zein:
chiodi (m pl) di garofano	လေးညှင်း	lei: hnjin:
zenzero (m)	ဂျင်း	gjin:
coriandolo (m)	နံနံပင်	nan nan bin
cannella (f)	သစ်ကြံပိုးခေါက်	thi' kjan bou: gau'
sesamo (m)	နှမ်း	hnan:
alloro (m)	ကရဝေးရွက်	ka ja wei: jwe'
paprica (f)	ပန်းငရုတ်မှုန့်	pan: nga. jou' hnoun.
cumino (m)	ကရဝေး	ka. ja. wei:
zafferano (m)	ကုံကုမံ	koun kou man

51. Pasti

cibo (m)	အစားအစာ	asa: asa
mangiare (vi, vt)	စားသည်	sa: de
colazione (f)	နံနက်စာ	nan ne' za
fare colazione	နံနက်စာစားသည်	nan ne' za za: de
pranzo (m)	နေ့လယ်စာ	nei. le za
pranzare (vi)	နေ့လယ်စာစားသည်	nei. le za za de
cena (f)	ညစာ	nja. za
cenare (vi)	ညစာစားသည်	nja. za za: de
appetito (m)	စားချင်စိတ်	sa: gjin zei'
Buon appetito!	စားကောင်းပါစေ	sa: gaun: ba zei
aprire (vt)	ဖွင့်သည်	hpwin. de
rovesciare (~ il vino, ecc.)	ဖိတ်ကျသည်	hpi' kja de
rovesciarsi (vr)	မှောက်သည်	hmau' de
bollire (vi)	ဆူပွက်သည်	hsu. bwe' te
far bollire	ဆူပွက်သည်	hsu. bwe' te
bollito (agg)	ဆူပွက်ထားသော	hsu. bwe' hta: de.
raffreddare (vt)	အအေးခံသည်	aei: gan de
raffreddarsi (vr)	အေးသွားသည်	ei: dhwa: de
gusto (m)	အရသာ	aja. dha
retrogusto (m)	ပအာခြင်း	pa. achin:
essere a dieta	ဝိတ်ချသည်	wei' cha. de
dieta (f)	ဓာတ်စာ	da' sa
vitamina (f)	ဗီတာမင်	bi ta min
caloria (f)	ကယ်လိုရီ	ke lou ji
vegetariano (m)	သက်သက်လွတ်စားသူ	the' the' lu' za: dhu
vegetariano (agg)	သက်သက်လွတ်စားသော	the' the' lu' za: de.
grassi (m pl)	အဆီ	ahsi
proteine (f pl)	အသားဓာတ်	atha: da'
carboidrati (m pl)	ကစီဓာတ်	ka. zi da'
fetta (f), fettina (f)	အချပ်	acha'
pezzo (m) (~ di torta)	အတုံး	atoun:
briciola (f) (~ di pane)	အစအန	asa an

52. Preparazione della tavola

cucchiaio (m)	ဇွန်း	zun:
coltello (m)	ဓား	da:
forchetta (f)	ခက်ရင်း	khajin:
tazza (f)	ခွက်	khwe'
piatto (m)	ပန်းကန်ပြား	bagan: bja:
piattino (m)	အောက်ခံပန်းကန်ပြား	au' khan ban: kan pja:
tovagliolo (m)	လက်သုတ်ပုဝါ	le' thou' pu. wa
stuzzicadenti (m)	သွားကြားထိုးတံ	thwa: kja: dou: dan

53. Ristorante

ristorante (m)	စားသောက်ဆိုင်	sa: thau' hsain
caffè (m)	ကော်ဖီဆိုင်	ko hpi zain
pub (m), bar (m)	ဘား	ba:
sala (f) da tè	လက်ဖက်ရည်ဆိုင်	le' hpe' ji zain
cameriere (m)	စားပွဲထိုး	sa: bwe: dou:
cameriera (f)	စားပွဲထိုးမိန်းကလေး	sa: bwe: dou: mein: ga. lei:
barista (m)	အရက်ဘားဝန်ထမ်း	aje' ba: wun dan:
menù (m)	စားသောက်ဖွယ်စာရင်း	sa: thau' hpwe za jin:
lista (f) dei vini	ဝိုင်စာရင်း	wain za jin:
prenotare un tavolo	စားပွဲကြိုတင်မှာယူသည်	sa: bwe: gjou din hma ju de
piatto (m)	ဟင်းပွဲ	hin: bwe:
ordinare (~ il pranzo)	မှာသည်	hma de
fare un'ordinazione	မှာသည်	hma de
aperitivo (m)	နှုတ်မြိန်ဆေး	hna' mjein zei:
antipasto (m)	နှုတ်မြိန်စာ	hna' mjein za
dolce (m)	အချိုပွဲ	achou bwe:
conto (m)	ကျသင့်ငွေ	kja. thin. ngwei
pagare il conto	ကုန်ကျငွေရှင်းသည်	koun gja ngwei shin: de
dare il resto	ပြန်အမ်းသည်	pjan an: de
mancia (f)	မုန့်ဖိုး	moun. bou:

Famiglia, parenti e amici

54. Informazioni personali. Moduli

nome (m)	အမည်	amji
cognome (m)	မိသားစုအမည်	mi. dha: zu. amji
data (f) di nascita	မွေးနေ့	mwei: nei.
luogo (m) di nascita	မွေးရပ်	mwer: ja'
nazionalità (f)	လူမျိုး	lu mjou:
domicilio (m)	နေရပ်ဒေသ	nei ja' da. dha.
paese (m)	နိုင်ငံ	nain ngan
professione (f)	အလုပ်အကိုင်	alou' akain
sesso (m)	လိင်	lin
statura (f)	အရပ်	aja'
peso (m)	ကိုယ်အလေးချိန်	kou alei: chain

55. Membri della famiglia. Parenti

madre (f)	အမေ	amei
padre (m)	အဖေ	ahpei
figlio (m)	သား	tha:
figlia (f)	သမီး	thami:
figlia (f) minore	သမီးအငယ်	thami: ange
figlio (m) minore	သားအငယ်	tha: ange
figlia (f) maggiore	သမီးအကြီး	thami: akji:
figlio (m) maggiore	သားအကြီး	tha: akji:
fratello (m)	ညီအစ်ကို	nji a' kou
fratello (m) maggiore	အစ်ကို	akou
fratello (m) minore	ညီ	nji
sorella (f)	ညီအစ်မ	nji a' ma
sorella (f) maggiore	အစ်မ	ama.
sorella (f) minore	ညီမ	nji ma.
cugino (m)	ဝမ်းကွဲအစ်ကို	wan: kwe: i' kou
cugina (f)	ဝမ်းကွဲညီမ	wan: kwe: nji ma.
mamma (f)	မေမေ	mei mei
papà (m)	ဖေဖေ	hpei hpei
genitori (m pl)	မိဘတွေ	mi. ba. dwei
bambino (m)	ကလေး	kalei:
bambini (m pl)	ကလေးများ	kalei: mja:
nonna (f)	အဘွား	ahpwa
nonno (m)	အဘိုး	ahpou:

nipote (m) (figlio di un figlio)	မြေး	mjei:
nipote (f)	မြေးမ	mjei: ma.
nipoti (pl)	မြေးများ	mjei: mja:
zio (m)	ဦးလေး	u: lei:
zia (f)	အဒေါ်	ado
nipote (m) (figlio di un fratello)	တူ	tu
nipote (f)	တူမ	tu ma.
suocera (f)	ယောက္ခမ	jau' khama.
suocero (m)	ယောက္ခထီး	jau' khadi:
genero (m)	သားမက်	tha: me'
matrigna (f)	မိထွေး	mi. dwei:
patrigno (m)	ပထွေး	pahtwei:
neonato (m)	နို့စို့ကလေး	nou. zou. galei:
infante (m)	ကလေးငယ်	kalei: nge
bimbo (m), ragazzino (m)	ကလေး	kalei:
moglie (f)	မိန်းမ	mein: ma.
marito (m)	ယောက်ျား	jau' kja:
coniuge (m)	ခင်ပွန်း	khin bun:
coniuge (f)	ဇနီး	zani:
sposato (agg)	မိန်းမရှိသော	mein: ma. shi. de.
sposata (agg)	ယောက်ျားရှိသော	jau' kja: shi de
celibe (agg)	လူလွတ်ဖြစ်သော	lu lu' hpji te.
scapolo (m)	လူပျို	lu bjou
divorziato (agg)	တစ်ခုလပ်ဖြစ်သော	ti' khu. la' hpji' te.
vedova (f)	မုဆိုးမ	mu. zou: ma.
vedovo (m)	မုဆိုးဖို	mu. zou: bou
parente (m)	ဆွေမျိုး	hswe mjou:
parente (m) stretto	ဆွေမျိုးရင်းချာ	hswe mjou: jin: gja
parente (m) lontano	ဆွေမျိုးနီးစပ်	hswe mjou: ni: za'
parenti (m pl)	မွေးချင်းများ	mwei: chin: mja:
orfano (m), orfana (f)	မိဘမဲ့	mi. ba me.
orfano (m)	မိဘမဲ့ကလေး	mi. ba me. ga lei:
orfana (f)	မိဘမဲ့ကလေးမ	mi. ba me. ga lei: ma
tutore (m)	အုပ်ထိန်းသူ	ou' htin: dhu
adottare (~ un bambino)	သားအဖြစ်မွေးစားသည်	tha: ahpji' mwei: za: de
adottare (~ una bambina)	သမီးအဖြစ်မွေးစားသည်	thami: ahpji' mwei: za: de

56. Amici. Colleghi

amico (m)	သူငယ်ချင်း	thu nge gjin:
amica (f)	မိန်းကလေးသူငယ်ချင်း	mein: galei: dhu nge gjin:
amicizia (f)	ခင်မင်ရင်းနှီးမှု	khin min jin: ni: hmu.
essere amici	ခင်မင်သည်	khin min de
amico (m) (inform.)	အပေါင်းအသင်း	apaun: athin:
amica (f) (inform.)	အပေါင်းအသင်း	apaun: athin:
partner (m)	လုပ်ဖော်ကိုင်ဖက်	lou' hpo kain be'

capo (m)	အကြီးအကဲ	akji: ake:
capo (m), superiore (m)	အထက်လူကြီး	a hte' lu gji:
proprietario (m)	ပိုင်ရှင်	pain shin
subordinato (m)	လက်အောက်ခံအမှုထမ်း	le' au' khan ahmu. htan:
collega (m)	လုပ်ဖော်ကိုင်ဖက်	lou' hpo kain be'
conoscente (m)	အကျွမ်းဝင်မှု	akjwan: win hmu.
compagno (m) di viaggio	ခရီးဖော်	khaji: bo
compagno (m) di classe	တစ်တန်းတည်းသား	ti' tan: de: dha:
vicino (m)	အိမ်နီးနားချင်း	ein ni: na: gjin:
vicina (f)	မိန်းကလေးအိမ်နီးနားချင်း	mein: galei: ein: ni: na: gjin:
vicini (m pl)	အိမ်နီးနားချင်းများ	ein ni: na: gjin: mja:

57. Uomo. Donna

donna (f)	အမျိုးသမီး	amjou: dhami:
ragazza (f)	မိန်းကလေး	mein: ga. lei:
sposa (f)	သတို့သမီး	dhadou. thami:
bella (agg)	လှပသော	hla. ba. de.
alta (agg)	အရပ်မြင့်သော	aja' mjin. de.
snella (agg)	သွယ်လျသော	thwe lja de.
bassa (agg)	အရပ်ပုသော	aja' pu. de.
bionda (f)	ဆံပင်ရွှေရောင်ဖျော့မိန်းကလေး	zabin shwei jaun bjo. min: ga lei:
bruna (f)	ဆံပင်နက်သောမိန်းကလေး	zabin ne' de.min: ga lei:
da donna (agg)	အမျိုးသမီးနှင့်ဆိုင်သော	amjou: dhami: hnin. zain dho:
vergine (f)	အပျိုစင်	apjou zin
incinta (agg)	ကိုယ်ဝန်ဆောင်ထားသော	kou wun hsaun da: de.
uomo (m) (adulto maschio)	အမျိုးသား	amjou: dha:
biondo (m)	ဆံပင်ရွှေရောင်ဖျော့ယောကျ်ားလေး	zabin shwei jaun bjo. jau' gja: lei:
bruno (m)	ဆံပင်နက်သောယောကျ်ားလေး	zabin ne' de. jau' gja: lei:
alto (agg)	အရပ်မြင့်သော	aja' mjin. de.
basso (agg)	အရပ်ပုသော	aja' pu. de.
sgarbato (agg)	ရိုင်းစိုင်းသော	jain: zain: de.
tozzo (agg)	တုတ်ခိုင်သော	tou' khain de.
robusto (agg)	တောင့်တင်းသော	taun. din: de
forte (agg)	သန်မာသော	than ma de.
forza (f)	ခွန်အား	khwan a:
grasso (agg)	ဝသော	wa. de.
bruno (agg)	ညိုသော	njou de.
snello (agg)	သွယ်လျသော	thwe lja de.
elegante (agg)	ကျော့ရှင်းသော	kjo. shin: de

58. Età

età (f)	အသက်အရွယ်	athe' ajwe'
giovinezza (f)	ပျိုရွယ်ချိန်	pjou jwe gjein
giovane (agg)	ငယ်ရွယ်သော	ngwe jwe de.
più giovane (agg)	ပိုငယ်သော	pou nge de.
più vecchio (agg)	အသက်ပိုကြီးသော	athe' pou kji: de.
giovane (m)	လူငယ်	lu nge
adolescente (m, f)	ဆယ်ကျော်သက်	hse gjo dhe'
ragazzo (m)	လူငယ်	lu nge
vecchio (m)	လူကြီး	lu gji:
vecchia (f)	အမျိုးသမီးကြီး	amjou: dhami: gji:
adulto (m)	အရွယ်ရောက်သော	ajwe' jau' te.
di mezza età	သက်လတ်ပိုင်း	the' la' pain:
anziano (agg)	အိုမင်းသော	ou min de.
vecchio (agg)	အသက်ကြီးသော	athe' kji: de.
pensionamento (m)	အငြိမ်းစားလစာ	anjein: za: la. za
andare in pensione	အငြိမ်းစားယူသည်	anjein: za: ju dhe
pensionato (m)	အငြိမ်းစား	anjein: za:

59. Bambini

bambino (m), bambina (f)	ကလေး	kalei:
bambini (m pl)	ကလေးများ	kalei: mja:
gemelli (m pl)	အမွှာ	ahmwa
culla (f)	ကလေးပုခက်	kalei: pou khe'
sonaglio (m)	ဂျောက်ဂျက်	gjo' gja'
pannolino (m)	ခါးတောင်းကျိုက်အထည်	kha: daun: gjai' ahte
tettarella (f)	ချိုလိမ်	chou lein
carrozzina (f)	ကလေးလက်တွန်းလှည်း	kalei: le' twan: hle:
scuola (f) materna	ကလေးထိန်းကျောင်း	kalei: din: kjaun:
baby-sitter (f)	ကလေးထိန်း	kalei: din:
infanzia (f)	ကလေးဘဝ	kalei: ba. wa.
bambola (f)	အရုပ်မ	ajou' ma.
giocattolo (m)	ကစားစရာအရုပ်	gaza: zaja ajou'
gioco (m) di costruzione	ပြန်ဆက်ရသော ကလေး ကစားစရာ	pjan za' ja de. galei: gaza: zaja
educato (agg)	လိမ္မာသော	limmo: de
maleducato (agg)	ဆိုးသွမ်းသော	hsou: dhwan: de.
viziato (agg)	အလိုလိုက်ခံရသော	alou lou' khan ja de.
essere disubbidiente	ဆိုးသည်	hsou:de
birichino (agg)	ကျီစယ်တတ်သော	kji ze da' de.
birichinata (f)	ကျီစယ်သည်	kji ze de

bambino (m) birichino	အဆော့မက်သောကလေး	ahsau me' dho: ga. lei:
ubbidiente (agg)	နာခံတတ်သော	na gan da' te.
disubbidiente (agg)	မနာခံသော	ma. na gan de.
docile (agg)	လိမ္မာသော	limmo: de
intelligente (agg)	တော်သော	to de.
bambino (m) prodigio	ပါရမီရှင်ကလေး	pa rami shin galei:

60. Coppie sposate. Vita di famiglia

baciare (vt)	နမ်းသည်	nan: de
baciarsi (vr)	အနမ်းပေးသည်	anan: pei: de
famiglia (f)	မိသားစု	mi. dha: zu.
familiare (agg)	မျိုးရိုး	mjou: jou:
coppia (f)	စုံတွဲ	soun dwe:
matrimonio (m)	အိမ်ထောင်သည်	ein daun de
focolare (m) domestico	အိမ်	ein
dinastia (f)	မင်းဆက်	min: ze'
appuntamento (m)	ချိန်းတွေ့ခြင်း	chein: dwei chin:
bacio (m)	အနမ်း	anan:
amore (m)	အချစ်	akja'
amare (qn)	ချစ်သည်	chi' te
amato (agg)	ချစ်လှစွာသော	chi' hla. zwa de.
tenerezza (f)	ကြင်နာမှု	kjin na hmu.
dolce, tenero (agg)	ကြင်နာသော	kjin na hmu. de.
fedeltà (f)	သစ္စာ	thi' sa
fedele (agg)	သစ္စာရှိသော	thi' sa shi. de.
premura (f)	ဂရုစိုက်ခြင်း	ga ju. sai' chin:
premuroso (agg)	ဂရုစိုက်သော	ga ju. sai' te.
sposi (m pl) novelli	လက်ထပ်ကာစဖြစ်သော	le' hta' ka za. bji' de.
luna (f) di miele	ပျားရည်စမ်းကာလ	pja: je zan: ga la.
sposarsi (per una donna)	ယောကျ်ားယူသည်	jau' kja: ju de
sposarsi (per un uomo)	မိန်းမယူသည်	mein: ma. ju de
nozze (f pl)	မင်္ဂလာဆောင်ပွဲ	min ga. la zaun bwe:
nozze (f pl) d'oro	ရွှေရတု	shwei jadu.
anniversario (m)	နှစ်ပတ်လည်	hni' ba' le
amante (m)	လင်ငယ်	lin nge
amante (f)	မယားငယ်	ma. ja: nge
adulterio (m)	ဖောက်ပြန်ခြင်း	hpau' pjan gjin
tradire (commettere adulterio)	ဖောက်ပြန်သည်	hpau' pjan de
geloso (agg)	သဝန်တိုသော	thawun dou de.
essere geloso	သဝန်တိုသည်	thawun dou de
divorzio (m)	ကွာရှင်းခြင်း	kwa shin gjin:
divorziare (vi)	ကွာရှင်းသည်	kwa shin: de
litigare (vi)	ငြင်းခုံသည်	njin: goun de
fare pace	ပြန်လည်သင့်မြတ်သည်	pjan le dhin. mja' te

insieme	အတူတကွ	atu da. kwa.
sesso (m)	လိင်ကိစ္စ	lein gei' sa.
felicità (f)	ပျော်ရွှင်မှု	pjo shwin hmu
felice (agg)	ပျော်ရွှင်သော	pjo shwin de.
disgrazia (f)	ကံဆိုးခြင်း	kan hsou: chin:
infelice (agg)	ကံဆိုးသော	kan hsoun de.

Personalità. Sentimenti. Emozioni

61. Sentimenti. Emozioni

sentimento (m)	ခံစားချက်	khan za: che'
sentimenti (m pl)	ခံစားချက်များ	khan za: che' mja:
sentire (vt)	ခံစားရသည်	khan za ja. de
fame (f)	ဆာခြင်း	hsa gjin:
avere fame	ဗိုက်ဆာသည်	bai' hsa de
sete (f)	ရေဆာခြင်း	jei za gjin:
avere sete	ရေဆာသည်	jei za de
sonnolenza (f)	အိပ်ချင်ခြင်း	ei' chin gjin:
avere sonno	အိပ်ချင်သည်	ei' chin de
stanchezza (f)	ပင်ပန်းခြင်း	pin ban: chin:
stanco (agg)	ပင်ပန်းသော	pin ban: de.
stancarsi (vr)	ပင်ပန်းသည်	pin ban: de
umore (m) (buon ~)	စိတ်ခံစားမှု	sei' khan za: hmu.
noia (f)	ငြီးငွေ့ခြင်း	ngji: ngwei. chin:
annoiarsi (vr)	ပျင်းသည်	pjin: de
isolamento (f)	မမြင်ကွယ်ရာ	ma. mjin gwe ja
isolarsi (vr)	မျက်ကွယ်ပြုသည်	mje' kwe' pju. de
preoccupare (vt)	စိတ်ပူအောင်လုပ်သည်	sei' pu aun lou' te
essere preoccupato	စိတ်ပူသည်	sei' pu de
agitazione (f)	စိုးရိမ်မှု	sou: jein hmu.
preoccupazione (f)	စိုးရိမ်ပူပန်မှု	sou: jein bu ban hmu.
preoccupato (agg)	ကိစ္စတစ်ရပ်ရပ်တွင် နစ်မြုပ်နေသော	kei. sa ti' ja' ja' twin ni' mju' nei de.
essere nervoso	စိတ်လှုပ်ရှားသည်	sei' hlou' sha: de
andare in panico	တုန်လှုပ်ချောက်ချားသည်	toun hlou' chau' cha: de
speranza (f)	မျှော်လင့်ချက်	hmjo. lin. gje'
sperare (vi, vt)	မျှော်လင့်သည်	hmjo. lin. de
certezza (f)	ကျိန်းသေ	kjein: dhei
sicuro (agg)	ကျိန်းသေသော	kjein: dhei de.
incertezza (f)	မရေရာခြင်း	ma. jei ja gjin:
incerto (agg)	မရေရာသော	ma. jei ja de.
ubriaco (agg)	အရက်မူးသော	aje' mu: de.
sobrio (agg)	အရက်မမူးသော	aje' ma mu: de.
debole (agg)	အားပျော့သော	a: bjo. de.
fortunato (agg)	ပျော်ရွှင်သော	pjo shwin de.
spaventare (vt)	လန့်သည်	lan. de
furia (f)	ရူးသွပ်ခြင်း	ju: dhu' chin
rabbia (f)	ဒေါသ	do: dha.
depressione (f)	စိတ်ဓာတ်ကျခြင်း	sei' da' cha. gjin:

disagio (m)	စိတ်ကသိကအောက်ဖြစ်ခြင်း	sei' ka thi ga au' hpji' chin:
conforto (m)	စိတ်ချမ်းသာခြင်း	sei' chan: dha gjin:
rincrescere (vi)	နောင်တရသည်	naun da. ja. de
rincrescimento (m)	နောင်တရခြင်း	naun da. ja. gjin:
sfortuna (f)	ကံဆိုးခြင်း	kan hsou: chin:
tristezza (f)	ဝမ်းနည်းခြင်း	wan: ne: gjin:
vergogna (f)	အရှက်	ashe'
allegria (f)	ဝမ်းသာမှု	wan: dha hmu.
entusiasmo (m)	စိတ်အားထက်သန်မှု	sei' a: de' than hmu.
entusiasta (m)	စိတ်အားထက်သန်သူ	sei' a: de' than hmu
mostrare entusiasmo	စိတ်အားထက်သန်မှုပြသည်	sei' a: de' than hmu. bja. de

62. Personalità. Carattere

carattere (m)	စရိုက်	zajai'
difetto (m)	အားနည်းချက်	a: ne: gje'
mente (f)	ဦးနှောက်	oun: hnau'
intelletto (m)	ဆင်ခြင်တုံတရား	hsin gjin doun da. ja:
coscienza (f)	အသိတရား	athi. taja:
abitudine (f)	အကျင့်	akjin.
capacità (f)	စွမ်းရည်	swan: ji
sapere (~ nuotare)	လုပ်နိုင်သည်	lou' nain de
paziente (agg)	သည်းခံတတ်သော	thi: khan da' te
impaziente (agg)	သည်းမခံတတ်သော	thi: ma. gan da' te
curioso (agg)	စပ်စုသော	sa' su. de.
curiosità (f)	စပ်စုခြင်း	sa' su. gjin:
modestia (f)	ဣန္ဒြေ	ein darei
modesto (agg)	ဣန္ဒြေရှိသော	ein darei shi. de
immodesto (agg)	ဣန္ဒြေမရှိသော	ein darei ma. shi. de
pigrizia (f)	ပျင်းရိခြင်း	pjin: ji. gjin:
pigro (agg)	ပျင်းရိသော	pjin: ji. de.
poltrone (m)	ငပျင်း	nga. bjin:
furberia (f)	ကလိမ်ကျစ်လုပ်ခြင်း	kalein kji' lou' chin
furbo (agg)	ကလိမ်ကကျစ်ကျသော	kalein ka. kji' kja de.
diffidenza (f)	သံသယဝင်ခြင်း	than thaja.
diffidente (agg)	သံသယဝင်သော	than thaja. win de.
generosità (f)	ရက်ရောမှု	je' jo: hmu.
generoso (agg)	ရက်ရောသော	je' jo: de.
di talento	ပါရမီရှိသော	pa rami shi. de
talento (m)	ပါရမီ	pa rami
coraggioso (agg)	သတ္တိရှိသော	tha' ti. shi. de.
coraggio (m)	သတ္တိ	tha' ti.
onesto (agg)	ရိုးသားသော	jou: dha: de.
onestà (f)	ရိုးသားမှု	jou: dha: hmu.
prudente (agg)	ဂရုစိုက်သော	ga ju. sai' te.
valoroso (agg)	ရဲရင့်သော	je: jin. de.

serio (agg)	လေးနက်သော	lei: ne' de.
severo (agg)	တင်းကျပ်သော	tin: gja' te
deciso (agg)	တိကျပြတ်သားသော	ti. gja. bja' tha: de.
indeciso (agg)	မတိကျမပြတ်သားသော	ma. di. gja. ma. bja' tha: de.
timido (agg)	ရှက်တတ်သော	she' ta' te.
timidezza (f)	ရှက်ရွံ့မှု	she' jwan. hmu.
fiducia (f)	မိမိကိုယ်မိမိယုံကြည်မှု	mi. mi. kou mi. mi. gji hmu.
fidarsi (vr)	ယုံကြည်သည်	joun kji de
fiducioso (agg)	အယုံလွယ်သော	ajoun lwe de.
sinceramente	ဟန်မဆောင်ဘဲ	han ma. zaun be:
sincero (agg)	ဟန်မဆောင်တတ်သော	han ma. zaun da' te
sincerità (f)	ရိုးသားမှု	jou: dha: hmu.
aperto (agg)	ပွင့်လင်းသော	pwin: lin: de.
tranquillo (agg)	တိတ်ဆိတ်သော	tei' hsei' te
sincero (agg)	ပွင့်လင်းသော	pwin: lin: de.
ingenuo (agg)	အယုံလွယ်သော	ajoun lwe de.
distratto (agg)	စဉ်းစားဉာဏ်မရှိသော	sin: za: njan ma. shi. de.
buffo (agg)	ရယ်စရာကောင်းသော	je zaja gaun: de.
avidità (f)	လောဘကြီးခြင်း	lau ba. gji: gjin:
avido (agg)	လောဘကြီးသော	lau ba. gji: de.
avaro (agg)	တွန့်တိုသော	tun. dou de.
cattivo (agg)	ယုတ်မာသော	jou' ma de.
testardo (agg)	ခေါင်းမာသော	gaun: ma de.
antipatico (agg)	မဖွယ်မရာဖြစ်သော	ma. bwe ma. ja bji' te.
egoista (m)	တစ်ကိုယ်ကောင်းဆန်သူ	ti' kai gaun: zan dhu
egoistico (agg)	တစ်ကိုယ်ကောင်းဆန်သော	ti' kai gaun: zan de.
codardo (m)	ငကြောက်	nga. gjau'
codardo (agg)	ကြောက်တတ်သော	kjau' ta' te.

63. Dormire. Sogni

dormire (vi)	အိပ်သည်	ei' ja de
sonno (m) (stato di sonno)	အိပ်ခြင်း	ei' chin:
sogno (m)	အိပ်မက်	ei' me'
sognare (fare sogni)	အိပ်မက်မက်သည်	ei' me' me' te
sonnolento (agg)	အိပ်ချင်သော	ei' chin de.
letto (m)	ခုတင်	khu. din
materasso (m)	မွေ့ယာ	mwei. ja
coperta (f)	စောင်	saun
cuscino (m)	ခေါင်းအုံး	gaun: oun:
lenzuolo (m)	အိပ်ရာခင်း	ei' ja khin:
insonnia (f)	အိပ်မပျော်နိုင်ခြင်း	ei' ma. bjo nain gjin:
insonne (agg)	အိပ်မပျော်သော	ei' ma. bjo de.
sonnifero (m)	အိပ်ဆေး	ei' hsei:
prendere il sonnifero	အိပ်ဆေးသောက်သည်	ei' hsei: thau' te
avere sonno	အိပ်ချင်သည်	ei' chin de

sbadigliare (vi)	သမ်းသည်	than: de
andare a letto	အိပ်ရာဝင်သည်	ei' ja win de
fare il letto	အိပ်ရာခင်းသည်	ei' ja khin: de
addormentarsi (vr)	အိပ်ပျော်သွားသည်	ei' pjo dhwa: de
incubo (m)	အိပ်မက်ဆိုး	ei' me' hsou:
russare (m)	ဟောက်သံ	hau' than
russare (vi)	ဟောက်သည်	hau' te
sveglia (f)	နှိုးစက်	hnou: ze'
svegliare (vt)	နှိုးသည်	hnou: de
svegliarsi (vr)	နိုးသည်	nou: de
alzarsi (vr)	အိပ်ရာထသည်	ei' ja hta. de
lavarsi (vr)	မျက်နှာသစ်သည်	mje' hna dhi' te

64. Umorismo. Risata. Felicità

umorismo (m)	ဟာသ	ha dha.
senso (m) dello humour	ဟာသအမြင်	ha dha. amjin
divertirsi (vr)	ပျော်ရွှင်သည်	pjo shwin de
allegro (agg)	ပျော်ရွှင်သော	pjo shwin de.
allegria (f)	ပျော်ရွှင်မှု	pjo shwin hmu
sorriso (m)	အပြုံး	apjoun:
sorridere (vi)	ပြုံးသည်	pjoun: de
mettersi a ridere	ရယ်လိုက်သည်	je lai' te
ridere (vi)	ရယ်သည်	je de
riso (m)	ရယ်သံ	je dhan
aneddoto (m)	ဟာသဇာတ်လမ်း	ha dha. za' lan
divertente (agg)	ရယ်စရာကောင်းသော	je zaja gaun: de.
ridicolo (agg)	ရယ်စရာကောင်းသောသူ	je zaja gaun: de. dhu
scherzare (vi)	စနောက်သည်	sanau' te
scherzo (m)	ရယ်စရာ	je zaja
gioia (f) (fare salti di ~)	ဝမ်းသာမှု	wan: dha hmu.
rallegrarsi (vr)	ဝမ်းသာသည်	wan: dha de
allegro (agg)	ဝမ်းသာသော	wan dha de.

65. Discussione. Conversazione. Parte 1

comunicazione (f)	ဆက်ဆံပြောဆိုခြင်း	hse' hsan bjou: zou gjin
comunicare (vi)	ဆက်ဆံပြောဆိုသည်	hse' hsan bjou: zou de
conversazione (f)	စကားစမြည်	zaga: zamji
dialogo (m)	အပြန်အလှန်ပြောခြင်း	apjan a hlan bau gjin:
discussione (f)	ဆွေးနွေးခြင်း	hswe: nwe: gjin:
dibattito (m)	အငြင်းပွားမှု	anjin: bwa: hmu.
discutere (vi)	ငြင်းခုံသည်	njin: goun de
interlocutore (m)	ပါဝင်ဆွေးနွေးသူ	pa win zwei: nwei: dhu
tema (m)	ခေါင်းစဉ်	gaun: zin

punto (m) di vista	ရှုထောင့်	shu. daun.
opinione (f)	အမြင်	amjin
discorso (m)	စကား	zaga:

discussione (f)	ဆွေးနွေးခြင်း	hswe: nwe: gjin:
discutere (~ una proposta)	ဆွေးနွေးသည်	hswe: nwe: de
conversazione (f)	စကားပြောပုံ	zaga: bjo: boun
conversare (vi)	စကားပြောသည်	zaga: bjo: de
incontro (m)	တွေ့ဆုံမှု	twei. hsoun hmu
incontrarsi (vr)	တွေ့ဆုံသည်	twei. hsoun de

proverbio (m)	စကားပုံ	zaga: boun
detto (m)	စကားပုံ	zaga: boun
indovinello (m)	စကားထာ	zaga: da
fare un indovinello	စကားထာဖွက်သည်	zaga: da bwe' te
parola (f) d'ordine	စကားဝှက်	zaga: hwe'
segreto (m)	လျှို့ဝှက်ချက်	shou. hwe' che'

giuramento (m)	ကျမ်းသစ္စာ	kjan: thi' sa
giurare (prestare giuramento)	ကျမ်းသစ္စာဆိုသည်	kjan: thi' sa hsou de
promessa (f)	ကတိ	ka ti
promettere (vt)	ကတိပေးသည်	gadi pei: de

consiglio (m)	အကြံဉာဏ်	akjan njan
consigliare (vt)	အကြံပေးသည်	akjan bei: de
seguire il consiglio	အကြံကိုလက်ခံသည်	akjan kou le' khan de
ubbidire (ai genitori)	နားထောင်သည်	na: daun de

notizia (f)	သတင်း	dhadin:
sensazione (f)	သတင်းထူး	dhadin: du:
informazioni (f pl)	သတင်းအချက်အလက်	dhadin: akje' ale'
conclusione (f)	သုံးသပ်ချက်	thoun: dha' che'
voce (f)	အသံ	athan
complimento (m)	ချီးမွမ်းစကား	chi: mun: zaga:
gentile (agg)	ကြင်နာသော	kjin na hmu. de.

parola (f)	စကားလုံး	zaga: loun:
frase (f)	စကားစု	zaga: zu.
risposta (f)	အဖြေ	ahpei

verità (f)	အမှန်တရား	ahman da ja:
menzogna (f)	မုသား	mu. dha:

pensiero (m)	အတွေး	atwei:
idea (f)	အကြံ	akjan
fantasia (f)	စိတ်ကူးယဉ်အိပ်မက်	sei' ku: jin ei' me'

66. Discussione. Conversazione. Parte 2

rispettato (agg)	လေးစားရသော	lei: za: ja. de.
rispettare (vt)	လေးစားသည်	lei: za: de
rispetto (m)	လေးစားမှု	lei: za: hmu.
Egregio ...	လေးစားရပါသော	lei: za: ja. ba. de.
presentare (~ qn)	မိတ်ဆက်ပေးသည်	mi' hse' pei: de

fare la conoscenza di …	မိတ်ဆက်သည်	mi' hse' te
intenzione (f)	ရည်ရွယ်ချက်	ji jwe gje'
avere intenzione	ရည်ရွယ်သည်	ji jwe de
augurio (m)	ဆန္ဒ	hsan da.
augurare (vt)	ဆန္ဒပြုသည်	hsan da. bju de
sorpresa (f)	အံ့သြခြင်း	an. o: chin:
sorprendere (stupire)	အံ့သြစေသည်	an. o: sei: de
stupirsi (vr)	အံ့သြသည်	an. o. de
dare (vt)	ပေးသည်	pei: de
prendere (vt)	ယူသည်	ju de
rendere (vt)	ပြန်ပေးသည်	pjan bei: de
restituire (vt)	ပြန်ပေးသည်	pjan bei: de
scusarsi (vr)	တောင်းပန်သည်	thaun: ban de
scusa (f)	တောင်းပန်ခြင်း	thaun: ban gjin:
perdonare (vt)	ခွင့်လွှတ်သည်	khwin. hlu' te
parlare (vi, vt)	အပြန်အလှန်ပြောသည်	apjan a hlan bau de
ascoltare (vi)	နားထောင်သည်	na: daun de
ascoltare fino in fondo	နားထောင်သည်	na: daun de
capire (vt)	နားလည်သည်	na: le de
mostrare (vt)	ပြသည်	pja. de
guardare (vt)	ကြည့်သည်	kji. de
chiamare (rivolgersi a)	ခေါ်သည်	kho de
dare fastidio	နှောင့်ယှက်သည်	hnaun. hje' te
disturbare (vt)	နှောင့်ယှက်သည်	hnaun. hje' te
consegnare (vt)	တဆင့်ပေးသည်	tahsin. bei: de
richiesta (f)	တောင်းဆိုချက်	taun: hsou che'
chiedere (vt)	တောင်းဆိုသည်	taun: hsou: de
esigenza (f)	တောင်းဆိုခြင်း	taun: hsou: chin:
esigere (vt)	တိုက်တွန်းသည်	tai' tun: de
stuzzicare (vt)	ကျီစယ်သည်	kji ze de
canzonare (vt)	သရော်သည်	thajo: de
burla (f), beffa (f)	သရော်ခြင်း	thajo: gjin:
soprannome (m)	ချစ်စနိုးပေး ထားသောနာမည်	chi' sa. nou: bei: da: dho: na me
allusione (f)	စောင်းပြောမှု	saun: bjo: hmu.
alludere (vi)	စောင်းပြောသည်	saun: bjo: de
intendere (cosa intendi dire?)	ဆိုလိုသည်	hsou lou de
descrizione (f)	ဖော်ပြချက်	hpjo bja. gje'
descrivere (vt)	ဖော်ပြသည်	hpjo bja. de
lode (f)	ချီးမွမ်းခြင်း	chi: mun: gjin:
lodare (vt)	ချီးမွမ်းသည်	chi: mun: de
delusione (f)	စိတ်ပျက်ခြင်း	sei' pje' chin
deludere (vt)	စိတ်ပျက်စေသည်	sei' pje' sei de
rimanere deluso	စိတ်ပျက်သည်	sei' pje' te
supposizione (f)	ယူဆခြင်း	ju za. chin:
supporre (vt)	ယူဆသည်	ju za. de

avvertimento (m)	သတိပေးခြင်း	dhadi. pei: gjin:
avvertire (vt)	သတိပေးသည်	dhadi. pei: de

67. Discussione. Conversazione. Parte 3

persuadere (vt)	စည်းရုံးသည်	si: joun: de
tranquillizzare (vt)	ဖျောင်းဖျသည်	hpjaun: bja de
silenzio (m) (il ~ è d'oro)	နှုတ်ဆိတ်ခြင်း	hnou' hsei' chin:
tacere (vi)	နှုတ်ဆိတ်သည်	hnou' hsei' te
sussurrare (vt)	တီးတိုးပြောသည်	ti: dou: bjo de
sussurro (m)	တီးတိုးပြောသံ	ti: dou: bjo dhan
francamente	ရှင်းရှင်းပြောရရင်	shin: shin: bjo: ja. jin
secondo me ...	မိမိအမြင်အားဖြင့်	mi. mi. amjin a: bjin.
dettaglio (m)	အသေးစိတ်မှု	athei: zi' hmu.
dettagliato (agg)	အသေးစိတ်သော	athei: zi' te.
dettagliatamente	အသေးစိတ်	athei: zi'
suggerimento (m)	အရိပ်အမြွက်	aji' ajmwe'
suggerire (vt)	အရိပ်အမြွက်ပေးသည်	aji' ajmwe' pei: de
sguardo (m)	အသွင်	athwin
gettare uno sguardo	ကြည့်သည်	kji. de
fisso (agg)	မလှုပ်မရှားသော	ma. hlou' sha: de
battere le palpebre	မျက်တောင်ခတ်သည်	mje' taun ga' te
ammiccare (vi)	မျက်စိတစ်ဖက်မှိတ်သည်	mje' zi. di' hpe' hmei' te
accennare col capo	ခေါင်းညိတ်သည်	gaun: njei' te
sospiro (m)	သက်ပြင်းချခြင်း	the' pjin: gja. gjin:
sospirare (vi)	သက်ပြင်းချသည်	the' pjin: gja. de
sussultare (vi)	သိမ့်သိမ့်တုန်သည်	thein. dhein. doun de
gesto (m)	လက်ဟန်ခြေဟန်	le' han hpjei han
toccare (~ il braccio)	ထိသည်	hti. de
afferrare (~ per il braccio)	ဖမ်းကိုင်သည်	hpan: gain de
picchiettare (~ la spalla)	ပုတ်သည်	pou' te
Attenzione!	ဂရုစိုက်ပါ	ga ju. sai' pa
Davvero?	တကယ်လား	dage la:
Sei sicuro?	သေချာလား	thei gja la:
Buona fortuna!	အောင်မြင်ပါစေ	aun mjin ba zei
Capito!	ရှင်းပါတယ်	shin: ba de
Peccato!	စိတ်မကောင်းပါဘူး	sei' ma. kaun: ba bu:

68. Accordo. Rifiuto

accordo (m)	သဘောတူညီချက်	dhabo: tu nji gje'
essere d'accordo	သဘောတူသည်	dhabo: tu de
approvazione (f)	လက်ခံခြင်း	le' khan gjin:
approvare (vt)	လက်ခံသည်	le' khan de
rifiuto (m)	ငြင်းဆန်ခြင်း	njin: zan gjin:

rifiutarsi (vr)	ငြင်းဆန်သည်	njin: zan de
Perfetto!	အရမ်းကောင်း	ajan: gaun:
Va bene!	ကောင်းတယ်	kaun: de
D'accordo!	ကောင်းပြီ	kaun: bji
vietato, proibito (agg)	တားမြစ်ထားသော	ta: mji' hta: te.
è proibito	မလုပ်ရ	ma. lou' ja.
è impossibile	မဖြစ်နိုင်	ma. bji' nain
sbagliato (agg)	မှားသော	hma: de.
respingere (~ una richiesta)	ပယ်ချသည်	pe gja. de
sostenere (~ un'idea)	ထောက်ခံသည်	htau' khan de
accettare (vt)	လက်ခံသည်	le' khan de
confermare (vt)	အတည်ပြုသည်	ati pju. de
conferma (f)	အတည်ပြုချက်	ati pju. gje'
permesso (m)	ခွင့်ပြုချက်	khwin bju. che'
permettere (vt)	ခွင့်ပြုသည်	khwin bju. de
decisione (f)	ဆုံးဖြတ်ချက်	hsoun: hpja' cha'
non dire niente	နှုတ်ဆိတ်သည်	hnou' hsei' te
condizione (f)	အခြေအနေ	achei anei
pretesto (m)	ဆင်ခြေ	hsin gjei
lode (f)	ချီးမွမ်းခြင်း	chi: mun: gjin:
lodare (vt)	ချီးမွမ်းသည်	chi: mun: de

69. Successo. Fortuna. Fiasco

successo (m)	အောင်မြင်မှု	aun mjin hmu.
con successo	အောင်မြင်စွာ	aun mjin zwa
ben riuscito (agg)	အောင်မြင်သော	aun mjin dho:
fortuna (f)	ကံကောင်းခြင်း	kan gaun: gjin:
Buona fortuna!	အောင်မြင်ပါစေ	aun mjin ba zei
fortunato (giorno ~)	ကံကောင်းစွာရရှိသော	kan gaun: zwa ja. shi. de.
fortunato (persona ~a)	ကံကောင်းသော	kan kaun: de.
fiasco (m)	မအောင်မြင်ခြင်း	ma. aun mjin gjin:.
disdetta (f)	ကံဆိုးခြင်း	kan hsou: chin:
sfortuna (f)	ကံဆိုးခြင်း	kan hsou: chin:
fallito (agg)	မအောင်မြင်သော	ma. aun mjin de.
disastro (m)	ကပ်ဘေး	ka' bei:
orgoglio (m)	ဂုဏ်	goun
orgoglioso (agg)	ဂုဏ်ယူသော	goun dhu de.
essere fiero di …	ဂုဏ်ယူသည်	goun dhu de
vincitore (m)	အနိုင်ရသူ	anain ja. dhu
vincere (vi)	အနိုင်ရသည်	anain ja de
perdere (subire una sconfitta)	ရှုံးသည်	shoun: de
tentativo (m)	ကြိုးစားမှု	kjou: za: hmu.
tentare (vi)	ကြိုးစားသည်	kjou: za: de
chance (f)	အခွင့်အရေး	akhwin. ajei:

70. Dispute. Sentimenti negativi

grido (m)	အော်သံ	o dhan
gridare (vi)	အော်သည်	o de
mettersi a gridare	စတင်အော်သည်	sa. tin o de
litigio (m)	ငြင်းခုံခြင်း	njin: goun gjin:
litigare (vi)	ငြင်းခုံသည်	njin: goun de
lite (f)	ခိုက်ရန်ဖြစ်ခြင်း	khai' jan bji' chin:
dare scandalo (litigare)	ခိုက်ရန်ဖြစ်သည်	khai' jan bji' te
conflitto (m)	အငြင်းပွားမှု	anjin: bwa: hmu.
fraintendimento (m)	နားလည်မှုလွဲခြင်း	na: le hmu. lwe: gjin:
insulto (m)	စော်ကားမှု	so ga: hmu
insultare (vt)	စော်ကားသည်	so ga: de
offeso (agg)	အစော်ကားခံရသော	aso ka: gan ja de.
offesa (f)	စိတ်နာမှု	sei' na hmu.
offendere (qn)	စိတ်နာအောင်လုပ်သည်	sei' na aun lou' te
offendersi (vr)	စိတ်နာသည်	sei' na de
indignazione (f)	မခံမရပ်နိုင်ဖြစ်ခြင်း	ma. gan ma. ja' nain bji' chin
indignarsi (vr)	မခံမရပ်နိုင်ဖြစ်သည်	ma. gan ma. ja' nain bji' te
lamentela (f)	တိုင်ပြောခြင်း	tain bjo: gjin:
lamentarsi (vr)	တိုင်ပြောသည်	tain bjo: de
scusa (f)	တောင်းပန်ခြင်း	thaun: ban gjin:
scusarsi (vr)	တောင်းပန်သည်	thaun: ban de
chiedere scusa	တောင်းပန်သည်	thaun: ban de
critica (f)	ဝေဖန်မှု	wei ban hmu.
criticare (vt)	ဝေဖန်သည်	wei ban de
accusa (f)	စွပ်စွဲခြင်း	su' swe: chin:
accusare (vt)	စွပ်စွဲသည်	su' swe: de
vendetta (f)	လက်စားချေခြင်း	le' sa: gjei gjin:
vendicare (vt)	လက်စားချေသည်	le' sa: gjei de
vendicarsi (vr)	ပြန်ဆပ်သည်	pjan za' te
disprezzo (m)	အထင်သေးခြင်း	a htin dhei: gjin:
disprezzare (vt)	အထင်သေးသည်	a htin dhei: de
odio (m)	အမုန်း	amun:
odiare (vt)	မုန်းသည်	moun: de
nervoso (agg)	စိတ်လှုပ်ရှားသော	sei' hlou' sha: de.
essere nervoso	စိတ်လှုပ်ရှားသည်	sei' hlou' sha: de
arrabbiato (agg)	စိတ်ဆိုးသော	sei' hsou: de.
fare arrabbiare	ဒေါသထွက်စေသည်	do: dha. dwe' sei de
umiliazione (f)	မျက်နှာပျက်ရခြင်း	mje' hna bje' ja gjin:
umiliare (vt)	မျက်နှာပျက်စေသည်	mje' hna bje' sei de
umiliarsi (vr)	အရှက်ရသည်	ashe' ja. de
shock (m)	တုန်လှုပ်ချောက်ချားခြင်း	toun hlou' chau' cha: gjin:
scandalizzare (vt)	တုန်လှုပ်ချောက်ချားသည်	toun hlou' chau' cha: de
problema (m) (avere ~i)	ဒုက္ခ	dou' kha.

spiacevole (agg)	မဖွယ်မရာဖြစ်သော	ma. bwe ma. ja bji' te.
spavento (m), paura (f)	ကြောက်ရွံ့ခြင်း	kjau' jun. gjin:
terribile (una tempesta ~)	အလွန်	alun
spaventoso (un racconto ~)	ထိတ်လန့်သော	htei' lan. de
orrore (m)	ကြောက်မက်ဖွယ်ရာ	kjau' ma' hpwe ja
orrendo (un crimine ~)	ကြောက်မက်ဖွယ်ဖြစ်သော	kjau' ma' hpwe bja' te.
cominciare a tremare	တုန်သည်	toun de
piangere (vi)	ငိုသည်	ngou de
mettersi a piangere	မျက်ရည်ဝဲသည်	mje' je we: de
lacrima (f)	မျက်ရည်	mje' je
colpa (f)	အပြစ်	apja'
senso (m) di colpa	စိတ်မသန့်ခြင်း	sei' ma. dhan. gjin:
vergogna (f)	အရှက်	ashe'
protesta (f)	ကန့်ကွက်ချက်	kan gwe' che'
stress (m)	စိတ်ဖိစီးမှု	sei' hpi zi: hmu.
disturbare (vt)	နှောင့်ယှက်သည်	hnaun. hje' te
essere arrabbiato	ဒေါသထွက်သည်	do: dha. dwe' de
arrabbiato (agg)	ဒေါသကြီးသော	do: dha. gji: de.
porre fine a … (~ una relazione)	အဆုံးသတ်သည်	ahsoun: tha' te
rimproverare (vt)	ဆူပူကြိမ်းမောင်းသည်	hsu. bu gjein: maun: de
spaventarsi (vr)	လန့်သွားသည်	lan. dhwa: de
colpire (vt)	ရိုက်သည်	jai' te
picchiarsi (vr)	ခိုက်ရန်ဖြစ်သည်	khai' jan bji' te
regolare (~ un conflitto)	ဖျန်ဖြေပေးသည်	hpan bjei bjei: de
scontento (agg)	မကျေနပ်သော	ma. gjei na' te.
furioso (agg)	ပြင်းထန်သော	pjin: dan dho:
Non sta bene!	ဒါ မကောင်းဘူး	da ma. gaun: dhu:
Fa male!	ဒါတော့ဆိုးတယ်	da do. zou: de

Medicinali

71. Malattie

malattia (f)	ရောဂါ	jo: ga
essere malato	ဖျားနာသည်	hpa: na de
salute (f)	ကျန်းမာရေး	kjan: ma jei:
raffreddore (m)	နှာစေးခြင်း	hna zei: gjin:
tonsillite (f)	အာသီးရောင်ခြင်း	a sha. jaun gjin:
raffreddore (m)	အအေးမိခြင်း	aei: mi. gjin:
raffreddarsi (vr)	အအေးမိသည်	aei: mi. de
bronchite (f)	ချောင်းဆိုးရင်ကျပ်နာ	gaun: ou: jin gja' na
polmonite (f)	အဆုတ်ရောင်ရောဂါ	ahsou' jaun jo: ga
influenza (f)	တုပ်ကွေး	tou' kwei:
miope (agg)	အဝေးမှုန်သော	awei: hmun de.
presbite (agg)	အနီးမှုန်	ani: hmoun
strabismo (m)	မျက်စိစွေခြင်း	mje' zi. zwei gjin:
strabico (agg)	မျက်စိစွေသော	mje' zi. zwei de.
cateratta (f)	နှာမကျန်းဖြစ်ခြင်း	na. ma. gjan: bji' chin:
glaucoma (m)	ရေတိမ်	jei dein
ictus (m) cerebrale	လေသင်တုန်းဖြတ်ခြင်း	lei dhin doun: bja' chin:
attacco (m) di cuore	နှလုံးဖောက်ပြန်မှု	hnaloun: bau' bjan hmu.
infarto (m) miocardico	နှလုံးကြွက်သားပုပ်ခြင်း	hnaloun: gjwe' tha: bou' chin:
paralisi (f)	သွက်ချာပါဒ	thwe' cha ba da.
paralizzare (vt)	ဆိုင်းတွသွားသည်	hsain: dwa dhwa: de
allergia (f)	မတည့်ခြင်း	ma. de. gjin:
asma (f)	ပန်းနာ	pan: na
diabete (m)	ဆီးချိုရောဂါ	hsi: gjou jau ba
mal (m) di denti	သွားကိုက်ခြင်း	thwa: kai' chin:
carie (f)	သွားပိုးစားခြင်း	thwa: pou: za: gjin:
diarrea (f)	ဝမ်းလျှောခြင်း	wan: sho: gjin:
stitichezza (f)	ဝမ်းချုပ်ခြင်း	wan: gjou' chin:
disturbo (m) gastrico	ဗိုက်နာခြင်း	bai' na gjin:
intossicazione (f) alimentare	အစာအဆိပ်သင့်ခြင်း	asa: ahsei' thin. gjin:
intossicarsi (vr)	အစားမှားခြင်း	asa: hma: gjin:
artrite (f)	အဆစ်ရောင်နာ	ahsi' jaun na
rachitide (f)	အရိုးပျော့နာ	ajou: bjau. na
reumatismo (m)	ဒူလာ	du la
aterosclerosi (f)	နှလုံးသွေးကြော အဆီပိတ်ခြင်း	hna. loun: twei: kjau ahsi pei' khin:
gastrite (f)	အစာအိမ်ရောင်ရမ်းနာ	asa: ein jaun jan: na
appendicite (f)	အူအတက်ရောင်ခြင်း	au hte' jaun gjin:

colecistite (f)	သည်းခြေပြွန်ရောင်ခြင်း	thi: gjei bjun jaun gjin:
ulcera (f)	ဖက်ခွက်နာ	hpe' khwe' na
morbillo (m)	ဝက်သက်	we' the'
rosolia (f)	ဂျိုက်သိုး	gjou' thou:
itterizia (f)	အသားဝါရောဂါ	atha: wa jo: ga
epatite (f)	အသည်းရောင်ရောဂါ	athe: jaun jau ba
schizofrenia (f)	စိတ်ကစဉ့်ကလျားရောဂါ	sei' ga. zin. ga. lja: jo: ga
rabbia (f)	ခွေးရူးပြန်ရောဂါ	khwei: ju: bjan jo: ba
nevrosi (f)	စိတ်မူမမှန်ခြင်း	sei' mu ma. hman gjin:
commozione (f) cerebrale	ဦးနှောက်ထိခိုက်ခြင်း	oun: hnau' hti. gai' chin:
cancro (m)	ကင်ဆာ	kin hsa
sclerosi (f)	အသားမျှင်ခက် မာသွားခြင်း	atha: hmjin kha' ma dwa: gjin:
sclerosi (f) multipla	အာရုံကြောပျက်စီး ရောင်ရမ်းသည့်ရောဂါ	a joun gjo: bje' si: jaun jan: dhi. jo: ga
alcolismo (m)	အရက်နာစွဲခြင်း	aje' na zwe: gjin:
alcolizzato (m)	အရက်သမား	aje' dha. ma:
sifilide (f)	ဆစ်ဖလစ်ကာလသားရောဂါ	his' hpa. li' ka la. dha: jo: ba
AIDS (m)	ကိုယ်ခံအားကျကူးစက်ရောဂါ	kou khan a: kja ku: za' jau ba
tumore (m)	အသားပို	atha: pou
maligno (agg)	ကင်ဆာဖြစ်နေသော	kin hsa bji' nei de.
benigno (agg)	ပြန့်ပွါးခြင်းမရှိသော	pjan. bwa: gjin: ma. shi. de.
febbre (f)	အဖျားတက်ရောဂါ	ahpja: de' jo: ga
malaria (f)	ငှက်ဖျားရောဂါ	hnge' hpja: jo: ba
cancrena (f)	ဂန်ဂရီနာရောဂါ	gan ga. ji na jo: ba
mal (m) di mare	လှိုင်းမူးခြင်း	hlain: mu: gjin:
epilessia (f)	ဝက်ရူးပြန်ရောဂါ	we' ju: bjan jo: ga
epidemia (f)	ကပ်ရောဂါ	ka' jo ba
tifo (m)	တိုက်ဖိုက်ရောဂါ	tai' hpai' jo: ba
tubercolosi (f)	တီဘီရောဂါ	ti bi jo: ba
colera (m)	ကာလဝမ်းရောဂါ	ka la. wan: jau ga
peste (f)	ကပ်ဆိုး	ka' hsou:

72. Sintomi. Cure. Parte 1

sintomo (m)	လက္ခဏာ	le' khana
temperatura (f)	အပူချိန်	apu gjein
febbre (f) alta	ကိုယ်အပူချိန်တက်	kou apu chain de'
polso (m)	သွေးခုန်နှုန်း	thwei: khoun hnan:
capogiro (m)	မူးနောက်ခြင်း	mu: nau' chin:
caldo (agg)	ပူသော	pu dho:
brivido (m)	တုန်ခြင်း	toun gjin:
pallido (un viso ~)	ဖြူရော်သော	hpju jo de.
tosse (f)	ချောင်းဆိုးခြင်း	gaun: zou: gjin:
tossire (vi)	ချောင်းဆိုးသည်	gaun: zou: de
starnutire (vi)	နှာချေသည်	hna gjei de

svenimento (m)	အားနည်းခြင်း	a: ne: gjin:
svenire (vi)	သတိလစ်သည်	dhadi. li' te
livido (m)	ပွန်းပဲ့ဒဏ်ရာ	pun: be. dan ja
bernoccolo (m)	ဆောင့်မိခြင်း	hsaun. mi. gjin:
farsi un livido	ဆောင့်မိသည်	hsaun. mi. de.
contusione (f)	ပွန်းပဲ့ဒဏ်ရာ	pun: be. dan ja
farsi male	ပွန်းပဲ့ဒဏ်ရာရသည်	pun: be. dan ja ja. de
zoppicare (vi)	ထော့နဲ့ထော့နဲ့လျှောက်သည်	hto. ne. hto. ne. shau' te
slogatura (f)	အဆစ်လွဲခြင်း	ahsi' lwe: gjin:
slogarsi (vr)	အဆစ်လွဲသည်	ahsi' lwe: de
frattura (f)	ကျိုးအက်ခြင်း	kjou: e' chin:
fratturarsi (vr)	ကျိုးအက်သည်	kjou: e' te
taglio (m)	ရှသည်	sha. de
tagliarsi (vr)	ရှမိသည်	sha. mi. de
emorragia (f)	သွေးထွက်ခြင်း	thwei: htwe' chin:
scottatura (f)	မီးလောင်သည့်ဒဏ်ရာ	mi: laun de. dan ja
scottarsi (vr)	မီးလောင်ဒဏ်ရာရသည်	mi: laun dan ja ja. de
pungere (vt)	ဖောက်သည်	hpau' te
pungersi (vr)	ကိုယ်တိုင်ဖောက်သည်	kou tain hpau' te
ferire (vt)	ထိခိုက်ဒဏ်ရာရသည်	hti. gai' dan ja ja. de
ferita (f)	ထိခိုက်ဒဏ်ရာ	hti. gai' dan ja
lesione (f)	ဒဏ်ရာ	dan ja
trauma (m)	စိတ်ဒဏ်ရာ	sei' dan ja
delirare (vi)	ကယောင်ကတမ်းဖြစ်သည်	kajaun ka dan: bi' te
tartagliare (vi)	တုံ့နှေးတုံ့နှေးဖြစ်သည်	toun. hnei: toun. hnei: bji' te
colpo (m) di sole	အပူလျှပ်ခြင်း	apu hlja' chin

73. Sintomi. Cure. Parte 2

dolore (m), male (m)	နာကျင်မှု	na gjin hmu.
scheggia (f)	ပဲ့ထွက်သောအစ	pe. dwe' tho: asa.
sudore (m)	ချွေး	chwei:
sudare (vi)	ချွေးထွက်သည်	chwei: htwe' te
vomito (m)	အန်ခြင်း	an gjin:
convulsioni (f pl)	အကြောလိုက်ခြင်း	akjo: lai' chin:
incinta (agg)	ကိုယ်ဝန်ဆောင်ထားသော	kou wun hsaun da: de.
nascere (vi)	မွေးဖွားသည်	mwei: bwa: de
parto (m)	မီးဖွားခြင်း	mi: bwa: gjin:
essere in travaglio di parto	မီးဖွားသည်	mi: bwa: de
aborto (m)	ကိုယ်ဝန်ဖျက်ချခြင်း	kou wun hpje' cha chin:
respirazione (f)	အသက်ရှူခြင်း	athe' shu gjin:
inspirazione (f)	ဝင်လေ	win lei
espirazione (f)	ထွက်လေ	htwe' lei
espirare (vi)	အသက်ရှူထုတ်သည်	athe' shu dou' te
inspirare (vi)	အသက်ရှူသွင်းသည်	athe' shu dhwin: de

invalido (m)	ကိုယ်အင်္ဂါမသန် စွမ်းသူ	kou an ga ma. dhan swan: dhu
storpio (m)	မသန်မစွမ်းသူ	ma. dhan ma. zwan dhu
drogato (m)	ဆေးစွဲသူ	hsei: zwe: dhu
sordo (agg)	နားမကြားသော	na: ma. gja: de.
muto (agg)	ဆွံ့အသော	hsun. ade.
sordomuto (agg)	ဆွံ့အ နားမကြားသူ	hsun. ana: ma. gja: dhu
matto (agg)	စိတ်မနှံ့သော	sei' ma. hnan. de.
matto (m)	စိတ်မနှံ့သူ	sei' ma. hnan. dhu
matta (f)	စိတ်ဝေဒနာရှင် မိန်းကလေး	sei' wei da. na shin mein: ga. lei:
impazzire (vi)	ရူးသွပ်သည်	ju: dhu' de
gene (m)	မျိုးရိုးဗီဇ	mjou: jou: bi za.
immunità (f)	ကိုယ်ခံအား	kou gan a:
ereditario (agg)	မျိုးရိုးလိုက်သော	mjou: jou: lou' te.
innato (agg)	မွေးရာပါဖြစ်သော	mwei: ja ba bji' te.
virus (m)	ဗိုင်းရပ်ပိုးမွှား	bain: ja' pou: hmwa:
microbo (m)	အဏုဇီဝရုပ်	anu zi wa. jou'
batterio (m)	ဗက်တီးရီးယားပိုး	be' ti: ji: ja: bou:
infezione (f)	ရောဂါကူးစက်မှု	jo ga gu: ze' hmu.

74. Sintomi. Cure. Parte 3

ospedale (m)	ဆေးရုံ	hsei: joun
paziente (m)	လူနာ	lu na
diagnosi (f)	ရောဂါစစ်ဆေးခြင်း	jo ga zi' hsei: gjin:
cura (f)	ဆေးကုထုံး	hsei: ku. doun:
trattamento (m)	ဆေးဝါးကုသမှု	hsei: wa: gu. dha. hmu.
curarsi (vr)	ဆေးကုသမှုခံယူသည်	hsei: ku. dha. hmu. dha de
curare (vt)	ပြုစုသည်	pju. zu. de
accudire (un malato)	ပြုစုစောင့်ရှောက်သည်	pju. zu. zaun. shau' te
assistenza (f)	ပြုစုစောင့်ရှောက်ခြင်း	pju. zu. zaun. shau' chin:
operazione (f)	ခွဲစိတ်ကုသခြင်း	khwe: zei' ku. dha. hin:
bendare (vt)	ပတ်တီးစည်းသည်	pa' ti: ze: de
fasciatura (f)	ပတ်တီးစည်းခြင်း	pa' ti: ze: gjin:
vaccinazione (f)	ကာကွယ်ဆေးထိုးခြင်း	ka gwe hsei: dou: gjin:
vaccinare (vt)	ကာကွယ်ဆေးထိုးသည်	ka gwe hsei: dou: de
iniezione (f)	ဆေးထိုးခြင်း	hsei: dou: gjin:
fare una puntura	ဆေးထိုးသည်	hsei: dou: de
attacco (m) (~ epilettico)	ရောဂါ ရုတ်တရက်ကျရောက်ခြင်း	jo ga jou' ta. je' kja. jau' chin:
amputazione (f)	ဖြတ်တောက်ကုသခြင်း	hpja' tau' ku. dha gjin:
amputare (vt)	ဖြတ်တောက်ကုသသည်	hpja' tau' ku. dha de
coma (m)	မေ့မြောခြင်း	mei. mjo: gjin:
essere in coma	မေ့မြောသည်	mei. mjo: de
rianimazione (f)	အစွမ်းကုန်ပြုစုခြင်း	aswan: boun bju. zu. bjin:
guarire (vi)	ရောဂါသက်သာလာသည်	jo ga dhe' tha la de

stato (f) (del paziente)	ကျန်းမာရေးအခြေအနေ	kjan: ma jei: achei a nei
conoscenza (f)	ပြန်လည်သတိရလာခြင်း	pjan le dhadi. ja. la. gjin:
memoria (f)	မှတ်ဉာဏ်	hma' njan
estrarre (~ un dente)	နှုတ်သည်	hna' te
otturazione (f)	သွားပေါက်ဖာထေးမှု	thwa: bau' hpa dei: hmu.
otturare (vt)	ဖာသည်	hpa de
ipnosi (f)	အိပ်မွေ့ချခြင်း	ei' mwei. gja. gjin:
ipnotizzare (vt)	အိပ်မွေ့ချသည်	ei' mwei. gja. de

75. Medici

medico (m)	ဆရာဝန်	hsa ja wun
infermiera (f)	သူနာပြု	thu na bju.
medico (m) personale	ကိုယ်ရေး ဆရာဝန်	kou jei: hsaja wun
dentista (m)	သွားဆရာဝန်	thwa: hsaja wun
oculista (m)	မျက်စိဆရာဝန်	mje' si. za. ja wun
internista (m)	ရောဂါရှာဖွေရေးဆရာဝန်	jo ga sha bwei jei: hsaja wun
chirurgo (m)	ခွဲစိတ်ကုဆရာဝန်	khwe: hsei' ku hsaja wun
psichiatra (m)	စိတ်ရောဂါအထူးကုဆရာဝန်	sei' jo: ga ahtu: gu. zaja wun
pediatra (m)	ကလေးအထူးကုဆရာဝန်	kalei: ahtu: ku. hsaja wun
psicologo (m)	စိတ်ပညာရှင်	sei' pjin nja shin
ginecologo (m)	မီးယပ်ရောဂါအထူး ကုဆရာဝန်	mi: ja' jo: ga ahtu: gu za. ja wun
cardiologo (m)	နှလုံးရောဂါအထူး ကုဆရာဝန်	hnaloun: jo: ga ahtu: gu. zaja wun

76. Medicinali. Farmaci. Accessori

medicina (f)	ဆေးဝါး	hsei: wa:
rimedio (m)	ကုသခြင်း	ku. dha. gjin:
prescrivere (vt)	ဆေးအညွှန်းပေးသည်	hsa: ahnjun: bwe: de
prescrizione (f)	ဆေးညွှန်း	hsei: hnjun:
compressa (f)	ဆေးပြား	hsei: bja:
unguento (m)	လိမ်းဆေး	lein: zei:
fiala (f)	လေလုံဖန်ပုလင်းငယ်	lei loun ban bu. lin: nge
pozione (f)	စပ်ဆေးရည်	sa' ei: je
sciroppo (m)	ဖျော်ရည်ဆီ	hpjo jei zi
pillola (f)	ဆေးတောင့်	hsei: daun.
polverina (f)	အမှုန့်	ahmoun.
benda (f)	ပတ်တီး	pa' ti:
ovatta (f)	ဂွမ်းလိပ်	gwan: lei'
iodio (m)	တင်ဂျာအိုင်ဒင်း	tin gja ein din:
cerotto (m)	ပလာစတာ	pa. la sata
contagocce (m)	မျက်စဉ်းခတ်ကိရိယာ	mje' zin: ba' ki. ji. ja
termometro (m)	အပူချိန်တိုင်းကိရိယာ	apu gjein dain: gi. ji. ja

siringa (f)	ဆေးထိုးပြွတ်	hsei: dou: bju'
sedia (f) a rotelle	ဘီးတပ်ကုလားထိုင်	bi: da' ku. la: dain
stampelle (f pl)	ချိုင်းထောက်	chain: dau'
analgesico (m)	အကိုက်အခဲပျောက်ဆေး	akai' akhe: pjau' hsei:
lassativo (m)	ဝမ်းနုတ်ဆေး	wan: hnou' hsei:
alcol (m)	အရက်ပျံ	aje' pjan
erba (f) officinale	ဆေးဖက်ဝင်အပင်များ	hsei: hpa' win apin mja:
d'erbe (infuso ~)	ဆေးဖက်ဝင်အပင် နှင့်ဆိုင်သော	hsei: hpa' win apin hnin. zain de.

77. Fumo. Prodotti di tabaccheria

tabacco (m)	ဆေးရွက်ကြီး	hsei: jwe' kji:
sigaretta (f)	စီးကရက်	si: ga. ja'
sigaro (m)	ဆေးပြင်းလိပ်	hsei: bjin: li'
pipa (f)	ဆေးတံ	hsei: dan
pacchetto (m) (di sigarette)	ဗူး	bu:
fiammiferi (m pl)	မီးခြစ်ဆံများ	mi: gji' zain mja:
scatola (f) di fiammiferi	မီးခြစ်ဆံဗူး	mi: gji' zain bu:
accendino (m)	မီးခြစ်	mi: gji'
portacenere (m)	ဆေးလိပ်ပြာခွက်	hsei: lei' pja gwe'
portasigarette (m)	စီးကရက်အလှဗူး	si: ga. ja' ahla. bu:
bocchino (m)	စီးကရက်ထည့်သောက်သည့် ပြွန်တံငယ်	si: ga. ja' hti. dau' thi. bjwan dan nge
filtro (m)	ဖင်ဆီခံ	hpin zi gan
fumare (vi, vt)	ဆေးလိပ်သောက်သည်	hsei: lei' ma. dhau' te
accendere una sigaretta	ဆေးလိပ်မီးညှိသည်	hsei: lei' mi: hni. de
fumo (m)	ဆေးလိပ်သောက်ခြင်း	hsei: lei' ma. dhau' chin:
fumatore (m)	ဆေးလိပ်သောက်သူ	hsei: lei' ma. dhau' thu
cicca (f), mozzicone (m)	ဆေးလိပ်တို	hsei: lei' tou
fumo (m)	မီးခိုး	mi: gou:
cenere (f)	ပြာ	pja

HABITAT UMANO

Città

78. Città. Vita di città

città (f)	မြို့	mjou.
capitale (f)	မြို့တော်	mjou. do
villaggio (m)	ရွာ	jwa
mappa (f) della città	မြို့လမ်းညွှန်မြေပုံ	mjou. lan hnjun mjei boun
centro (m) della città	မြို့လယ်ခေါင်	mjou. le gaun
sobborgo (m)	ဆင်ခြေဖုံးအရပ်	hsin gjei aja'
suburbano (agg)	ဆင်ခြေဖုံးအရပ်ဖြစ်သော	hsin gjei hpoun aja' hpa' te.
periferia (f)	မြို့စွန်	mjou. zun
dintorni (m pl)	ပတ်ဝန်းကျင်	pa' wun: gjin:
isolato (m)	စည်ကားရာမြို့လယ်နေရာ	si: ga: ja mjou. le nei ja
quartiere residenziale	လူနေရပ်ကွက်	lu nei ja' kwe'
traffico (m)	ယာဉ်အသွားအလာ	jin athwa: ala
semaforo (m)	မီးပွိုင့်	mi: bwain.
trasporti (m pl) urbani	ပြည်သူပိုင်ခရီးသွား ပို့ဆောင်ရေး	pji dhu bain gaji: dhwa: bou. zaun jei:
incrocio (m)	လမ်းဆုံ	lan: zoun
passaggio (m) pedonale	လူကူးမျဉ်းကြား	lu gu: mji: gja:
sottopassaggio (m)	မြေအောက်လမ်းကူး	mjei au' lan: gu:
attraversare (vt)	လမ်းကူးသည်	lan: gu: de
pedone (m)	လမ်းသွားလမ်းလာ	lan: dhwa: lan: la
marciapiede (m)	လူသွားလမ်း	lu dhwa: lan:
ponte (m)	တံတား	dada:
banchina (f)	ကမ်းနားတာမံ	kan: na: da. man
fontana (f)	ရေပန်း	jei ban:
vialetto (m)	ရိပ်သာလမ်း	jei' tha lan:
parco (m)	ပန်းခြံ	pan: gjan
boulevard (m)	လမ်းငယ်	lan: ge
piazza (f)	ရင်ပြင်	jin bjin
viale (m), corso (m)	လမ်းမကြီး	lan: mi. gji:
via (f), strada (f)	လမ်း	lan:
vicolo (m)	လမ်းသွယ်	lan: dhwe
vicolo (m) cieco	လမ်းဆုံး	lan: zoun:
casa (f)	အိမ်	ein
edificio (m)	အဆောက်အဦ	ahsau' au
grattacielo (m)	မိုးမျှော်တိုက်	mou: hmjo tou'
facciata (f)	အိမ်ရှေ့နံရံ	ein shei. nan jan

tetto (m)	အမိုး	amou:
finestra (f)	ပြတင်းပေါက်	badin: pau'
arco (m)	မုခ်ဝ	mou' wa.
colonna (f)	တိုင်	tain
angolo (m)	ထောင့်	htaun.
vetrina (f)	ဆိုင်ရှေ့ပစ္စည်း အခင်းအကျင်း	hseun shei. bji' si: akhin: akjin:
insegna (f) (di negozi, ecc.)	ဆိုင်းဘုတ်	hsain: bou'
cartellone (m)	ပိုစတာ	pou sata
cartellone (m) pubblicitario	ကြော်ငြာပိုစတာ	kjo nja bou sata
tabellone (m) pubblicitario	ကြော်ငြာဆိုင်းဘုတ်	kjo nja zain: bou'
pattume (m), spazzatura (f)	အမှိုက်	ahmai'
pattumiera (f)	အမှိုက်ပုံး	ahmai' poun:
sporcare (vi)	လွှင့်ပစ်သည်	hlwin. bi' te
discarica (f) di rifiuti	အမှိုက်ပုံ	ahmai' poun
cabina (f) telefonica	တယ်လီဖုန်းဆက်ရန်နေရာ	te li hpoun: ze' jan nei ja
lampione (m)	လမ်းမီး	lan: mi:
panchina (f)	ခုံတန်းရှည်	khoun dan: shei
poliziotto (m)	ရဲ	je:
polizia (f)	ရဲ	je:
mendicante (m)	သူတောင်းစား	thu daun: za:
barbone (m)	အိမ်ယာမဲ့	ein ja me.

79. Servizi cittadini

negozio (m)	ဆိုင်	hsain
farmacia (f)	ဆေးဆိုင်	hsei: zain
ottica (f)	မျက်မှန်ဆိုင်	mje' hman zain
centro (m) commerciale	ဈေးဝင်စင်တာ	zei: wun zin da
supermercato (m)	ကုန်တိုက်ကြီး	koun dou' kji:
panetteria (f)	မုန့်တိုက်	moun. dai'
fornaio (m)	ပေါင်မုန့်ဖုတ်သူ	paun moun. bou' dhu
pasticceria (f)	မုန့်ဆိုင်	moun. zain
drogheria (f)	ကုန်စုံဆိုင်	koun zoun zain
macelleria (f)	အသားဆိုင်	atha: ain
fruttivendolo (m)	ဟင်းသီးဟင်းရွက်ဆိုင်	hin: dhi: hin: jwe' hsain
mercato (m)	ဈေး	zei:
caffè (m)	ကော်ဖီဆိုင်	ko hpi zain
ristorante (m)	စားသောက်ဆိုင်	sa: thau' hsain
birreria (f), pub (m)	ဘီယာဆိုင်	bi ja zain:
pizzeria (f)	ပီဇာမုန့်ဆိုင်	pi za moun. zain
salone (m) di parrucchiere	ဆံပင်ညှပ်ဆိုင်	zain hnja' hsain
ufficio (m) postale	စာတိုက်	sa dai'
lavanderia (f) a secco	အဝတ်အခြောက်လျှော်လုပ်ငန်း	awu' achou' hlo: lou' ngan:
studio (m) fotografico	ဓာတ်ပုံရိုက်ခန်း	da' poun jai' khan:
negozio (m) di scarpe	ဖိနပ်ဆိုင်	hpana' sain

libreria (f)	စာအုပ်ဆိုင်	sa ou' hsain
negozio (m) sportivo	အားကစားပစ္စည်းဆိုင်	a: gaza: pji' si: zain
riparazione (f) di abiti	စက်ပြင်ဆိုင်	se' pjin zain
noleggio (m) di abiti	ဝတ်စုံအငှားဆိုင်	wa' zoun ahnga: zain
noleggio (m) di film	အခွေငှါးဆိုင်	akhwei hnga: zain:
circo (m)	ဆပ်ကပ်	hsa' ka'
zoo (m)	တိရစ္ဆာန်ဥယျာဉ်	tharei' hsan u. jin
cinema (m)	ရုပ်ရှင်ရုံ	jou' shin joun
museo (m)	ပြတိုက်	pja. dai'
biblioteca (f)	စာကြည့်တိုက်	sa gji. dai'
teatro (m)	ကဇာတ်ရုံ	ka. za' joun
teatro (m) dell'opera	အော်ပရာဇာတ်ရုံ	o pa ra za' joun
locale notturno (m)	နိုက်ကလပ်	nai' ka. la'
casinò (m)	လောင်းကစားရုံ	laun: gaza: joun
moschea (f)	ဗလီ	bali
sinagoga (f)	ရှဟူဒီဘုရား ရှိခိုးကျောင်း	ja. hu di bu. ja: shi. gou: gjaun:
cattedrale (f)	ဘုရားရှိခိုးကျောင်းတော်	hpaja: gjaun: do:
tempio (m)	ဘုရားကျောင်း	hpaja: gjaun:
chiesa (f)	ဘုရားကျောင်း	hpaja: gjaun:
istituto (m)	တက္ကသိုလ်	te' kathou
università (f)	တက္ကသိုလ်	te' kathou
scuola (f)	စာသင်ကျောင်း	sa dhin gjaun:
prefettura (f)	စီရင်စုနယ်	si jin zu. ne
municipio (m)	မြို့တော်ခန်းမ	mjou. do gan: ma.
albergo, hotel (m)	ဟိုတယ်	hou te
banca (f)	ဘဏ်	ban
ambasciata (f)	သံရုံး	than joun:
agenzia (f) di viaggi	ခရီးသွားလုပ်ငန်း	khaji: thwa: lou' ngan:
ufficio (m) informazioni	သတင်းအချက်အလက်ဌာန	dhadin: akje' ale' hta. na.
ufficio (m) dei cambi	ငွေလဲရန်နေရာ	ngwei le: jan nei ja
metropolitana (f)	မြေအောက်ဥမင်လမ်း	mjei au' u. min lan:
ospedale (m)	ဆေးရုံ	hsei: joun
distributore (m) di benzina	ဆီဆိုင်	hsi: zain
parcheggio (m)	ကားပါကင်	ka: pa kin

80. Cartelli

insegna (f) (di negozi, ecc.)	ဆိုင်းဘုတ်	hsain: bou'
iscrizione (f)	သတိပေးစာ	dhadi. pei: za
cartellone (m)	ပိုစတာ	pou sata
segnale (m) di direzione	လမ်းညွှန်	lan: hnjun
freccia (f)	လမ်းညွှန်မြား	lan: hnjun hmja:
avvertimento (m)	သတိပေးခြင်း	dhadi. pei: gjin:
avviso (m)	သတိပေးချက်	dhadi. pei: gje'

avvertire, avvisare (vt)	သတိပေးသည်	dhadi. pei: de
giorno (m) di riposo	ရုံးပိတ်ရက်	joun: bei' je'
orario (m)	အချိန်ဇယား	achein zaja:
orario (m) di apertura	ဖွင့်ချိန်	hpwin. gjin
BENVENUTI!	ကြိုဆိုပါသည်	kjou hsou ba de
ENTRATA	ဝင်ပေါက်	win bau'
USCITA	ထွက်ပေါက်	htwe' pau'
SPINGERE	တွန်းသည်	tun: de
TIRARE	ဆွဲသည်	hswe: de
APERTO	ဖွင့်သည်	hpwin. de
CHIUSO	ပိတ်သည်	pei' te
DONNE	အမျိုးသမီးသုံး	amjou: dhami: dhoun:
UOMINI	အမျိုးသားသုံး	amjou: dha: dhoun:
SCONTI	လျှော့ဈေး	sho. zei:
SALDI	လျှော့ဈေး	sho. zei:
NOVITÀ!	အသစ်	athi'
GRATIS	အခမဲ့	akha me.
ATTENZIONE!	သတိ	thadi.
COMPLETO	အလွတ်မရှိ	alu' ma shi.
RISERVATO	ကြိုတင်မှာယူထားပြီး	kjou tin hma ju da: bji:
AMMINISTRAZIONE	စီမံအုပ်ချုပ်ခြင်း	si man ou' chou' chin:
RISERVATO AL PERSONALE	အမှုထမ်းအတွက်အသာ	ahmu. htan: atwe' atha
ATTENTI AL CANE	ခွေးကိုက်တတ်သည်	khwei: kai' ta' te
VIETATO FUMARE!	ဆေးလိပ်မသောက်ရ	hsei: lei' ma. dhau' ja.
NON TOCCARE	မထိရ	ma. di. ja.
PERICOLOSO	အန္တရာယ်ရှိသည်	an dare shi. de.
PERICOLO	အန္တရာယ်	an dare
ALTA TENSIONE	ဗို့အားပြင်း	bou. a: bjin:
DIVIETO DI BALNEAZIONE	ရေမကူးရ	jei ma. gu: ja.
GUASTO	ပျက်နေသည်	pje' nei de
INFIAMMABILE	မီးလောင်တတ်သည်	mi: laun da' te
VIETATO	တားမြစ်သည်	ta: mji' te
VIETATO L'INGRESSO	မကျူးကျော်ရ	ma. gju: gjo ja
VERNICE FRESCA	ဆေးမခြောက်သေး	hsei: ma. gjau' dhei:

81. Mezzi pubblici in città

autobus (m)	ဘတ်စ်ကား	ba's ka:
tram (m)	ဓာတ်ရထား	da' ja hta:
filobus (m)	ဓာတ်ကား	da' ka:
itinerario (m)	လမ်းကြောင်း	lan: gjaun:
numero (m)	ကားနံပါတ်	ka: nan ba'
andare in ...	ယဉ်စီးသည်	jin zi: de
salire (~ sull'autobus)	ထိုင်သည်	htain de

scendere da ...	ကားပေါ်မှဆင်းသည်	ka: bo hma. zin: de
fermata (f) (~ dell'autobus)	မှတ်တိုင်	hma' tain
prossima fermata (f)	နောက်မှတ်တိုင်	nau' hma' tain
capolinea (m)	အဆုံးမှတ်တိုင်	ahsoun: hma' tain
orario (m)	အချိန်ဇယား	achein zaja:
aspettare (vt)	စောင့်သည်	saun. de
biglietto (m)	လက်မှတ်	le' hma'
prezzo (m) del biglietto	ယာဉ်စီးခ	jin zi: ga.
cassiere (m)	ငွေကိုင်	ngwei gain
controllo (m) dei biglietti	လက်မှတ်စစ်ဆေးခြင်း	le' hma' ti' hsei: chin
bigliettaio (m)	လက်မှတ်စစ်ဆေးသူ	le' hma' ti' hsei: dhu:
essere in ritardo	နောက်ကျသည်	nau' kja. de
perdere (~ il treno)	ကားနောက်ကျသည်	ka: nau' kja de
avere fretta	အမြန်လုပ်သည်	aman lou' de
taxi (m)	တက္ကစီ	te' kasi
taxista (m)	တက္ကစီမောင်းသူ	te' kasi maun: dhu
in taxi	တက္ကစီဖြင့်	te' kasi hpjin.
parcheggio (m) di taxi	တက္ကစီစုရပ်	te' kasi zu. ja'
chiamare un taxi	တက္ကစီခေါ်သည်	te' kasi go de
prendere un taxi	တက္ကစီငှါးသည်	te' kasi hnga: de
traffico (m)	ယာဉ်အသွားအလာ	jin athwa: ala
ingorgo (m)	ယာဉ်ကြောပိတ်ဆို့မှု	jin gjo: bei' hsou. hmu.
ore (f pl) di punta	အလုပ်ဆင်းချိန်	alou' hsin: gjain
parcheggiarsi (vr)	ယာဉ်ရပ်နားရန်နေရာယူသည်	jin ja' na: jan nei ja ju de
parcheggiare (vt)	ကားအားပါကင်ထိုးသည်	ka: a: pa kin dou: de
parcheggio (m)	ပါကင်	pa gin
metropolitana (f)	မြေအောက်ဥမင်လမ်း	mjei au' u. min lan:
stazione (f)	ဘူတာရုံ	bu da joun
prendere la metropolitana	မြေအောက်ရထားဖြင့်သွားသည်	mjei au' ja. da: bjin. dhwa: de
treno (m)	ရထား	jatha:
stazione (f) ferroviaria	ရထားဘူတာရုံ	jatha: buda joun

82. Visita turistica

monumento (m)	ရုပ်တု	jou' tu.
fortezza (f)	ခံတပ်ကြီး	khwan da' kji:
palazzo (m)	နန်းတော်	nan do
castello (m)	ရဲတိုက်	je: dai'
torre (f)	မျှော်စင်	hmjo zin
mausoleo (m)	ဂူဗိမာန်	gu bi. man
architettura (f)	ဗိသုကာပညာ	bi. thu. ka pjin nja
medievale (agg)	အလယ်ခေတ်နှင့်ဆိုင်သော	ale khei' hnin. zain de.
antico (agg)	ရှေးကျသော	shei: gja. de
nazionale (agg)	အမျိုးသားနှင့်ဆိုင်သော	amjou: dha: hnin. zain de.
famoso (agg)	နာမည်ကြီးသော	na me gji: de.
turista (m)	ကမ္ဘာလှည့်ခရီးသည်	ga ba hli. kha. ji: de
guida (f)	လမ်းညွှန်	lan: hnjun

escursione (f)	လေ့လာရေးခရီး	lei. la jei: gaji:
fare vedere	ပြသည်	pja. de
raccontare (vt)	ပြောပြသည်	pjo: bja. de
trovare (vt)	ရှာတွေ့သည်	sha dwei. de
perdersi (vr)	ပျောက်သည်	pjau' te
mappa (f) (~ della metropolitana)	မြေပုံ	mjei boun
piantina (f) (~ della città)	မြေပုံ	mjei boun
souvenir (m)	အမှတ်တရလက်ဆောင်ပစ္စည်း	ahma' ta ra le' hsaun pji' si:
negozio (m) di articoli da regalo	လက်ဆောင်ပစ္စည်းဆိုင်	le' hsaun pji' si: zain
fare foto	ဓာတ်ပုံရိုက်သည်	da' poun jai' te
fotografarsi	ဓာတ်ပုံရိုက်သည်	da' poun jai' te

83. Acquisti

comprare (vt)	ဝယ်သည်	we de
acquisto (m)	ဝယ်စရာ	we zaja
fare acquisti	ဈေးဝယ်ထွက်ခြင်း	zei: we htwe' chin:
shopping (m)	ရှော့ပင်း	sho. bin:
essere aperto (negozio)	ဆိုင်ဖွင့်သည်	hsain bwin. de
essere chiuso	ဆိုင်ပိတ်သည်	hseun bi' te
calzature (f pl)	ဖိနပ်	hpana'
abbigliamento (m)	အဝတ်အစား	awu' aza:
cosmetica (f)	အလှကုန်ပစ္စည်း	ahla. koun pji' si:
alimentari (m pl)	စားသောက်ကုန်	sa: thau' koun
regalo (m)	လက်ဆောင်	le' hsaun
commesso (m)	ရောင်းသူ	jaun: dhu
commessa (f)	ရောင်းသူ	jaun: dhu
cassa (f)	ငွေရှင်းရန်နေရာ	ngwei shin: jan nei ja
specchio (m)	မှန်	hman
banco (m)	ကောင်တာ	kaun da
camerino (m)	အဝတ်လဲခန်း	awu' le: gan:
provare (~ un vestito)	တိုင်းကြည့်သည်	tain: dhi. de
stare bene (vestito)	သင့်တော်သည်	thin. do de
piacere (vi)	ကြိုက်သည်	kjai' de
prezzo (m)	ဈေးနှုန်း	zei: hnan:
etichetta (f) del prezzo	ဈေးနှုန်းကတ်ပြား	zei: hnan: ka' pja:
costare (vt)	ကုန်ကျသည်	koun mja. de
Quanto?	ဘယ်လောက်လဲ	be lau' le:
sconto (m)	လျှော့ဈေး	sho. zei:
no muy caro (agg)	ဈေးမကြီးသော	zei: ma. kji: de.
a buon mercato	ဈေးပေါသော	zei: po: de.
caro (agg)	ဈေးကြီးသော	zei: kji: de.
È caro	ဒါဈေးကြီးတယ်	da zei: gji: de

noleggio (m)	ငှါးရမ်းခြင်း	hna: jan: chin:
noleggiare (~ un abito)	ငှါးရမ်းသည်	hna: jan: de
credito (m)	အကြွေးစနစ်	akjwei: sani'
a credito	အကြွေးစနစ်ဖြင့်	akjwei: sa ni' hpjin.

84. Denaro

soldi (m pl)	ပိုက်ဆံ	pai' hsan
cambio (m)	လဲလှယ်ခြင်း	le: hle gjin:
corso (m) di cambio	ငွေလဲနှုန်း	ngwei le: hnan:
bancomat (m)	အလိုအလျောက်ငွေထုတ်စက်	alou aljau' ngwei htou' se'
moneta (f)	အကြွေစေ့	akjwei zei.
dollaro (m)	ဒေါ်လာ	do la
euro (m)	ယူရို	ju rou
lira (f)	အီတလီ လိုင်ရာငွေ	ita. li lain ja ngwei
marco (m)	ဂျာမန်မတ်ငွေ	gja man ma' ngwei
franco (m)	ဖရန့်	hpa. jan.
sterlina (f)	စတာလင်ပေါင်	sata lin baun
yen (m)	ယန်း	jan:
debito (m)	အကြွေး	akjwei:
debitore (m)	မြီစား	mji za:
prestare (~ i soldi)	ချေးသည်	chei: de
prendere in prestito	အကြွေးယူသည်	akjwei: ju de
banca (f)	ဘဏ်	ban
conto (m)	ငွေစာရင်း	ngwei za jin:
versare (vt)	ထည့်သည်	hte de.
versare sul conto	ငွေသွင်းသည်	ngwei dhwin: de
prelevare dal conto	ငွေထုတ်သည်	ngwei dou' te
carta (f) di credito	အကြွေးဝယ်ကဒ်ပြား	akjwei: we ka' pja
contanti (m pl)	လက်ငင်း	le' ngin:
assegno (m)	ချက်	che'
emettere un assegno	ချက်ရေးသည်	che' jei: de
libretto (m) di assegni	ချက်စာအုပ်	che' sa ou'
portafoglio (m)	ပိုက်ဆံအိတ်	pai' hsan ei'
borsellino (m)	ပိုက်ဆံအိတ်	pai' hsan ei'
cassaforte (f)	မီးခံသေတ္တာ	mi: gan dhi' ta
erede (m)	အမွေစားအမွေခံ	amwei za: amwei gan
eredità (f)	အမွေဆက်ခံခြင်း	amwei ze' khan gjin:
fortuna (f)	အခွင့်အလမ်း	akhwin. alan:
affitto (m), locazione (f)	အိမ်ငှါး	ein hnga:
canone (m) d'affitto	အခန်းငှါးခ	akhan: hnga: ga
affittare (dare in affitto)	ငှားသည်	hnga: de
prezzo (m)	ဈေးနှုန်း	zei: hnan:
costo (m)	ကုန်ကျစရိတ်	koun gja. za. ji'
somma (f)	ပေါင်းလဒ်	paun: la'

spendere (vt)	သုံးစွဲသည်	thoun: zwe: de
spese (f pl)	စရိတ်စက	zaei' zaga.
economizzare (vi, vt)	ချွေတာသည်	chwei da de
economico (agg)	တွက်ခြေကိုက်သော	twe' chei kai' te.
pagare (vi, vt)	ပေးချေသည်	pei: gjei de
pagamento (m)	ပေးချေသည့်ငွေ	pei: gjei de. ngwei
resto (m) (dare il ~)	ပြန်အမ်းငွေ	pjan an: ngwe
imposta (f)	အခွန်	akhun
multa (f), ammenda (f)	ဒဏ်ငွေ	dan ngwei
multare (vt)	ဒဏ်ရိုက်သည်	dan jai' de

85. Posta. Servizio postale

ufficio (m) postale	စာတိုက်	sa dai'
posta (f) (lettere, ecc.)	မေးလ်	mei: l
postino (m)	စာပို့သမား	sa bou. dhama:
orario (m) di apertura	ဖွင့်ချိန်	hpwin. gjin
lettera (f)	စာ	sa
raccomandata (f)	မှတ်ပုံတင်ပြီးသောစာ	hma' poun din bji: dho: za:
cartolina (f)	ပို့ စကာဒ်	pou. sa. ka'
telegramma (m)	ကြေးနန်း	kjei: nan:
pacco (m) postale	ပါဆယ်	pa ze
vaglia (m) postale	ငွေလွှဲခြင်း	ngwei hlwe: gjin:
ricevere (vt)	လက်ခံရရှိသည်	le' khan ja. shi. de
spedire (vt)	ပို့သည်	pou. de
invio (m)	ပို့ခြင်း	pou. gjin:
indirizzo (m)	လိပ်စာ	lei' sa
codice (m) postale	စာပို့သင်္ကေတ	sa bou dhin kei ta.
mittente (m)	ပို့သူ	pou. dhu
destinatario (m)	လက်ခံသူ	le' khan dhu
nome (m)	အမည်	amji
cognome (m)	မိသားစု မျိုးရိုးနာမည်	mi. dha: zu. mjou: jou: na mji
tariffa (f)	စာပို့ခ နှုန်းထား	sa bou. kha. hnan: da:
ordinario (agg)	စံနှုန်းသတ်မှတ်ထားသော	san hnoun: dha' hma' hta: de.
standard (agg)	ကုန်ကျငွေသက်သာသော	koun gja ngwe dhe' dha de.
peso (m)	အလေးချိန်	alei: gjein
pesare (vt)	ချိန်သည်	chein de
busta (f)	စာအိတ်	sa ei'
francobollo (m)	တံဆိပ်ခေါင်း	da zei' khaun:
affrancare (vt)	တံဆိပ်ခေါင်းကပ်သည်	da zei' khaun: ka' te

Abitazione. Casa

86. Casa. Abitazione

casa (f)	အိမ်	ein
a casa	အိမ်မှာ	ein hma
cortile (m)	ခြံမြေကွက်လပ်	chan mjei gwe' la'
recinto (m)	ခြံစည်းရိုး	chan zi: jou:
mattone (m)	အုတ်	ou'
di mattoni	အုတ်ဖြင့်လုပ်ထားသော	ou' hpjin. lou' hta: de.
pietra (f)	ကျောက်	kjau'
di pietra	ကျောက်ဖြင့်လုပ်ထားသော	kjau' hpjin. lou' hta: de.
beton (m)	ကွန်ကရစ်	kun ka. ji'
di beton	ကွန်ကရစ်လောင်းထားသော	kun ka. ji' laun: da: de.
nuovo (agg)	သစ်သော	thi' te.
vecchio (agg)	ဟောင်းသော	haun: de.
fatiscente (edificio ~)	အိုဟောင်းပျက်စီးနေသော	ou haun: pje' si: nei dho:
moderno (agg)	ခေတ်မီသော	khi' mi de.
a molti piani	အထပ်များစွာပါသော	a hta' mja: swa ba de.
alto (agg)	မြင့်သော	mjin. de.
piano (m)	အထပ်	a hta'
di un piano	အထပ်တစ်ထပ်တည်းဖြစ်သော	a hta' ta' hta' te: hpja' tho:
pianoterra (m)	မြေညီထပ်	mjei nji da'
ultimo piano (m)	အပေါ်ဆုံးထပ်	apo zoun: da'
tetto (m)	အမိုး	amou:
ciminiera (f)	မီးခိုးခေါင်းတိုင်	mi: gou: gaun: dain
tegola (f)	အုတ်ကြွပ်ပြား	ou' gju' pja:
di tegole	အုတ်ကြွတ်ဖြင့်မိုးထားသော	ou' gju' hpjin: mou: hta: de.
soffitta (f)	ထပ်ခိုး	hta' khou:
finestra (f)	ပြတင်းပေါက်	badin: pau'
vetro (m)	ဖန်	hpan
davanzale (m)	ပြတင်းအောက်ခြေဘောင်	badin: au' chei dhaun
imposte (f pl)	ပြတင်းကာ	badin: ga
muro (m)	နံရံ	nan jou:
balcone (m)	ဝရန်တာ	wa jan da
tubo (m) pluviale	ရေဆင်းပိုက်	jei zin: bai'
su, di sopra	အပေါ်မှာ	apo hma
andare di sopra	တက်သည်	te' te
scendere (vi)	ဆင်းသည်	hsin: de
trasferirsi (vr)	အိမ်ပြောင်းသည်	ein bjaun: de

87. Casa. Ingresso. Ascensore

entrata (f)	ဝင်ပေါက်	win bau'
scala (f)	လှေကား	hlei ga:
gradini (m pl)	လှေကားထစ်	hlei ga: di'
ringhiera (f)	လှေကားလက်ရန်း	hlei ga: le' jan:
hall (f) (atrio d'ingresso)	ဧည့်ခန်းမ	e. gan: ma.
cassetta (f) della posta	စာတိုက်ပုံး	sa dai' poun:
secchio (m) della spazzatura	အမှိုက်ပုံး	ahmai' poun:
scivolo (m) per la spazzatura	အမှိုက်ဆင်းပိုက်	ahmai' hsin: bai'
ascensore (m)	ဓာတ်လှေကား	da' hlei ga:
montacarichi (m)	ဝန်တင်ဓာတ်လှေကား	wun din da' hlei ga:
cabina (f) di ascensore	ကုန်တင်ဓာတ်လှေကား	koun din ga' hlei ga:
prendere l'ascensore	ဓာတ်လှေကားစီးသည်	da' hlei ga: zi: de
appartamento (m)	တိုက်ခန်း	tai' khan:
inquilini (m pl)	နေထိုင်သူများ	nei dain dhu mja:
vicino (m)	အိမ်နီးနားချင်း	ein ni: na: gjin:
vicina (f)	မိန်းကလေးအိမ်နီးနားချင်း	mein: galei: ein: ni: na: gjin:
vicini (m pl)	အိမ်နီးနားချင်းများ	ein ni: na: gjin: mja:

88. Casa. Elettricità

elettricità (f)	လျှပ်စစ်ဓာတ်အား	hlja' si' da' a:
lampadina (f)	မီးသီး	mi: dhi:
interruttore (m)	ခလုတ်	khalou'
fusibile (m)	ဖျူးစ်	hpju: s
filo (m)	ဝိုင်ယာကြိုး	wain ja gjou:
impianto (m) elettrico	လျှပ်စစ်ကြိုးသွယ်တန်းမှု	hlja' si' kjou: dhwe dan: hmu
contatore (m) dell'elettricità	လျှပ်စစ်မီတာ	hlja' si' si da
lettura, indicazione (f)	ပြသောပမာဏ	pja. dho: ba ma na.

89. Casa. Porte. Serrature

porta (f)	တံခါး	daga:
cancello (m)	ဂိတ်	gei'
maniglia (f)	တံခါးလက်ကိုင်	daga: le' kain
togliere il catenaccio	သော့ဖွင့်သည်	tho. bwin. de
aprire (vt)	ဖွင့်သည်	hpwin. de
chiudere (vt)	ပိတ်သည်	pei' te
chiave (f)	သော့	tho.
mazzo (m)	အတွဲ	atwe:
cigolare (vi)	တကျွီကျွီမြည်သည်	ta kjwi. kjwi. mji de
cigolio (m)	တကျွီကျွီမြည်သံ	ta kjwi. kjwi. mji dhan
cardine (m)	ပတ္တာ	pa' ta
zerbino (m)	ခြေသုတ်ခုံ	chei dhou' goun
serratura (f)	တံခါးဂျက်	daga: gje'

buco (m) della serratura	သော့ပေါက်	tho. bau'
chiavistello (m)	မင်းတုံး	min: doun:
catenaccio (m)	တံခါးချက်	daga: che'
lucchetto (m)	သော့ခလောက်	tho. ga. lau'
suonare (~ il campanello)	ခေါင်းလောင်းမြည်သည်	gaun: laun: mje de
suono (m)	ခေါင်းလောင်းမြည်သံ	gaun: laun: mje dhan
campanello (m)	လူခေါ်ခေါင်းလောင်း	lu go gaun: laun:
pulsante (m)	လူခေါ်ခေါင်းလောင်းခလုတ်	lu go gaun: laun: khalou'
bussata (f)	တံခါးခေါက်သံ	daga: khau' than
bussare (vi)	တံခါးခေါက်သည်	daga: khau' te
codice (m)	သင်္ကေတဝှက်	thin gei ta. hwe'
serratura (f) a codice	ကုဒ်သော့	kou' tho.
citofono (m)	အိမ်တွင်းဆက်သွယ်မှုစနစ်	ein dwin: ze' dhwe hmu. zani'
numero (m) (~ civico)	နံပါတ်	nan ba'
targhetta (f) di porta	အိမ်တံခါးရှေ့ ဆိုင်းဘုတ်	ein da ga: shei. hsain: bou'
spioncino (m)	ချောင်းကြည့်ပေါက်	chaun: gje. bau'

90. Casa di campagna

villaggio (m)	ရွာ	jwa
orto (m)	အသီးအရွက်စိုက်ခင်း	athi: ajwe' sai' khin:
recinto (m)	ခြံစည်းရိုး	chan zi: jou:
steccato (m)	ခြံစည်းရိုးတိုင်	chan zi: jou: dain
cancelletto (m)	မလွှယ်ပေါက်	ma. lwe bau'
granaio (m)	ကျီ	kji
cantina (f), scantinato (m)	မြေအောက် အစာသိုလှောင်ခန်း	mjei au' asa dhou hlaun gan:
capanno (m)	ဂိုဒေါင်	gou daun
pozzo (m)	ရေတွင်း	jei dwin:
stufa (f)	မီးဖို	mi: bou
attizzare (vt)	မီးပြင်းအောင်ထိုးသည်	mi: bjin: aun dou: de
legna (f) da ardere	ထင်း	htin:
ciocco (m)	ထင်းတုံး	tin: doun:
veranda (f)	ဝရန်တာ	wa jan da
terrazza (f)	စင်္ကြံ	sin gja.
scala (f) d'ingresso	အိမ်ရှေ့လှေကား	ein shei. hlei ga:
altalena (f)	ဒန်း	dan:

91. Villa. Palazzo

casa (f) di campagna	တောအိမ်	to: ein
villa (f)	ကမ်းခြေအပန်းဖြေအိမ်	kan: gjei apan: hpjei ein
ala (f)	တံစက်မြိတ်	toun ze' mei'
giardino (m)	ဥယျာဉ်	u. jin
parco (m)	ပန်းခြံ	pan: gjan
serra (f)	ဖန်လုံအိမ်	hpan ain
prendersi cura (~ del giardino)	ပြုစုစောင့်ရှောက်သည်	pju. zu. zaun. shau' te

piscina (f)	ရေကူးကန်	jei ku: gan
palestra (f)	အိမ်တွင်း ကျန်းမာ ရေးလေ့ကျင့်ရုံ	ein dwin: gjan: ma jei: lei. gjin. joun
campo (m) da tennis	တင်းနစ်ကွင်း	tin: ni' kwin:
home cinema (m)	အိမ်တွင်း ရုပ်ရှင်ရုံ	ein dwin: jou' shin joun
garage (m)	ဂိုဒေါင်	gou daun
proprietà (f) privata	တသီးပုဂ္ဂလိက ပိုင်ဆိုင်မြေပစ္စည်း	tadhi: pou' ga li ka. bain: zain mjei pji' si:
terreno (m) privato	တသီးပုဂ္ဂလိကပိုင်နယ်မြေ	tadhi: pou' ga li ka. bain: mjei
avvertimento (m)	သတိပေးချက်	dhadi. pei: gje'
cartello (m) di avvertimento	သတိပေးဆိုင်းပုဒ်	dhadi. pei: zain: bou'
sicurezza (f)	လုံခြုံရေး	loun gjoun jei:
guardia (f) giurata	လုံခြုံရေးအစောင့်	loun gjoun jei: asaun.
allarme (f) antifurto	သူခိုးလှန့်ခေါင်းလောင်း	thu khou: hlan. khaun: laun:

92. Castello. Reggia

castello (m)	ရဲတိုက်	je: dai'
palazzo (m)	နန်းတော်	nan do
fortezza (f)	ခံတပ်ကြီး	khwan da' kji:
muro (m)	ရဲတိုက်နံရံဝိုင်း	je: dai' nan jan wain:
torre (f)	မျှော်စင်	hmjo zin
torre (f) principale	ရဲတိုက်ဗဟို မျှော်စင်ခံတပ်ကြီး	je: dai' ba. hou hmjo zin gan ta' kji:
saracinesca (f)	ဆိုင်းကြိုးသုံးသံ ကွန်ရက်တံခါးကြီး	hsain: kjou: dhoun: dhan kwan ja' dan ga: kji:
tunnel (m)	မြေအောက်လမ်း	mjei au' lan:
fossato (m)	ကျုံး	kjun:
catena (f)	ကြိုး	kjou:
feritoia (f)	မြှားတံလွှတ်ပေါက်	hmja: dan hlwa' pau'
magnifico (agg)	ခမ်းနားသော	khan: na: de.
maestoso (agg)	ခံ့ညားထည်ဝါသော	khan nja: hte wa de.
inespugnabile (agg)	မထိုးဖောက်နိုင်သော	ma. dou: bau' nein de.
medievale (agg)	အလယ်ခေတ်နှင့်ဆိုင်သော	ale khei' hnin. zain de.

93. Appartamento

appartamento (m)	တိုက်ခန်း	tai' khan:
camera (f), stanza (f)	အခန်း	akhan:
camera (f) da letto	အိပ်ခန်း	ei' khan:
sala (f) da pranzo	ထမင်းစားခန်း	htamin: za: gan:
salotto (m)	ဧည့်ခန်း	e. gan:
studio (m)	အိမ်တွင်းရုံးခန်းလေး	ein dwin: joun: gan: lei:
ingresso (m)	ဝင်ပေါက်	win bau'
bagno (m)	ရေချိုးခန်း	jei gjou gan:

gabinetto (m)	အိမ်သာ	ein dha
soffitto (m)	မျက်နှာကြက်	mje' hna gje'
pavimento (m)	ကြမ်းပြင်	kan: pjin
angolo (m)	ထောင့်	htaun.

94. Appartamento. Pulizie

pulire (vt)	သန့်ရှင်းရေးလုပ်သည်	than. shin: jei: lou' te
mettere via	သန့်ရှင်းရေးလုပ်သည်	than. shin: jei: lou' te
polvere (f)	ဖုန်	hpoun
impolverato (agg)	ဖုန်ထူသော	hpoun du de.
spolverare (vt)	ဖုန်သုတ်သည်	hpoun dou' te
aspirapolvere (m)	ဖုန်စုပ်စက်	hpoun zou' se'
passare l'aspirapolvere	ဖုန်စုပ်စက်ဖြင့် စုပ်သည်	hpoun zou' se' chin. zou' te
spazzare (vi, vt)	တံမြက်စည်းလှည်းသည်	tan mje' si: hle: de
spazzatura (f)	အမှိုက်များ	ahmai' mja:
ordine (m)	စနစ်တကျ	sani' ta. gja.
disordine (m)	ရှုပ်ပွခြင်း	shou' pwei gjin:
frettazzo (m)	လက်ကိုင်ရှည်ကြမ်းသုတ်ဖတ်	le' kain she gjan: dhou' hpa'
strofinaccio (m)	ဖုန်သုတ်အဝတ်	hpoun dou' awu'
scopa (f)	တံမြက်စည်း	tan mje' si:
paletta (f)	အမှိုက်ဂေါ်	ahmai' go

95. Arredamento. Interno

mobili (m pl)	ပရိဘောဂ	pa ri. bo: ga.
tavolo (m)	စားပွဲ	sa: bwe:
sedia (f)	ကုလားထိုင်	kala: dain
letto (m)	ကုတင်	ku din
divano (m)	ဆိုဖာ	hsou hpa
poltrona (f)	လက်တင်ပါသောကုလားထိုင်	le' tin ba dho: ku. la: dain
libreria (f)	စာအုပ်စင်	sa ou' sin
ripiano (m)	စင်	sin
armadio (m)	ဗီရို	bi jou
attaccapanni (m) da parete	နံရံကပ်အဝတ်ချိတ်စင်	nan jan ga' awu' gei' zin
appendiabiti (m) da terra	အဝတ်ချိတ်စင်	awu' gjei' sin
comò (m)	အံဆွဲပါ မှန်တင်ခုံ	an. zwe: pa hman din khoun
tavolino (m) da salotto	စားပွဲပု	sa: bwe: bu.
specchio (m)	မှန်	hman
tappeto (m)	ကော်ဇော	ko zo:
tappetino (m)	ကော်ဇော	ko zo:
camino (m)	မီးလင်းဖို	mi: lin: bou
candela (f)	ဖယောင်းတိုင်	hpa. jaun dain
candeliere (m)	ဖယောင်းတိုင်စိုက်သောတိုင်	hpa. jaun dain zou' tho dain

tende (f pl)	ခန်းဆီးရှည်	khan: zi: shei
carta (f) da parati	နံရံကပ်စက္ကူ	nan jan ga' se' ku
tende (f pl) alla veneziana	ယင်းလိပ်	jin: lei'
lampada (f) da tavolo	စားပွဲတင်မီးအိမ်	sa: bwe: din mi: ein
lampada (f) da parete	နံရံကပ်မီး	nan jan ga' mi:
lampada (f) a stelo	မတ်တပ်မီးစလောင်း	ma' ta' mi: za. laun:
lampadario (m)	မီးပန်းဆိုင်း	mi: ban: zain:
gamba (f)	ခြေထောက်	chei htau'
bracciolo (m)	လက်တန်း	le' tan:
spalliera (f)	နောက်မှီ	nau' mi
cassetto (m)	အံဆွဲ	an. zwe:

96. Biancheria da letto

biancheria (f) da letto	အိပ်ရာခင်းများ	ei' ja khin: mja:
cuscino (m)	ခေါင်းအုံး	gaun: oun:
federa (f)	ခေါင်းစွပ်	gaun: zu'
coperta (f)	စောင်	saun
lenzuolo (m)	အိပ်ရာခင်း	ei' ja khin:
copriletto (m)	အိပ်ရာဖုံး	ei' ja hpoun:

97. Cucina

cucina (f)	မီးဖိုခန်း	mi: bou gan:
gas (m)	ဓာတ်ငွေ့	da' ngwei.
fornello (m) a gas	ဂတ်စ်မီးဖို	ga' s mi: bou
fornello (m) elettrico	လျှပ်စစ်မီးဖို	hlja' si' si: bou
forno (m)	မုန့်ဖုတ်ရန်ဖို	moun. bou' jan bou
forno (m) a microonde	မိုက်ခရိုဝေ့ဗ်	mou' kha. jou wei. b
frigorifero (m)	ရေခဲသေတ္တာ	je ge: dhi' ta
congelatore (m)	ရေခဲခန်း	jei ge: gan:
lavastoviglie (f)	ပန်းကန်ဆေးစက်	bagan: zei: ze'
tritacarne (m)	အသားကြိတ်စက်	atha: kjei' za'
spremifrutta (m)	အသီးဖျော်စက်	athi: hpjo ze'
tostapane (m)	ပေါင်မုန့်ကင်စက်	paun moun. gin ze'
mixer (m)	မွှေစက်	hmwei ze'
macchina (f) da caffè	ကော်ဖီဖျော်စက်	ko hpi hpjo ze'
caffettiera (f)	ကော်ဖီအိုး	ko hpi ou:
macinacaffè (m)	ကော်ဖီကြိတ်စက်	ko hpi kjei ze'
bollitore (m)	ရေနွေးကရားအိုး	jei nwei: gaja: ou:
teiera (f)	လက်ဘက်ရည်အိုး	le' be' ji ou:
coperchio (m)	အိုးအဖုံး	ou: ahpoun:
colino (m) da tè	လက်ဖက်ရည်စစ်	le' hpe' ji zi'
cucchiaio (m)	ဇွန်း	zun:
cucchiaino (m) da tè	လက်ဖက်ရည်ဇွန်း	le' hpe' ji zwan:

cucchiaio (m)	အရည်သောက်ဇွန်း	aja: dhau' zun:
forchetta (f)	ခက်ရင်း	khajin:
coltello (m)	ဓား	da:
stoviglie (f pl)	အိုးခွက်ပန်းကန်	ou: kwe' pan: gan
piatto (m)	ပန်းကန်ပြား	bagan: bja:
piattino (m)	အောက်ခံပန်းကန်ပြား	au' khan ban: kan pja:
cicchetto (m)	ဖန်ခွက်	hpan gwe'
bicchiere (m) (~ d'acqua)	ဖန်ခွက်	hpan gwe'
tazzina (f)	ခွက်	khwe'
zuccheriera (f)	သကြားခွက်	dhagja: khwe'
saliera (f)	ဆားဘူး	hsa: bu:
pepiera (f)	ငြုတ်ကောင်းဘူး	njou' kaun: bu:
burriera (f)	ထောပတ်ခွက်	hto: ba' khwe'
pentola (f)	ပေါင်းအိုး	paun: ou:
padella (f)	ဟင်းကြော်အိုး	hin: gjo ou:
mestolo (m)	ဟင်းခပ်ဇွန်း	hin: ga' zun
colapasta (m)	ဆန်ခါ	zaga
vassoio (m)	လင်ဗန်း	lin ban:
bottiglia (f)	ပုလင်း	palin:
barattolo (m) di vetro	ဖန်ဘူး	hpan bu:
latta, lattina (f)	သံဘူး	than bu:
apribottiglie (m)	ပုလင်းဖောက်တံ	pu. lin: bau' tan
apriscatole (m)	သံဘူးဖောက်တံ	than bu: bau' tan
cavatappi (m)	ဝက်အူဖောက်တံ	we' u bau' dan
filtro (m)	ရေစစ်	jei zi'
filtrare (vt)	စစ်သည်	si' te
spazzatura (f)	အမှိုက်	ahmai'
pattumiera (f)	အမှိုက်ပုံး	ahmai' poun:

98. Bagno

bagno (m)	ရေချိုးခန်း	jei gjou gan:
acqua (f)	ရေ	jei
rubinetto (m)	ရေပိုက်ခေါင်း	jei bai' khaun:
acqua (f) calda	ရေပူ	jei bu
acqua (f) fredda	ရေအေး	jei ei:
dentifricio (m)	သွားတိုက်ဆေး	thwa: tai' hsei:
lavarsi i denti	သွားတိုက်သည်	thwa: tai' te
spazzolino (m) da denti	သွားတိုက်တံ	thwa: tai' tan
rasarsi (vr)	ရိတ်သည်	jei' te
schiuma (f) da barba	မုတ်ဆိတ်ရိတ်သုံး ဆပ်ပြာမြှုပ်	mou' hsei' jei' thoun: za' pja hmjou'
rasoio (m)	သင်တုန်းဓား	thin toun: da:
lavare (vt)	ဆေးသည်	hsei: de
fare un bagno	ရေချိုးသည်	jei gjou: de

doccia (f)	ရေပန်း	jei ban:
fare una doccia	ရေချိုးသည်	jei gjou: de
vasca (f) da bagno	ရေချိုးကန်	jei gjou: gan
water (m)	အိမ်သာ	ein dha
lavandino (m)	လက်ဆေးကန်	le' hsei: kan
sapone (m)	ဆပ်ပြာ	hsa' pja
porta (m) sapone	ဆပ်ပြာခွက်	hsa' pja gwe'
spugna (f)	ရေမြှုပ်	jei hmjou'
shampoo (m)	ခေါင်းလျှော်ရည်	gaun: sho je
asciugamano (m)	တဘက်	tabe'
accappatoio (m)	ရေချိုးခန်းဝတ်စုံ	jei gjou: gan: wu' soun
bucato (m)	အဝတ်လျှော်ခြင်း	awu' sho gjin
lavatrice (f)	အဝတ်လျှော်စက်	awu' sho ze'
fare il bucato	ဒိုဘီလျှော်သည်	dou bi jo de
detersivo (m) per il bucato	အဝတ်လျှော်ဆပ်ပြာမှုန့်	awu' sho hsa' pja hmun.

99. Elettrodomestici

televisore (m)	ရုပ်မြင်သံကြားစက်	jou' mjin dhan gja: ze'
registratore (m) a nastro	အသံသွင်းစက်	athan dhwin: za'
videoregistratore (m)	ဗီဒီယိုပြစက်	bi di jou bja. ze'
radio (f)	ရေဒီယို	rei di jou
lettore (m)	ပလေယာစက်	pa. lei ja ze'
videoproiettore (m)	ဗီဒီယိုပရိုဂျက်တာ	bi di jou pa. jou gje' da
home cinema (m)	အိမ်တွင်းရုပ်ရှင်ခန်း	ein dwin: jou' shin gan:
lettore (m) DVD	ဒီဗီဒီပလေယာ	di bi di ba lei ja
amplificatore (m)	အသံချဲ့စက်	athan che. zek
console (f) video giochi	ဂိမ်းခလုတ်	gein: kha lou'
videocamera (f)	ဗွီဒီယိုကင်မရာ	bwi di jou kin ma. ja
macchina (f) fotografica	ကင်မရာ	kin ma. ja
fotocamera (f) digitale	ဒီဂျစ်တယ်ကင်မရာ	digji' te gin ma. ja
aspirapolvere (m)	ဖုန်စုပ်စက်	hpoun zou' se'
ferro (m) da stiro	မီးပူ	mi: bu
asse (f) da stiro	မီးပူတိုက်ရန်စင်	mi: bu tai' jan zin
telefono (m)	တယ်လီဖုန်း	te li hpoun:
telefonino (m)	မိုဘိုင်းဖုန်း	mou bain: hpoun:
macchina (f) da scrivere	လက်နှိပ်စက်	le' hnei' se'
macchina (f) da cucire	အပ်ချုပ်စက်	a' chou' se'
microfono (m)	စကားပြောခွက်	zaga: bjo: gwe'
cuffia (f)	နားကြပ်	na: kja'
telecomando (m)	အဝေးထိန်းကိရိယာ	awei: htin: ki. ja. ja
CD (m)	စီဒီပြား	si di bja:
cassetta (f)	တိပ်ခွေ	tei' khwei
disco (m) (vinile)	ရှေးခေတ်သုံးဓာတ်ပြား	shei: gi' thoun da' pja:

100. Riparazioni. Restauro

lavori (m pl) di restauro	အသစ်ပြုပြင်ဆောက်လုပ်ခြင်း	athi' pju. bin zau' lou' chin:
rinnovare (ridecorare)	အသစ်ပြုပြင်ဆောက်လုပ်သည်	athi' pju. bin zau' lou' te
riparare (vt)	ပြန်လည်ပြင်ဆင်သည်	pjan le bjin zin de
mettere in ordine	အစီအစဉ်တကျထားသည်	asi asin da. gja. da: de
rifare (vt)	ပြန်လည်ပြုပြင်သည်	pjan le bju. bjin de
pittura (f)	သုတ်ဆေး	thou' hsei:
pitturare (~ un muro)	ဆေးသုတ်သည်	hsei: dhou' te
imbianchino (m)	အိမ်ဆေးသုတ်သူ	ein zei: dhou' thu
pennello (m)	ဆေးသုတ်တံ	hsei: dhou' tan
imbiancatura (f)	ထုံး	htoun:
imbiancare (vt)	ထုံးသုတ်သည်	htoun: dhou' te
carta (f) da parati	နံရံကပ်စက္ကူ	nan jan ga' se' ku
tappezzare (vt)	နံရံစက္ကူကပ်သည်	nan ja' se' ku ga' te
vernice (f)	အရောင်တင်ဆီ	ajaun din zi
verniciare (vt)	အရောင်တင်သည်	ajaun din de

101. Impianto idraulico

acqua (f)	ရေ	jei
acqua (f) calda	ရေပူ	jei bu
acqua (f) fredda	ရေအေး	jei ei:
rubinetto (m)	ရေပိုက်ခေါင်း	jei bai' khaun:
goccia (f)	ရေစက်	jei ze'
gocciolare (vi)	ရေစက်ကျသည်	jei ze' kja. de
perdere (il tubo, ecc.)	ယိုစိမ့်သည်	jou zein. de
perdita (f) (~ dai tubi)	ယိုပေါက်	jou bau'
pozza (f)	ရေအိုင်	jei ain
tubo (m)	ရေပိုက်	jei bai'
valvola (f)	အဖွင့်အပိတ်ခလုတ်	ahpwin apei' khalou'
intasarsi (vr)	အပေါက်ဆို့သည်	apau' zou. de
strumenti (m pl)	ကိရိယာများ	ki. ji. ja mja:
chiave (f) inglese	ခွရှင်	khwa shin
svitare (vt)	ဖြုတ်သည်	hpjei: de
avvitare (stringere)	ဝက်အူကျပ်သည်	we' u gja' te
stasare (vt)	ဆို့နေသည့်ကို ပြန်ဖွင့်သည်	hsou. nei de gou bjan bwin. de
idraulico (m)	ပိုက်ပြင်သူ	pai' bjin dhu
seminterrato (m)	မြေအောက်ခန်း	mjei au' khan:
fognatura (f)	မိလ္လာစနစ်	mein la zani'

102. Incendio. Conflagrazione

fuoco (m)	မီး	mi:
fiamma (f)	မီးတောက်	mi: tau'

scintilla (f)	မီးပွါး	mi: bwa:
fumo (m)	မီးခိုး	mi: gou:
fiaccola (f)	မီးတုတ်	mi: dou'
falò (m)	မီးပုံ	mi: boun
benzina (f)	လောင်စာ	laun za
cherosene (m)	ရေနံဆီ	jei nan zi
combustibile (agg)	မီးလောင်လွယ်သော	mi: laun lwe de.
esplosivo (agg)	ပေါက်ကွဲစေသော	pau' kwe: zei de.
VIETATO FUMARE!	ဆေးလိပ်မသောက်ရ	hsei: lei' ma. dhau' ja.
sicurezza (f)	ဘေးကင်းမှု	bei: gin: hmu
pericolo (m)	အန္တရာယ်	an dare
pericoloso (agg)	အန္တရာယ်ရှိသော	an dare shi. de.
prendere fuoco	မတော်တဆမီးစွဲသည်	ma. do da. za. mi: zwe: de
esplosione (f)	ပေါက်ကွဲမှု	pau' kwe: hmu.
incendiare (vt)	မီးရှို့သည်	mi: shou. de
incendiario (m)	မီးရှို့မှုကျူးလွန်သူ	mi: shou. hmu. gju: lun dhu
incendio (m) doloso	မီးရှို့မှု	mi: shou. hmu.
divampare (vi)	မီးတောက်ကြီး	mi: tau' kji:
bruciare (vi)	မီးလောင်သည်	mi: laun de
bruciarsi (vr)	မီးကျွမ်းသည်	mi: kjwan: de
chiamare i pompieri	မီးသတ်ဌာနသို့ အကြောင်းကြားသည်	mi: dha' hta. na. dhou akjaun: gja: de
pompiere (m)	မီးသတ်သမား	mi: tha' dhama:
autopompa (f)	မီးသတ်ကား	mi: tha' ka:
corpo (m) dei pompieri	မီးသတ်ဦးစီးဌာန	mi: dha' i: zi: hta. na.
autoscala (f) da pompieri	မီးသတ်လှေကား	mi: tha' hlei ga:
manichetta (f)	မီးသတ်ပိုက်	mi: tha' bai'
estintore (m)	မီးသတ်ဘူး	mi: tha' bu:
casco (m)	ဟဲလ်မက်ဦးထုပ်	he: l me u: htou'
sirena (f)	အချက်ပေးဥသြသံ	ache' pei: ou' o: dhan
gridare (vi)	အကူအညီအော်ဟစ်တောင်း ခံသည်	aku anji o hi' taun: gan de.
chiamare in aiuto	အကူအညီတောင်းသည်	aku anji daun: de
soccorritore (m)	ကယ်ဆယ်သူ	ke ze dhu
salvare (vt)	ကယ်ဆယ်သည်	ke ze de
arrivare (vi)	ရောက်ရှိသည်	jau' shi. de
spegnere (vt)	မီးသတ်သည်	mi: tha' de
acqua (f)	ရေ	jei
sabbia (f)	သဲ	the:
rovine (f pl)	အပျက်အစီး	apje' asi:
crollare (edificio)	ယိုယွင်းသည်	jou jwin: de
cadere (vi)	ပြိုကျသည်	pjou gja. de
collassare (vi)	ပြိုကျသည်	pjou gja de
frammento (m)	အကျိုးအပဲ့	akjou: ape.
cenere (f)	ပြာ	pja
asfissiare (vi)	အသက်ရှူကျပ်သည်	athe' shu gja' te
morire, perire (vi)	အသတ်ခံရသည်	atha' khan ja. de

ATTIVITÀ UMANA

Lavoro. Affari. Parte 1

103. Ufficio. Lavorare in ufficio

uffici (m pl) (gli ~ della società)	ရုံး	joun:
ufficio (m)	ရုံးခန်း	joun: gan:
portineria (f)	ကြိုဆိုလက်ခံရာနေရာ	kjou hsou le' khan ja nei ja
segretario (m)	အတွင်းရေးမှူး	atwin: jei: hmu:
segretaria (f)	အတွင်းရေးမှူးမ	atwin: jei: hmu: ma
direttore (m)	ဒါရိုက်တာ	da je' ta
manager (m)	မန်နေဂျာ	man nei gji
contabile (m)	စာရင်းကိုင်	sajin: gain
impiegato (m)	ဝန်ထမ်း	wun dan:
mobili (m pl)	ပရိဘောဂ	pa ri. bo: ga.
scrivania (f)	စားပွဲ	sa: bwe:
poltrona (f)	အလုပ်ထိုင်ခုံ	alou' htain goun
cassettiera (f)	အံဆွဲပါသောပ ရိဘောဂအစုံ	an. zwe: dho: pa. ji. bo: ga. soun
appendiabiti (m) da terra	ကုတ်အင်္ကျီချိတ်စင်	kou' akji gji' sin
computer (m)	ကွန်ပျူတာ	kun pju ta
stampante (f)	ပုံနှိပ်စက်	poun nei' se'
fax (m)	ဖက်စ်ကူးစက်	hpe's ku: ze'
fotocopiatrice (f)	ဓာတ်ပုံကူးစက်	da' poun gu: ze'
carta (f)	စက္ကူ	se' ku
cancelleria (f)	ရုံးသုံးကိရိယာများ	joun: dhoun: gi. ji. ja mja:
tappetino (m) del mouse	မောက်စ်အောက်ခံပြား	mau's au' gan bja:
foglio (m)	အရွက်	ajwa'
cartella (f)	ဖိုင်	hpain
catalogo (m)	စာရင်း	sajin:
elenco (m) del telefono	ဖုန်းလမ်းညွှန်	hpoun: lan: hnjun
documentazione (f)	မှတ်တမ်းတင်ခြင်း	hma' tan: din gjin:
opuscolo (m)	ကြော်ငြာစာစောင်	kjo nja za zaun
volantino (m)	လက်ကမ်းစာစောင်	le' kan: za zaun:
campione (m)	နမူနာ	na. mu na
formazione (f)	လေ့ကျင့်ရေးအစည်းအဝေး	lei. kjin. jei: asi: awei:
riunione (f)	အစည်းအဝေး	asi: awei:
pausa (f) pranzo	နေ့လည်စာစားချိန်	nei. le za za: gjein
copiare (vt)	မိတ္တူကူးသည်	mi' tu gu: de
fare copie	မိတ္တူကူးသည်	mi' tu gu: de
ricevere un fax	ဖက်စ်လက်ခံရရှိသည်	hpe's le' khan ja. shi. de

spedire un fax	ဖက်စ်ပို့သည်	hpe's pou. de
telefonare (vi, vt)	ဖုန်းဆက်သည်	hpoun: ze' te
rispondere (vi, vt)	ဖြေသည်	hpjei de
passare (glielo passo)	ဆက်သွယ်သည်	hse' thwe de
fissare (organizzare)	စီစဉ်သည်	si zin de
dimostrare (vt)	သရုပ်ပြသည်	thajou' pja. de
essere assente	ပျက်ကွက်သည်	pje' kwe' te
assenza (f)	ပျက်ကွက်ခြင်း	pje' kwe' chin

104. Operazioni d'affari. Parte 1

attività (f)	လုပ်ငန်း	lou' ngan:
occupazione (f)	လုပ်ဆောင်မှု	lou' hsaun hmu.
ditta (f)	စီးပွားရေးလုပ်ငန်း	si: bwa: jei: lou' ngan:
compagnia (f)	ကုမ္ပဏီ	koun pani
corporazione (f)	ကော်ပိုရေးရှင်း	ko bou jei: shin:
impresa (f)	စီးပွားရေးလုပ်ငန်း	si: bwa: jei: lou' ngan:
agenzia (f)	ကိုယ်စားလှယ်လုပ်ငန်း	kou za: hle lou' ngan:
accordo (m)	သဘောတူညီမှုစာချုပ်	dhabo: tu nji hmu. za gjou'
contratto (m)	ကန်ထရိုက်	kan ta jou'
affare (m)	အပေးအယူ	apei: aju
ordine (m) (ordinazione)	ကြိုတင်မှာယူခြင်း	kjou din hma ju chin:
termine (m) dell'accordo	စည်းကမ်းချက်	si: kan: gje'
all'ingrosso	လက်ကား	le' ka:
all'ingrosso (agg)	လက်ကားဖြစ်သော	le' ka: bji' te.
vendita (f) all'ingrosso	လက်ကားရောင်းချမှု	le' ka: jaun: gja. hmu.
al dettaglio (agg)	လက်လီစနစ်	le' li za. ni'
vendita (f) al dettaglio	လက်လီရောင်းချမှု	le' li jaun: gja. hmu.
concorrente (m)	ပြိုင်ဘက်	pjain be'
concorrenza (f)	ပြိုင်ဆိုင်မှု	pjain zain hmu
competere (vi)	ပြိုင်ဆိုင်သည်	pjain zain de
socio (m), partner (m)	စီးပွားဖက်	si: bwa: be'
partenariato (m)	စီးပွားဖက်ဖြစ်ခြင်း	si: bwa: be' bji' chin:
crisi (f)	အခက်အခဲကာလ	akhe' akhe: ga la.
bancarotta (f)	ဒေဝါလီခံရခြင်း	dei wa li gan ja gjin
fallire (vi)	ဒေဝါလီခံသည်	dei wa li gan de
difficoltà (f)	အခက်အခဲ	akhe' akhe:
problema (m)	ပြဿနာ	pjadhana
disastro (m)	ကပ်ဘေး	ka' bei:
economia (f)	စီးပွားရေး	si: bwa: jei:
economico (agg)	စီးပွားရေးနှင့်ဆိုင်သော	si: bwa: jei: hnin zain de.
recessione (f) economica	စီးပွားရေးကျဆင်းမှု	si: bwa: jei: gja zin: hmu.
scopo (m), obiettivo (m)	ပန်းတိုင်	pan: dain
incarico (m)	လုပ်ငန်းတာဝန်	lou' ngan: da wan
commerciare (vi)	ကုန်သွယ်သည်	koun dhwe de

rete (f) (~ di distribuzione)	ကွန်ရက်	kun je'
giacenza (f)	ပစ္စည်းစာရင်း	pji' si: za jin:
assortimento (m)	အပိုင်းအခြား	apain: acha:
leader (m), capo (m)	ခေါင်းဆောင်	gaun: zaun
grande (agg)	ကြီးမားသော	kji: ma: de.
monopolio (m)	တစ်ဦးတည်းချုပ်ကိုင်ထား	ti' u: te: gjou' kain da:
teoria (f)	သီအိုရီ	thi ou ji
pratica (f)	လက်တွေ့	le' twei.
esperienza (f)	အတွေ့အကြုံ	atwei. akjoun
tendenza (f)	ဦးတည်ရာ	u: ti ja
sviluppo (m)	ဖွံ့ဖြိုးတိုးတက်မှု	hpjun. bjou: dou: de' hmu.

105. Operazioni d'affari. Parte 2

profitto (m)	အကျိုးအမြတ်	akjou: amja'
profittevole (agg)	အကျိုးအမြတ်ရှိသော	akjou: amja' shi. de.
delegazione (f)	ကိုယ်စားလှယ်အဖွဲ့	kou za: hle ahpwe.
stipendio (m)	လစာ	la. za
correggere (vt)	အမှားပြင်သည်	ahma: pjin de
viaggio (m) d'affari	စီးပွါးရေးခရီးစဉ်	si: bwa: jei: khaji: zin
commissione (f)	ကော်မရှင်	ko ma. shin
controllare (vt)	ထိန်းချုပ်သည်	htein: gjou' te
conferenza (f)	ဆွေးနွေးပွဲ	hswe: nwe: bwe:
licenza (f)	လိုင်စင်	lain zin
affidabile (agg)	ယုံကြည်စိတ်ချရသော	joun kji zei' cha. ja. de.
iniziativa (f) (progetto nuovo)	စတင်ခြင်း	sa. tin gjin:
norma (f)	စံနှုန်း	san hnoun:
circostanza (f)	အခြေအနေ	achei anei
mansione (f)	တာဝန်	ta wun
impresa (f)	အဖွဲ့အစည်း	ahpwe. asi:
organizzazione (f)	စီစဉ်ခြင်း	si zin gjin:
organizzato (agg)	စီစဉ်ထားသော	si zin dha de.
annullamento (m)	ပယ်ဖျက်ခြင်း	pe hpje' chin:
annullare (vt)	ပယ်ဖျက်သည်	pe hpje' te
rapporto (m) (~ ufficiale)	အစီရင်ခံစာ	asi jin gan za
brevetto (m)	မူပိုင်ခွင့်	mu bain gwin.
brevettare (vt)	မူပိုင်ခွင့်မှတ်ပုံတင်သည်	mu bain gwin. hma' poun din de
pianificare (vt)	စီစဉ်သည်	si zin de
premio (m)	အပိုဆုကြေး	apou zu. gjei:
professionale (agg)	ပညာရှင်အဆင့်တတ်ကျွမ်းသော	pjin nja ahsin da' kjwan: de.
procedura (f)	လုပ်ထုံးလုပ်နည်း	lou' htoun: lou' ne:
esaminare (~ un contratto)	စဉ်းစားသည်	sin: za: de
calcolo (m)	တွက်ချက်ခြင်း	twe' che' chin:
reputazione (f)	ဂုဏ်သတင်း	goun dha din:

rischio (m)	စွန့်စားခြင်း	sun. za: gjin:
dirigere (~ un'azienda)	ညွှန်ကြားသည်	hnjun gja: de
informazioni (f pl)	သတင်းအချက်အလက်	dhadin: akje' ale'
proprietà (f)	ပိုင်ဆိုင်မှု	pain zain hmu
unione (f) (~ Italiana Vini, ecc.)	အသင်း	athin:
assicurazione (f) sulla vita	အသက်အာမခံ	athe' ama. khan
assicurare (vt)	အာမခံသည်	a ma. gan de
assicurazione (f)	အာမခံ	a ma. khan
asta (f)	လေလံပွဲ	lei lan bwe:
avvisare (informare)	အကြောင်းကြားသည်	akjaun: kja: de
gestione (f)	အုပ်ချုပ်မှု	ou' chou' hmu.
servizio (m)	ဝန်ဆောင်မှု	wun: zaun hmu.
forum (m)	ဖိုရမ်	hpou jan
funzionare (vi)	လည်ပတ်သည်	le ba' te
stadio (m) (fase)	အဆင့်	ahsin.
giuridico (agg)	ဥပဒေဆိုင်ရာ	u. ba. dei zain ja
esperto (m) legale	ရှေ့နေ	shei. nei

106. Attività produttiva. Lavori

stabilimento (m)	စက်ရုံ	se' joun
fabbrica (f)	အလုပ်ရုံ	alou' joun
officina (f) di produzione	ဝပ်ရှော့	wu' sho.
stabilimento (m)	ထုတ်လုပ်ရာလုပ်ငန်းခွင်	htou' lou' ja lou' ngan: gwin
industria (f)	စက်မှုလုပ်ငန်း	se' hmu. lou' ngan:
industriale (agg)	စက်မှုလုပ်ငန်း နှင့်ဆိုင်သော	se' hmu. lou' ngan: hnin. zain de.
industria (f) pesante	အကြီးစားစက်မှုလုပ်ငန်း	akji: za: ze' hmu. lou' ngan:
industria (f) leggera	အသေးစားစက်မှုလုပ်ငန်း	athei: za: za' hmu. lou' ngan:
prodotti (m pl)	ထုတ်ကုန်	htou' koun
produrre (vt)	ထုတ်လုပ်သည်	tou' lou' te
materia (f) prima	ကုန်ကြမ်း	koun gjan:
caposquadra (m)	အလုပ်သမားခေါင်း	alou' dha ma: gaun:
squadra (f)	အလုပ်သမားအဖွဲ့	alou' dha ma: ahpwe.
operaio (m)	အလုပ်သမား	alou' dha ma:
giorno (m) lavorativo	ရုံးဖွင့်ရက်	joun: hpwin je'
pausa (f)	ရပ်နားခြင်း	ja' na: gjin:
riunione (f)	အစည်းအဝေး	asi: awei:
discutere (~ di un problema)	ဆွေးနွေးသည်	hswe: nwe: de
piano (m)	အစီအစဉ်	asi asin
eseguire il piano	အကောင်အထည်ဖော်သည်	akaun ahte bo de
tasso (m) di produzione	ကုန်ထုတ်နှုန်း	koun dou' hnan:
qualità (f)	အရည်အသွေး	aji athwei:
controllo (m)	စစ်ဆေးခြင်း	si' hsei: gjin:
controllo (m) di qualità	အရည်အသွေးစစ်ဆေး သုံးသပ်မှု	aji athwei: za' hsei: thon dha' hma

sicurezza (f) sul lavoro	လုပ်ငန်းခွင်လုံခြုံမှု	lou' ngan: gwin loun gjun hmu.
disciplina (f)	စည်းကမ်း	si: kan:
infrazione (f)	ချိုးဖောက်ခြင်း	chou: hpau' chin:
violare (~ le regole)	ချိုးဖောက်သည်	chou: hpau' te
sciopero (m)	သပိတ်မှောက်ခြင်း	thabei' hmau' chin:
scioperante (m)	သပိတ်မှောက်သူ	thabei' hmau' thu
fare sciopero	သပိတ်မှောက်သည်	thabei' hmau' te
sindacato (m)	အလုပ်သမားသမဂ္ဂ	alou' dha ma: dha. me' ga
inventare (vt)	တီထွင်သည်	ti htwin de
invenzione (f)	တီထွင်မှု	ti htwin hmu.
ricerca (f)	သုတေသန	thu. tei thana
migliorare (vt)	တိုးတက်ကောင်းမွန်စေသည်	tou: te' kaun: mun zei de
tecnologia (f)	နည်းပညာ	ne: bi nja
disegno (m) tecnico	နည်းပညာဆိုင်ရာပုံကြမ်း	ne bi nja zain ja boun gjan:
carico (m)	ဝန်	wun
caricatore (m)	ကုန်ထမ်းသမား	koun din dhama:
caricare (~ un camion)	ကုန်တင်သည်	koun din de
caricamento (m)	ကုန်တင်ခြင်း	koun din gjin
scaricare (vt)	ကုန်ချသည်	koun gja de
scarico (m)	ကုန်ချခြင်း	koun gja gjin:
trasporto (m)	သယ်ယူပို့ဆောင်ရေး	the ju bou. zaun jei:
società (f) di trasporti	သယ်ယူပို့ဆောင်ရေးကုမ္ပဏီ	the ju bou. zaun jei: koun pa. ni
trasportare (vt)	ပို့ဆောင်သည်	pou. zaun de
vagone (m) merci	တွဲ	twe:
cisterna (f)	တိုင်ကီ	tain ki
camion (m)	ကုန်တင်ကား	koun din ka:
macchina (f) utensile	ဖြတ်စက်	hpja' se'
meccanismo (m)	စက်ကိရိယာ	se' kari. ja
rifiuti (m pl) industriali	စက်ရုံစွန့်ပစ်ပစ္စည်း	se' joun zun bi' pji' si:
imballaggio (m)	ထုပ်ပိုးမှု	htou' pou: hmu.
imballare (vt)	ထုပ်ပိုးသည်	htou' pou: de

107. Contratto. Accordo

contratto (m)	ကန်ထရိုက်	kan ta jou'
accordo (m)	သဘောတူညီမှု	dhabo: tu nji hmu.
allegato (m)	ပူးတွဲ	pu: twe:
firmare un contratto	သဘောတူစာချုပ်ချုပ်သည်	dhabo: tu za gjou' gjou' te
firma (f)	လက်မှတ်	le' hma'
firmare (vt)	လက်မှတ်ထိုးသည်	le' hma' htou: de
timbro (m) (su documenti)	တံဆိပ်	da zei'
oggetto (m) del contratto	သဘောတူညီမှု-အကြောင်းအရာ	dhabo: tu nji hmu. akjaun: aja
clausola (f)	အပိုဒ်ငယ်	apai' nge

parti (f pl) (in un contratto)	စာချုပ်ပါအဖွဲ့များ	sa gjou' pa ahpwe. mja:
sede (f) legale	တရားဝင်နေရပ်လိပ်စာ	taja: win nei ja' lei' sa
sciogliere un contratto	သဘောတူညီမှု ချိုးဖောက်သည်	dhabo: tu nji hmu. gjou: bau' te
obbligo (m)	အထူးသဖြင့်	a htu: dha. hjin.
responsabilità (f)	တာဝန်ဝတ္တရား	ta wun wu' taja:
forza (f) maggiore	မလွန်ဆန်နိုင်သောအဖြစ်	ma. lun zan nain de. ahpji'
discussione (f)	အငြင်းအခုံ	anjin: akhoun
sanzioni (f pl)	ပြစ်ဒဏ်များ	pji' dan mja:

108. Import-export

importazione (f)	သွင်းကုန်	thwin: goun
importatore (m)	သွင်းကုန်လုပ်ငန်းရှင်	thwin: goun lou' ngan: shin
importare (vt)	တင်သွင်းသည်	tin dhwin: de
d'importazione (agg)	သွင်းကုန်နှင့်ဆိုင်သော	thwin: goun hnin. zain de.
esportazione (f)	ပို့ကုန်	pou. goun
esportatore (m)	ပို့ကုန်လုပ်ငန်းရှင်	pou. goun lou' ngan: shin
esportare (vt)	ကုန်တင်ပို့သည်	koun tin pou. de
d'esportazione (agg)	တင်ပို့သော	tin bou. de.
merce (f)	ကုန်ပစ္စည်း	koun pji' si:
carico (m)	ပို့ကုန်	pou. goun
peso (m)	အလေးချိန်	alei: gjein
volume (m)	ပမာဏ	pa. ma na.
metro (m) cubo	ကုဗမီတာ	ku. ba mi ta
produttore (m)	ထုတ်လုပ်သူ	tou' lou' thu
società (f) di trasporti	သယ်ယူပို့ဆောင်ရေး ကုမ္ပဏီ	the ju bou. zaun jei: koun pa. ni
container (m)	ကွန်တိန်နာ	kun tein na
frontiera (f)	နယ်နိမိတ်	ne ni. mei'
dogana (f)	အကောက်ခွန်	akau' khun
dazio (m) doganale	အကောက်ခွန်နှုန်း	akau' khun hnoun:
doganiere (m)	အကောက်ခွန်အရာရှိ	akau' khun aja shi.
contrabbando (m)	မှောင်ခို	hmaun gou
merci (f pl) contrabbandate	မှောင်ခိုပစ္စည်း	hmaun gou pji' si:

109. Mezzi finanziari

azione (f)	စတော့ရှယ်ယာ	sato. shera
obbligazione (f)	ငွေချေးစာချုပ်	ngwei gjei: za gju'
cambiale (f)	ငွေပေးချေရန် ကတိစာချုပ်	ngwei bei: gjei jan ga. di. za gju'
borsa (f)	စတော့ရှယ်ယာဒိုင်	sato. shera dain
quotazione (f)	စတော့ဈေးနှုန်း	sato. zei: hnoun:
diminuire di prezzo	ဈေးနှုန်းကျဆင်းသည်	zei: hnan: gja. zin: de

aumentare di prezzo	ဈေးနှုန်းတက်သည်	zei: hnan: de' de
quota (f)	ရှယ်ယာ	she ja
pacchetto (m) di maggioranza	ရှယ်ယာအများစုကို ပိုင်ဆိုင်ခြင်း	she ja amja: zu. gou bain zain gjin:
investimento (m)	ရင်းနှီးမြှုပ်နှံမှု	jin: hni: hmjou' hnan hmu.
investire (vt)	ရင်းနှီးမြှုပ်နှံသည်	jin: hni: hmjou' hnan de
percento (m)	ရာခိုင်နှုန်း	ja gain hnan:
interessi (m pl) (su investimenti)	အတိုး	atou:
profitto (m)	အမြတ်	amja'
redditizio (agg)	အမြတ်ရသော	amja' ja de.
imposta (f)	အခွန်	akhun
valuta (f) (~ estera)	ငွေကြေး	ngwei kjei:
nazionale (agg)	အမျိုးသားနှင့်ဆိုင်သော	amjou: dha: hnin. zain de.
cambio (m) (~ valuta)	လဲလှယ်ခြင်း	le: hle gjin:
contabile (m)	စာရင်းကိုင်	sajin: gain
ufficio (m) contabilità	စာရင်းကိုင်လုပ်ငန်း	sajin: gain lou' ngan:
bancarotta (f)	ဒေဝါလီခံရခြင်း	dei wa li gan ja gjin
fallimento (m)	ရုတ်တရုတ်စီးပွါးရေး ထိုးကျခြင်း	jou' ta ja' si: bwa: jei: dou: gja. gjin:
rovina (f)	ကြီးစွာသောအပျက်အစီး	kji: zwa dho apje' asi:
andare in rovina	ပျက်စီးဆုံးရှုံးသည်	pje' si: zoun: shoun: de
inflazione (f)	ငွေကြေးဖောင်းပွခြင်း	ngwei kjei: baun: bwa. gjin:
svalutazione (f)	ငွေကြေးတန်ဖိုးချခြင်း	ngwei kjei: dan bou: gja gjin:
capitale (m)	အရင်းအနှီးငွေ	ajin: ani: ngwei
reddito (m)	ဝင်ငွေ	win ngwei
giro (m) di affari	အနုတ်အသိမ်း	anou' athin:
risorse (f pl)	အရင်းအမြစ်များ	ajin: amja' mja:
mezzi (m pl) finanziari	ငွေကြေးအရင်းအမြစ်များ	ngwei kjei: ajin: amji' mja:
spese (f pl) generali	အထွေထွေအသုံးစရိတ်	a htwei htwei athoun: za. jei'
ridurre (~ le spese)	လျှော့ချသည်	sho. cha. de

110. Marketing

marketing (m)	ဈေးကွက်ရှာဖွေရေး	zei: gwe' sha bwei jei:
mercato (m)	ဈေးကွက်	zei: gwe'
segmento (m) di mercato	ဈေးကွက်အစိတ်အပိုင်း	zei: gwe' asei' apain:
prodotto (m)	ထုတ်ကုန်	htou' koun
merce (f)	ကုန်ပစ္စည်း	koun pji' si:
marca (f)	အမှတ်တံဆိပ်	ahma' tan zin
marchio (m) di fabbrica	ကုန်အမှတ်တံဆိပ်	koun ahma' tan hsi'
logotipo (m)	မှုပိုင်အမှတ်တံဆိပ်	mu bain ahma' dan zei'
logo (m)	တံဆိပ်	da zei'
domanda (f)	တောင်းဆိုချက်	taun: hsou che'
offerta (f)	ထောက်ပံ့ခြင်း	htau' pan. gjin:

bisogno (m)	လိုအပ်မှု	lou a' hmu.
consumatore (m)	သုံးစွဲသူ	thoun: zwe: dhu
analisi (f)	ခွဲခြမ်းစိတ်ဖြာခြင်း	khwe: gjan: zei' hpa gjin:
analizzare (vt)	ခွဲခြမ်းစိတ်ဖြာသည်	khwe: gjan: zei' hpa de
posizionamento (m)	နေရာရှာခြင်း	nei ja hja gjin:
posizionare (vt)	နေရာရှာသည်	nei ja sha de
prezzo (m)	ဈေးနှုန်း	zei: hnan:
politica (f) dei prezzi	ဈေးနှုန်းမူဝါဒ	zei: hnan: m wada.
determinazione (f) dei prezzi	ဈေးနှုန်းဖြစ်တည်ခြင်း	zei: hnan: bji' te gjin:

111. Pubblicità

pubblicità (f)	ကြော်ငြာ	kjo nja
pubblicizzare (vt)	ကြော်ငြာသည်	kjo nja de
bilancio (m) (budget)	ဘတ်ဂျက်	ba' gje'
annuncio (m)	ခန့်မှန်းခြေရှ သုံးငွေစာရင်း	khan hman: gjei ja. dhu: ngwei za jin:
pubblicità (f) televisiva	တီဗီကြော်ငြာ	ti bi gjo nja
pubblicità (f) radiofonica	ရေဒီယိုကြော်ငြာ	rei di jou gjo nja
pubblicità (f) esterna	ပြင်ပကြော်ငြာ	pjin ba. gjo nja
mass media (m pl)	လူထုဆက်သွယ်ရေး	lu du. ze' thwe jei:
periodico (m)	ပုံနှိပ်ထုတ်မဂ္ဂဇင်း	poun hmein dou' ma' ga. zin:
immagine (f)	ပုံရိပ်	poun jei'
slogan (m)	ကြွေးကြော်သံ	kjwei: kjo dhan
motto (m)	ဆောင်ပုဒ်	hsaun bou'
campagna (f)	အစီအစဉ်	asi asin
campagna (f) pubblicitaria	ကြော်ငြာအစီအစဉ်	kjo nja a si asin
gruppo (m) di riferimento	ပစ်မှတ်အုပ်စု	pi' hma' ou'zu.
biglietto (m) da visita	လုပ်ငန်းသုံးလိပ်စာကတ်ပြား	lou' ngan: loun: lei' sa ka' pja:
volantino (m)	လက်ကမ်းစာစောင်	le' kan: za zaun:
opuscolo (m)	ကြော်ငြာစာအုပ်ငယ်	kjo nja za ou' nge
pieghevole (m)	လက်ကမ်းစာစောင်	le' kan: za zaun:
bollettino (m)	သတင်းလွှာ	dhadin: hlwa
insegna (f) (di negozi, ecc.)	ဆိုင်းဘုတ်	hsain: bou'
cartellone (m)	ပိုစတာ	pou sata
tabellone (m) pubblicitario	ကြော်ငြာဆိုင်းဘုတ်	kjo nja zain: bou'

112. Attività bancaria

banca (f)	ဘဏ်	ban
filiale (f)	ဘဏ်ခွဲ	ban gwe:
consulente (m)	အတိုင်ပင်ခံပုဂ္ဂိုလ်	atain bin gan bou' gou
direttore (m)	မန်နေဂျာ	man nei gji

conto (m) bancario	ဘဏ်ငွေစာရင်း	ban ngwei za jin
numero (m) del conto	ဘဏ်စာရင်းနံပါတ်	ban zajin: nan. ba'
conto (m) corrente	ဘဏ်စာရင်းရှင်	ban zajin: shin
conto (m) di risparmio	ဘဏ်ငွေစုစာရင်း	ban ngwei zu. za jin
aprire un conto	ဘဏ်စာရင်းဖွင့်သည်	ban zajin: hpwin. de
chiudere il conto	ဘဏ်စာရင်းပိတ်သည်	ban zajin: bi' te
versare sul conto	ငွေသွင်းသည်	ngwei dhwin: de
prelevare dal conto	ငွေထုတ်သည်	ngwei dou' te
deposito (m)	အပ်ငွေ	a' ngwei
depositare (vt)	ငွေအပ်သည်	ngwei a' te
trasferimento (m) telegrafico	ကြေးနန်းဖြင့်ငွေလွှဲခြင်း	kjei: nan: bjin. ngwe hlwe: gjin
rimettere i soldi	ကြေးနန်းဖြင့်ငွေလွှဲသည်	kjei: nan: bjin. ngwe hlwe: de
somma (f)	ပေါင်းလဒ်	paun: la'
Quanto?	ဘယ်လောက်လဲ	be lau' le:
firma (f)	လက်မှတ်	le' hma'
firmare (vt)	လက်မှတ်ထိုးသည်	le' hma' htou: de
carta (f) di credito	အကြွေးဝယ်ကဒ်-ခရက်ဒစ်ကဒ်	achwei: we ka' - ka' je' da' ka'
codice (m)	ကုဒ်နံပါတ်	kou' nan ba'
numero (m) della carta di credito	ခရက်ဒစ်ကဒ်နံပါတ်	kha. je' di' ka' nan ba'
bancomat (m)	အလိုအလျောက်ငွေထုတ်စက်	alou aljau' ngwei htou' se'
assegno (m)	ချက်လက်မှတ်	che' le' hma'
emettere un assegno	ချက်ရေးသည်	che' jei: de
libretto (m) di assegni	ချက်စာအုပ်	che' sa ou'
prestito (m)	ချေးငွေ	chei: ngwei
fare domanda per un prestito	ချေးငွေလျှောက်လွှာတင်သည်	chei: ngwei shau' hlwa din de
ottenere un prestito	ချေးငွေရယူသည်	chei: ngwei ja. ju de
concedere un prestito	ချေးငွေထုတ်ပေးသည်	chei: ngwei htou' pei: de
garanzia (f)	အာမခံပစ္စည်း	a ma. gan bji' si:

113. Telefono. Conversazione telefonica

telefono (m)	တယ်လီဖုန်း	te li hpoun:
telefonino (m)	မိုဘိုင်းဖုန်း	mou bain: hpoun:
segreteria (f) telefonica	ဖုန်းထူးစက်	hpoun: du: ze'
telefonare (vi, vt)	ဖုန်းဆက်သည်	hpoun: ze' te
chiamata (f)	အဝင်ဖုန်း	awin hpun:
comporre un numero	နံပါတ် နှိပ်သည်	nan ba' hnei' te
Pronto!	ဟလို	ha. lou
chiedere (domandare)	မေးသည်	mei: de
rispondere (vi, vt)	ဖြေသည်	hpjei de
udire (vt)	ကြားသည်	ka: de
bene	ကောင်းကောင်း	kaun: gaun:

male	အရမ်းမကောင်း	ajan: ma. gaun:
disturbi (m pl)	ဖြတ်ဝင်သည့်ဆူညံသံ	hpja' win dhi. zu njan dhan
cornetta (f)	တယ်လီဖုန်းနားကြပ်ပိုင်း	te li hpoun: na: gja' pain:
alzare la cornetta	ဖုန်းကောက်ကိုင်သည်	hpoun: gau' gain de
riattaccare la cornetta	ဖုန်းချသည်	hpoun: gja de
occupato (agg)	လိုင်းမအားသော	lain: ma. a: de.
squillare (del telefono)	မြည်သည်	mji de
elenco (m) telefonico	တယ်လီဖုန်းလမ်းညွှန်စာအုပ်	te li hpoun: lan: hnjun za ou'
locale (agg)	ပြည်တွင်း၊ဒေသတွင်းဖြစ်သော	pji dwin: dei. dha dwin: bji' te.
telefonata (f) urbana	ပြည်တွင်းခေါ်ဆိုမှု	pji dwin: go zou hmu.
interurbano (agg)	အဝေးခေါ်ဆိုနိုင်သော	awei: go zou nain de.
telefonata (f) interurbana	အဝေးခေါ်ဆိုမှု	awei: go zou hmu.
internazionale (agg)	အပြည်ပြည်ဆိုင်ရာဖြစ်သော	apji pji zain ja bja' de.
telefonata (f) internazionale	အပြည်ပြည်ဆိုင်ရာခေါ်ဆိုမှု	apji pji zain ja go: zou hmu

114. Telefono cellulare

telefonino (m)	မိုဘိုင်းဖုန်း	mou bain: hpoun:
schermo (m)	ပြသခြင်း	pja. dha. gjin:
tasto (m)	ခလုတ်	khalou'
scheda SIM (f)	ဆင်းကဒ်	hsin: ka'
pila (f)	ဘတ်ထရီ	ba' hta ji
essere scarico	ဖုန်းအားကုန်သည်	hpoun: a: goun: de
caricabatteria (m)	အားသွင်းကြိုး	a: dhwin: gjou:
menù (m)	အစားအသောက်စာရင်း	asa: athau' sa jin:
impostazioni (f pl)	ချိန်ညှိခြင်း	chein hnji. chin:
melodia (f)	တီးလုံး	ti: loun:
scegliere (vt)	ရွေးချယ်သည်	jwei: che de
calcolatrice (f)	ဂဏန်းပေါင်းစက်	ganan: baun: za'
segreteria (f) telefonica	အသံမေးလ်	athan mei:l
sveglia (f)	နှိုးစက်	hnou: ze'
contatti (m pl)	ဖုန်းအဆက်အသွယ်များ	hpoun: ase' athwe mja:
messaggio (m) SMS	မက်ဆေ့ဂျ်	me' zei. gja
abbonato (m)	အသုံးပြုသူ	athoun: bju. dhu

115. Articoli di cancelleria

penna (f) a sfera	ဘောပင်	bo pin
penna (f) stilografica	ဖောင်တိန်	hpaun din
matita (f)	ခဲတံ	khe: dan
evidenziatore (m)	အရောင်တောက်မင်တံ	ajaun dau' min dan
pennarello (m)	ရေဆေးစုတ်တံ	jei zei: zou' tan
taccuino (m)	မှတ်စုစာအုပ်	hma' su. za ou'
agenda (f)	နေ့စဉ်မှတ်တမ်းစာအုပ်	nei. zin hma' tan: za ou'

righello (m)	ပေတံ	pei dan
calcolatrice (f)	ဂဏန်းပေါင်းစက်	ganan: baun: za'
gomma (f) per cancellare	ခဲဖျက်	khe: bje'
puntina (f)	ထိပ်ပြားကြီးသံမှို	htei' pja: gji: dhan hmou
graffetta (f)	တွယ်ချိတ်	twe gjei'
colla (f)	ကော်	ko
pinzatrice (f)	စတက်ပလာ	sate' pa. la
perforatrice (f)	အပေါက်ဖောက်စက်	apau' hpau' se'
temperamatite (m)	ခဲချွန်စက်	khe: chun ze'

116. Diversi tipi di documenti

resoconto (m)	အစီရင်ခံစာ	asi jin gan za
accordo (m)	သဘောတူညီမှု	dhabo: tu nji hmu.
modulo (m) di richiesta	လျှောက်လွှာပုံစံ	shau' hlwa ban zan
autentico (agg)	စစ်မှန်သော	si' hman de.
tesserino (m)	တံဆိပ်	da zei'
biglietto (m) da visita	လုပ်ငန်းသုံးလိပ်စာကဒ်ပြား	lou' ngan: loun: lei' sa ka' pja:
certificato (m)	အသိအမှတ်ပြုလက်မှတ်	athi ahma' pju la' hma'
assegno (m) (fare un ~)	ချက်စာရွက်	che' sa jwe'
conto (m) (in un ristorante)	ကျသင့်ငွေ	kja. thin. ngwei
costituzione (f)	ဖွဲ့စည်းပုံအခြေခံဥပဒေ	hpwe. zi: boun akhei gan u. ba. dei
contratto (m)	စာချုပ်	sa gjou'
copia (f)	မိတ္တူ	mi' tu
copia (f) (~ di un contratto)	မိတ္တူ	mi' tu
dichiarazione (f)	အကောက်ခွန်ကြေငြာချက်	akau' khun gjei nja gje'
documento (m)	စာရွက်စာတမ်း	sajwe' zatan:
patente (f) di guida	ကားမောင်းလိုင်စင်	ka: maun: lain zin
allegato (m)	ပူးတွဲ	pu: twe:
modulo (m)	ပုံစံ	poun zan
carta (f) d'identità	သက်သေခံကဒ်ပြား	the' thei gan ga' pja:
richiesta (f) di informazioni	စုံစမ်းမေးမြန်းခြင်း	soun zan: mei: mjan: gjin:
biglietto (m) d'invito	ဖိတ်စာကဒ်	hpi' sa ka'
fattura (f)	ငွေတောင်းခံလွှာ	ngwei daun: gan hlwa
legge (f)	ဥပဒေ	u. ba. dei
lettera (f) (missiva)	စာ	sa
carta (f) intestata	ကုမ္ပဏီစာတမ်းပါ စာရွက်	koun pani za dan: ba za jwe'
lista (f) (~ di nomi, ecc.)	စာရင်း	sajin:
manoscritto (m)	လက်ရေးစာမူ	le' jei: za mu
bollettino (m)	သတင်းလွှာ	dhadin: hlwa
appunto (m), nota (f)	မှတ်စု	hma' su.
lasciapassare (m)	ဝင်ခွင့်ကဒ်ပြား	win gwin. ga' pja
passaporto (m)	နိုင်ငံကူးလက်မှတ်	nain ngan gu: le' hma'
permesso (m)	ပါမစ်	pa mi'
curriculum vitae (f)	ကိုယ်ရေးမှတ်တမ်းအကျဉ်း	kou jei: hma' tan: akjun:
nota (f) di addebito	ကြွေးမြီဝန်ခံချက်	kjwei: mji wun gan gje'

ricevuta (f)	လက်ခံရရှိကြောင်းပြေစာ	le' khan ja shi kjaun: bjei za
scontrino (m)	ငွေရပြေစာ	ngwei ja. bei za
rapporto (m)	အစီရင်ခံစာ	asi jin gan za
mostrare (vt)	ပြသည်	pja. de
firmare (vt)	လက်မှတ်ထိုးသည်	le' hma' htou: de
firma (f)	လက်မှတ်	le' hma'
timbro (m) (su documenti)	တံဆိပ်	da zei'
testo (m)	စာသား	sa dha:
biglietto (m)	လက်မှတ်	le' hma'
cancellare (~ dalla lista)	ခြစ်ပစ်သည်	chi' pi' te
riempire (~ un modulo)	ဖြည့်သည်	hpjei. de
bolla (f) di consegna	ကုန်ပို့လွှာ	koun pou. hlwa
testamento (m)	သေတမ်းစာ	thei dan: za

117. Generi di attività commerciali

servizi (m pl) di contabilità	စာရင်းကိုင်ဝန်ဆောင်မှု	sajin: gain wun zaun hmu.
pubblicità (f)	ကြော်ငြာ	kjo nja
agenzia (f) pubblicitaria	ကြော်ငြာလုပ်ငန်း	kjo nja lou' ngan:
condizionatori (m pl) d'aria	လေအေးစက်	lei ei: ze'
compagnia (f) aerea	လေကြောင်း	lei gjaun:
bevande (f pl) alcoliche	အရက်သေစာ	aje' dhei za
antiquariato (m)	ရှေးဟောင်းပစ္စည်း	shei: haun: bji' si:
galleria (f) d'arte	အနုပညာပြခန်း	anu. pjin ja pja. gan:
società (f) di revisione contabile	စာရင်းစစ်ဆေးခြင်း	sajin: zi' hsei: gjin:
imprese (f pl) bancarie	ဘဏ်လုပ်ငန်း	ban lou' ngan:
bar (m)	ဘား	ba:
salone (m) di bellezza	အလှပြင်ဆိုင်	ahla. bjin zain:
libreria (f)	စာအုပ်ဆိုင်	sa ou' hsain
birreria (f)	ဘီယာချက်စက်ရုံ	bi ja gje' se' joun
business centre (m)	စီးပွါးရေးလုပ်ငန်းစင်တာ	si: bwa: jei: lou' ngan: zin da
scuola (f) di commercio	စီးပွါးရေးကျောင်း	si: bwa: jei: gjaun:
casinò (m)	လောင်းကစားရုံ	laun: gaza: joun
edilizia (f)	ဆောက်လုပ်ရေးလုပ်ငန်း	hsau' lou' jei: lou' ngan:
consulenza (f)	လူနာစမ်းသပ်ခန်း	lu na zan: dha' khan:
odontoiatria (f)	သွားဆေးခန်း	thwa: hsei: gan:
design (m)	ဒီဇိုင်း	di zain:
farmacia (f)	ဆေးဆိုင်	hsei: zain
lavanderia (f) a secco	အဝတ်အခြောက်လျှော်လုပ်ငန်း	awu' achou' hlo: lou' ngan:
agenzia (f) di collocamento	အလုပ်အကိုင်ရှာဖွေရေးလုပ်ငန်း	alou' akain sha hpwei jei: lou' ngan:
servizi (m pl) finanziari	ငွေကြေးဝန်ဆောင်မှုလုပ်ငန်း	ngwei kjei: wun zaun hmu lou' ngan:
industria (f) alimentare	စားသုံးကုန်များ	sa: dhoun: goun mja:
agenzia (f) di pompe funebri	အသုဘဝန်ဆောင်မှုလုပ်ငန်း	athu. ba. wun zaun hmu. lou' ngan:

mobili (m pl)	ပရိဘောဂ	pa ri. bo: ga.
abbigliamento (m)	အဝတ်အစား	awu' aza:
albergo, hotel (m)	ဟိုတယ်	hou te
gelato (m)	ရေခဲမုန့်	jei ge: moun.
industria (f)	စက်မှုလုပ်ငန်း	se' hmu. lou' ngan:
assicurazione (f)	အာမခံလုပ်ငန်း	a ma. khan lou' ngan:
internet (f)	အင်တာနက်	in ta na'
investimenti (m pl)	ရင်းနှီးမြှုပ်နှံမှု	jin: hni: hmjou' hnan hmu.
gioielliere (m)	လက်ဝတ်ရတနာကုန်သည်	le' wa' ja. da. na goun de
gioielli (m pl)	လက်ဝတ်ရတနာ	le' wa' ja. da. na
lavanderia (f)	ဒိုဘီလုပ်ငန်း	dou bi lou' ngan:
consulente (m) legale	ဥပဒေအကြံပေး	u. ba. dei akjan bei:
industria (f) leggera	အသေးစားစက်မှုလုပ်ငန်း	athei: za: za' hmu. lou' ngan:
rivista (f)	မဂ္ဂဇင်းစာစောင်	ma' ga. zin: za zaun
vendite (f pl) per corrispondenza	အော်ဒါကိုစာတိုက်မှ ပို့ဆောင်ခြင်း	o da ko sa dai' hma. bou. hsaun gjin:
medicina (f)	ဆေးပညာ	hsei: pjin nja
cinema (m)	ရုပ်ရှင်ရုံ	jou' shin joun
museo (m)	ပြတိုက်	pja. dai'
agenzia (f) di stampa	သတင်းဌာန	dhadin: hta. na.
giornale (m)	သတင်းစာ	dhadin: za
locale notturno (m)	နိုက်ကလပ်	nai' ka. la'
petrolio (m)	ရေနံ	jei nan
corriere (m) espresso	ပစ္စည်းပို့ဆောင်ရေးလုပ်ငန်း	pji' si: bou. zain jei: lou' ngan:
farmaci (m pl)	လူသုံးဆေးဝါး လုပ်ငန်း	lu dhoun: zei: wa: lou' ngan:
stampa (f) (~ di libri)	ပုံနှိပ်ခြင်း	poun nei' chin:
casa (f) editrice	ပုံနှိပ်ထုတ်ဝေ သည့်ကုမ္ပဏီ	poun nei' htou' wei dhi. koun pani
radio (f)	ရေဒီယို	rei di jou
beni (m pl) immobili	အိမ်ခြံမြေလုပ်ငန်း	ein gjan mjei lu' ngan:
ristorante (m)	စားသောက်ဆိုင်	sa: thau' hsain
agenzia (f) di sicurezza	လုံခြုံရေးအကျိုး ဆောင်ကုမ္ပဏီ	loun gjoun jei: akjou: zaun koun pa. ni
sport (m)	အားကစား	a: gaza:
borsa (f)	စတော့ရောင်းဝယ်ရေးဌာန	sato. jaun: we jei: hta. na.
negozio (m)	ဆိုင်	hsain
supermercato (m)	ကုန်တိုက်ကြီး	koun dou' kji:
piscina (f)	ရေကူးကန်	jei ku: gan
sartoria (f)	အပ်ချုပ်လုပ်ငန်း	a' chou' lu' ngan:
televisione (f)	ရုပ်မြင်သံကြား	jou' mjin dhan gja:
teatro (m)	ကဇာတ်ရုံ	ka. za' joun
commercio (m)	ကုန်သွယ်ရေး	koun dhwe jei:
mezzi (m pl) di trasporto	သယ်ယူပို့ဆောင်ရေး လုပ်ငန်း	the ju bou. zaun jei: lou' ngan:
viaggio (m)	ခရီးသွားလုပ်ငန်း	khaji: thwa: lou' ngan:
veterinario (m)	တိရစ္ဆာန်ကုဆရာဝန်	tharei' hsan gu. zaja wun
deposito, magazzino (m)	ကုန်လှောင်ရုံ	koun hlaun joun
trattamento (m) dei rifiuti	စွန့်ပစ်ပစ္စည်းစုဆောင်းခြင်း	sun. bi' pji' si: zu zaun: ghin:

Lavoro. Affari. Parte 2

118. Spettacolo. Mostra

fiera (f)	ပြပွဲ	pja. bwe:
fiera (f) campionaria	ကုန်စည်ပြပွဲ	koun zi pja pwe
partecipazione (f)	ပါဝင်ဆင်နွှဲမှု	pa win zhin hnwe: hmu.
partecipare (vi)	ပါဝင်ဆင်နွှဲသည်	pa win zin hnwe: de
partecipante (m)	ပါဝင်ဆင်နွှဲသူ	pa win zhin hnwe: dhu
direttore (m)	ဒါရိုက်တာ	da je' ta
ufficio (m) organizzativo	ဦးစီးဦးဆောင်သူအဖွဲ့	u: zi: u: zaun dhu ahpwe:
organizzatore (m)	စီစဉ်သူ	si zin dhu
organizzare (vt)	စီစဉ်သည်	si zin de
domanda (f) di partecipazione	ပါဝင်ရန်ဖြည့်စွက်ရသောပုံစံ	pa win jan bje zwe' ja. dho: boun zan
riempire (vt)	ဖြည့်သည်	hpjei. de
dettagli (m pl)	အသေးစိတ်အချက်အလက်များ	athei zi' ache' ala' mja:
informazione (f)	သတင်းအချက်အလက်	dhadin: akje' ale'
prezzo (m)	ဈေးနှုန်း	zei: hnan:
incluso (agg)	အပါအဝင်	apa awin
includere (vt)	ပါဝင်သည်	pa win de
pagare (vi, vt)	ပေးချေသည်	pei: gjei de
quota (f) d'iscrizione	မှတ်ပုံတင်ခ	hma' poun din ga.
entrata (f)	ဝင်ပေါက်	win bau'
padiglione (m)	ပြခန်းယာယီအဆောက်အအုံ	pja. gan: ja ji ahsau' aoun
registrare (vt)	စာရင်းသွင်းသည်	sajin: dhwin: de
tesserino (m)	တံဆိပ်	da zei'
stand (m)	ပြပွဲစင်	pja. bwe: zin
prenotare (riservare)	ကြိုတင်မှာသည်	kjou tin hma de
vetrina (f)	ပစ္စည်းပြရန်မှန်ဘောင်	pji' si: bja. jan hman baun
faretto (m)	မီးမောင်း	mi: maun:
design (m)	ဒီဇိုင်း	di zain:
collocare (vt)	နေရာချသည်	nei ja gja de
collocarsi (vr)	တည်ရှိသည်	ti shi. de
distributore (m)	ဖြန့်ဝေသူ	hpjan. wei dhu
fornitore (m)	ပေးသွင်းသူ	pei: dhwin: dhu
fornire (vt)	ပေးသွင်းသည်	pei: dhwin: de
paese (m)	နိုင်ငံ	nain ngan
straniero (agg)	နိုင်ငံခြားနှင့်ဆိုင်သော	nain ngan gja: hnin. zain de.
prodotto (m)	ထုတ်ကုန်	htou' koun
associazione (f)	အဖွဲ့အစည်း	ahpwe. asi:

sala (f) conferenze	ဆွေးနွေးပွဲခန်းမ	hswe: nwe: bwe: gan: ma.
congresso (m)	ညီလာခံ	nji la gan
concorso (m)	ပြိုင်ပွဲ	pjain bwe:
visitatore (m)	ဧည့်သည်	e. dhe
visitare (vt)	လာရောက်လေ့လာသည်	la jau' lei. la de
cliente (m)	ဖောက်သည်	hpau' te

119. Mezzi di comunicazione di massa

giornale (m)	သတင်းစာ	dhadin: za
rivista (f)	မဂ္ဂဇင်းစာစောင်	ma' ga. zin: za zaun
stampa (f) (giornali, ecc.)	စာနယ်ဇင်း	sa ne zin:
radio (f)	ရေဒီယို	rei di jou
stazione (f) radio	ရေဒီယိုဌာန	rei di jou hta. na.
televisione (f)	ရုပ်မြင်သံကြား	jou' mjin dhan gja:
presentatore (m)	အစီအစဉ်တင်ဆက်သူ	asi asin din ze' thu
annunciatore (m)	သတင်းကြေငြာသူ	dhadin: gjei nja dhu
commentatore (m)	အစီရင်ခံသူ	asi jin gan dhu
giornalista (m)	သတင်းစာဆရာ	dhadin: za zaja
corrispondente (m)	သတင်းထောက်	dhadin: dau'
fotocronista (m)	သတင်းဓာတ်ပုံရိုက်ကူးသူ	dhadin: da' poun jai' ku: dhu
cronista (m)	သတင်းထောက်	dhadin: dau'
redattore (m)	အယ်ဒီတာ	e di ta
redattore capo (m)	အယ်ဒီတာချုပ်	e di ta chu'
abbonarsi a …	ပေးသွင်းသည်	pei: dhwin: de
abbonamento (m)	လစဉ်ကြေး	la. zin gjei:
abbonato (m)	လစဉ်ကြေးပေးသွင်းသူ	la. zin gjei: bei: dhwin: dhu
leggere (vi, vt)	ဖတ်သည်	hpa' te
lettore (m)	စာဖတ်သူ	sa hpa' thu
tiratura (f)	စောင်ရေ	saun jei
mensile (agg)	လစဉ်	la. zin
settimanale (agg)	အပတ်စဉ်	apa' sin
numero (m)	အကြိမ်	akjein
fresco (agg)	အသစ်ဖြစ်သော	athi' hpji' te.
testata (f)	ခေါင်းစဉ်	gaun: zin
trafiletto (m)	ဆောင်းပါးငယ်	hsaun: ba: nge
rubrica (f)	ပင်တိုင်ဆောင်းပါးရှင်ကဏ္ဍ	pin dain zaun: ba: shin gan da.
articolo (m)	ဆောင်းပါး	hsaun: ba:
pagina (f)	စာမျက်နှာ	sa mje' hna
servizio (m), reportage (m)	သတင်းပေးပို့ချက်	dhadin: bei: bou. gje'
evento (m)	အဖြစ်အပျက်	a hpji' apje'
sensazione (f)	သတင်းထူး	dhadin: du:
scandalo (m)	မကောင်းသတင်း	ma. gaun: dhadin:
scandaloso (agg)	ကျော်မကောင်းကြားမကောင်းသော	kjo ma. kaun: pja: ma. kaun de

enorme (un ~ scandalo)	ကြီးကျယ်ခမ်းနားသော	kji: kje khin: na: de.
trasmissione (f)	အစီအစဉ်	asi asin
intervista (f)	အင်တာဗျူး	in ta bju:
trasmissione (f) in diretta	တိုက်ရိုက်ထုတ်လွှင့်မှု	tai' jai' htou' hlwin. hmu.
canale (m)	လိုင်း	lain:

120. Agricoltura

agricoltura (f)	စိုက်ပျိုးရေး	sai' pjou: jei:
contadino (m)	တောင်သူလယ်သမား	taun dhu le dhama:
contadina (f)	တောင်သူအမျိုးသမီး	taun dhu amjou: dhami:
fattore (m)	လယ်သမား	le dhama:
trattore (m)	ထွန်စက်	htun ze'
mietitrebbia (f)	ရိတ်သိမ်းသီးနှံခြွေစက်	jei' thein:/ thi: hnan gjwei ze'
aratro (m)	ထယ်	hte
arare (vt)	ထယ်ထိုးသည်	hte dou: de
terreno (m) coltivato	ထယ်ထိုးစက်	hte dou: ze'
solco (m)	ထယ်ကြောင်း	hte gjaun:
seminare (vt)	မျိုးကြဲသည်	mjou: gje: de
seminatrice (f)	မျိုးကြဲစက်	mjou: gje: ze'
semina (f)	မျိုးကြဲခြင်း	mjou: gje: gjin:
falce (f)	မြက်ယမ်းဓား	mje' jan: da:
falciare (vt)	မြက်ရိတ်သည်	mje' jei' te
pala (f)	ကော်ပြား	ko pja:
scavare (vt)	ထွန်ယက်သည်	htun je' te
zappa (f)	ပေါက်ပြား	pja' bja:
zappare (vt)	ပေါင်းသင်သည်	paun: dhin de
erbaccia (f)	ပေါင်းပင်	paun: bin
innaffiatoio (m)	အပင်ရေလောင်းပုံး	apin jei laun: boun:
innaffiare (vt)	ရေလောင်းသည်	jei laun: de
innaffiamento (m)	ရေလောင်းခြင်း	jei laun: gjin:
forca (f)	ကောက်ဆွ	kau' hswa
rastrello (m)	ထွန်ခြစ်	htun gji'
concime (m)	မြေဩဇာ	mjei o: za
concimare (vt)	မြေဩဇာကျွေးသည်	mjei o: za gjwei: de
letame (m)	မြေဩဇာ	mjei o: za
campo (m)	လယ်ကွင်း	le gwin:
prato (m)	မြင်ခင်းပြင်	mjin gin: bjin
orto (m)	အသီးအရွက်စိုက်ခင်း	athi: ajwe' sai' khin:
frutteto (m)	သစ်သီးခြံ	thi' thi: gjan
pascolare (vt)	စားကျက်တွင်လွှတ်ထားသည်	sa: gja' twin hlu' hta' de
pastore (m)	သိုးနွားထိန်းကျောင်းသူ	thou: nwa: ou' kjaun: dhu
pascolo (m)	စားကျက်	sa: gja'

allevamento (m) di bestiame	တိရိစ္ဆာန်မွေး မြူရေးလုပ်ငန်း	tharei' hsan mwei: mju jei: lou' ngan:
allevamento (m) di pecore	သိုးမွေးမြူရေးလုပ်ငန်း	thou: mwei: mju je: lou' ngan:
piantagione (f)	ခြံ	chan
filare (m) (un ~ di alberi)	ဘောင်	baun
serra (f) da orto	မှန်လုံအိမ်	hman loun ein
siccità (f)	မိုးခေါင်ခြင်း	mou: gaun gjin
secco, arido (un'estate ~a)	ခြောက်သွေ့သော	chau' thwei. de.
grano (m)	နှံစားပင်တို့၏အစေ့	hnan za: bin dou. i. asei.
cereali (m pl)	မုယောစပါး	mu. jo za. ba:
raccogliere (vt)	ရိတ်သိမ်းသည်	jei' thein: de
mugnaio (m)	ဂျုံစက်ပိုင်ရှင်	gjoun ze' pain shin
mulino (m)	သီးနှံကြိတ်ခွဲစက်	thi: hnan gji' khwei: ze'
macinare (~ il grano)	ကြိတ်သည်	kjei' te
farina (f)	ဂျုံမှုန့်	gjoun hmoun.
paglia (f)	ကောက်ရိုး	kau' jou:

121. Edificio. Attività di costruzione

cantiere (m) edile	ဆောက်လုပ်ရေးလုပ်ငန်းခွင်	hsau' lou' jei: lou' ngan: gwin
costruire (vt)	ဆောက်လုပ်သည်	hsau' lou' te
operaio (m) edile	ဆောက်လုပ်ရေးအလုပ်သမား	hsau' lou' jei: alou' dha. ma:
progetto (m)	ပရောဂျက် စီမံကိန်း	pa jo: gje' si man gein:
architetto (m)	ဗိသုကာပညာရှင်	bi. thu. ka pjin nja shin
operaio (m)	အလုပ်သမား	alou' dha ma:
fondamenta (f pl)	အုတ်မြစ်	ou' mja'
tetto (m)	အမိုး	amou:
palo (m) di fondazione	မြေစိုက်တိုင်	mjei zai' tain
muro (m)	နံရံ	nan jou:
barre (f pl) di rinforzo	ငြမ်းစင်	njan: zin
impalcatura (f)	ငြမ်း	njan:
beton (m)	ကွန်ကရစ်	kun ka. ji'
granito (m)	နှမ်းဖတ်ကျောက်	hnan: ba' kjau'
pietra (f)	ကျောက်	kjau'
mattone (m)	အုတ်	ou'
sabbia (f)	သဲ	the:
cemento (m)	ဘိလပ်မြေ	bi la' mjei
intonaco (m)	သရွတ်	thaju'
intonacare (vt)	သရွတ်ကိုင်သည်	thaju' kain de
pittura (f)	သုတ်ဆေး	thou' hsei:
pitturare (vt)	ဆေးသုတ်သည်	hsei: dhou' te
botte (f)	စည်ပိုင်း	si bain:
gru (f)	ကရိန်းစက်	karein: ze'
sollevare (vt)	မသည်	ma. de

abbassare (vt)	ချသည်	cha. de
bulldozer (m)	လမ်းကြိတ်စက်	lan: gji' se'
scavatrice (f)	မြေတူးစက်	mjei du: ze'
cucchiaia (f)	ကော်ခွက်	ko khwe'
scavare (vt)	တူးသည်	tu: de
casco (m) (~ di sicurezza)	ဒဏ်ခံဦးထုပ်	dan gan u: dou'

122. Scienza. Ricerca. Scienziati

scienza (f)	သိပ္ပံပညာ	thei' pan pin nja
scientifico (agg)	သိပ္ပံပညာဆိုင်ရာ	thei' pan pin nja zein ja
scienziato (m)	သိပ္ပံပညာရှင်	thei' pan pin nja shin
teoria (f)	သီအိုရီ	thi ou ji
assioma (m)	နဂိုမှန်အဆို	na. gou hman ahsou
analisi (f)	ခွဲခြမ်းစိတ်ဖြာခြင်း	khwe: gjan: zei' hpa gjin:
analizzare (vt)	ခွဲခြမ်းစိတ်ဖြာသည်	khwe: gjan: zei' hpa de
argomento (m)	အကြောင်းပြချက်	akjaun: pja. gje'
sostanza, materia (f)	အထည်	a hte
ipotesi (f)	အခြေခံသဘောတ ရားအယူအဆ	achei khan dha. bo da. ja: aju ahsa.
dilemma (m)	အကျပ်ရိုက်ခြင်း	akja' shi' chin:
tesi (f)	သုတေသနစာတမ်း	thu. tei thana za dan:
dogma (m)	တရားသေလက်ခံ ထားသောဝါဒ	taja: dhei le' khan da: dho: wa da
dottrina (f)	သြဝါဒ	thja. wa da.
ricerca (f)	သုတေသန	thu. tei thana
fare ricerche	သုတေသနပြုသည်	thu. tei thana bjou de
prova (f)	စမ်းသပ်ခြင်း	san: dha' chin:
laboratorio (m)	လက်တွေ့ခန်း	le' twei. gan:
metodo (m)	နည်းလမ်း	ne: lan:
molecola (f)	မော်လီကျူး	mo li gju:
monitoraggio (m)	စောင့်ကြည့်စစ်ဆေးခြင်း	saun. gji. zi' hsei: gjin:
scoperta (f)	ရှာဖွေတွေ့ရှိမှု	sha hpwei dwei. shi. hmu.
postulato (m)	လက်ခံထားသည့်အဆို	le' khan da: dhe. ahsou
principio (m)	အခြေခံသဘောတရား	achei khan dha. bo da. ja:
previsione (f)	ကြိုတင်ခန့်မှန်းချက်	kjou din khan hman: gje'
fare previsioni	ကြိုတင်ခန့်မှန်းသည်	kjou din khan hman: de
sintesi (f)	သမ္ဘာရ	than ba ra.
tendenza (f)	ဦးတည်ရာ	u: ti ja
teorema (m)	သီအိုရမ်	thi ou jan
insegnamento (m)	သင်ကြားချက်	thin kja: gje'
fatto (m)	အချက်အလက်	ache' ale'
spedizione (f)	စူးစမ်းလေ့လာရေးခရီး	su: zan: lei. la nei: khaji:
esperimento (m)	စမ်းသပ်လုပ်ဆောင်ချက်	san: dha' lou' hsaun gje'
accademico (m)	အကယ်ဒမီသိပ္ပံပညာရှင်	ake da ni dhan pa' pjin shin
laureato (m)	တက္ကသိုလ် ပထမဘွဲ့	te' kathou pahtama. bwe.

dottore (m)	ပါရဂူဘွဲ့	pa ja gu bwe.
professore (m) associato	လက်ထောက်ပါမောက္ခ	le' htau' pa mau' kha.
Master (m)	မဟာဘွဲ့	maha bwe.
professore (m)	ပါမောက္ခ	pamau' kha

Professioni e occupazioni

123. Ricerca di un lavoro. Licenziamento

lavoro (m)	အလုပ်	alou'
organico (m)	ဝန်ထမ်းအင်အား	wun dan: in a:
personale (m)	အမှုထမ်း	ahmu. htan:
carriera (f)	သက်မွေးမှုလုပ်ငန်း	the' hmei: hmu. lou' ngan:
prospettiva (f)	တက်လမ်း	te' lan:
abilità (f pl)	ကျွမ်းကျင်မှု	kjwan: gjin hmu.
selezione (f) (~ del personale)	လက်ရွေးစင်	le' jwei: zin
agenzia (f) di collocamento	အလုပ်အကိုင်ရှာဖွေရေး- အကျိုးဆောင်လုပ်ငန်း	alou' akain sha hpei jei: akjou: zaun lou' ngan:
curriculum vitae (f)	ပညာရည်မှတ်တမ်းအကျဉ်း	pjin nja je hma' tan: akjin:
colloquio (m)	အလုပ်အင်တာဗျူး	alou' in da bju:
posto (m) vacante	အလုပ်လစ်လပ်နေရာ	alou' li' la' nei ja
salario (m)	လစာ	la. za
stipendio (m) fisso	ပုံသေလစာ	poun dhei la. za
compenso (m)	ပေးချေသည့်ငွေ	pei: gjei de. ngwei
carica (f), funzione (f)	ရာထူး	ja du:
mansione (f)	တာဝန်	ta wun
mansioni (f pl) di lavoro	တာဝန်များ	ta wun mja:
occupato (agg)	အလုပ်များသော	alou' mja: de.
licenziare (vt)	အလုပ်ထုတ်သည်	alou' htou' de
licenziamento (m)	ထုတ်ပယ်ခြင်း	htou' pe gjin:
disoccupazione (f)	အလုပ်လက်မဲ့ဦးရေ	alou' le' me. u: jei
disoccupato (m)	အလုပ်လက်မဲ့	alou' le' me.
pensionamento (m)	အငြိမ်းစားလစာ	anjein: za: la. za
andare in pensione	အငြိမ်းစားယူသည်	anjein: za: ju dhe

124. Gente d'affari

direttore (m)	ညွှန်ကြားရေးမှူး	hnjun gja: jei: hmu:
dirigente (m)	မန်နေဂျာ	man nei gji
capo (m)	အကြီးအကဲ	akji: ake:
superiore (m)	အထက်လူကြီး	a hte' lu gji:
capi (m pl)	အထက်လူကြီးများ	a hte' lu gji: mja:
presidente (m)	ဥက္ကဋ္ဌ	ou' kahta.
presidente (m) (impresa)	ဥက္ကဋ္ဌ	ou' kahta.
vice (m)	ဒုတိယ	du. di. ja.
assistente (m)	လက်ထောက်	le' htau'

segretario (m)	အတွင်းရေးမှူး	atwin: jei: hmu:
assistente (m) personale	ကိုယ်ရေးအရာရှိ	kou jei: aja shi.
uomo (m) d'affari	စီးပွားရေးလုပ်ငန်းရှင်	si: bwa: jei: lou' ngan: shin
imprenditore (m)	စီးပွားရေးလုပ်ငန်းရှင်	si: bwa: jei: lou' ngan: shin
fondatore (m)	တည်ထောင်သူ	ti daun dhu
fondare (vt)	တည်ထောင်သည်	ti daun de
socio (m)	ဖွဲ့စည်းသူ	hpwe. zi: dhu
partner (m)	အကျိုးတူလုပ်ဖော်ကိုင်ဘက်	akjou: du lou' hpo kain be'
azionista (m)	အစုရှင်	asu. shin
milionario (m)	သန်းကြွယ်သူဌေး	than: gjwe dhu dei:
miliardario (m)	ဘီလျံနာသူဌေး	bi ljan na dhu dei:
proprietario (m)	ပိုင်ရှင်	pain shin
latifondista (m)	မြေပိုင်ရှင်	mjei bain shin
cliente (m) (di professionista)	ဖောက်သည်	hpau' te
cliente (m) abituale	အမြဲတမ်းဖောက်သည်	amje: dan: zau' te
compratore (m)	ဝယ်သူ	we dhu
visitatore (m)	ဧည့်သည်	e. dhe
professionista (m)	ကျွမ်းကျင်သူ	kjwan: gjin dhu
esperto (m)	ကျွမ်းကျင်ပညာရှင်	kjwan: gjin bi nja shin
specialista (m)	အထူးကျွမ်းကျင်သူ	a htu: kjwan: gjin dhu
banchiere (m)	ဘဏ်လုပ်ငန်းရှင်	ban lou' ngan: shin
broker (m)	စီးပွါးရေးအကျိုးဆောင်	si: bwa: jei: akjou: zaun
cassiere (m)	ငွေကိုင်	ngwei gain
contabile (m)	စာရင်းကိုင်	sajin: gain
guardia (f) giurata	အစောင့်	asaun.
investitore (m)	ရင်းနှီးမြှုပ်နှံသူ	jin: hni: hmjou' hnan dhu
debitore (m)	မြီစား	mji za:
creditore (m)	ကြွေးရှင်	kjwei: shin
mutuatario (m)	ချေးသူ	chei: dhu
importatore (m)	သွင်းကုန်လုပ်ငန်းရှင်	thwin: goun lou' ngan: shin
esportatore (m)	ပို့ကုန်လုပ်ငန်းရှင်	pou. goun lou' ngan: shin
produttore (m)	ထုတ်လုပ်သူ	tou' lou' thu
distributore (m)	ဖြန့်ဝေသူ	hpjan. wei dhu
intermediario (m)	တစ်ဆင့်ခံရောင်းသူ	ti' hsin. gan jaun: dhu
consulente (m)	အတိုင်ပင်ခံပုဂ္ဂိုလ်	atain bin gan bou' gou
rappresentante (m)	ကိုယ်စားလှယ်	kou za: hle
agente (m)	ကိုယ်စားလှယ်	kou za: hle
assicuratore (m)	အာမခံကိုယ်စားလှယ်	a ma. khan gou za: hle

125. Professioni amministrative

cuoco (m)	စားဖိုမှူး	sa: hpou hmu:
capocuoco (m)	စားဖိုမှူးကြီး	sa: hpou hmu: gji:

fornaio (m)	ပေါင်မုန့်ဖုတ်သူ	paun moun. bou' dhu
barista (m)	အရက်ဘားဝန်ထမ်း	aje' ba: wun dan:
cameriere (m)	စားပွဲထိုး	sa: bwe: dou:
cameriera (f)	စားပွဲထိုးမိန်းကလေး	sa: bwe: dou: mein: ga. lei:
avvocato (m)	ရှေ့နေ	shei. nei
esperto (m) legale	ရှေ့နေ	shei. nei
notaio (m)	ရှေ့နေ	shei. nei
elettricista (m)	လျှပ်စစ်ပညာရှင်	hlja' si' pa. nja shin
idraulico (m)	ပိုက်ပြင်သူ	pai' bjin dhu
falegname (m)	လက်သမား	le' tha ma:
massaggiatore (m)	အနှိပ်သမား	anei' thama:
massaggiatrice (f)	အနှိပ်သမ	anei' thama.
medico (m)	ဆရာဝန်	hsa ja wun
taxista (m)	တက္ကစီမောင်းသူ	te' kasi maun: dhu
autista (m)	ယာဉ်မောင်း	jin maun:
fattorino (m)	ပစ္စည်းပို့သူ	pji' si: bou. dhu
cameriera (f)	ဟိုတယ်သန့်ရှင်းရေးဝန်ထမ်း	hou te than. shin wun dam:
guardia (f) giurata	အစောင့်	asaun.
hostess (f)	လေယာဉ်မယ်	lei jan me
insegnante (m, f)	ဆရာ	hsa ja
bibliotecario (m)	စာကြည့်တိုက်ဝန်ထမ်း	sa gji. dai' wun dan:
traduttore (m)	ဘာသာပြန်	ba dha bjan
interprete (m)	စကားပြန်	zaga: bjan
guida (f)	လမ်းညွှန်	lan: hnjun
parrucchiere (m)	ဆံသဆရာ	hsan dha. zaja
postino (m)	စာပို့သမား	sa bou. dhama:
commesso (m)	ဆိုင်အရောင်းဝန်ထမ်း	hsain ajaun: wun dan:
giardiniere (m)	ဥယျာဉ်မှူး	u. jin hmu:
domestico (m)	အိမ်စေအမှုထမ်း	ein zei ahmu. dan:
domestica (f)	အိမ်စေအမျိုးသမီး	ein zei amjou: dhami:
donna (f) delle pulizie	သန့်ရှင်းရေးသမ	than. shin: jei: dhama.

126. Professioni militari e gradi

soldato (m) semplice	တပ်သား	ta' tha:
sergente (m)	တပ်ကြပ်ကြီး	ta' kja' kji:
tenente (m)	ဗိုလ်	bou
capitano (m)	ဗိုလ်ကြီး	bou gji
maggiore (m)	ဗိုလ်မှူး	bou hmu:
colonnello (m)	ဗိုလ်မှူးကြီး	bou hmu: gji:
generale (m)	ဗိုလ်ချုပ်	bou gjou'
maresciallo (m)	ထိပ်တန်းအရာရှိ	htei' tan: aja shi.
ammiraglio (m)	ရေတပ်ဗိုလ်ချုပ်ကြီး	jei da' bou chou' kji:
militare (m)	တပ်မတော်နှင့်ဆိုင်သော	ta' mado hnin. zain de.
soldato (m)	စစ်သား	si' tha:

ufficiale (m)	အရာရှိ	aja shi.
comandante (m)	ခေါင်းဆောင်	gaun: zaun
guardia (f) di frontiera	နယ်ခြားစောင့်	ne gja: zaun.
marconista (m)	ဆက်သွယ်ရေးတပ်သား	hse' thwe jei: da' tha:
esploratore (m)	ကင်းထောက်	kin: dau'
geniere (m)	မိုင်းရှင်းသူ	main: shin: dhu
tiratore (m)	လက်ဖြောင့်တပ်သား	le' hpaun. da' tha:
navigatore (m)	လေကြောင်းပြ	lei gjaun: bja.

127. Funzionari. Sacerdoti

re (m)	ဘုရင်	ba. jin
regina (f)	ဘုရင်မ	ba jin ma.
principe (m)	အိမ်ရှေ့မင်းသား	ein shei. min: dha:
principessa (f)	မင်းသမီး	min: dhami:
zar (m)	ဇာဘုရင်	za bou jin
zarina (f)	ဇာဘုရင်မ	za bou jin ma
presidente (m)	သမ္မတ	thamada.
ministro (m)	ဝန်ကြီး	wun: gji:
primo ministro (m)	ဝန်ကြီးချုပ်	wun: gji: gjou'
senatore (m)	ဆီနိတ်လွှတ်တော်အမတ်	hsi nei' hlwa' do: ama'
diplomatico (m)	သံတမန်	than taman.
console (m)	ကောင်စစ်ဝန်	kaun si' wun
ambasciatore (m)	သံအမတ်	than ama'
consigliere (m)	ကောင်စီဝင်	kaun si wun
funzionario (m)	အမှုဆောင်အရာရှိ	ahmu. zaun aja shi.
prefetto (m)	သီးသန့်နယ်မြေ အုပ်ချုပ်ရေးမှူး	thi: dhan. ne mjei ou' chou' ei: hmu:
sindaco (m)	မြို့တော်ဝန်	mjou. do wun
giudice (m)	တရားသူကြီး	taja: dhu gji:
procuratore (m)	အစိုးရရှေ့နေ	asou: ja shei. nei
missionario (m)	သာသနာပြုသူ	tha dha. na bju. dhu
monaco (m)	ဘုန်းကြီး	hpoun: gji:
abate (m)	ကျောင်းထိုင်ဆရာတော်	kjaun: dain zaja do
rabbino (m)	ဂျူးဘာသာရေးခေါင်းဆောင်	gju: ba dha jei: gaun: zaun:
visir (m)	မွတ်ဆလင်အမတ်	mu' hsa. lin ama'
scià (m)	ရှားဘုရင်	sha: bu. shin
sceicco (m)	အာရပ်စော်ဘွား	a ra' so bwa:

128. Professioni agricole

apicoltore (m)	ပျားမွေးသူ	pja: mwei: dhu
pastore (m)	သိုး၊နွားအုပ်ကျောင်းသူ	thou:/ nwa: ou' kjaun: dhu

agronomo (m)	သီးနှံစိုက်ပျိုးရေးပညာရှင်	thi: hnan zai' pjou: jei: pin nja shin
allevatore (m) di bestiame	တိရစ္ဆာန်မျိုးဖောက်သူ	tharei' hsan mjou: hpau' thu
veterinario (m)	တိရစ္ဆာန်ဆရာဝန်	tharei' hsan zaja wun
fattore (m)	လယ်သမား	le dhama:
vinificatore (m)	ဝိုင်ဖောက်သူ	wain bau' thu
zoologo (m)	သတ္တဗေဒပညာရှင်	tha' ta. bei da. pin nja shin
cowboy (m)	နွားကျောင်းသား	nwa: gjaun: dha:

129. Professioni artistiche

attore (m)	သရုပ်ဆောင်မင်းသား	thajou' hsaun min: dha:
attrice (f)	သရုပ်ဆောင်မင်းသမီး	thajou' hsaun min: dha:
cantante (m)	အဆိုတော်	ahsou do
cantante (f)	အဆိုတော်	ahsou do
danzatore (m)	အကဆရာ	aka. hsa. ja
ballerina (f)	အကဆရာမ	aka. hsa. ja ma
artista (m)	သရုပ်ဆောင်သူ	thajou' hsaun dhu
artista (f)	သရုပ်ဆောင်သူ	thajou' hsaun dhu
musicista (m)	ဂီတပညာရှင်	gi ta. bjin nja shin
pianista (m)	စန္ဒရားဆရာ	san daja: zaja
chitarrista (m)	ဂစ်တာပညာရှင်	gi' ta bjin nja shin
direttore (m) d'orchestra	ဂီတမှူး	gi ta. hmu
compositore (m)	တေးရေးဆရာ	tei: jei: hsaja
impresario (m)	ဇာတ်ဆရာ	za' hsaja
regista (m)	ရုပ်ရှင်ဒါရိုက်တာ	jou' shin da jai' ta
produttore (m)	ထုတ်လုပ်သူ	htou' lou' thu
sceneggiatore (m)	ဇာတ်ညွှန်းဆရာ	za' hnjun: za ja
critico (m)	ဝေဖန်သူ	wei ban dhu
scrittore (m)	စာရေးဆရာ	sajei: zaja
poeta (m)	ကဗျာဆရာ	ka. bja zaja
scultore (m)	ပန်းပုဆရာ	babu hsaja
pittore (m)	ပန်းချီဆရာ	bagji zaja
giocoliere (m)	လက်လှည့်ဆရာ	le' hli. za. ja.
pagliaccio (m)	လူရွှင်တော်	lu shwin do
acrobata (m)	ကျွမ်းဘားပြသူ	kjwan: ba: bja dhu
prestigiatore (m)	မျက်လှည့်ဆရာ	mje' hle. zaja

130. Professioni varie

medico (m)	ဆရာဝန်	hsa ja wun
infermiera (f)	သူနာပြု	thu na bju.
psichiatra (m)	စိတ်ရောဂါအထူးကုဆရာဝန်	sei' jo: ga ahtu: gu. zaja wun

dentista (m)	သွားဆရာဝန်	thwa: hsaja wun
chirurgo (m)	ခွဲစိတ်ကုဆရာဝန်	khwe: hsei' ku hsaja wun
astronauta (m)	အာကာသယာဉ်မှူး	akatha. jin hmu:
astronomo (m)	နက္ခတ္တဗေဒပညာရှင်	ne' kha' ta. bei da. pji nja shin
pilota (m)	လေယာဉ်မှူး	lei jan hmu:
autista (m)	ယာဉ်မောင်း	jin maun:
macchinista (m)	ရထားမောင်းသူ	jatha: maun: dhu
meccanico (m)	စက်ပြင်ဆရာ	se' pjin zaja
minatore (m)	သတ္တုတွင်း အလုပ်သမား	tha' tu. dwin: alou' thama:
operaio (m)	အလုပ်သမား	alou' dha ma:
operaio (m) metallurgico	သော့ပြင်ဆရာ	tho. bjin zaja
falegname (m)	ကျည်းပေါင်းခွေလက်သမား	kji: baun: gwei le' dha ma:
tornitore (m)	တွင်ခုံအလုပ်သမား	twin goun alou' dhama:
operaio (m) edile	ဆောက်လုပ်ရေးအလုပ်သမား	hsau' lou' jei: alou' dha. ma:
saldatore (m)	ဂဟေဆော်သူ	gahei hso dhu
professore (m)	ပါမောက္ခ	pamau' kha
architetto (m)	ဗိသုကာပညာရှင်	bi. thu. ka pjin nja shin
storico (m)	သမိုင်းပညာရှင်	thamain: pin nja shin
scienziato (m)	သိပ္ပံပညာရှင်	thei' pan pin nja shin
fisico (m)	ရူပဗေဒပညာရှင်	ju bei da. bin nja shin
chimico (m)	ဓာတုဗေဒပညာရှင်	da tu. bei da. bjin nja shin
archeologo (m)	ရှေးဟောင်းသုတေသ နပညာရှင်	shei: haun thu. dei dha. na. bji nja shin
geologo (m)	ဘူမိဗေဒပညာရှင်	buu mi. bei da. bjin nja shin
ricercatore (m)	သုတေသနပညာရှင်	thu. tei thana pin nja shin
baby-sitter (m, f)	ကလေးထိန်း	kalei: din:
insegnante (m, f)	ဆရာ	hsa ja
redattore (m)	အယ်ဒီတာ	e di ta
redattore capo (m)	အယ်ဒီတာချုပ်	e di ta chu'
corrispondente (m)	သတင်းထောက်	dhadin: dau'
dattilografa (f)	လက်နှိပ်စက်ရိုက်သူ	le' ni' se' jou' thu
designer (m)	ဒီဇိုင်နာ	di zain na
esperto (m) informatico	ကွန်ပျူတာပညာရှင်	kun pju ta ba. nja shin
programmatore (m)	ပရိုဂရမ်မာ	pa. jou ga. jan ma
ingegnere (m)	အင်ဂျင်နီယာ	in gjin ni ja
marittimo (m)	သင်္ဘောသား	thin: bo: dha:
marinaio (m)	သင်္ဘောသား	thin: bo: dha:
soccorritore (m)	ကယ်ဆယ်သူ	ke ze dhu
pompiere (m)	မီးသတ်သမား	mi: tha' dhama:
poliziotto (m)	ရဲ	je:
guardiano (m)	အစောင့်	asaun.
detective (m)	စုံထောက်	soun dau'
doganiere (m)	အကောက်ခွန်အရာရှိ	akau' khun aja shi.
guardia (f) del corpo	သက်တော်စောင့်	the' to zaun.
guardia (f) carceraria	ထောင်စောင့်	htaun zaun.

ispettore (m)	ရဲအုပ်	je: ou'
sportivo (m)	အားကစားသမား	a: gaza: dhama:
allenatore (m)	နည်းပြ	ne: bja.
macellaio (m)	သားသတ်သမား	tha: dha' thama:
calzolaio (m)	ဖိနပ်ချုပ်သမား	hpana' chou' tha ma:
uomo (m) d'affari	ကုန်သည်	koun de
caricatore (m)	ကုန်ထမ်းသမား	koun din dhama:
stilista (m)	ဖက်ရှင်ဒီဇိုင်နာ	hpe' shin di zain na
modella (f)	မော်ဒယ်	mo de

131. Attività lavorative. Condizione sociale

scolaro (m)	ကျောင်းသား	kjaun: dha:
studente (m)	ကျောင်းသား	kjaun: dha:
filosofo (m)	ဒဿနပညာရှင်	da' thana. pjin nja shin
economista (m)	ဘောဂဗေဒပညာရှင်	bo ga bei da ba nja shin
inventore (m)	တီထွင်သူ	ti htwin dhu
disoccupato (m)	အလုပ်လက်မဲ့	alou' le' me.
pensionato (m)	အငြိမ်းစား	anjein: za:
spia (f)	သူလျှို	thu shou
detenuto (m)	ထောင်သား	htaun dha:
scioperante (m)	သပိတ်မှောက်သူ	thabei' hmau' thu
burocrate (m)	ဗျူရိုကရက်အရာရှိ	bju jou ka. je' aja shi.
viaggiatore (m)	ခရီးသွား	khaji: thwa:
omosessuale (m)	လိင်တူချင်းဆက်ဆံသူ	lein du cjin: ze' hsan dhu
hacker (m)	ဟက်ကာ	he' ka
hippy (m, f)	လူမှုဓလေ့များကို သွေဖယ်သူ	lu hmu. da. lei. mja: gou
bandito (m)	ဓားပြ	damja.
sicario (m)	လူသတ်သမား	lu dha' thama:
drogato (m)	ဆေးစွဲသူ	hsei: zwe: dhu
trafficante (m) di droga	မူးယစ်ဆေးရောင်းဝယ်သူ	mu: ji' hsei: jaun we dhu
prostituta (f)	ပြည့်တန်ဆာ	pjei. dan za
magnaccia (m)	ဖာခေါင်း	hpa gaun:
stregone (m)	မှော်ဆရာ	hmo za. ja
strega (f)	မှော်ဆရာမ	hmo za. ja ma.
pirata (m)	ပင်လယ်ဓားပြ	pin le da: bja.
schiavo (m)	ကျွန်	kjun
samurai (m)	ဆာမူရိုင်း	hsa mu jain:
selvaggio (m)	လူရိုင်း	lu jain:

Sport

132. Tipi di sport. Sportivi

sportivo (m)	အားကစားသမား	a: gaza: dhama:
sport (m)	အားကစားအမျိုးအစား	a: gaza: amjou: asa:
pallacanestro (m)	ဘတ်စကတ်ဘော	ba' sa. ka' bo:
cestista (m)	ဘတ်စကတ်ဘောကစားသမား	ba' sa. ka' bo ka. za: dha ma:
baseball (m)	ဘေ့စ်ဘောအားကစား	bei'. bo a: gaza
giocatore (m) di baseball	ဘေ့စ်ဘောကစားသမား	bei'. bo a: gaza dha ma:
calcio (m)	ဘောလုံးအားကစား	bo loun: a: gaza:
calciatore (m)	ဘောလုံးကစားသမား	bo loun: gaza: dhama:
portiere (m)	ဂိုးသမား	gou: dha ma:
hockey (m)	ဟော်ကီ	hou ki
hockeista (m)	ဟော်ကီကစားသမား	hou ki gaza: dha ma:
pallavolo (m)	ဘော်လီဘောအားကစား	bo li bo: a: gaza:
pallavolista (m)	ဘောလီဘောကစားသမား	bo li bo: a: gaza: dhama:
pugilato (m)	လက်ဝှေ့	le' hwei.
pugile (m)	လက်ဝှေ့သမား	le' hwei. dhama:
lotta (f)	နပမ်းကစားခြင်း	naban: gaza: gjin:
lottatore (m)	နပမ်းသမား	naban: dhama:
karate (m)	ကရာတေးအားကစား	ka. ra tei: a: gaza:
karateka (m)	ကရာတေးကစားသမား	ka. ra tei: a: gaza: ma:
judo (m)	ဂျူဒိုအားကစား	gju dou a: gaza:
judoista (m)	ဂျူဒိုကစားသမား	gju dou a: gaza: dhama:
tennis (m)	တင်းနစ်	tin: ni'
tennista (m)	တင်းနစ်ကစားသူ	tin: ni' gaza: dhu
nuoto (m)	ရေကူးအားကစား	jei ku: a: gaza:
nuotatore (m)	ရေကူးသူ	jei ku: dhu
scherma (f)	ဓားရေးယှဉ်ပြိုင်ကစားခြင်း	da: jei: shin bjain ga. za: gjin
schermitore (m)	ဓားရေးယှဉ်ပြိုင်ကစားသူ	da: jei: shin bjain ga. za: dhu
scacchi (m pl)	စစ်တုရင်	si' tu. jin
scacchista (m)	စစ်တုရင်ကစားသမား	si' tu. jin gaza: dhama:
alpinismo (m)	တောင်တက်ခြင်း	taun de' chin:
alpinista (m)	တောင်တက်သမား	taun de' thama:
corsa (f)	အပြေး	apjei:

corridore (m)	အပြေးသမား	apjei: dha. ma:
atletica (f) leggera	ပြေးခုန်ပစ်	pjei: goun bi'
atleta (m)	ပြေးခုန်ပစ်ကစားသူ	pjei: goun bi' gaza: dhu
ippica (f)	မြင်းစီးခြင်း	mjin: zi: gjin:
fantino (m)	မြင်းစီးသူ	mjin: zi: dhu
pattinaggio (m) artistico	စကိတ်စီးကပြခြင်း	sakei' si: ga. bja. gjin:
pattinatore (m)	စကိတ်စီးကပြသူ	sakei' si: ga. bja. dhu
pattinatrice (f)	စကိတ်စီးကပြမယ်	sakei' si: ga. bja. me
pesistica (f)	အလေးမ	a lei: ma
pesista (m)	အလေးမသူ	a lei: ma dhu
automobilismo (m)	ကားမောင်းပြိုင်ခြင်း	ka: maun: bjein gjin:
pilota (m)	ပြိုင်ကားမောင်းသူ	pjain ga: maun: dhu
ciclismo (m)	စက်ဘီးစီးခြင်း	se' bi: zi: gjin
ciclista (m)	စက်ဘီးစီးသူ	se' bi: zi: dhu
salto (m) in lungo	အလျားခုန်	alja: khun
salto (m) con l'asta	တုတ်ထောက်ခုန်	tou' htau' khoun
saltatore (m)	ခုန်သူ	khoun dhu

133. Tipi di sport. Varie

football (m) americano	အမေရိကန်ဘောလုံး	amei ji kan dho: loun:
badminton (m)	ကြက်တောင်	kje' daun
biathlon (m)	သေနတ်ပစ်	thei na' pi'
biliardo (m)	ဘီလီယက်	bi li je'
bob (m)	ပြိုင်စွတ်ဖား	pjain zwa' hpa:
culturismo (m)	ကာယဗလ	ka ja ba. la.
pallanuoto (m)	ဝါတာပိုလို	wa ta pou lou
pallamano (m)	လက်ပစ်ဘောလုံးကစားနည်း	le' pi' bo: loun: gaza: ne:
golf (m)	ဂေါက်ရိုက်ခြင်း	gou' jai' chin:
canottaggio (m)	လှေလှော်ခြင်း	hlei hlo gjin:
immersione (f) subacquea	ရေငုပ်ခြင်း	jei ngou' chin:
sci (m) di fondo	နှင်းလျှောစကိတ်စီး ပြိုင်ပွဲ	hnin: sho: zakei' si: bjain bwe:
tennis (m) da tavolo	စားပွဲတင်တင်းနစ်	sa: bwe: din din: ni'
vela (f)	ရွက်လွှင့်ခြင်း	jwe' hlwn. jgin:
rally (m)	ကားပြိုင်ခြင်း	ka: bjain gjin:
rugby (m)	ရတ်ဘီဘောလုံးအားကစား	re' bi bo: loun: a: gaza:
snowboard (m)	နှင်းလျှောစကိတ်စီးခြင်း	hnin: sho: zakei' si: gjin:
tiro (m) con l'arco	မြှားပစ်	hmja: bi'

134. Palestra

bilanciere (m)	အလေးတန်း	a lei: din:
manubri (m pl)	ဒမ်ဘယ်အလေးတုန်း	dan be alei: doun:

attrezzo (m) sportivo	လေ့ကျင့်ခန်းပြုလုပ်ရန်စက်	lei. kjin. gan: pju. lou' jan ze'
cyclette (f)	လေ့ကျင့်ခန်းစက်ဘီး	lei. kjin. gan: ze' bi:
tapis roulant (m)	ပြေးစက်	pjei: ze'
sbarra (f)	ဘားတန်း	ba: din:
parallele (f pl)	ပြိုင်တန်း	pjain dan:
cavallo (m)	မြင်းခုံ	mjin: goun
materassino (m)	အားကစားဖျာ	a: gaza: bja
corda (f) per saltare	ကြိုး	kjou:
aerobica (f)	အေရိုးဘစ်	e jou: bi'
yoga (m)	ယောဂ	jo: ga.

135. Hockey

hockey (m)	ဟော်ကီ	hou ki
hockeista (m)	ဟော်ကီကစားသမား	hou ki gaza: dha ma:
giocare a hockey	ဟော်ကီကစားသည်	hou ki gaza: de
ghiaccio (m)	ရေခဲ	jei ge:
disco (m)	ရော်ဘာဒိုးပြား	jo ba dou: bja:
bastone (m) da hockey	ဟော်ကီရိုက်တံ	hou ki jai' tan
pattini (m pl)	ရေခဲပြင်စကိတ်	jei ge: bjin za. gei'
bordo (m)	အကာပြား	aka pja:
tiro (m)	ရိုက်ချက်	jai' che'
portiere (m)	ဂိုးသမား	gou: dha ma:
gol (m)	ဂိုး	gou:
segnare un gol	ဂိုးသွင်းသည်	gou: dhwin: de
tempo (m)	အပိုင်း	apain:
secondo tempo (m)	ဒုတိယပိုင်း	du. di. ja. bain:
panchina (f)	အရံကစားသမား ထိုင်ခုံ	ajan ka. za: dha. ma: dain goun

136. Calcio

calcio (m)	ဘောလုံးအားကစား	bo loun: a: gaza:
calciatore (m)	ဘောလုံးကစားသမား	bo loun: gaza: dhama:
giocare a calcio	ဘောလုံးကန်သည်	bo loun: gan de
La Prima Divisione	မေဂျာလိဂ်	mei gja lei'
società (f) calcistica	ဘောလုံးကလပ်	bo loun: kala'
allenatore (m)	နည်းပြ	ne: bja.
proprietario (m)	ပိုင်ရှင်	pain shin
squadra (f)	အသင်း	athin:
capitano (m) di squadra	အသင်းခေါင်းဆောင်	ahin: gaun: zaun
giocatore (m)	ကစားသမား	gaza: dhama:
riserva (f)	အရံကစားသမား	ajan ka. za: dha. ma:
attaccante (m)	ရှေ့တန်း	shei. dan:

centrocampista (m)	ရှေ့တန်းအလယ်	shei. dan: ale
bomber (m)	အမှတ်မှတ်သူ	ahma' hma' thu
terzino (m)	နောက်တန်းကစားသမား	nau' tan: ka. za: dha. ma:
mediano (m)	ကွင်းလယ်လူ	kwin: le dhu
partita (f)	ပြိုင်ပွဲ	pjain bwe:
incontrarsi (vr)	တွေ့ဆုံသည်	twei. hsoun de
finale (m)	ဗိုလ်လုပွဲ	bou lu. bwe:
semifinale (m)	အကြိုဗိုလ်လုပွဲ	akjou bou lu. pwe:
campionato (m)	တံခွန်စိုက်ပြိုင်ပွဲ	dagun zai' pjein bwe:
tempo (m)	အချိန်	achein
primo tempo (m)	ပထမပိုင်း	pahtama. bain:
intervallo (m)	နားချိန်	na: gjein
porta (f)	ဂိုးပေါက်	gou: bau'
portiere (m)	ဂိုးသမား	gou: dha ma:
palo (m)	ဂိုးတိုင်	gou: dain
traversa (f)	ဂိုးဘားတန်း	gou: ba: dan
rete (f)	ပိုက်	pai'
subire un gol	ဂိုးလွတ်သွားသည်	gou: lu' thwa: de
pallone (m)	ဘောလုံး	bo loun:
passaggio (m)	ပေးခြင်း	pei: gjin:
calcio (m), tiro (m)	ကစ်	ki'
tirare un calcio	ကန်သည်	kan de
calcio (m) di punizione	ပြစ်ဒဏ်ဘော	pji' dan de.
calcio (m) d'angolo	ဒေါင့်ကန်ဘော	daun. gan bo:
attacco (m)	တိုက်စစ်	tai' si'
contrattacco (m)	တန်ပြန်တိုက်စစ်	tan bjan dai' si'
combinazione (f)	ပေါင်းစပ်ခြင်း	paun: za' chin:
arbitro (m)	ဒိုင်လူကြီး	dain dhu gji:
fischiare (vi)	လေချွန်သည်	lei gjun de
fischio (m)	ခရာ	khaja
fallo (m)	ဖောင်းဘော	hpaun: bo:
fare un fallo	ဖောင်းဘောဖြစ်သည်	hpaun: bo: hpji' te
espellere dal campo	ထုတ်သည်	htou' te
cartellino (m) giallo	အဝါကဒ်	awa ka'
cartellino (m) rosso	အနီကဒ်	ani ga'
squalifica (f)	ပိတ်ပင်ခြင်း	pei' pin gjin:
squalificare (vt)	ပိတ်ပင်သည်	pei' pin de
rigore (m)	ပန်နယ်တီ	pan ne ti
barriera (f)	ဝေါကာခြင်း	wo: ga gjin:
segnare (~ un gol)	သွင်းသည်	thin: de
gol (m)	ဂိုး	gou:
segnare un gol	ဂိုးသွင်းသည်	gou: dhwin: de
sostituzione (f)	လူစားလဲခြင်း	lu za: le: gjin:
sostituire (vt)	လူစားလဲသည်	lu za: le: de
regole (f pl)	စည်းမျဉ်းစည်းကမ်း	si: mjin: si: kan:
tattica (f)	ဗျူဟာ	bju ha
stadio (m)	အားကစားရုံ	a: gaza: joun

tribuna (f)	ပွဲကြည့်စင်	pwe: gje. zi'
tifoso, fan (m)	ပရိတ်သတ်	pa. rei' tha'
gridare (vi)	အော်သည်	o de
tabellone (m) segnapunti	ရလဒ်ပြဆိုင်းဘုတ်	jala' pja. zain: bou'
punteggio (m)	ရလဒ်	jala'
sconfitta (f)	အရှုံး	ashoun:
subire una sconfitta	ရှုံးသည်	shoun: de
pareggio (m)	သရေ	thajei
pareggiare (vi)	သရေကျသည်	tha. jei gja. de
vittoria (f)	အောင်ပွဲ	aun bwe:
vincere (vi)	အောင်ပွဲခံသည်	aun bwe: khan de
campione (m)	ချန်ပီယံ	chan pi jan
migliore (agg)	အကောင်းဆုံး	akaun zoun
congratularsi (con qn per qc)	ဂုဏ်ပြုသည်	goun bju de
commentatore (m)	အစီရင်ခံသူ	asi jin gan dhu
commentare (vt)	အစီရင်ခံသည်	asi jin gan de
trasmissione (f)	ထုတ်လွှင့်မှု	htou' hlwin. hmu.

137. Sci alpino

sci (m pl)	နှင်းလျှောစီးစကိတ်	hnin: sho: zi: zakei'
sciare (vi)	နှင်းလျှောစီးသည်	hnin: sho: zi: de
stazione (f) sciistica	နှင်းလျှောစီးစခန်း	hnin: sho: zi: za. gan:
sciovia (f)	ရွေ့လျားစက်ခါးပတ်	jwei. lja: ze' kha: ba'
bastoni (m pl) da sci	နှင်းလျှောစီးတောက်တံ	hnin: sho: zi: dau' dan
pendio (m)	တောင်စောင်း	taun zaun:
slalom (m)	နှင်းလျှောစီးပြိုင်ပွဲ	hnin: sho: zi: bjein bwe:

138. Tennis. Golf

golf (m)	ဂေါက်ရိုက်ခြင်း	gou' jai' chin:
golf club (m)	ဂေါက်အသင်း	go' athin:
golfista (m)	ဂေါက်ရိုက်သမား	gou' jai' thama:
buca (f)	ဂေါက်ကျင်း	gou' kjin:
mazza (f) da golf	ဟော်ကီရိုက်တံ	hou ki jai' tan
carrello (m) da golf	ဂေါက်ကွင်းကား	gou' kwin: ga:
tennis (m)	တင်းနစ်	tin: ni'
campo (m) da tennis	တင်းနစ်ကစားကွင်း	tin: ni' gaza: kwin:
battuta (f)	ပေးဘော	pei: bo:
servire (vt)	ပေးသည်	pei: de
racchetta (f)	ရိုက်တံ	jai' tan
rete (f)	ပိုက်	pai'
palla (f)	ဘောလုံး	bo loun:

139. Scacchi

scacchi (m pl)	စစ်တုရင်	si' tu. jin
pezzi (m pl) degli scacchi	စစ်တုရင်ရုပ်များ	si' tu. jin jou' mja:
scacchista (m)	စစ်တုရင်ကစားသမား	si' tu. jin gaza: dhama:
scacchiera (f)	စစ်တုရင်ခုံ	si' tu. jin goun
pezzo (m)	စစ်တုရင်ရုပ်	si' tu. jin jou'
Bianchi (m pl)	အဖြူ	ahpju
Neri (m pl)	အနက်	ane'
pedina (f)	နယ်ရုပ်	ne jou'
alfiere (m)	ဘုန်းကြီးရုပ်	hpoun: gji:
cavallo (m)	မြင်းရုပ်	mjin: jou'
torre (f)	ရထားရုပ်	jatha: jou'
regina (f)	ဘုရင်မ	ba. jin ma.
re (m)	ဘုရင်	ba. jin
mossa (m)	အကွက်	akwe'
muovere (vt)	အကွက်ရွှေ့သည်	akwe' shwei. de
sacrificare (vt)	စွန့်သည်	sun. de
arrocco (m)	ရထားကွက်	jtha: kwe'
scacco (m)	ချက်ကွက်	che' kwe'
scacco matto (m)	အစ်ကွက်	a' kwe'
torneo (m) di scacchi	တံခွန်စိုက်စစ်တုရင်ပြိုင်ပွဲ	dagun zai' si' tu. jin bjein bwe:
gran maestro (m)	စစ်တုရင်ပဂေး	si' tu. jin bagei:
combinazione (f)	ပေါင်းစပ်ခြင်း	paun: za' chin:
partita (f) (~ a scacchi)	ဂိမ်း	gein:
dama (f)	ကျားထိုးခြင်း	kja: dou: gjin:

140. Pugilato

pugilato (m), boxe (f)	လက်ဝှေ့	le' hwei.
incontro (m)	တိုက်ခိုက်ခြင်း	tai' khai' chin:
incontro (m) di boxe	လက်ဝှေ့ပွဲ	le' hwei. bwe:
round (m)	အကြိမ်	akjein
ring (m)	ကြိုးဝိုင်း	kjou: wain:
gong (m)	မောင်း	maun:
pugno (m)	ထိုးချက်	htou: gje'
knock down (m)	အလဲထိုးချက်	ale: htou: gje'
knock-out (m)	အမှောက်ထိုးချက်	ahmau' htou: gje'
mettere knock-out	အလဲထိုးသည်	ale: htou: de
guantone (m) da pugile	လက်အိတ်	lei' ei'
arbitro (m)	ဒိုင်	dain
peso (m) leggero	အငယ်တန်း	ange dan:
peso (m) medio	အလယ်တန်း	ale dan:
peso (m) massimo	အကြီးတန်း	akji: din:

141. Sport. Varie

Giochi (m pl) Olimpici	အိုလံပစ်အားကစားပွဲ	ou lan bi' a: gaza: bwe
vincitore (m)	အနိုင်ရသူ	anain ja. dhu
ottenere la vittoria	အနိုင်ရသည်	anain ja de
vincere (vi)	နိုင်သည်	nain de
leader (m), capo (m)	ခေါင်းဆောင်	gaun: zaun
essere alla guida	ဦးဆောင်သည်	u: zaun de
primo posto (m)	ပထမဆု	pahtama. zu.
secondo posto (m)	ဒုတိယဆို	du. di. ja. zou
terzo posto (m)	တတိယဆု	tati. ja. zu.
medaglia (f)	ဆုတံဆိပ်	hsu. dazei'
trofeo (m)	ဒိုင်းဆု	dain: zu.
coppa (f) (trofeo)	ဆုဖလား	hsu. bala:
premio (m)	ဆု	hsu.
primo premio (m)	အဓိကဆု	adi. ka. zu.
record (m)	မှတ်တမ်း	hma' tan:
stabilire un record	မှတ်တမ်းတင်သည်	hma' tan: din de
finale (m)	ဗိုလ်လုပွဲ	bou lu. bwe:
finale (agg)	နောက်ဆုံးဖြစ်သော	nau' hsoun: bji' te.
campione (m)	ချန်ပီယံ	chan pi jan
campionato (m)	တံခွန်စိုက်ပြိုင်ပွဲ	dagun zai' pjein bwe:
stadio (m)	အားကစားရုံ	a: gaza: joun
tribuna (f)	ပွဲကြည့်စင်	pwe: gje. zi'
tifoso, fan (m)	ပရိတ်သတ်	pa. rei' tha'
avversario (m)	ပြိုင်ဘက်	pjain be'
partenza (f)	စမှတ်	sahma'
traguardo (m)	ဆုံးမှတ်	hsoun: hma'
sconfitta (f)	လက်လျှော့ခြင်း	le' sho. gjin:
perdere (vt)	ရှုံးသည်	shoun: de
arbitro (m)	ဒိုင်လူကြီး	dain dhu gji:
giuria (f)	အကဲဖြတ်ဒိုင်လူကြီးအဖွဲ့	ake: hpja dain lu gji: ahpwe.
punteggio (m)	ရလဒ်	jala'
pareggio (m)	သရေ	thajei
pareggiare (vi)	သရေကျသည်	tha. jei gja. de
punto (m)	ရမှတ်	ja. hma'
risultato (m)	ရလဒ်	jala'
tempo (primo ~)	အပိုင်း	apain:
intervallo (m)	ပွဲလယ်နားချိန်	pwe: le na: gjein
doping (m)	ဆေးသုံးခြင်း	hsei: dhoun: gjin:
penalizzare (vt)	ပြစ်ဒဏ်ပေးသည်	pji' dan bei: de
squalificare (vt)	ပိတ်ပင်သည်	pei' pin de
attrezzatura (f)	တန်ဆာပလာ	tan za ba. la

giavellotto (m)	လှံ	hlan
peso (m) (sfera metallica)	သံလုံး	than loun:
biglia (f) (palla)	ဘောလုံး	bo loun:
obiettivo (m)	ချိန်သီး	chein dhi:
bersaglio (m)	ပစ်မှတ်	pi' hma'
sparare (vi)	ပစ်သည်	pi' te
preciso (agg)	တိတိကျကျဖြစ်သော	ti. ti. kja. kja. hpji te.
allenatore (m)	နည်းပြ	ne: bja.
allenare (vt)	လေ့ကျင့်ပေးသည်	lei. kjin. bei: de
allenarsi (vr)	လေ့ကျင့်သည်	lei. kjin. de
allenamento (m)	လေ့ကျင့်ခြင်း	lei. kjin. gjin
palestra (f)	အားကစားခန်းမ	a: gaza: gan: ma.
esercizio (m)	လေ့ကျင့်ခန်း	lei. kjin. gan:
riscaldamento (m)	သွေးပူလေ့ကျင့်ခန်း	thwei: bu lei. gjin. gan:

Istruzione

142. Scuola

scuola (f)	စာသင်ကျောင်း	sa dhin gjaun:
direttore (m) di scuola	ကျောင်းအုပ်ကြီး	ko: ou' kji:
allievo (m)	ကျောင်းသား	kjaun: dha:
allieva (f)	ကျောင်းသူ	kjaun: dhu
scolaro (m)	ကျောင်းသား	kjaun: dha:
scolara (f)	ကျောင်းသူ	kjaun: dhu
insegnare (qn)	သင်ကြားသည်	thin kja: de
imparare (una lingua)	သင်ယူသည်	thin ju de
imparare a memoria	အလွတ်ကျက်သည်	alu' kje' de
studiare (vi)	သင်ယူသည်	thin ju de
frequentare la scuola	ကျောင်းတက်သည်	kjaun: de' de
andare a scuola	ကျောင်းသွားသည်	kjaun: dhwa: de
alfabeto (m)	အက္ခရာ	e' kha ja
materia (f)	ဘာသာရပ်	ba da ja'
classe (f)	စာသင်ခန်း	sa dhin gan:
lezione (f)	သင်ခန်းစာ	thin gan: za
ricreazione (f)	အနားချိန်	ana: gjain
campanella (f)	ခေါင်းလောင်းသံ	gaun: laun: dhan
banco (m)	စာရေးခုံ	sajei: khoun
lavagna (f)	ကျောက်သင်ပုန်း	kjau' thin boun:
voto (m)	အမှတ်	ahma'
voto (m) alto	အမှတ်အဆင့်မြင့်	ahma' ahsin. mjin.
voto (m) basso	အမှတ်အဆင့်နိမ့်	ahma' ahsin. nin.
dare un voto	အမှတ်ပေးသည်	ahma' pei: de
errore (m)	အမှား	ahma:
fare errori	အမှားလုပ်သည်	ahma: lou' te
correggere (vt)	အမှားပြင်သည်	ahma: pjin de
bigliettino (m)	ခိုးကူးရန်စာ ရွက်အပိုင်းအစ	khou: gu: jan za jwe' apain: asa.
compiti (m pl)	အိမ်စာ	ein za
esercizio (m)	လေ့ကျင့်ခန်း	lei. kjin. gan:
essere presente	ရှိသည်	shi. de
essere assente	ပျက်ကွက်သည်	pje' kwe' te
mancare le lezioni	အတန်းပျက်ကွက်သည်	atan: bje' kwe' te
punire (vt)	အပြစ်ပေးသည်	apja' pei: de
punizione (f)	အပြစ်ပေးခြင်း	apja' pei: gjin:

comportamento (m)	အပြုအမူ	apju amu
pagella (f)	စာမေးပွဲမှတ်တမ်း	sa mei: hma' tan:
matita (f)	ခဲတံ	khe: dan
gomma (f) per cancellare	ခဲဖျက်	khe: bje'
gesso (m)	မြေဖြူ	mjei bju
astuccio (m) portamatite	ခဲတံဘူး	khe: dan bu:
cartella (f)	ကျောင်းသုံးလွယ်အိတ်	kjaun: dhoun: lwe ji'
penna (f)	ဘောပင်	bo pin
quaderno (m)	လေ့ကျင့်ခန်းစာအုပ်	lei. kjin. gan: za ou'
manuale (m)	ဖတ်စာအုပ်	hpa' sa au'
compasso (m)	ထောက်ဆူး	htau' hsu:
disegnare (tracciare)	ပုံကြမ်းဆွဲသည်	poun: gjam: zwe: de
disegno (m) tecnico	နည်းပညာဆိုင်ရာပုံကြမ်း	ne bi nja zain ja boun gjan:
poesia (f)	ကဗျာ	ka. bja
a memoria	အလွတ်	alu'
imparare a memoria	အလွတ်ကျက်သည်	alu' kje' de
vacanze (f pl) scolastiche	ကျောင်းပိတ်ရက်	kjaun: bi' je'
essere in vacanza	အားလပ်ရက်ရသည်	a: la' je' ja. de
passare le vacanze	အားလပ်ရက်ဖြတ်သန်းသည်	a: la' je' hpja' than: de
prova (f) scritta	အခန်းဆုံးစစ်ဆေးမှု	akhan: zain zi' hsei: hmu
composizione (f)	စာစီစာကုံး	sa zi za koun:
dettato (m)	သတ်ပုံခေါ်ပေးခြင်း	tha' poun go bei: gjin:
esame (m)	စာမေးပွဲ	sa mei: bwe:
sostenere un esame	စာမေးပွဲဖြေသည်	sa mei: bwe: bjei de
esperimento (m)	လက်တွေ့လုပ်ဆောင်မှု	le' twei. lou' zaun hma.

143. Istituto superiore. Università

accademia (f)	အထူးပညာသင်ကျောင်း	a htu: bjin nja dhin kjaun:
università (f)	တက္ကသိုလ်	te' kathou
facoltà (f)	ဌာန	hta. na.
studente (m)	ကျောင်းသား	kjaun: dha:
studentessa (f)	ကျောင်းသူ	kjaun: dhu
docente (m, f)	သင်ကြားပို့ချသူ	thin kja: bou. gja. dhu
aula (f)	စာသင်ခန်း	sa dhin gan:
diplomato (m)	ဘွဲ့ရသူ	bwe. ja. dhu
diploma (m)	ဒီပလိုမာ	di' lou ma
tesi (f)	သုတေသနစာတမ်း	thu. tei thana za dan:
ricerca (f)	သုတေသနစာတမ်း	thu. tei thana za dan
laboratorio (m)	လက်တွေ့ခန်း	le' twei. gan:
lezione (f)	သင်ကြားပို့ချမှု	thin kja: bou. gja. hmu.
compagno (m) di corso	အတန်းဖော်	atan: hpo
borsa (f) di studio	ပညာသင်ဆု	pjin nja dhin zu.
titolo (m) accademico	တက္ကသိုလ်ဘွဲ့	te' kathou bwe.

144. Scienze. Discipline

matematica (f)	သင်္ချာ	thin cha
algebra (f)	အက္ခရာသင်္ချာ	e' kha ja din gja
geometria (f)	ဂျီသြမေတြီ	gji o: mei tri
astronomia (f)	နက္ခတ္တဗေဒ	ne' kha' ta. bei da.
biologia (f)	ဇီဝဗေဒ	zi: wa bei da.
geografia (f)	ပထဝီဝင်	pahtawi win
geologia (f)	ဘူမိဗေဒ	buu mi. bei da.
storia (f)	သမိုင်း	thamain:
medicina (f)	ဆေးပညာ	hsei: pjin nja
pedagogia (f)	သင်ကြားနည်းပညာ	thin kja: nei: pin nja
diritto (m)	ဥပဒေဘာသာရပ်	u. ba. bei ba dha ja'
fisica (f)	ရူပဗေဒ	ju bei da.
chimica (f)	ဓာတုဗေဒ	da tu. bei da.
filosofia (f)	ဒဿနိကဗေဒ	da' tha ni. ga. bei da.
psicologia (f)	စိတ်ပညာ	sei' pjin nja

145. Sistema di scrittura. Ortografia

grammatica (f)	သဒ္ဒါ	dhada
lessico (m)	ဝေါဟာရ	wo: ha ra.
fonetica (f)	သဒ္ဒဗေဒ	dhada. bei da.
sostantivo (m)	နာမ်	nan
aggettivo (m)	နာမဝိသေသန	nan wi. dhei dha. na.
verbo (m)	ကြိယာ	kji ja
avverbio (m)	ကြိယာဝိသေသန	kja ja wi. dhei dha. na.
pronome (m)	နာမ်စား	nan za:
interiezione (f)	အာမေဍိတ်	a mei dei'
preposizione (f)	ဝိဘတ်	wi ba'
radice (f)	ဝေါဟာရရင်းမြစ်	wo: ha ra. jin: mji'
desinenza (f)	အဆုံးသတ်	ahsoun: tha'
prefisso (m)	ရှေ့ဆက်ပုဒ်	shei. hse' pou'
sillaba (f)	ဝဏ္ဏ	wun na.
suffisso (m)	နောက်ဆက်ပုဒ်	nau' ze' pou'
accento (m)	ဖိသံသင်္ကေတ	hpi. dhan dha. gei da.
apostrofo (m)	ပိုင်ဆိုင်ခြင်းပြသင်္ကေတ	pain zain bjin: bja tin kei ta.
punto (m)	ဖူးလ်စတော့ပ်	hpu: l za. po. p
virgola (f)	ပုဒ်ထီး သင်္ကေတ	pou' hti: tin kei ta.
punto (m) e virgola	အဖြတ်အရပ်သင်္ကေတ	a hpja' aja' tha ngei da
due punti	ကိုလန်	kou lan
puntini di sospensione	စာချန်ပြအမှတ်အသား	sa gjan bja ahma' atha:
punto (m) interrogativo	မေးခွန်းပြအမှတ်အသား	mei: gun: bja. ahma' adha:
punto (m) esclamativo	အာမေဍိတ်အမှတ်အသား	a mei dei' ahma' atha:

virgolette (f pl)	မျက်တောင်အဖွင့်အပိတ်	mje' taun ahpwin. apei'
tra virgolette	မျက်တောင်အဖွင့်အပိတ်-အတွင်း	mje' taun ahpwin. apei' atwin:
parentesi (f pl)	ကွင်း	kwin:
tra parentesi	ကွင်းအတွင်း	kwin: atwin:
trattino (m)	တုံးတို	toun: dou
lineetta (f)	တုံးရှည်	toun: she
spazio (m) (tra due parole)	ကွက်လပ်	kwe' la'
lettera (f)	စာလုံး	sa loun:
lettera (f) maiuscola	စာလုံးကြီး	sa loun: gji:
vocale (f)	သရ	thara.
consonante (f)	ဗျည်း	bjin:
proposizione (f)	ဝါကျ	we' kja.
soggetto (m)	ကံ	kan
predicato (m)	ဝါစက	wa saka.
riga (f)	မျဉ်းကြောင်း	mjin: gjaun:
a capo	မျဉ်းကြောင်းအသစ်ပေါ်မှာ	mjin: gjaun: athi' bo hma.
capoverso (m)	စာပိုဒ်	sa pai'
parola (f)	စကားလုံး	zaga: loun:
gruppo (m) di parole	စကားစု	zaga: zu.
espressione (f)	ဖော်ပြချက်	hpjo bja. gje'
sinonimo (m)	အနက်တူ	ane' tu
antonimo (m)	ဆန့်ကျင်ဘက်အနက်	hsan. gjin ba' ana'
regola (f)	စည်းမျဉ်းစည်းကမ်း	si: mjin: si: kan:
eccezione (f)	ခြွင်းချက်	chwin: gje'
giusto (corretto)	မှန်ကန်သော	hman gan de.
coniugazione (f)	ကြိယာပုံစံပြောင်းခြင်း	kji ja boun zan pjaun: chin:
declinazione (f)	သဒ္ဒါပြောင်းလဲပုံ	dhada bjaun: le: boun
caso (m) nominativo	နာမ်ပြောင်းပုံစံ	nan bjaun: boun zan
domanda (f)	မေးခွန်း	mei: gun:
sottolineare (vt)	အလေးထားဖော်ပြသည်	a lei: da: hpo pja. de
linea (f) tratteggiata	အစက်မျဉ်း	ase' mjin:

146. Lingue straniere

lingua (f)	ဘာသာစကား	ba dha zaga:
straniero (agg)	နိုင်ငံခြားနှင့်ဆိုင်သော	nain ngan gja: hnin. zain de.
lingua (f) straniera	နိုင်ငံခြားဘာသာစကား	nain ngan gja: ba dha za ga:
studiare (vt)	သင်ယူလေ့လာသည်	thin ju lei. la de
imparare (una lingua)	သင်ယူသည်	thin ju de
leggere (vi, vt)	ဖတ်သည်	hpa' te
parlare (vi, vt)	ပြောသည်	pjo: de
capire (vt)	နားလည်သည်	na: le de
scrivere (vi, vt)	ရေးသည်	jei: de
rapidamente	မြန်မြန်	mjan mjan
lentamente	ဖြည်းဖြည်း	hpjei: bjei:

correntemente	ကျွမ်းကျွမ်းကျင်ကျင်	kjwan: gjwan: gjin gjin
regole (f pl)	စည်းမျဉ်းစည်းကမ်း	si: mjin: si: kan:
grammatica (f)	သဒ္ဒါ	dhada
lessico (m)	ဝေါဟာရ	wo: ha ra.
fonetica (f)	သဒ္ဒဗေဒ	dhada. bei da.
manuale (m)	ဖတ်စာအုပ်	hpa' sa au'
dizionario (m)	အဘိဓာန်	abi. dan
manuale (m) autodidattico	မိမိဘာသာလေ့ လာနိုင်သောစာအုပ်	mi. mi. ba dha lei. la nain dho: za ou'
frasario (m)	နှစ်ဘာသာစကားပြောစာအုပ်	hni' ba dha zaga: bjo: za ou'
cassetta (f)	တိပ်ခွေ	tei' khwei
videocassetta (f)	ရုပ်ရှင်တိပ်ခွေ	jou' shin dei' hpwei
CD (m)	စီဒီခွေ	si di gwei
DVD (m)	ဒီဗီဒီခွေ	di bi di gwei
alfabeto (m)	အက္ခရာ	e' kha ja
compitare (vt)	စာလုံးပေါင်းသည်	sa loun: baun: de
pronuncia (f)	အသံထွက်	athan dwe'
accento (m)	ဝဲသံ	we: dhan
con un accento	ဝဲသံနှင့်	we: dhan hnin.
senza accento	ဝဲသံမပါဘဲ	we: dhan ma. ba be:
vocabolo (m)	စကားလုံး	zaga: loun:
significato (m)	အဓိပ္ပါယ်	adei' be
corso (m) (~ di francese)	သင်တန်း	thin dan:
iscriversi (vr)	စာရင်းသွင်းသည်	sajin: dhwin: de
insegnante (m, f)	ဆရာ	hsa ja
traduzione (f) (fare una ~)	ဘာသာပြန်ခြင်း	ba dha bjan gjin:
traduzione (f) (un testo)	ဘာသာပြန်ထားချက်	ba dha bjan da: gje'
traduttore (m)	ဘာသာပြန်	ba dha bjan
interprete (m)	စကားပြန်	zaga: bjan
poliglotta (m)	ဘာသာစကားအများ ပြောနိုင်သူ	ba dha zaga: amja: bjo: nain dhu
memoria (f)	မှတ်ဉာဏ်	hma' njan

147. Personaggi delle fiabe

Babbo Natale (m)	ခရစ္စမတ်ဘိုးဘိုး	khari' sa. ma' bou: bou:
Cenerentola (f)	စင်ဒရဲလား	sin da. je: la:
sirena (f)	ရေသူမ	jei dhu ma.
Nettuno (m)	နက်ပကျွန်း	ne' pa. gjun:
mago (m)	မှော်ဆရာ	hmo za. ja
fata (f)	မှော်ဆရာမ	hmo za. ja ma.
magico (agg)	မှော်ပညာ	hmo ba. nja
bacchetta (f) magica	မှော်တုတ်တံ	hmjo dou' dan
fiaba (f), favola (f)	ကလေးပုံပြင်	ka. lei: boun bjin
miracolo (m)	အံ့ဖွယ်	an. hpwe

nano (m)	လူပုကလေး	u bu. ga. lei:
trasformarsi in ...	ပြောင်းလဲပေးသည်	pjaun: le: bei: de
fantasma (m)	တစ္ဆေ	tahsei
spettro (m)	သရဲ	thaje:
mostro (m)	ကြောက်မက်ဖွယ်ဧ ရာမသတ္တဝါ	kjau' ma' hpwe ei ja ma. dha' ta wa
drago (m)	နဂါး	na. ga:
gigante (m)	ဘီလူး	bi lu:

148. Segni zodiacali

Ariete (m)	မိဿရာသီ	mi. dha ja dhi
Toro (m)	ပြိဿရာသီ	pjei tha. jadhi
Gemelli (m pl)	မေထုန်ရာသီ	mei doun ja dhi
Cancro (m)	ကရကဋ်ရာသီ	ka. ja. ka' ja dhi
Leone (m)	သိဟ်ရာသီ	thei' ja dhi
Vergine (f)	ကန်ရာသီ	kan ja dhi
Bilancia (f)	တူရာသီ	tu ja dhi
Scorpione (m)	ဗြိစ္ဆာရာသီ	bjei' hsa. jadhi
Sagittario (m)	ဓနုရာသီ	dan ja dhi
Capricorno (m)	မကာရ်ရာသီဖွား	ma. ga. j ja dhi bwa:
Acquario (m)	ကုံရာသီဖွား	koun ja dhi hpwa:
Pesci (m pl)	မိန်ရာသီဖွား	mein ja dhi bwa:
carattere (m)	စရိုက် လက္ခဏာ	zajai' le' khana
tratti (m pl) del carattere	ဉာဉ်	njin
comportamento (m)	အပြုအမူ	apju amu
predire il futuro	အနာဂါတ်ဟာကိန်းထုတ်သည်	ana ga' ha gin: htou' te
cartomante (f)	အနာဂါတ်ဟောကိန်းထုတ်သူ	ana ga' ha gin: htou' thu
oroscopo (m)	ဇာတာ	za da

Arte

149. Teatro

teatro (m)	ကဇာတ်ရုံ	ka. za' joun
opera (f)	အော်ပရာဇာတ်ရုံ	o pa ra za' joun
operetta (f)	ပျော်ရွှင်ဖွယ် ဂဇာတ်တို	pjo shin bwe: gaza' tou
balletto (m)	ဘဲလေးကဇာတ်	be: lei: ga za'
cartellone (m)	ပြဇာတ်ရုံပိုစတာ	pja. za' joun bou zada
compagnia (f) teatrale	ဝိုင်းတော်သား	wain: do dha:
tournée (f)	လှည့်လည်ကပြဖျော်ဖြေခြင်း	hle. le ga. bja bjo bjei gjin:
andare in tourn?e	လှည့်လည်ကပြဖျော်ဖြေသည်	hle. le ga. bja bjo bjei de
fare le prove	ဇာတ်တိုက်သည်	za' tou' te
prova (f)	အစမ်းလေ့ကျင့်မှု	asan: lei. kjin. hmu.
repertorio (m)	တင်ဆက်မှု	tin ze' hmu.
rappresentazione (f)	ဖျော်ဖြေတင်ဆက်မှု	hpjo bjei din ze' hmu.
spettacolo (m)	ဖျော်ဖြေမှု	hpjo bjei hmu.
opera (f) teatrale	ဇာတ်လမ်း	za' lan
biglietto (m)	လက်မှတ်	le' hma'
botteghino (m)	လက်မှတ်အရောင်းဌာန	le' hma' ajaun: hta. na.
hall (f)	ဧည့်သည်ဆောင်	e. dhe zaun
guardaroba (f)	ကုတ်နှင့်အိတ်အပ်နှံခန်း	kou' hnin. i' a' hnan khan:
cartellino (m) del guardaroba	နံပါတ်ပြား	nan ba' pja:
binocolo (m)	နှစ်လုံးပြူးမှန်ပြောင်း	hni' loun: bju: hman bjaun:
maschera (f)	ဧည့်ကြို	e. gjou
platea (f)	ဇာတ်စင်ထိုင်ခုံ	za' sin dain guan
balconata (f)	လသာဆောင်	la. dha zaun
prima galleria (f)	ပထမထပ်ပွဲကြည့်ဆောင်	pahtama. da' bwe: gje. zaun
palco (m)	လက်မှတ်ရောင်းသည့်နေရာ	le' hma' jaun: dhi. nei ja
fila (f)	အတန်း	atan:
posto (m)	နေရာ	nei ja
pubblico (m)	ပရိတ်သတ်အစုအဝေး	pa. rei' tha' asu. awei:
spettatore (m)	ပရိတ်သတ်	pa. rei' tha'
battere le mani	လက်ခုပ်တီးသည်	le' khou' ti: de
applauso (m)	လက်ခုပ်ဩဘာသံ	le' khou' thja ba dhan
ovazione (f)	ဩဘာပေးခြင်း	thja dha bei: gjin:
palcoscenico (m)	စင်	sin
sipario (m)	လိုက်ကာ	lai' ka
scenografia (f)	နောက်ခံကားချပ်	nau' khan gan ga: gja'
quinte (f pl)	ဇာတ်စင်နောက်	za' sin nau'
scena (f) (l'ultima ~)	တကယ့်ဖြစ်ရပ်	dage. bji ja'
atto (m)	သရုပ်ဆောင်	thajou' hsaun
intervallo (m)	ကြားကာလ	ka: ga la.

150. Cinema

attore (m)	မင်းသား	min: dha:
attrice (f)	မင်းသမီး	min: dhami:
cinema (m) (industria)	ရုပ်ရှင်လုပ်ငန်း	jou' shin lou' ngan:
film (m)	ရုပ်ရှင်ကား	jou' shin ga:
puntata (f)	ဇာတ်ခန်းတစ်ခန်း	za' khan: ti' khan:
film (m) giallo	စုံထောက်ဇာတ်လမ်း	soun dau' za' lan:
film (m) d'azione	အက်ရှင်ဇာတ်လမ်း	e' shin za' lan:
film (m) d'avventure	စွန့်စားခန်းဇာတ်လမ်း	sun. za: gan: za' lan:
film (m) di fantascienza	သိပ္ပံစိတ်ကူးယဉ်ဇာတ်လမ်း	thei' pan zei' ku: jin za' lan:
film (m) d'orrore	ထိတ်လန့်ဖွယ်ရုပ်ရှင်	htei' lan. bwe jou' jou'
film (m) comico	ဟာသရုပ်ရှင်	ha dha. jou' jou'
melodramma (m)	အပြင်းစားဒရာမာ	apjin: za: da. ja ma
dramma (m)	အလွမ်းဇာတ်လမ်း	alwan: za' lan:
film (m) a soggetto	စိတ်ကူးယဉ်ဇာတ်လမ်း	sei' ku: jin za' lan:
documentario (m)	မှတ်တမ်းရုပ်ရှင်	hma' tan: jou' shin
cartoni (m pl) animati	ကာတွန်းဇာတ်လမ်း	ka tun: za' lan:
cinema (m) muto	အသံတိတ်ရုပ်ရှင်	athan dei' jou' shin
parte (f)	အခန်းကဏ္ဍ	akhan: gan da.
parte (f) principale	အဓိကအခန်းကဏ္ဍ	adi. ka. akhan: kan da
recitare (vi, vt)	သရုပ်ဆောင်သည်	thajou' hsaun de
star (f), stella (f)	ရုပ်ရှင်စတား	jou' shin za. da:
noto (agg)	နာမည်ကြီးသော	na me gji: de.
famoso (agg)	ကျော်ကြားသော	kjo kja: de.
popolare (agg)	လူကြိုက်များသော	lu gjou' mja: de.
sceneggiatura (m)	ဇာတ်ညွှန်း	za' hnjun:
sceneggiatore (m)	ဇာတ်ညွှန်းဆရာ	za' hnjun: za ja
regista (m)	ရုပ်ရှင်ဒါရိုက်တာ	jou' shin da jai' ta
produttore (m)	ထုတ်လုပ်သူ	htou' lou' thu
assistente (m)	လက်ထောက်	le' htau'
cameraman (m)	ကင်မရာမန်း	kin ma. ja man:
cascatore (m)	စတန့်သမား	satan. dhama:
controfigura (f)	ပုံစံတူ	poun zan du
girare un film	ရုပ်ရှင်ရိုက်သည်	jou' shin jai' te
provino (m)	စမ်းသပ်ကြည့်ရှုခြင်း	san: dha' chi. shu. gjin:
ripresa (f)	ရိုက်ကွင်း	jai' kwin:
troupe (f) cinematografica	ရုပ်ရှင်အဖွဲ့	jou' shin ahpwe.
set (m)	ဇာတ်အိမ်	za' ein
cinepresa (f)	ကင်မရာ	kin ma. ja
cinema (m) (~ all'aperto)	ရုပ်ရှင်ရုံ	jou' shin joun
schermo (m)	ပိတ်ကား	pei' ka:
proiettare un film	ရုပ်ရှင်ပြသည်	jou' shin bja. de
colonna (f) sonora	အသံသွင်းတိပ်ခွေ	athan dhwin: di' khwei
effetti (m pl) speciali	အထူးပြုလုပ်ချက်များ	a htu: bju. lou' che' mja:

sottotitoli (m pl)	စာတန်းထိုး	sa dan: dou:
titoli (m pl) di coda	ပါဝင်သူများအမည်စာရင်း	pa win dhu mja: ame zajin:
traduzione (f)	ဘာသာပြန်	ba dha bjan

151. Pittura

arte (f)	အနုပညာ	anu. pjin nja
belle arti (f pl)	သုခုမအနုပညာ	thu. khu. ma. anu. pin nja
galleria (f) d'arte	အနုပညာပြခန်း	anu. pjin pja. gan:
mostra (f)	ပြပွဲ	pja. bwe:
pittura (f)	ပန်းချီကား	bagji ga:
grafica (f)	ပုံဆွဲခြင်းအနုပညာ	poun zwe: gjin: anu pjin nja
astrattismo (m)	စိတ္တဇပန်းချီဆွဲခြင်း	sei' daza. ban: gji zwe: gjin:
impressionismo (m)	အရောင်အလင်းဖြင့်ပန်းချီဆွဲခြင်း	ajaun alin: bjin. ban: gji zwe: gjin:
quadro (m)	ပန်းချီကား	bagji ga:
disegno (m)	ရုပ်ပုံကားချပ်	jou' poun ga: gja'
cartellone, poster (m)	ပိုစတာ	pou sata
illustrazione (f)	ရုပ်ပုံထည့်သွင်းဖော်ပြခြင်း	jou' poun di. dwin: bo bja. gjin:
miniatura (f)	ပုံစံအသေးစား	poun zan athei: za:
copia (f)	မိတ္တူ	mi' tu
riproduzione (f)	ပုံတူပန်းချီ	poun du ban: gji
mosaico (m)	မှန်စီရွှေချပန်းချီ	hman zi shwei gja ban: gji
vetrata (f)	မှန်ရောင်စုံပြတင်းပေါက်	hman jaun zoun bja. din: bau'
affresco (m)	နံရံဆေးရေးပန်းချီ	nan jan zei: jei: ban: gji
incisione (f)	ပုံထွင်းပညာ	poun dwin: pjin nja
busto (m)	ကိုယ်တစ်ပိုင်းပုံရုပ်လုံး	kou ti' pain: boun jou' loun:
scultura (f)	ကျောက်ဆစ်ရုပ်	kjau' hsi' jou'
statua (f)	ရုပ်တု	jou' tu.
gesso (m)	အင်္ဂတေ	angga. dei
in gesso	အင်္ဂတေဖြင့်	angga. dei hpjin.
ritratto (m)	ပုံတူ	poun du
autoritratto (m)	ကိုယ်တိုင်ရေးပုံတူ	kou tain jou: boun dhu
paesaggio (m)	ရှုခင်းပုံ	shu. gin: boun
natura (f) morta	သက်မဲ့ဝတ္ထုပုံ	the' me. wu' htu boun
caricatura (f)	ရုပ်ပြောင်	jou' pjaun
abbozzo (m)	ပုံကြမ်း	poun gjan:
colore (m)	သုတ်ဆေး	thou' hsei:
acquerello (m)	ရေဆေးပန်းချီ	jei zei: ban: gji
olio (m)	ဆီ	hsi
matita (f)	ခဲတံ	khe: dan
inchiostro (m) di china	အိန္ဒိယမင်	indi. ja hmin
carbone (m)	မီးသွေး	mi: dhwei:
disegnare (a matita)	ပုံဆွဲသည်	poun zwe: de
dipingere (un quadro)	အရောင်ချယ်သည်	ajaun gje de

posare (vi)	ကိုယ်ဟန်ပြသည်	kou han pja de
modello (m)	ပန်းချီမော်ဒယ်	bagji mo de
modella (f)	ပန်းချီမော်ဒယ်မိန်းကလေး	bagji mo de mein: ga. lei:
pittore (m)	ပန်းချီဆရာ	bagji zaja
opera (f) d'arte	အနုပညာလက်ရာ	anu. pjin nja le' ja
capolavoro (m)	အပြောင်မြောက်ဆုံးလက်ရာ	apjaun mjau' hsoun: le' ja
laboratorio (m) (di artigiano)	အလုပ်ခန်း	alou' khan:
tela (f)	ပန်းချီဆွဲရန်ပတ္တူစ	bagji zwe: jan: ba' tu za.
cavalletto (m)	ဒေါက်တိုင်	dau' tain
tavolozza (f)	ပန်းချီဆေးစပ်သည့်ပြား	bagji hsei: za' thi. bja:
cornice (f) (~ di un quadro)	ဘောင်	baun
restauro (m)	နဂိုအတိုင်းပြန်လည် မွမ်းမံခြင်း	na. gou atain: bjan le mun: man gjin:
restaurare (vt)	ပြန်လည်မွမ်းမံသည်	pjan le mwan: man de

152. Letteratura e poesia

letteratura (f)	စာပေ	sa pei
autore (m)	စာရေးသူ	sajei: dhu
pseudonimo (m)	ကလောင်အမည်	kalaun amji
libro (m)	စာအုပ်	sa ou'
volume (m)	ထုထည်	du. de
sommario (m), indice (m)	မာတိကာ	ma di. ga
pagina (f)	စာမျက်နှာ	sa mje' hna
protagonista (m)	အဓိကဇာတ်ဆောင်	adi. ka. za' hsaun
autografo (m)	အမှတ်တရလက်မှတ်	ahma' ta ra le' hma'
racconto (m)	ပုံပြင်	pjoun bjin
romanzo (m) breve	ဝတ္ထုဇာတ်လမ်း	wu' htu. za' lan:
romanzo (m)	ဝတ္ထု	wu' htu.
opera (f) (~ letteraria)	လက်ရာ	le' ja
favola (f)	ဒဏ္ဍာရီ	dan da ji
giallo (m)	စုံထောက်ဇာတ်လမ်း	soun dau' za' lan:
verso (m)	ကဗျာ	ka. bja
poesia (f) (~ lirica)	လင်္ကာ	lin ga
poema (m)	ကဗျာ	ka. bja
poeta (m)	ကဗျာဆရာ	ka. bja zaja
narrativa (f)	စိတ်ကူးယဉ်ဇာတ်လမ်း	sei' ku: jin za' lan:
fantascienza (f)	သိပ္ပံဇာတ်လမ်း	thei' pan za' lan:
avventure (f pl)	စွန့်စားခန်းဇာတ်လမ်း	sun. za: gan: za' lan:
letteratura (f) formativa	ပညာပေးဇာတ်လမ်း	pjin nja bei: za' lan:
libri (m pl) per l'infanzia	ကလေးဆိုင်ရာစာပေ	kalei: hsin ja za bei

153. Circo

circo (m)	ဆပ်ကပ်	hsa' ka'
tendone (m) del circo	နယ်လှည့်ဆပ်ကပ်အဖွဲ့	ne hle. za' ka' ahpwe:

programma (m)	အစီအစဉ်	asi asin
spettacolo (m)	ဖျော်ဖြေတင်ဆက်မှု	hpjo bjei din ze' hmu.
numero (m)	ဖျော်ဖြေတင်ဆက်မှု	hpjo bjei din ze' hmu.
arena (f)	အစီအစဉ်တင်ဆက်ရာနေရာ	asi asin din ze' ja nei ja
pantomima (m)	ဇာတ်လမ်းသရုပ်ဖော်	za' lan: dha jou' hpo
pagliaccio (m)	လူရွှင်တော်	lu shwin do
acrobata (m)	ကျွမ်းဘားပြသူ	kjwan: ba: bja dhu
acrobatica (f)	ကျွမ်းဘားပြခြင်း	kjwan: ba: bja gjin:
ginnasta (m)	ကျွမ်းဘားသမား	kjwan: ba: dhama:
ginnastica (m)	ကျွမ်းဘားအားကစား	kjwan: ba: a: gaza:
salto (m) mortale	ကျွမ်းပစ်ခြင်း	kjwan: bi' chin:
forzuto (m)	လူသန်ကြီး	lu dhan gji:
domatore (m)	ယဉ်လာအောင်လေ့ကျင့်ပေးသူ	jin la aun lei. gjin. bei: dhu
cavallerizzo (m)	မြင်းစီးသူ	mjin: zi: dhu
assistente (m)	လက်ထောက်	le' htau'
acrobazia (f)	စတန့်	satan.
gioco (m) di prestigio	မှော်ဆန်သောလှည့်ကွက်	hmo zan dho hle. gwe'
prestigiatore (m)	မျက်လှည့်ဆရာ	mje' hle. zaja
giocoliere (m)	လက်လှည့်ဆရာ	le' hli. za. ja.
giocolare (vi)	လက်လှည့်ပြသည်	le' hli. bja. de
ammaestratore (m)	တိရစ္ဆာန်သင်ကြားပေးသူ	tharei' hsan dhin gja: bei: dhu
ammaestramento (m)	တိရစ္ဆာန်များကို လေ့ကျင့်ပေးခြင်း	tharei' hsan mja: gou: lei. gjin. bei: gjin:
ammaestrare (vt)	လေ့ကျင့်ပေးသည်	lei. kjin. bei: de

154. Musica. Musica pop

musica (f)	ဂီတ	gi ta.
musicista (m)	ဂီတပညာရှင်	gi ta. bjin nja shin
strumento (m) musicale	တူရိယာ	tu ji. ja
suonare …	တီးသည်	ti: de
chitarra (f)	ဂီတာ	gi ta
violino (m)	တယော	ta jo:
violoncello (m)	စီလိုတယောကြီး	si lou tajo: gji:
contrabbasso (m)	ဘေ့စ်တယောကြီး	bei'. ta. jo gji:
arpa (f)	စောင်း	saun:
pianoforte (m)	စန္ဒရား	san daja:
pianoforte (m) a coda	စန္ဒရားကြီး	san daja: gji:
organo (m)	အော်ဂင်	o gin
strumenti (m pl) a fiato	လေမှုတ်တူရိယာ	lei hmou' tu ji. ja
oboe (m)	အိုဗိုနှဲ	ou bou hne:
sassofono (m)	ဆက်ဆိုဖုန်း	hse' hso phoun:
clarinetto (m)	ကလယ်ရီနက်-ပလွေ	kale ji ne' - pa lwei
flauto (m)	ပလွေ	palwei
tromba (f)	ထရမ်းပက်ခရာငယ်	htajan: be' khaja nge

fisarmonica (f)	အကော်ဒီယံ	ako di jan
tamburo (m)	စည်	si
duetto (m)	နှစ်ယောက်တွဲ	hni' jau' twe:
trio (m)	သုံးယောက်တွဲ	thoun: jau' twe:
quartetto (m)	လေးယောက်တစ်တွဲ	lei: jau' ti' twe:
coro (m)	သံပြိုင်အဖွဲ့	than bjain ahpwe.
orchestra (f)	သံစုံတီးဝိုင်း	than zoun di: wain:
musica (f) pop	ပေါ့ပ်ဂီတ	po. p gi da.
musica (f) rock	ရော့ခ်ဂီတ	ro. kh gi da.
gruppo (m) rock	ရော့ခ်ဂီတအဖွဲ့.	ro. kh gi da. ahpwe.
jazz (m)	ဂျတ်ဇ်ဂီတ	gja' z gi ta.
idolo (m)	အသည်းစွဲ	athe: zwe:
ammiratore (m)	နှစ်သက်သူ	hni' the' dhu
concerto (m)	တေးဂီတဖြေဖျော်ပွဲ	tei: gi da. bjei bjo bwe:
sinfonia (f)	သံစုံစပ်တီးတေးသွား	than zoun za' ti: dei: dwa:
composizione (f)	ရေးဖွဲ့.သီကုံးခြင်း	jei: bwe dhi goun: gjin:
comporre (vt), scrivere (vt)	ရေးဖွဲ့.သီကုံးသည်	jei: bwe dhi goun: de
canto (m)	သီချင်းဆိုခြင်း	thachin: zou gjin:
canzone (f)	သီချင်း	thachin:
melodia (f)	တီးလုံး	ti: loun:
ritmo (m)	စည်းချက်	si gje'
blues (m)	ဘလူးစ်ဂီတ	ba. lu: s gi'
note (f pl)	ဂီတသင်္ကေတများ	gi ta. dhin gei da. mja:
bacchetta (f)	ဂီတအချက်ပြတုတ်	gi ta. ache' pja dou'
arco (m)	ဘိုးတံ	bou: dan
corda (f)	ကြိုး	kjou:
custodia (f) (~ della chitarra)	အိတ်	ei'

Ristorante. Intrattenimento. Viaggi

155. Escursione. Viaggio

turismo (m)	ခရီးသွားလုပ်ငန်း	khaji: thwa: lou' ngan:
turista (m)	ကမ္ဘာလှည့်ခရီးသည်	ga ba hli. kha. ji: de
viaggio (m) (all'estero)	ခရီးထွက်ခြင်း	khaji: htwe' chin:
avventura (f)	စွန့်စားမှု	sun. za: hmu.
viaggio (m) (corto)	ခရီး	khaji:
vacanza (f)	ခွင့်ရက်	khwin. je'
essere in vacanza	အခွင့်ယူသည်	akhwin. ju de
riposo (m)	အနားယူခြင်း	ana: ju gjin:
treno (m)	ရထား	jatha:
in treno	ရထားနဲ့	jatha: ne.
aereo (m)	လေယာဉ်	lei jan
in aereo	လေယာဉ်နဲ့	lei jan ne.
in macchina	ကားနဲ့	ka: ne.
in nave	သင်္ဘောနဲ့	thin: bo: ne.
bagaglio (m)	ဝန်စည်စလည်	wun zi za. li
valigia (f)	သားရေသေတ္တာ	tha: jei dhi' ta
carrello (m)	ပစ္စည်းတင်ရန်တွန်းလှည်း	pji' si: din jan dun: hle:
passaporto (m)	နိုင်ငံကူးလက်မှတ်	nain ngan gu: le' hma'
visto (m)	ဗီဇာ	bi za
biglietto (m)	လက်မှတ်	le' hma'
biglietto (m) aereo	လေယာဉ်လက်မှတ်	lei jan le' hma'
guida (f)	လမ်းညွှန်စာအုပ်	lan: hnjun za ou'
carta (f) geografica	မြေပုံ	mjei boun
località (f)	ဒေသ	dei dha.
luogo (m)	နေရာ	nei ja
ogetti (m pl) esotici	အထူးအဆန်းပစ္စည်း	a htu: a hsan: bji' si:
esotico (agg)	အထူးအဆန်းဖြစ်သော	a htu: a hsan: hpja' te.
sorprendente (agg)	အံ့ဩစရာကောင်းသော	an. o: sa ja kaun de.
gruppo (m)	အုပ်စု	ou' zu.
escursione (f)	လေ့လာရေးခရီး	lei. la jei: gaji:
guida (f) (cicerone)	လမ်းညွှန်	lan: hnjun

156. Hotel

albergo (m)	ဟိုတယ်	hou te
motel (m)	မိုတယ်	mou te
tre stelle	ကြယ် ၃ ပွင့်အဆင့်	kje thoun: pwin. ahsin.

cinque stelle	ကြယ် ၅ ပွင့်အဆင့်	kje nga: pwin. ahsin.
alloggiare (vi)	တည်းခိုသည်	te: khou de
camera (f)	အခန်း	akhan:
camera (f) singola	တစ်ယောက်ခန်း	ti' jau' khan:
camera (f) doppia	နှစ်ယောက်ခန်း	hni' jau' khan:
prenotare una camera	ကြိုတင်မှာယူသည်	kjou tin hma ju de
mezza pensione (f)	ကြိုတင်တစ်ဝက်ငွေချေခြင်း	kjou tin di' we' ngwe gjei gjin:
pensione (f) completa	ငွေအပြည့်ကြို တင်ပေးချေခြင်း	ngwei apjei. kjou din bei: chei chin:
con bagno	ရေချိုးခန်းနှင့်	jei gjou gan: hnin.
con doccia	ရေပန်းနှင့်	jei ban: hnin.
televisione (f) satellitare	ဂြိုဟ်တုရုပ်မြင်သံကြား	gjou' htu. jou' mjin dhan gja:
condizionatore (m)	လေအေးပေးစက်	lei ei: bei: ze'
asciugamano (m)	တဘက်	tabe'
chiave (f)	သော့	tho.
amministratore (m)	အုပ်ချုပ်ရေးမှူး	ou' chu' jei: hmu:
cameriera (f)	သန့်ရှင်းရေးဝန်ထမ်း	than. shin: jei: wun dan:
portabagagli (m)	အထမ်းသမား	a htan: dha. ma:
portiere (m)	တံခါးဝမှ ဧည့်ကြို	daga: wa. hma. e. kjou
ristorante (m)	စားသောက်ဆိုင်	sa: thau' hsain
bar (m)	ဘား	ba:
colazione (f)	နံနက်စာ	nan ne' za
cena (f)	ညစာ	nja. za
buffet (m)	ဘူဖေး	bu hpei:
hall (f) (atrio d'ingresso)	နှာရောင်ခန်း	hna jaun gan:
ascensore (m)	ဓာတ်လှေကား	da' hlei ga:
NON DISTURBARE	မနှောင့်ယှက်ရ	ma. hnaun hje' ja.
VIETATO FUMARE!	ဆေးလိပ်မသောက်ရ	hsei: lei' ma. dhau' ja.

157. Libri. Lettura

libro (m)	စာအုပ်	sa ou'
autore (m)	စာရေးသူ	sajei: dhu
scrittore (m)	စာရေးဆရာ	sajei: zaja
scrivere (vi, vt)	စာရေးသည်	sajei: de
lettore (m)	စာဖတ်သူ	sa hpa' thu
leggere (vi, vt)	ဖတ်သည်	hpa' te
lettura (f) (sala di ~)	စာဖတ်ခြင်း	sa hpa' chin:
in silenzio (leggere ~)	တိတ်တဆိတ်	tei' ta. hsei'
ad alta voce	ကျယ်လောင်စွာ	kje laun zwa
pubblicare (vt)	ပုံနှိပ်ထုတ်ဝေသည်	poun nei' htou' wei de
pubblicazione (f)	ပုံနှိပ်ထုတ်ဝေခြင်း	poun nei' htou' wei gjin:
editore (m)	ထုတ်ဝေသူ	htou' wei dhu
casa (f) editrice	ပုံနှိပ်ထုတ်ဝေ သည့်ကုမ္ပဏီ	poun nei' htou' wei dhi. koun pani

uscire (vi)	ထွက်သည်	htwe' te
uscita (f)	ဖြန့်ချိခြင်း	hpjan. gji. gjin:
tiratura (f)	စာရေးသူ	sajei: dhu
libreria (f)	စာအုပ်ဆိုင်	sa ou' hsain
biblioteca (f)	စာကြည့်တိုက်	sa gji. dai'
romanzo (m) breve	ဝတ္ထုဇာတ်လမ်း	wu' htu. za' lan:
racconto (m)	ဝတ္ထုတို	wu' htu. dou
romanzo (m)	ဝတ္ထု	wu' htu.
giallo (m)	စုံထောက်ဇာတ်လမ်း	soun dau' za' lan:
memorie (f pl)	ကိုယ်တွေ့မှတ်တမ်း	kou twei. hma' tan:
leggenda (f)	ဒဏ္ဍာရီ	dan da ji
mito (m)	စိတ်ကူးယဉ်	sei' ku: jin
poesia (f), versi (m pl)	ကဗျာများ	ka. bja mja:
autobiografia (f)	ကိုယ်တိုင်ရေးအတ္ထုပ္ပတ္တိ	kou tain jei' a' tu. bi' ta.
opere (f pl) scelte	လက်ရွေးစင်	le' jwei: zin
fantascienza (f)	သိပ္ပံဇာတ်လမ်း	thei' pan za' lan:
titolo (m)	ခေါင်းစဉ်	gaun: zin
introduzione (f)	နိဒါန်း	ni. dan:
frontespizio (m)	ခေါင်းစီးစာမျက်နှာ	gaun: zi: za: mje' hna
capitolo (m)	ခေါင်းကြီးပိုင်း	gaun: gji: bain:
frammento (m)	ကောက်နုတ်ချက်	kau' hnou' khje'
episodio (m)	အပိုင်း	apain:
soggetto (m)	ဇာတ်ကြောင်း	za' kjaun:
contenuto (m)	မာတိကာ	ma di. ga
sommario (m)	မာတိကာ	ma di. ga
protagonista (m)	အဓိကဇာတ်ဆောင်	adi. ka. za' hsaun
volume (m)	ထုထည်	du. de
copertina (f)	စာအုပ်အဖုံး	sa ou' ahpoun:
rilegatura (f)	အဖုံး	ahpoun:
segnalibro (m)	စာညှပ်	sa hnja'
pagina (f)	စာမျက်နှာ	sa mje' hna
sfogliare (~ le pagine)	စာရွက်လှန်သည်	sajwe' hlan de
margini (m pl)	နယ်နိမိတ်	ne ni. mei'
annotazione (f)	မှတ်စာ	hma' sa
nota (f) (a fondo pagina)	အောက်ခြေမှတ်ချက်	au' chei hma' che'
testo (m)	စာသား	sa dha:
carattere (m)	ပုံစံ	poun zan
refuso (m)	ပုံနှိပ်အမှား	poun nei' ahma:
traduzione (f)	ဘာသာပြန်	ba dha bjan
tradurre (vt)	ဘာသာပြန်သည်	ba dha bjan de
originale (m) (leggere l'~)	မူရင်း	mu jin:
famoso (agg)	ကျော်ကြားသော	kjo kja: de.
sconosciuto (agg)	လူမသိသော	lu ma. thi. de.
interessante (agg)	စိတ်ဝင်စားစရာကောင်းသော	sei' win za: zaja gaun: de.

best seller (m)	ရောင်းအားအကောင်းဆုံး	jo: a: akaun: zoun:
dizionario (m)	အဘိဓာန်	abi. dan
manuale (m)	ဖတ်စာအုပ်	hpa' sa au'
enciclopedia (f)	စွယ်စုံကျမ်း	swe zoun gjan:

158. Caccia. Pesca

caccia (f)	အမဲလိုက်ခြင်း	ame: lai' chin
cacciare (vt)	အမဲလိုက်သည်	ame: lai' de
cacciatore (m)	မုဆိုး	mou' hsou:
sparare (vi)	ပစ်သည်	pi' te
fucile (m)	ရိုင်ဖယ်	jain be
cartuccia (f)	ကျည်ဆံ	kji. zan
pallini (m pl) da caccia	ကျည်စေ့	kji zei.
tagliola (f) (~ per orsi)	သံမဏိထောင်ချောက်	than mani. daun gjau'
trappola (f) (~ per uccelli)	ကျော့ကွင်း	kjo. kwin:
cadere in trappola	ထောင်ချောက်မိသည်	htaun gjau' mi de
tendere una trappola	ထောင်ချောက်ဆင်သည်	htaun gjau' hsin de
bracconiere (m)	တရားမဝင်ခိုးပစ်သူ	taja: ma. win gou: bi' thu
cacciagione (m)	အမဲလိုက်ခြင်း	ame: lai' chin
cane (m) da caccia	အမဲလိုက်ခွေး	ame: lai' khwei:
safari (m)	ဆာဖာရီတောရိုင်းဒေသ	hsa hpa ji do joun: dei dha.
animale (m) impagliato	ရုပ်လုံးဖော်တိရစ္ဆာန်ရုပ်	jou' loun: bo di ja' zan jou'
pescatore (m)	တံငါသည်	da nga dhi
pesca (f)	ငါးဖမ်းခြင်း	nga: ban: gjin
pescare (vi)	ငါးဖမ်းသည်	nga: ban: de
canna (f) da pesca	ငါးမျှားတံ	nga: mja: dan
lenza (f)	ငါးမျှားကြိုး	nga: mja: gjou:
amo (m)	ငါးမျှားချိတ်	nga: mja: gji'
galleggiante (m)	ငါးမျှားတံဖော့	nga: mja: dan bo.
esca (f)	ငါးစာ	nga: za
lanciare la canna	ငါးမျှားကြိုးပစ်သည်	nga: mja: gjou: bji' te
abboccare (pesce)	ကိုက်သည်	kou' de
pescato (m)	ငါးထည့်စရာ	nga: de. za. ja
buco (m) nel ghiaccio	ရေခဲပြင်ပေါ်မှအပေါက်	jei ge: bjin bo hma. a. bau'
rete (f)	ပိုက်	pai'
barca (f)	လှေ	hlei
prendere con la rete	ပိုက်ချသည်	pai' cha. de
gettare la rete	ပိုက်ပစ်သည်	pai' pi' te
tirare le reti	ပိုက်ဆယ်သည်	pai' hse de
cadere nella rete	ပိုက်တိုးမိသည်	pai' tou: mi. de
baleniere (m)	ဝေလငါး	wei la. nga:
baleniera (f) (nave)	ဝေလငါးဖမ်းလှေ	wei la. nga: ban: hlei
rampone (m)	မှိန်း	hmein:

159. Giochi. Biliardo

biliardo (m)	ဘီလီယက်	bi li je'
sala (f) da biliardo	ဘီလီယက်ထိုးခန်း	bi li ja' htou: khana:
bilia (f)	ဘီလီယက်ဘောလုံး	bi li ja' bo loun:
imbucare (vt)	ကျင်းထည့်သည်	kjin: de. de
stecca (f) da biliardo	ကြူတံ	kju dan
buca (f)	ကျင်း	kjin:

160. Giochi. Carte da gioco

quadri (m pl)	ထောင့်	htaun.
picche (f pl)	စပိတ်	sapei'
cuori (m pl)	ဟတ်	ha'
fiori (m pl)	ညှင်း	hnjin:
asso (m)	တစ်ဖဲ	ti' hpe:
re (m)	ကင်း	kin:
donna (f)	ကွင်း	kwin:
fante (m)	ဂျက်	gje'
carta (f) da gioco	ဖဲကစားသည်	hpe: ga. za de
carte (f pl)	ဖဲချပ်များ	hpe: gje' mja:
briscola (f)	ဝှက်ဖဲ	hwe' hpe:
mazzo (m) di carte	ဖဲထုပ်	hpe: dou'
punto (m)	အမှတ်	ahma'
dare le carte	ဖဲဝေသည်	hpe: wei de
mescolare (~ le carte)	ကုလားဖန်ထိုးသည်	kala: ban dou de
turno (m)	ဦးဆုံးအလှည့်	u: zoun: ahle.
baro (m)	ဖဲလိမ်သမား	hpe: lin dha ma:

161. Casinò. Roulette

casinò (m)	လောင်းကစားရုံ	laun: gaza: joun
roulette (f)	နံပါတ်လှည့်လောင်းကစား	nan ba' hle. laun: ga. za:
puntata (f)	အလောင်းအစား	alaun: asa:
puntare su ...	လောင်းကြေးတင်သည်	laun: gjei: tin de
rosso (m)	အနီ	ani
nero (m)	အနက်	ane'
puntare sul rosso	အနီလောင်းသည်	ani laun: de
puntare sul nero	အနက်လောင်းသည်	ane' laun: de
croupier (m)	လောင်းကစားဒိုင်	laun: gaza: dain
far girare la ruota	အဝိုင်းလှည့်သည်	awain: hle. de
regole (f pl) del gioco	ကစားနည်းစည်းမျဉ်း	gaza: ne: zin: mjin:
fiche (f)	တိုကင်ပြား	tou gin bja:
vincere (vi, vt)	နိုင်သည်	nain de
vincita (f)	အနိုင်	anain

perdere (vt)	ရှုံးသည်	shoun: de
perdita (f)	အရှုံး	ashoun:
giocatore (m)	ကစားသမား	gaza: dhama:
black jack (m)	ဘလက်ဂျက်	ba. le' gje'
gioco (m) dei dadi	အန်စာတုံးလောင်းကစားနည်း	an za doun: laun: ga za: ne:
dadi (m pl)	အန်စာတုံး	an za doun:
slot machine (f)	ဈေးရောင်းစက်	zei: jaun: ze'

162. Riposo. Giochi. Varie

passeggiare (vi)	အပန်းဖြေလမ်းလျှောက်သည်	apin: hpjei lan: jau' the
passeggiata (f)	လမ်းလျှောက်ခြင်း	lan: shau' chin:
gita (f)	အပန်းဖြေခရီး	apin: hpjei khaji:
avventura (f)	စွန့်စားမှု	sun. za: hmu.
picnic (m)	ပျော်ပွဲစား	pjo bwe: za:
gioco (m)	ဂိမ်း	gein:
giocatore (m)	ကစားသမား	gaza: dhama:
partita (f) (~ a scacchi)	ကစားပွဲ	gaza: pwe:
collezionista (m)	စုဆောင်းသူ	su. zaun: dhu
collezionare (vt)	စုဆောင်းသည်	su. zaun: de
collezione (f)	စုဆောင်းခြင်း	su. zaun: gjin:
cruciverba (m)	စကားလုံးဆက် ပဟေဠိ	zaga: loun: ze' bahei li.
ippodromo (m)	ပြေးလမ်း	pjei: lan:
discoteca (f)	ဒစ္စကိုကပွဲ	di' sa kou ga. bwe:
sauna (f)	ပေါင်းခံချွေးထုတ်ခန်း	paun: gan gjwa: dou' khan:
lotteria (f)	ထီ	hti
campeggio (m)	အပျော်စခန်းချခရီး	apjo za. khan: khja kha ni:
campo (m)	စခန်း	sakhan:
tenda (f) da campeggio	တဲ	te:
bussola (f)	သံလိုက်အိမ်မြှောင်	than lai' ein hmjaun
campeggiatore (m)	စခန်းချသူ	sakhan: gja. dhu
guardare (~ un film)	ကြည့်သည်	kji. de
telespettatore (m)	ကြည့်သူ	kji. thu
trasmissione (f)	ရုပ်မြင်သံကြားအစီအစဉ်	jou' mjin dhan gja: asi asan

163. Fotografia

macchina (f) fotografica	ကင်မရာ	kin ma. ja
fotografia (f)	ဓာတ်ပုံ	da' poun
fotografo (m)	ဓာတ်ပုံဆရာ	da' poun za ja
studio (m) fotografico	ဓာတ်ပုံရိုက်ရန်အခန်း	da' poun jai' jan akhan:
album (m) di fotografie	ဓာတ်ပုံအယ်လဘမ်	da' poun e la. ban
obiettivo (m)	ကင်မရာမှန်ဘီလူး	kin ma. ja hman bi lu:
teleobiettivo (m)	အဝေးရိုက်သောမှန်ဘီလူး	awei: shi' tho: hman bi lu:

filtro (m)	အရောင်စစ်မှန်ပြား	ajaun za' hman bja:
lente (f)	မှန်ဘီလူး	hman bi lu:
ottica (f)	အလင်းပညာ	alin: bjin
diaframma (m)	ကင်မရာတွင် အလင်းဝင်ပေါက်	kin ma. ja twin alin: win bau'
tempo (m) di esposizione	အလင်းရောင်ဖွင့်ပေးချိန်	alin: jaun hpwin bei: gjein
mirino (m)	ရိုက်ကွင်းပြသည့်ကိရိယာ	jou' kwin: bja dhe. gi. ji. ja
fotocamera (f) digitale	ဒီဂျစ်တယ်ကင်မရာ	digji' te gin ma. ja
cavalletto (m)	သုံးချောင်းထောက်	thoun: gjaun: dau'
flash (m)	ကင်မရာသုံး လျှပ်တပြက်မီး	kin ma. ja dhoun: lja' ta. pje' mi:
fotografare (vt)	ဓာတ်ပုံရိုက်သည်	da' poun jai' te
fare foto	ရိုက်သည်	jai' te
fotografarsi	ဓာတ်ပုံရိုက်သည်	da' poun jai' te
fuoco (m)	ဆုံချက်	hsoun gje'
mettere a fuoco	ဆုံချက်ချိန်သည်	hsoun gje' chin de
nitido (agg)	ထင်ရှားပြတ်သားသော	htin sha: bja' tha: de
nitidezza (f)	ထင်ရှားပြတ်သားမှု	htin sha: bja' tha: hmu.
contrasto (m)	ခြားနားချက်	hpja: na: gje'
contrastato (agg)	မတူညီသော	ma. du nji de.
foto (f)	ပုံ	poun
negativa (f)	နက်ဂတစ်	ne' ga ti'
pellicola (f) fotografica	ဖလင်	hpa. lin
fotogramma (m)	ဘောင်	baun
stampare (~ le foto)	ပရင့်ထုတ်သည်	pa. jin. dou' te

164. Spiaggia. Nuoto

spiaggia (f)	ကမ်းခြေ	kan: gjei
sabbia (f)	သဲ	the:
deserto (agg)	လူသူကင်းမဲ့သော	lu dhu gin: me. de.
abbronzatura (f)	နေကြောင့်- အသားရောင်ညိုခြင်း	nei gjaun.- atha: jaun njou gjin:
abbronzarsi (vr)	နေဆာလှုံသည်	nei za hloun de
abbronzato (agg)	အသားညိုသော	atha: njou de.
crema (f) solare	နေပူခံလိမ်းဆေး	nei bu gan lein: zei:
bikini (m)	ဘီကီနီ	bi ki ni
costume (m) da bagno	ရေကူးဝတ်စုံ	jei ku: wa' zoun
slip (m) da bagno	ယောက်ျားဝတ်ဘောင်းဘီတို	jau' kja: wu' baun: bi dou
piscina (f)	ရေကူးကန်	jei ku: gan
nuotare (vi)	ရေကူးသည်	jei ku: de
doccia (f)	ရေပန်း	jei ban:
cambiarsi (~ i vestiti)	အဝတ်လဲသည်	awu' le: de
asciugamano (m)	တဘက်	tabe'
barca (f)	လှေ	hlei
motoscafo (m)	မော်တော်ဘုတ်	mo to bou'

sci (m) nautico	ရေလွှာလျှောစီးအပြား	jei hlwa sho: apja:
pedalò (m)	ယက်ဘီးတပ်လှေ	je' bi: da' hlei
surf (m)	ရေလွှာလှိုင်း	jei hlwa hlain:
surfista (m)	ရေလွှာလှိုင်းစီးသူ	jei hlwa hlain: zi: dhu
autorespiratore (m)	စကူဗာဆက်	sakuba ze'
pinne (f pl)	ရော်ဘာရေယက်ပြား	jo ba jei je' pja:
maschera (f)	မျက်နှာဖုံး	mje' hna boun:
subacqueo (m)	ရေငုပ်သမား	jei ngou' tha ma:
tuffarsi (vr)	ရေငုပ်သည်	jei ngou' te
sott'acqua	ရေအောက်	jei au'
ombrellone (m)	ကမ်းခြေထီး	kan: gjei hti:
sdraio (f)	ပက်လက်ကုလားထိုင်	pje' le' ku. la: din
occhiali (m pl) da sole	နေကာမျက်မှန်	nei ga mje' hman
materasso (m) ad aria	လေထိုးအိပ်ယာ	lei dou: i' ja
giocare (vi)	ကစားသည်	gaza: de
fare il bagno	ရေကူးသည်	jei ku: de
pallone (m)	ဘောလုံး	bo loun:
gonfiare (vt)	လေထိုးသည်	lei dou: de
gonfiabile (agg)	လေထိုးနိုင်သော	lei dou: nain de.
onda (f)	လှိုင်း	hlain:
boa (f)	ရေကြောင်းပြဖော်ယာ	jei gjaun: bja. bo: ja
annegare (vi)	ရေနစ်သည်	jei ni' te
salvare (vt)	ကယ်ဆယ်သည်	ke ze de
giubbotto (m) di salvataggio	အသက်ကယ်အင်္ကျီ	athe' kai in: gji
osservare (vt)	စောင့်ကြည့်သည်	saun. gji. de
bagnino (m)	ကယ်ဆယ်သူ	ke ze dhu

ATTREZZATURA TECNICA. MEZZI DI TRASPORTO

Attrezzatura tecnica

165. Computer

computer (m)	ကွန်ပျူတာ	kun pju ta
computer (m) portatile	လပ်တော့	la' to.
accendere (vt)	ဖွင့်သည်	hpwin. de
spegnere (vt)	ပိတ်သည်	pei' te
tastiera (f)	ကီးဘုတ်	kji: bou'
tasto (m)	ကီး	kji:
mouse (m)	မောက်စ်	mau's
tappetino (m) del mouse	မောက်စ်အောက်ခံပြား	mau's au' gan bja:
tasto (m)	ခလုတ်	khalou'
cursore (m)	ညွှန်းမြား	hnjun: ma:
monitor (m)	မော်နီတာ	mo ni ta
schermo (m)	မှန်သားပြင်	hman dha: bjin
disco (m) rigido	ဟတ်ဒစ်-အချက်အလက် သိမ်းပစ္စည်း	ha' di' akja' ale' thein: bji' si:
spazio (m) sul disco rigido	ဟတ်ဒစ်သိုလောင်နိုင်မှု	ha' di' thou laun nain hmu.
memoria (f)	မှတ်ဉာဏ်	hma' njan
memoria (f) operativa	ရမ်	ran
file (m)	ဖိုင်	hpain
cartella (f)	စာတွဲဖိုင်	sa dwe: bain
aprire (vt)	ဖွင့်သည်	hpwin. de
chiudere (vt)	ပိတ်သည်	pei' te
salvare (vt)	သိမ်းဆည်းသည်	thain: zain: de
eliminare (vt)	ဖျက်သည်	hpje' te
copiare (vt)	မိတ္တူကူးသည်	mi' tu gu: de
ordinare (vt)	ခွဲသည်	khwe: de
trasferire (vt)	ပြန်ကူးသည်	pjan gu: de
programma (m)	ပရိုဂရမ်	pa. jou ga. jan
software (m)	ဆော့ဖ်ဝဲ	hso. hp we:
programmatore (m)	ပရိုဂရမ်မာ	pa. jou ga. jan ma
programmare (vt)	ပရိုဂရမ်ရေးသည်	pa. jou ga. jan jei: de
hacker (m)	ဟက်ကာ	he' ka
password (f)	စကားဝှက်	zaga: hwe'
virus (m)	ဗိုင်းရပ်စ်	bain ja's
trovare (un virus, ecc.)	ရှာဖွေသည်	sha hpwei de

byte (m)	ဘိုက်	bai'
megabyte (m)	မီဂါဘိုက်	mi ga bai'
dati (m pl)	အချက်အလက်	ache' ale'
database (m)	ဒေတာဘေ့စ်	dei da bei. s
cavo (m)	ကေဘယ်ကြိုး	kei be kjou:
sconnettere (vt)	ဖြုတ်သည်	hpjei: de
collegare (vt)	တပ်သည်	ta' te

166. Internet. Posta elettronica

internet (f)	အင်တာနက်	in ta na'
navigatore (m)	ဘရောက်ဆာ	ba. jau' hsa
motore (m) di ricerca	ဆာ့ချ်အင်ဂျင်	hsa, ch in gjin
provider (m)	ပံ့ပိုးသူ	pan. bou: dhu
webmaster (m)	ဝက်မာစတာ	we' sai' ma sa. ta
sito web (m)	ဝက်ဆိုက်	we' sai'
pagina web (f)	ဝက်ဆိုဒ်စာမျက်နှာ	we' sai' sa mje' hna
indirizzo (m)	လိပ်စာ	lei' sa
rubrica (f) indirizzi	လိပ်စာမှတ်စု	lei' sa hmat' su.
casella (f) di posta	စာတိုက်ပုံး	sa dai' poun:
posta (f)	စာ	sa
troppo piena (agg)	ပြည့်သော	pjei. de.
messaggio (m)	သတင်း	dhadin:
messaggi (m pl) in arrivo	အဝင်သတင်း	awin dha din:
messaggi (m pl) in uscita	အထွက်သတင်း	a htwe' tha. din:
mittente (m)	ပို့သူ	pou. dhu
inviare (vt)	ပို့သည်	pou. de
invio (m)	ပို့ခြင်း	pou. gjin:
destinatario (m)	လက်ခံသူ	le' khan dhu
ricevere (vt)	လက်ခံရရှိသည်	le' khan ja. shi. de
corrispondenza (f)	စာအဆက်အသွယ်	sa ahse' athwe
essere in corrispondenza	စာပေးစာယူလုပ်သည်	sa pei: za ju lou' te
file (m)	ဖိုင်	hpain
scaricare (vt)	ဒေါင်းလော့ဒ်လုပ်သည်	daun: lo. d lou' de
creare (vt)	ဖန်တီးသည်	hpan di: de
eliminare (vt)	ဖျက်သည်	hpje' te
eliminato (agg)	ဖျက်ပြီးသော	hpje' pji: de.
connessione (f)	ဆက်သွယ်မှု	hse' thwe hmu.
velocità (f)	နှုန်း	hnun:
modem (m)	မိုဒမ်း	mou dan:
accesso (m)	ဝင်လမ်း	win lan
porta (f)	ဝဲဘက်	we: be'
collegamento (m)	အချိတ်အဆက်	achei' ahse'

collegarsi a ...	ချိတ်ဆက်သည်	chei' hse' te
scegliere (vt)	ရွေးချယ်သည်	jwei: che de
cercare (vt)	ရှာသည်	sha de

167. Elettricità

elettricità (f)	လျှပ်စစ်ဓာတ်အား	hlja' si' da' a:
elettrico (agg)	လျှပ်စစ်နှင့်ဆိုင်သော	hlja' si' hnin. zain de.
centrale (f) elettrica	လျှပ်စစ်ထုပ်လုပ်သောစက်ရုံ	hlja' si' htou' lou' tho: ze' joun
energia (f)	စွမ်းအင်	swan: in
energia (f) elettrica	လျှပ်စစ်စွမ်းအား	hlja' si' swan: a:
lampadina (f)	မီးသီး	mi: dhi:
torcia (f) elettrica	ဓာတ်မီး	da' mi:
lampione (m)	လမ်းမီး	lan: mi:
luce (f)	အလင်းရောင်	alin: jaun
accendere (luce)	ဖွင့်သည်	hpwin. de
spegnere (vt)	ပိတ်သည်	pei' te
spegnere la luce	မီးပိတ်သည်	mi: pi' te
fulminarsi (vr)	မီးကျွမ်းသည်	mi: kjwan: de
corto circuito (m)	လျှပ်စီးပတ်လမ်းပြတ်ခြင်း	hlja' si: ba' lan: bja' chin:
rottura (f) (~ di un cavo)	ဝိုင်ယာကြိုးအပြတ်	wain ja gjou: apja'
contatto (m)	လျှပ်ကူးပစ္စည်း	hlja' ku: pji' si:
interruttore (m)	ခလုတ်	khalou'
presa (f) elettrica	ပလပ်ပေါက်	pa. la' pau'
spina (f)	ပလပ်	pa. la'
prolunga (f)	ကြားဆက်ကြိုး	ka: ze' kjou:
fusibile (m)	ဖျူးစ်	hpju: s
filo (m)	ဝိုင်ယာကြိုး	wain ja gjou:
impianto (m) elettrico	လျှပ်စစ်ကြိုးသွယ်တန်းမှု	hlja' si' kjou: dhwe dan: hmu
ampere (m)	အမ်ပီယာ	an bi ja
intensità di corrente	အသံချဲ့စက်	athan che. zek
volt (m)	ဗို့	boi.
tensione (f)	ဗို့အား	bou. a:
apparecchio (m) elettrico	လျှပ်စစ်ပစ္စည်း	hlja' si' pji' si:
indicatore (m)	အချက်ပြ	ache' pja.
elettricista (m)	လျှပ်စစ်ပညာရှင်	hlja' si' pa. nja shin
saldare (vt)	ဂဟေဆော်သည်	gahei hso de
saldatoio (m)	ဂဟေဆော်တံ	gahei hso dan
corrente (f)	လျှပ်စီးကြောင်း	hlja' si: gjaun:

168. Utensili

utensile (m)	ကိရိယာ	ki. ji. ja
utensili (m pl)	ကိရိယာများ	ki. ji. ja mja:

impianto (m)	စက်ကိရိယာပစ္စည်းများ	se' kari. ja pji' si: mja:
martello (m)	တူ	tu
giravite (m)	ဝက်အူလှည့်	we' u hli.
ascia (f)	ပုဆိန်	pahsein
sega (f)	လွှ	hlwa.
segare (vt)	လွှတိုက်သည်	hlwa. dai' de
pialla (f)	ရွှေပေါ်	jwei bo
piallare (vt)	ရွှေပေါ်ထိုးသည်	jwei bo dou: de
saldatoio (m)	ဂဟေဆော်တံ	gahei hso dan
saldare (vt)	ဂဟေဆော်သည်	gahei hso de
lima (f)	တံစဉ်း	tan zin:
tenaglie (f pl)	သံနှုတ်	than hnou'
pinza (f) a punte piatte	ပလာယာ	pa. la ja
scalpello (m)	ဆောက်	hsau'
punta (f) da trapano	လွန်	lun
trapano (m) elettrico	လျှပ်စစ်လွန်	hlja' si' lun
trapanare (vt)	လွန်ဖြင့်ဖောက်သည်	lun bjin. bau' de
coltello (m)	ဓား	da:
coltello (m) da tasca	မောင်းချက်ဓား	maun: gje' da:
lama (f)	ဓားသွား	da: dhwa
affilato (coltello ~)	ချွန်ထက်သော	chwan de' te.
smussato (agg)	တုံးသော	toun: dho:
smussarsi (vr)	တုံးသွားသည်	toun: dwa de
affilare (vt)	သွေးသည်	thwei: de
bullone (m)	မူလီ	mu li
dado (m)	မူလီခေါင်း	mu li gaun:
filettatura (f)	ဝက်အူရစ်	we' u ji'
vite (f)	ဝက်အူ	we' u
chiodo (m)	အိမ်ရိုက်သံ	ein jai' than
testa (f) di chiodo	သံခေါင်း	than gaun:
regolo (m)	ပေတံ	pei dan
nastro (m) metrico	ပေကြိုး	pei gjou:
livella (f)	ရေချိန်	jei gjain
lente (f) d'ingradimento	မှန်ဘီလူး	hman bi lu:
strumento (m) di misurazione	တိုင်းသည့်ကိရိယာ	tain: dhi. ki. ji. ja
misurare (vt)	တိုင်းသည်	tain: de
scala (f) graduata	စကေး	sakei:
lettura, indicazione (f)	ပြသောပမာဏ	pja. dho: ba ma na.
compressore (m)	ဖိသိပ်စက်	hpi. dhi' se'
microscopio (m)	အဏုကြည့်ကိရိယာ	anu gji. gi. ji. ja
pompa (f) (~ dell'acqua)	လေထိုးစက်	lei dou: ze'
robot (m)	စက်ရုပ်	se' jou'
laser (m)	လေဆာ	lei za
chiave (f)	ခွ	khwa.
nastro (m) adesivo	တိပ်	tei'

colla (f)	ကော်	ko
carta (f) smerigliata	ကော်ဖတ်စက္ကူ	ko hpa' se' ku
molla (f)	ညွှတ်သံခွေ	hnju' dhan gwei
magnete (m)	သံလိုက်	than lai'
guanti (m pl)	လက်အိတ်	lei' ei'
corda (f)	ကြိုး	kjou:
cordone (m)	ကြိုးလုံး	kjou: loun:
filo (m) (~ del telefono)	ဝိုင်ယာကြိုး	wain ja gjou:
cavo (m)	ကေဘယ်ကြိုး	kei be kjou:
mazza (f)	တူကြီး	tou gji:
palanchino (m)	တူးရွင်း	tu: jwin:
scala (f) a pioli	လှေကား	hlei ga:
scala (m) a libretto	ခေါက်လှေကား	khau' hlei ka:
avvitare (stringere)	ဝက်အူကျစ်သည်	we' u gji' te
svitare (vt)	ဝက်အူဖြုတ်သည်	we' u bju' te
stringere (vt)	ကျပ်သည်	kja' te.
incollare (vt)	ကော်ကပ်သည်	ko ka' de
tagliare (vt)	ဖြတ်သည်	hpja' te
guasto (m)	ချွတ်ယွင်းချက်	chwe' jwin: che'
riparazione (f)	ပြန်လည်းပြင်ဆင်ခြင်း	pjan le: bjin zin gjin:
riparare (vt)	ပြန်လည်ပြင်ဆင်သည်	pjan le bjin zin de
regolare (~ uno strumento)	ညှိသည်	hnji. de
verificare (ispezionare)	စစ်ဆေးသည်	si' hsei: de
controllo (m)	စစ်ဆေးခြင်း	si' hsei: gjin:
lettura, indicazione (f)	ပြသောပမာဏ	pja. dho: ba ma na.
sicuro (agg)	စိတ်ချရသော	sei' cha. ja. de.
complesso (agg)	ရှုပ်ထွေးသော	sha' htwei: de.
arrugginire (vi)	သံချေးတက်သည်	than gjei: da' te
arrugginito (agg)	သံချေးတက်သော	than gjei: da' te.
ruggine (f)	သံချေး	than gjei:

Mezzi di trasporto

169. Aeroplano

aereo (m)	လေယာဉ်	lei jan
biglietto (m) aereo	လေယာဉ်လက်မှတ်	lei jan le' hma'
compagnia (f) aerea	လေကြောင်း	lei gjaun:
aeroporto (m)	လေဆိပ်	lei zi'
supersonico (agg)	အသံထက်မြန်သော	athan de' mjan de.
comandante (m)	လေယာဉ်မှူး	lei jan hmu:
equipaggio (m)	လေယာဉ်အမှုထမ်းအဖွဲ့	lei jan ahmu. dan: ahpwe.
pilota (m)	လေယာဉ်မောင်းသူ	lei jan maun dhu
hostess (f)	လေယာဉ်မယ်	lei jan me
navigatore (m)	လေကြောင်းပြ	lei gjaun: bja.
ali (f pl)	လေယာဉ်တောင်ပံ	lei jan daun ban
coda (f)	လေယာဉ်အမြီး	lei jan amji:
cabina (f)	လေယာဉ်မောင်းအခန်း	lei jan maun akhan:
motore (m)	အင်ဂျင်	in gjin
carrello (m) d'atterraggio	အောက်ခံဘောင်	au' khan baun
turbina (f)	တာဘိုင်	ta bain
elica (f)	ပန်ကာ	pan ga
scatola (f) nera	ဘလက်ဘောက်	ba. le' bo'
barra (f) di comando	ပဲ့ကိုင်ဘီး	pe. gain bi:
combustibile (m)	လောင်စာ	laun za
safety card (f)	အရေးပေါ်လုံခြုံရေး ညွှန်ကြားစာ	ajei: po' choun loun jei: hnjun gja: za
maschera (f) ad ossigeno	အောက်ဆီဂျင်မျက်နှာဖုံး	au' hsi gjin mje' hna hpoun:
uniforme (f)	ယူနီဖောင်း	ju ni hpaun:
giubbotto (m) di salvataggio	အသက်ကယ်အင်္ကျီ	athe' kai in: gji
paracadute (m)	လေထီး	lei di:
decollo (m)	ထွက်ခွါခြင်း	htwe' khwa gjin:
decollare (vi)	ပျံတက်သည်	pjan de' te
pista (f) di decollo	လေယာဉ်ပြေးလမ်း	lei jan bei: lan:
visibilità (f)	မြင်ကွင်း	mjin gwin:
volo (m)	ပျံသန်းခြင်း	pjan dan: gjin:
altitudine (f)	အမြင့်	amjin.
vuoto (m) d'aria	လေမငြိမ်အရပ်	lei ma ngjin aja'
posto (m)	ထိုင်ခုံ	htain goun
cuffia (f)	နားကြပ်	na: kja'
tavolinetto (m) pieghevole	ခေါက်စားပွဲ	khau' sa: bwe:
oblò (m), finestrino (m)	လေယာဉ်ပြတင်းပေါက်	lei jan bja. din: bau'
corridoio (m)	မင်းလမ်း	min: lan:

170. Treno

treno (m)	ရထား	jatha:
elettrotreno (m)	လျှပ်စစ်ဓာတ်အားသုံးရထား	hlja' si' da' a: dhou: ja da:
treno (m) rapido	အမြန်ရထား	aman ja. hta:
locomotiva (f) diesel	ဒီဇယ်ရထား	di ze ja da:
locomotiva (f) a vapore	ရေနွေးငွေ့စက်ခေါင်း	jei nwei: ngwei. ze' khaun:
carrozza (f)	အတွဲ	atwe:
vagone (m) ristorante	စားသောက်တွဲ	sa: thau' thwe:
rotaie (f pl)	ရထားသံလမ်း	jatha dhan lan:
ferrovia (f)	ရထားလမ်း	jatha: lan:
traversa (f)	ဇလီဖားတုံး	zali ba: doun
banchina (f) (~ ferroviaria)	စင်္ကြန်	sin gjan
binario (m) (~ 1, 2)	ရထားစင်္ကြန်	jatha zin gjan
semaforo (m)	မီးပွိုင့်	mi: bwain.
stazione (f)	ဘူတာရုံ	bu da joun
macchinista (m)	ရထားမောင်းသူ	jatha: maun: dhu
portabagagli (m)	အထမ်းသမား	a htan: dha. ma:
cuccettista (m, f)	အစောင့်	asaun.
passeggero (m)	ခရီးသည်	khaji: de
controllore (m)	လက်မှတ်စစ်ဆေးသူ	le' hma' ti' hsei: dhu:
corridoio (m)	ကော်ရစ်တာ	ko ji' ta
freno (m) di emergenza	အရေးပေါ်ဘရိတ်	ajei: po' ba ji'
scompartimento (m)	အခန်း	akhan:
cuccetta (f)	အိပ်စင်	ei' zin
cuccetta (f) superiore	အပေါ်ထပ်အိပ်စင်	apo htap ei' sin
cuccetta (f) inferiore	အောက်ထပ်အိပ်စင်	au' hta' ei' sin
biancheria (f) da letto	အိပ်ရာခင်း	ei' ja khin:
biglietto (m)	လက်မှတ်	le' hma'
orario (m)	အချိန်ဇယား	achein zaja:
tabellone (m) orari	အချက်အလက်ပြနေရာ	ache' ale' pja. nei ja
partire (vi)	ထွက်ခွါသည်	htwe' khwa de
partenza (f)	အထွက်	a htwe'
arrivare (di un treno)	ဆိုက်ရောက်သည်	hseu' jau' de
arrivo (m)	ဆိုက်ရောက်ရာ	hseu' jau' ja
arrivare con il treno	မီးရထားဖြင့်ရောက်ရှိသည်	mi: ja. da: bjin. jau' shi. de
salire sul treno	မီးရထားစီးသည်	mi: ja. da: zi: de
scendere dal treno	မီးရထားမှဆင်းသည်	mi: ja. da: hma. zin: de
deragliamento (m)	ရထားတိုက်ခြင်း	jatha: dai' chin:
deragliare (vi)	ရထားလမ်းချော်သည်	jatha: lan: gjo de
locomotiva (f) a vapore	ရေနွေးငွေ့စက်ခေါင်း	jei nwei: ngwei. ze' khaun:
fuochista (m)	မီးထိုးသမား	mi: dou: dhama:
forno (m)	မီးဖို	mi: bou
carbone (m)	ကျောက်မီးသွေး	kjau' mi dhwei:

171. Nave

nave (f)	သင်္ဘော	thin: bo:
imbarcazione (f)	ရေယာဉ်	jei jan
piroscafo (m)	မီးသင်္ဘော	mi: dha. bo:
barca (f) fluviale	အပျော်စီးမော်တော်ဘုတ်ငယ်	apjo zi: mo do bou' nge
transatlantico (m)	ပင်လယ်အပျော်စီးသင်္ဘော	pin le apjo zi: dhin: bo:
incrociatore (m)	လေယာဉ်တင်သင်္ဘော	lei jan din
yacht (m)	အပျော်စီးရွက်လှေ	apjo zi: jwe' hlei
rimorchiatore (m)	ဆွဲသင်္ဘော	hswe: thin: bo:
chiatta (f)	ဖောင်	hpaun
traghetto (m)	ကူးတို့သင်္ဘော	gadou. thin: bo:
veliero (m)	ရွက်သင်္ဘော	jwe' thin: bo:
brigantino (m)	ရွက်လှေ	jwe' hlei
rompighiaccio (m)	ရေခဲပြင်ခွဲသင်္ဘော	jei ge: bjin gwe: dhin: bo:
sottomarino (m)	ရေငုပ်သင်္ဘော	jei ngou' thin: bo:
barca (f)	လှေ	hlei
scialuppa (f)	ရော်ဘာလှေ	jo ba hlei
scialuppa (f) di salvataggio	အသက်ကယ်လှေ	athe' kai hlei
motoscafo (m)	မော်တော်ဘုတ်	mo to bou'
capitano (m)	ရေယာဉ်မှူး	jei jan hmu:
marittimo (m)	သင်္ဘောသား	thin: bo: dha:
marinaio (m)	သင်္ဘောသား	thin: bo: dha:
equipaggio (m)	သင်္ဘောအမှုထမ်းအဖွဲ့	thin: bo: ahmu. htan: ahpwe.
nostromo (m)	ရေတပ်အရာရှိငယ်	jei da' aja shi. nge
mozzo (m) di nave	သင်္ဘောသားကလေး	thin: bo: dha: galei:
cuoco (m)	ထမင်းချက်	htamin: gje'
medico (m) di bordo	သင်္ဘောဆရာဝန်	thin: bo: zaja wun
ponte (m)	သင်္ဘောကုန်းပတ်	thin: bo: koun: ba'
albero (m)	ရွက်တိုင်	jwe' tai'
vela (f)	ရွက်	jwe'
stiva (f)	ဝမ်းတွင်း	wan: twin:
prua (f)	ဦးစွန်း	u: zun:
poppa (f)	ပဲ့ပိုင်း	pe. bain:
remo (m)	လှော်တက်	hlo de'
elica (f)	သင်္ဘောပန်ကာ	thin: bo: ban ga
cabina (f)	သင်္ဘောပေါ်မှအခန်း	thin: bo: bo hma. aksan:
quadrato (m) degli ufficiali	အရာရှိများရိပ်သာ	aja shi. mja: jin dha
sala (f) macchine	စက်ခန်း	se' khan:
ponte (m) di comando	ကွပ်ကဲခန်း	ku' ke: khan:
cabina (f) radiotelegrafica	ရေဒီယိုခန်း	rei di jou gan:
onda (f)	လှိုင်း	hlain:
giornale (m) di bordo	မှတ်တမ်းစာအုပ်	hma' tan: za ou'
cannocchiale (m)	အဝေးကြည့်မှန်ပြောင်း	awei: gji. hman bjaun:
campana (f)	ခေါင်းလောင်း	gaun: laun:

bandiera (f)	အလံ	alan
cavo (m) (~ d'ormeggio)	သင်္ဘောသုံးလွန်ကြိုး	thin: bo: dhaun: lun gjou:
nodo (m)	ကြိုးထုံး	kjou: htoun:

ringhiera (f)	လက်ရန်း	le' jan
passerella (f)	သင်္ဘောကုန်းပေါင်	thin: bo: koun: baun

ancora (f)	ကျောက်ဆူး	kjau' hsu:
levare l'ancora	ကျောက်ဆူးနုတ်သည်	kjau' hsu: nou' te
gettare l'ancora	ကျောက်ချသည်	kjau' cha. de
catena (f) dell'ancora	ကျောက်ဆူးကြိုး	kjau' hsu: kjou:

porto (m)	ဆိပ်ကမ်း	hsi' kan:
banchina (f)	သင်္ဘောဆိပ်	thin: bo: zei'
ormeggiarsi (vr)	ဆိုက်ကပ်သည်	hseu' ka' de
salpare (vi)	စွန့်ပစ်သည်	sun. bi' de

viaggio (m)	ခရီးထွက်ခြင်း	khaji: htwe' chin:
crociera (f)	အပျော်ခရီး	apjo gaji:
rotta (f)	ဦးတည်ရာ	u: ti ja
itinerario (m)	လမ်းကြောင်း	lan: gjaun:

tratto (m) navigabile	သင်္ဘောရေကြောင်း	thin: bo: jei gjaun:
secca (f)	ရေတိမ်ပိုင်း	jei dein bain:
arenarsi (vr)	ကမ်းကပ်သည်	kan ka' te

tempesta (f)	မုန်တိုင်း	moun dain:
segnale (m)	အချက်ပြ	ache' pja.
affondare (andare a fondo)	နစ်မြုပ်သည်	ni' mjou' te
Uomo in mare!	လူရေထဲကျ	lu jei de: gja
SOS	အက်စ်အိုအက်စ်	e's o e's
salvagente (m) anulare	အသက်ကယ်ဘော	athe' kai bo

172. Aeroporto

aeroporto (m)	လေဆိပ်	lei zi'
aereo (m)	လေယာဉ်	lei jan
compagnia (f) aerea	လေကြောင်း	lei gjaun:
controllore (m) di volo	လေကြောင်းထိန်း	lei kjaun: din:

partenza (f)	ထွက်ခွာရာ	htwe' khwa ja
arrivo (m)	ဆိုက်ရောက်ရာ	hseu' jau' ja
arrivare (vi)	ဆိုက်ရောက်သည်	hsai' jau' te

ora (f) di partenza	ထွက်ခွာချိန်	htwe' khwa gjein
ora (f) di arrivo	ဆိုက်ရောက်ချိန်	hseu' jau' chein

essere ritardato	နောက်ကျသည်	nau' kja. de
volo (m) ritardato	လေယာဉ်နောက်ကျခြင်း	lei jan nau' kja. chin:

tabellone (m) orari	လေယာဉ်ခရီးစဉ်ပြဘုတ်	lei jan ga. ji: zi bja. bou'
informazione (f)	သတင်းအချက်အလက်	dhadin: akje' ale'
annunciare (vt)	ကြေငြာသည်	kjei nja de
volo (m)	ပျံသန်းမှု	pjan dan: hmu.

dogana (f)	အကောက်ဆိပ်	akau' hsein
doganiere (m)	အကောက်ခွန်အရာရှိ	akau' khun aja shi.
dichiarazione (f)	အကောက်ခွန်ကြေငြာချက်	akau' khun gjei nja gje'
riempire (~ una dichiarazione)	လျှောက်လွှာဖြည့်သည်	shau' hlwa bji. de
riempire una dichiarazione	သယ်ယူပစ္စည်းစာရင်း ကြေညာသည်	the ju pji' si: zajin: kjei nja de
controllo (m) passaporti	ပတ်စ်ပို့ထိန်းချုပ်မှု	pa's pou. htein: gju' hmu.
bagaglio (m)	ဝန်စည်စလည်	wun zi za. li
bagaglio (m) a mano	လက်စွဲပစ္စည်း	le' swe: pji' si:
carrello (m)	ပစ္စည်းတင်သည့်လှည်း	pji' si: din dhe. hle:
atterraggio (m)	ဆင်းသက်ခြင်း	hsin: dha' chin:
pista (f) di atterraggio	အဆင်းလမ်း	ahsin: lan:
atterrare (vi)	ဆင်းသက်သည်	hsin: dha' te
scaletta (f) dell'aereo	လေယာဉ်လှေကား	lei jan hlei ka:
check-in (m)	စာရင်းသွင်းခြင်း	sajin: dhwin: gjin:
banco (m) del check-in	စာရင်းသွင်းကောင်တာ	sajin: gaun da
fare il check-in	စာရင်းသွင်းသည်	sajin: dhwin: de
carta (f) d'imbarco	လေယာဉ်ပေါ်တက်ခွင့်လက်မှတ်	lei jan bo de' khwin. le' hma'
porta (f) d'imbarco	လေယာဉ်ထွက်ခွာရာဂိတ်	lei jan dwe' khwa ja gei'
transito (m)	အကူးအပြောင်း	aku: apjaun:
aspettare (vt)	စောင့်သည်	saun. de
sala (f) d'attesa	ထွက်ခွာရာခန်းမ	htwe' kha ja gan: ma.
accompagnare (vt)	လိုက်ပို့သည်	lai' bou. de
congedarsi (vr)	နှုတ်ဆက်သည်	hnou' hsei' te

173. Bicicletta. Motocicletta

bicicletta (f)	စက်ဘီး	se' bi:
motorino (m)	ဆိုင်ကယ်အပေါ့စား	hsain ge apau. za:
motocicletta (f)	ဆိုင်ကယ်	hsain ge
andare in bicicletta	စက်ဘီးစီးသည်	se' bi: zi: de
manubrio (m)	လက်ကိုင်	le' kain
pedale (m)	ခြေနင်း	chei nin:
freni (m pl)	ဘရိတ်	ba. rei'
sellino (m)	စက်ဘီးထိုင်ခုံ	se' bi: dai' goun
pompa (f)	လေထိုးတံ	lei dou: tan
portabagagli (m)	နောက်တွဲထိုင်ခုံ	nau' twe: dain goun
fanale (m) anteriore	ရှေ့မီး	shei. mi:
casco (m)	ဟဲလ်မက်ဦးထုပ်	he: l me u: htou'
ruota (f)	ဘီး	bi:
parafango (m)	ဘီးကာ	bi: ga
cerchione (m)	ခွေ	khwei
raggio (m)	စပုတ်တံ	sapou' tan

Automobili

174. Tipi di automobile

automobile (f)	ကား	ka:
auto (f) sportiva	ပြိုင်ကား	pjain ga:
limousine (f)	အလှစီးဇိမ်ခံကား	ahla. zi: zin khan ka:
fuoristrada (m)	လမ်းကြမ်းမောင်းကား	lan: kjan: maun: ka:
cabriolet (m)	အမိုးခေါက်ကား	amou: gau' ka:
pulmino (m)	မီနီဘတ်စ်	mi ni ba's
ambulanza (f)	လူနာတင်ကား	lu na din ga:
spazzaneve (m)	နှင်းကော်ကား	hnin: go: ga:
camion (m)	ကုန်တင်ကား	koun din ka:
autocisterna (f)	ရေတင်ကား	jei din ga:
furgone (m)	ပစ္စည်းတင်ဗင်ကား	pji' si: din bin ga:
motrice (f)	နောက်တွဲပါကုန်တင်ယာဉ်	nau' twe: ba goun din jan
rimorchio (m)	နောက်တွဲယာဉ်	nau' twe: jan
confortevole (agg)	သက်တောင့်သက်သာဖြစ်သော	the' taun. the' tha hpji' te.
di seconda mano	တစ်ပတ်ရစ်	ti' pa' ji'

175. Automobili. Carrozzeria

cofano (m)	စက်ခေါင်းအဖုံး	se' khaun: ahpoun:
parafango (m)	ရွှံ့ကာ	shwan. ga
tetto (m)	ကားခေါင်မိုး	ka: gaun mou:
parabrezza (m)	လေကာမှန်	lei ga hman
retrovisore (m)	နောက်ကြည့်မှန်	nau' kje. hman
lavacristallo (m)	လေကာမှန်ဝါရှာ	lei ga hman wa sha
tergicristallo (m)	လေကာမှန်ရေသုတ်တံ	lei ga hman jei thou' tan
finestrino (m) laterale	ဘေးတံခါးမှန်	bei: dan ga: hman
alzacristalli (m)	တံခါးခလုတ်	daga: kha lou'
antenna (f)	အင်တန်နာတိုင်	in tan na tain
tettuccio (m) apribile	နေကာမှန်	nei ga hman
paraurti (m)	ကားဘန်ပါ	ka: ban ba
bagagliaio (m)	ပစ္စည်းခန်း	pji' si: khan:
portapacchi (m)	ခေါင်မိုးပစ္စည်းတင်စင်	gaun mou: pji' si: din zin
portiera (f)	တံခါး	daga:
maniglia (f)	တံခါးလက်ကိုင်	daga: le' kain
serratura (f)	တံခါးသော့	daga: dho.
targa (f)	လိုင်စင်ပြား	lain zin bja:
marmitta (f)	အသံထိန်းကိရိယာ	athan dein: gi. ji. ja

serbatoio (m) della benzina	ဆီတိုင်ကီ	hsi dain gi
tubo (m) di scarico	အိတ်ဇော	ei' zo:
acceleratore (m)	လီဗာ	li ba
pedale (m)	ခြေနင်း	chei nin:
pedale (m) dell'acceleratore	လီဗာနင်းပြား	li ba nin: bja
freno (m)	ဘရိတ်	ba. rei'
pedale (m) del freno	ဘရိတ်နင်ပြား	ba. rei' nin bja:
frenare (vi)	ဘရိတ်အုပ်သည်	ba. rei' au' te
freno (m) a mano	ပါကင်ဘရိတ်	pa gin ba. jei'
frizione (f)	ကလပ်	kala'
pedale (m) della frizione	ခြေနင်းကလပ်	chei nin: gala'
disco (m) della frizione	ကလပ်ပြား	kala' pja:
ammortizzatore (m)	ရှော့ခ်အဇ်ဆော်ဗာ	sho.kh a' hso ba
ruota (f)	ဘီး	bi:
ruota (f) di scorta	အပိုတာယာ	apou daja
pneumatico (m)	တာယာ	ta ja
copriruota (m)	ဘီးဖုံး	bi: boun:
ruote (f pl) motrici	တွန်းအားပေးသောဘီးများ	tun: a: bei: do: bi: mja:
a trazione anteriore	ရှေ့ဘီးအုံ	shei. bi: oun
a trazione posteriore	ဝင်ရိုးအုံ	win jou: oun
a trazione integrale	အောဝီးလ်ဒရိုက်ဘီးအုံ	o: wi: l da. shik bi: oun
scatola (f) del cambio	ဂီယာဘောက်	gi ja bau'
automatico (agg)	အလိုအလျောက်ဖြစ်သော	alou aljau' hpji' te.
meccanico (agg)	စက်နှင့်ဆိုင်သော	se' hnin. zain de.
leva (f) del cambio	ဂီယာတံ	gi ja dan
faro (m)	ရှေ့မီး	shei. mi:
luci (f pl), fari (m pl)	ရှေ့မီးများ	shei. mi: mja:
luci (f pl) anabbaglianti	အောက်မီး	au' mi:
luci (f pl) abbaglianti	အဝေးမီး	awei: mi:
luci (f pl) di arresto	ဘရိတ်မီး	ba. rei' mi:
luci (f pl) di posizione	ပါကင်မီး	pa gin mi:
luci (f pl) di emergenza	အရေးပေါ်အချက်ပြမီး	ajei: po' che' pja. mi:
fari (m pl) antinebbia	မြူနှင်းအလင်းဖေါက်မီး	hmju hnin: alin: bau' mi:
freccia (f)	အကွေ့အချက်ပြမီး	akwei. ache' pja. mi:
luci (f pl) di retromarcia	နောက်ဘက်အချက်ပြမီး	nau' be' ache' pja. mi:

176. Automobili. Vano passeggeri

abitacolo (m)	အတွင်းပိုင်း	atwin: bain:
di pelle	သားရေနှင့်လုပ်ထားသော	tha: jei hnin. lou' hta: de.
in velluto	ကတ္တီပါအထူစား	gadi ba ahtu za:
rivestimento (m)	ကူရှင်	ku shin
strumento (m) di bordo	စံပမဏတိုင်းကိရိယာ	san bamana dain: gi ji ja
cruscotto (m)	ဒက်ရှ်ဘုတ်	de' sh bou'

tachimetro (m)	ကားအရှိန်တိုင်းကိရိယာ	ka: ashein dain: ki. ja. ja
lancetta (f)	လက်တံ	le' tan
contachilometri (m)	ခရီးမိုင်တိုင်းကိရိယာ	khaji: main dain: ki. ji. ja
indicatore (m)	ဒိုင်ခွက်	dain gwa'
livello (m)	ရေချိန်	jei gjain
spia (f) luminosa	သတိပေးမီး	dhadi. pei: mi:
volante (m)	လက်ကိုင်ဘီး	le' kain bi:
clacson (m)	ဟွန်း	hwun:
pulsante (m)	ခလုတ်	khalou'
interruttore (m)	ခလုတ်	khalou'
sedile (m)	ထိုင်ခုံ	htain goun
spalliera (f)	နောက်မှီ	nau' mi
appoggiatesta (m)	ခေါင်းမှီ	gaun: hmi
cintura (f) di sicurezza	ထိုင်ခုံခါးပတ်	htain goun ga: pa'
allacciare la cintura	ထိုင်ခုံခါးပတ်ပတ်သည်	htain goun ga: pa' pa' te
regolazione (f)	ချိန်ညှိခြင်း	chein hnji. chin:
airbag (m)	လေအိတ်	lei i'
condizionatore (m)	လေအေးပေးစက်	lei ei: bei: ze'
radio (f)	ရေဒီယို	rei di jou
lettore (m) CD	စီဒီပလေယာ	si di ba. lei ja
accendere (vt)	ဖွင့်သည်	hpwin. de
antenna (f)	အင်တန်နာတိုင်	in tan na tain
vano (m) portaoggetti	ပစ္စည်းထည့်ရန်အံဆဲ	pji' si: de. jan an ze:
portacenere (m)	ဆေးလိပ်ပြာခွက်	hsei: lei' pja gwe'

177. Automobili. Motore

motore (m)	အင်ဂျင်	in gjin
a diesel	ဒီဇယ်	di ze
a benzina	ဓါတ်ဆီ	da' hsi
cilindrata (f)	အင်ဂျင်ထုထည်	in gjin htu. hte
potenza (f)	စွမ်းအား	swan: a:
cavallo vapore (m)	မြင်းကောင်ရေအား	mjin: gaun jei a:
pistone (m)	ပစ္စတင်	pji' sa. tin
cilindro (m)	ဆလင်ဒါ	hsa. lin da
valvola (f)	အဆို့ရှင်	ahsou. shin
iniettore (m)	ထိုးတံ	htou: dan
generatore (m)	ဂျင်နရေတာ	gjin na. jei ta
carburatore (m)	ကာဗရက်တာ	ka ba. je' ta
olio (m) motore	စက်ဆီ	se' hsi
radiatore (m)	ရေတိုင်ကီ	jei dain gi
liquido (m) di raffreddamento	အင်ဂျင်အေးစေ သည့်အရည်-ကူးလန့်	in gjin ei: zei dhi. aji - ku: lan.
ventilatore (m)	အအေးပေးပန်ကာ	aei: bei: ban ga
batteria (m)	ဘတ်ထရီ	ba' hta ji
motorino (m) d'avviamento	စက်နှိုးကိရိယာ	se' hnou: ki. ji. ja

accensione (f)	မီးပေးအပိုင်း	mi: bei: apain:
candela (f) d'accensione	မီးပွားပလတ်	mi: bwa: ba. la'
morsetto (m)	ဘက်ထရီထိပ်စွန်း	be' hta. ji htei' swan:
più (m)	ဘက်ထရီအဖိုစွန်း	be' hta. ji ahpou zwan:
meno (m)	ဘက်ထရီအမစွန်း	be' hta. ji ama. zwan:
fusibile (m)	ဖျူးစ်	hpju: s
filtro (m) dell'aria	လေစစ်ကိရိယာ	lei zi' ki. ji. ja
filtro (m) dell'olio	ဆီစစ်ကိရိယာ	hsi za' ki. ji. ja
filtro (m) del carburante	လောင်စာဆီစစ်ကိရိယာ	laun za hsi zi' ki. ji. ja

178. Automobili. Incidente. Riparazione

incidente (m)	ကားတိုက်ခြင်း	ka: dou' chin:
incidente (m) stradale	မတော်တဆယာဉ်တိုက်မှု	ma. do da. za. jan dai' hmu.
sbattere contro …	ဝင်တိုက်သည်	win dai' te
avere un incidente	အရှိန်ပြင်းစွာတိုက်မိသည်	ashein bjin: zwa daik mi. de
danno (m)	အပျက်အစီး	apje' asi:
illeso (agg)	မချွတ်ယွင်းသော	ma gjwe' jwin: de.
guasto (m), avaria (f)	စက်ချွတ်ယွင်းခြင်း	se' chu' jwin: gjin:
essere rotto	စက်ချွတ်ယွင်းသည်	se' chu' jwin: de
cavo (m) di rimorchio	လွန်ကြိုးကြီး	lun gjou: gji:
foratura (f)	ဘီးပေါက်ခြင်း	bi: bau' chin:
essere a terra	ပြားကပ်သွားသည်	pja: ga' thwa: de
gonfiare (vt)	လေထိုးသည်	lei dou: de
pressione (f)	ဖိအား	hpi. a:
controllare (verificare)	စစ်ဆေးသည်	si' hsei: de
riparazione (f)	ပြင်ခြင်း	pjin gjin:
officina (f) meccanica	ကားပြင်ဆိုင်	ka: bjin zain
pezzo (m) di ricambio	စက်အပိုပစ္စည်း	se' apou pji' si:
pezzo (m)	အစိတ်အပိုင်း	asei' apain:
bullone (m)	မူလီ	mu li
bullone (m) a vite	ဝက်အူ	we' u
dado (m)	မူလီခေါင်း	mu li gaun:
rondella (f)	ဝါရှာ	wa sha
cuscinetto (m)	ဘယ်ယာရင်	be ja jin
tubo (m)	ပိုက်	pai'
guarnizione (f)	ဆက်ရာကိုဖုံးသည့်ကွင်း	hse' ja gou boun: dhe. gwin:
filo (m), cavo (m)	ဝိုင်ယာကြိုး	wain ja gjou:
cric (m)	ဂျိုက်	gjou'
chiave (f)	ခွ	khwa.
martello (m)	တူ	tu
pompa (f)	လေထိုးစက်	lei dou: ze'
giravite (m)	ဝက်အူလှည့်	we' u hli.
estintore (m)	မီးသတ်ဘူး	mi: tha' bu:
triangolo (m) di emergenza	ရပ်သတိပေးသော အမှတ်အသား	ja' thati bei: de. ahma' atha:

spegnersi (vr)	စက် ရုတ်တရက်သေသည်	se' jou' taja' dhei de
spegnimento (m) motore	အင်ဂျင်စက် သေသွားခြင်း	in gjin sek thei thwa: gjin:
essere rotto	ကျိုးသွားသည်	kjou: dhwa: de
surriscaldarsi (vr)	စက်အရမ်းပူသွားသည်	se' ajan: bu dhwa: de
intasarsi (vr)	တစ်ဆို့သည်	ti' hsou. de
ghiacciarsi (di tubi, ecc.)	အေးအောင်လုပ်သည်	ei: aun lou' te
spaccarsi (vr)	ကျိုးပေါက်သည်	kjou: bau' te
pressione (f)	ဖိအား	hpi. a:
livello (m)	ရေချိန်	jei gjain
lento (cinghia ~a)	လျော့တိလျော့ရဲဖြစ်သော	ljau. di. ljau. je: hpji' de
ammaccatura (f)	အချိုင့်	achoun.
battito (m) (nel motore)	ခေါက်သံ	khau' dhan
fessura (f)	အက်ကြောင်း	e' kjaun:
graffiatura (f)	ခြစ်ရာ	chi' ja

179. Automobili. Strada

strada (f)	လမ်း	lan:
autostrada (f)	အဝေးပြေးလမ်းမကြီး	awei: bjei: lan: ma. gji:
superstrada (f)	အမြန်လမ်းမကြီး	aman lan: ma. mji:
direzione (f)	ဦးတည်ရာ	u: te ja
distanza (f)	အကွာအဝေး	akwa awei:
ponte (m)	တံတား	dada:
parcheggio (m)	ကားပါကင်	ka: pa kin
piazza (f)	ရင်ပြင်	jin bjin
svincolo (m)	အဝေးပြေးလမ်းမကြီးများဆုံရာ	awei: bjei: lan: ma. gji: mja: zoun ja
galleria (f), tunnel (m)	ဥမင်လိုဏ်ခေါင်း	u. min lain gaun:
distributore (m) di benzina	ဆီဆိုင်	hsi: zain
parcheggio (m)	ကားပါကင်	ka: pa kin
pompa (f) di benzina	ဆီပိုက်	hsi pou'
officina (f) meccanica	ကားပြင်ဆိုင်	ka: bjin zain
fare benzina	ဓါတ်ဆီထည့်သည်	da' hsi de. de
carburante (m)	လောင်စာ	laun za
tanica (f)	ဓာတ်ဆီပုံး	da' hsi boun:
asfalto (m)	နိုင်လွန်ကတ္တရာ	nain lun ga' taja
segnaletica (f) stradale	လမ်းအမှတ်အသား	lan: ahma' atha:
cordolo (m)	ပလက်ဖောင်းဘောင်	pa. je' hpaun: baun:
barriera (f) di sicurezza	လမ်းဘေးအရံအတား	lan: bei: ajan ata:
fosso (m)	လမ်းဘေးမြောင်း	lan: bei: mjaun:
ciglio (m) della strada	လမ်းဘေးမြေသား	lan: bei: mjei dha:
lampione (m)	တိုင်	tain
guidare (~ un veicolo)	မောင်းနှင်သည်	maun: hnin de
girare (~ a destra)	ကွေ့သည်	kwei. de
fare un'inversione a U	ကွေ့သည်	kwei. de
retromarcia (m)	နောက်ပြန်	nau' pjan
suonare il clacson	ဟွန်းတီးသည်	hwun: di: de

colpo (m) di clacson	ဟွန်း	hwun:
incastrarsi (vr)	နစ်သည်	ni' te
impantanarsi (vr)	ဘီးလည်စေသည်	bi: le zei de
spegnere (~ il motore)	ရပ်သည်	ja' te
velocità (f)	နှုန်း	hnun:
superare i limiti di velocità	သတ်မှတ်နှုန်းထက် ပိုမောင်းသည်	tha' hma' hnoun: de' pou maun: de
multare (vt)	ဒဏ်ရိုက်သည်	dan jai' de
semaforo (m)	မီးပွိုင့်	mi: bwain.
patente (f) di guida	ကားလိုင်စင်	ka: lain zin
passaggio (m) a livello	ရထားလမ်းကူး	jatha: lan: gu:
incrocio (m)	လမ်းဆုံ	lan: zoun
passaggio (m) pedonale	လူကူးမျဉ်းကြား	lu gu: mji: gja:
curva (f)	လမ်းချိုး	lan: gjou:
zona (f) pedonale	လမ်းသွားလမ်းလာနေရာ	lan: dhwa: lan: la nei ja

180. Segnaletica stradale

codice (m) stradale	လမ်းစည်းကမ်း	lan: ze: kan:
segnale (m) stradale	မီးပွိုင့်ဆိုင်ရာ ဆိုင်းဘုတ်များ	mi: bwain. zain ja zain: bou' mja:
sorpasso (m)	ကျော်တက်ခြင်း	kjo de' chin:
curva (f)	လမ်းအကွေ့	lan: akwei.
inversione ad U	ပစောက်ကွေ့	pa. zau' kwei.
rotatoria (f)	မီးပွိုင့်အဝိုင်းပတ်	mi: bwain. awain: ba'
divieto d'accesso	လမ်းထဲ မဝင်ရ	lan: de: ma. win ja.
divieto di transito	ယာဉ်မဝင်ရအမှတ်အသား	jin ma. win ja. ahma' atha:
divieto di sorpasso	ကျော်မတက်ရ အမှတ်အသား	kjo ma. de ja. ahma' atha:
divieto di sosta	ကားရပ်နားခြင်းမပြုရ	ka: ja' na gjin: ma. pju ja
divieto di fermata	ကားမရပ်ရ	ka: ma. ja' ja
curva (f) pericolosa	အန္တရာယ်ကွေ့	an dare gwei.
discesa (f) ripida	ဆင်ခြေလျှောမတ်စောက်လမ်း	hsin gjei sho: ma' sau' lan:
senso (m) unico	တစ်လမ်းသွား	ti' lan: dhwa:
passaggio (m) pedonale	လူကူးမျဉ်းကြား	lu gu: mji: gja:
strada (f) scivolosa	ချော်နေသောလမ်း	cho nei dho: lan:
dare la precedenza	တဖက်ကားကိုဦးစားပေးပါ	tahpa' ka: gou u: za: bei: ba

GENTE. SITUAZIONI QUOTIDIANE

Situazioni quotidiane

181. Vacanze. Evento

festa (f)	ပျော်ပွဲရွှင်ပွဲ	pjo bwe: shin bwe:
festa (f) nazionale	အမျိုးသားနေ့	amjou: dha: nei.
festività (f) civile	ပွဲတော်ရက်	pwe: do je'
festeggiare (vt)	အထိမ်းအမှတ်အဖြစ်ကျင်းပသည်	a htin: ahma' ahpja' kjin: ba. de
avvenimento (m)	အဖြစ်အပျက်	a hpji' apje'
evento (m) (organizzare un ~)	အစီအစဉ်	asi asin
banchetto (m)	ဂုဏ်ပြုစားပွဲ	goun bju za: bwe:
ricevimento (m)	ဧည့်ကြိုနေရာ	e. gjou nei ja
festino (m)	စားသောက်ဧည့်ခံပွဲ	sa: thau' e. gan bwe:
anniversario (m)	နှစ်ပတ်လည်	hni' ba' le
giubileo (m)	ရတု	jadu.
festeggiare (vt)	ကျင်းပသည်	kjin: ba. de
Capodanno (m)	နှစ်သစ်ကူး	hni' thi' ku:
Buon Anno!	ပျော်ရွှင်ဖွယ်နှစ်သစ်ကူးဖြစ်ပါစေ	pjo shin bwe: hni' ku: hpji' ba zei
Babbo Natale (m)	ခရစ္စမတ်ဘိုးဘိုး	khari' sa. ma' bou: bou:
Natale (m)	ခရစ္စမတ်ပွဲတော်	khari' sa. ma' pwe: do
Buon Natale!	မယ်ရီခရစ္စမတ်	me ji kha. ji' sa. ma'
Albero (m) di Natale	ခရစ္စမတ်သစ်ပင်	khari' sa. ma' thi' pin
fuochi (m pl) artificiali	မီးရှူးမီးပန်း	mi: shu: mi: ban:
nozze (f pl)	မင်္ဂလာဆောင်ပွဲ	min ga. la zaun bwe:
sposo (m)	သတို့သား	dhadou. tha:
sposa (f)	သတို့သမီး	dhadou. thami:
invitare (vt)	ဖိတ်သည်	hpi' de
invito (m)	ဖိတ်စာကဒ်	hpi' sa ka'
ospite (m)	ဧည့်သည်	e. dhe
andare a trovare	အိမ်လည်သွားသည်	ein le dhwa: de
accogliere gli invitati	ဧည့်သည်ကြိုဆိုသည်	e. dhe gjou zou de
regalo (m)	လက်ဆောင်	le' hsaun
offrire (~ un regalo)	ပေးသည်	pei: de
ricevere i regali	လက်ဆောင်ရသည်	le' hsaun ja. de
mazzo (m) di fiori	ပန်းစည်း	pan: ze:
auguri (m pl)	ဂုဏ်ပြုခြင်း	goun bju chin:
augurare (vt)	ဂုဏ်ပြုသည်	goun bju de

cartolina (f)	ဂုဏ်ပြုကဒ်	goun bju ka'
mandare una cartolina	ပို့စ်ကဒ်ပေးသည်	pou. s ka' pei: de
ricevere una cartolina	ပို့စ်ကဒ်လက်ခံရရှိသည်	pou. s ka' le' khan ja. shi. de
brindisi (m)	ဆုတောင်းဂုဏ်ပြုခြင်း	hsu. daun: goun pju. gjin:
offrire (~ qualcosa da bere)	ကျွေးသည်	kjwei: de
champagne (m)	ရှန်ပိန်	shan pein
divertirsi (vr)	ပျော်ရွှင်သည်	pjo shwin de
allegria (f)	ပျော်ရွှင်မှု	pjo shwin hmu
gioia (f)	ပျော်ရွှင်ခြင်း	pjo shwin gjin:
danza (f), ballo (m)	အက	aka.
ballare (vi, vt)	ကသည်	ka de
valzer (m)	ဝေါ့ဇ်အက	wo. z aka.
tango (m)	တန်ဂိုအက	tan gou aka.

182. Funerali. Sepoltura

cimitero (m)	သင်္ချိုင်း	thin gjain:
tomba (f)	အုတ်ဂူ	ou' gu
croce (f)	လက်ဝါးကပ်တိုင်အမှတ်အသား	le' wa: ka' tain ahma' atha:
pietra (f) tombale	အုတ်ဂူကျောက်တုံး	ou' gu kjau' toun.
recinto (m)	ခြံစည်းရိုး	chan zi: jou:
cappella (f)	ဝတ်ပြုဆုတောင်းရာနေရာ	wa' pju. u. daun: ja nei ja
morte (f)	သေခြင်းတရား	thei gjin: daja:
morire (vi)	ကွယ်လွန်သည်	kwe lun de
defunto (m)	ကွယ်လွန်သူ	kwe lun dhu
lutto (m)	ဝမ်းနည်းကြေကွဲခြင်း	wan: ne: gjei gwe gjin:
seppellire (vt)	မြေမြှုပ်သင်္ဂြိုဟ်သည်	mjei hmjou' dha. gjoun de
sede (f) di pompe funebri	အသုဘရှုရန်နေရာ	athu. ba. shu. jan nei ja
funerale (m)	စျာပန	za ba. na.
corona (f) di fiori	ပန်းခွေ	pan gwei
bara (f)	ခေါင်း	gaun:
carro (m) funebre	နိဗ္ဗာန်ယာဉ်	nei' ban jan
lenzuolo (m) funebre	လူသေပတ်သည့်အဝတ်စ	lu dhei ba' the. awa' za.
corteo (m) funebre	အသုဘယာဉ်တန်း	athu. ba. in dan:
urna (f) funeraria	အရိုးပြာအိုး	ajain: bja ou:
crematorio (m)	မီးသင်္ဂြိုဟ်ရုံ	mi: dha. gjoun joun
necrologio (m)	နာရေးသတင်း	na jei: dha. din:
piangere (vi)	ငိုသည်	ngou de
singhiozzare (vi)	ရှိုက်ငိုသည်	shai' ngou de

183. Guerra. Soldati

plotone (m)	တစ်စု	ta' su.
compagnia (f)	တစ်ခွဲ	ta' khwe:

reggimento (m)	တပ်ရင်း	ta' jin:
esercito (m)	တပ်မတော်	ta' mado
divisione (f)	တိုင်းအဆင့်	tain: ahsin.
distaccamento (m)	အထူးစစ်သားအဖွဲ့ငယ်	a htu: za' tha: ahpwe. nge
armata (f)	စစ်တပ်ဖွဲ့	si' ta' hpwe.
soldato (m)	စစ်သား	si' tha:
ufficiale (m)	အရာရှိ	aja shi.
soldato (m) semplice	တပ်သား	ta' tha:
sergente (m)	တပ်ကြပ်ကြီး	ta' kja' kji:
tenente (m)	ဗိုလ်	bou
capitano (m)	ဗိုလ်ကြီး	bou gji
maggiore (m)	ဗိုလ်မှူး	bou hmu:
colonnello (m)	ဗိုလ်မှူးကြီး	bou hmu: gji:
generale (m)	ဗိုလ်ချုပ်	bou gjou'
marinaio (m)	ရေတပ်သား	jei da' tha:
capitano (m)	ဗိုလ်ကြီး	bou gji
nostromo (m)	သင်္ဘောအရာရှိငယ်	thin: bo: aja shi. nge
artigliere (m)	အမြောက်တပ်သား	amjau' thin de.
paracadutista (m)	လေထီးခုန်စစ်သား	lei di: goun zi' tha:
pilota (m)	လေယာဉ်မှူး	lei jan hmu:
navigatore (m)	လေကြောင်းပြ	lei gjaun: bja.
meccanico (m)	စက်ပြင်ဆရာ	se' pjin zaja
geniere (m)	မိုင်းရှင်းသူ	main: shin: dhu
paracadutista (m)	လေထီးခုန်သူ	lei di: goun dhu
esploratore (m)	ကင်းထောက်	kin: dau'
cecchino (m)	လက်ဖြောင့်စစ်သား	le' hpaun. zi' tha:
pattuglia (f)	လှည့်ကင်း	hle. kin:
pattugliare (vt)	ကင်းလှည့်သည်	kin: hle. de
sentinella (f)	ကင်းသမား	kin: dhama:
guerriero (m)	စစ်သည်	si' te
patriota (m)	မျိုးချစ်သူ	mjou: gji dhu
eroe (m)	သူရဲကောင်း	thu je: kaun:
eroina (f)	အမျိုးသမီးလူ စွမ်းကောင်း	amjou: dhami: lu swan: gaun:
traditore (m)	သစ္စာဖောက်	thi' sabau'
tradire (vt)	သစ္စာဖောက်သည်	thi' sabau' te
disertore (m)	စစ်ပြေး	si' pjei:
disertare (vi)	စစ်တပ်မှထွက်ပြေးသည်	si' ta' hma. dwe' pjei: de
mercenario (m)	ကြေးစားစစ်သား	kjei: za za' tha:
recluta (f)	တပ်သားသစ်	ta' tha: dhi'
volontario (m)	မိမိ၏ဆန္ဒ အရစစ်ထဲဝင်သူ	mi. mi. i zan da. aja. zi' hte: win dhu
ucciso (m)	တိုက်ပွဲကျသူ	tai' pwe: gja dhu
ferito (m)	ဒဏ်ရာရသူ	dan ja ja. dhu
prigioniero (m) di guerra	စစ်သုံ့ပန်း	si' thoun. ban:

184. Guerra. Azioni militari. Parte 1

guerra (f)	စစ်ပွဲ	si' pwe:
essere in guerra	စစ်ပွဲဝင်ဆင်နွှဲသည်	si' pwe: ba win zin hnwe: de
guerra (f) civile	ပြည်တွင်းစစ်	pji dwin: zi'
perfidamente	သစ္စာဖောက်သွေဖီလျက်	thi' sabau' thwei bi le'
dichiarazione (f) di guerra	စစ်ကြေငြာခြင်း	si' kjei nja gjin:
dichiarare (~ guerra)	ကြေငြာသည်	kjei nja de
aggressione (f)	ကျူးကျော်ရန်စမှု	kju: gjo jan za. hmu.
attaccare (vt)	တိုက်ခိုက်သည်	tai' khai' te
invadere (vt)	ကျူးကျော်ဝင်ရောက်သည်	kju: gjo win jau' te
invasore (m)	ကျူးကျော်ဝင်ရောက်သူ	kju: gjo win jau' thu
conquistatore (m)	အောင်နိုင်သူ	aun nain dhu
difesa (f)	ကာကွယ်ရေး	ka gwe ei:
difendere (~ un paese)	ကာကွယ်သည်	ka gwe de
difendersi (vr)	ခုခံကာကွယ်သည်	khu. gan ga gwe de
nemico (m)	ရန်သူ	jan dhu
avversario (m)	ပြိုင်ဘက်	pjain be'
ostile (agg)	ရန်သူ	jan dhu
strategia (f)	မဟာဗျူဟာ	maha bju ha
tattica (f)	ဗျူဟာ	bju ha
ordine (m)	အမိန့်	amin.
comando (m)	အမိန့်	amin.
ordinare (vt)	အမိန့်ပေးသည်	amin. bei: de
missione (f)	ရည်မှန်းချက်	ji hman: gje'
segreto (agg)	လျှို့ဝှက်သော	shou. hwe' te.
battaglia (f)	တိုက်ပွဲငယ်	tai' pwe: nge
combattimento (m)	တိုက်ပွဲ	tai' pwe:
attacco (m)	တိုက်စစ်	tai' si'
assalto (m)	တဟုန်ထိုးတိုက်ခိုက်ခြင်း	tahoun
assalire (vt)	တရကြမ်းတိုက်ခိုက်သည်	tara gjan: dai' khai' te
assedio (m)	ဝန်းရံလုပ်ကြံခြင်း	wun: jan lou' chan gjin:
offensiva (f)	ထိုးစစ်	htou: zi'
passare all'offensiva	ထိုးစစ်ဆင်နွှဲသည်	htou: zi' hsin hnwe: de
ritirata (f)	ဆုတ်ခွာခြင်း	hsou' khwa gjin
ritirarsi (vr)	ဆုတ်ခွာသည်	hsou' khwa de
accerchiamento (m)	ဝန်းရံပိတ်ဆို့ထားခြင်း	wun: jan bei' zou. da: chin:
accerchiare (vt)	ဝန်းရံပိတ်ဆို့ထားသည်	wun: jan bei' zou. da: de
bombardamento (m)	ဗုံးကြဲချခြင်း	boun: gje: gja. gjin:
lanciare una bomba	ဗုံးကြဲချသည်	boun: gje: gja. de
bombardare (vt)	ဗုံးကြဲတိုက်ခိုက်သည်	boun: gje: dai' khai' te
esplosione (f)	ပေါက်ကွဲမှု	pau' kwe: hmu.
sparo (m)	ပစ်ချက်	pi' che'

sparare un colpo	ပစ်သည်	pi' te
sparatoria (f)	ပစ်ခတ်ခြင်း	pi' che' chin:
puntare su ...	ပစ်မှတ်ချိန်သည်	pi' hma' chein de
puntare (~ una pistola)	ချိန်ရွယ်သည်	chein jwe de
colpire (~ il bersaglio)	ပစ်မှတ်ထိသည်	pi' hma' hti. de
affondare (mandare a fondo)	နစ်မြုပ်သည်	ni' mjou' te
falla (f)	အပေါက်	apau'
affondare (andare a fondo)	နှစ်မြှုပ်သည်	hni' hmjou' te
fronte (m) (~ di guerra)	ရှေ့တန်း	shei. dan:
evacuazione (f)	စစ်ဘေးရှောင်ခြင်း	si' bei: shaun gjin:
evacuare (vt)	စစ်ဘေးရှောင်သည်	si' bei: shaun de
trincea (f)	ကတုတ်ကျင်း	gadou kjin:
filo (m) spinato	သံဆူးကြိုး	than zu: gjou:
sbarramento (m)	အတားအဆီး	ata: ahsi:
torretta (f) di osservazione	မျှော်စင်	hmjo zin
ospedale (m) militare	ရှေ့တန်းစစ်ဆေးရုံ	shei. dan: zi' zei: joun
ferire (vt)	ဒဏ်ရာရသည်	dan ja ja. de
ferita (f)	ဒဏ်ရာ	dan ja
ferito (m)	ဒဏ်ရာရသူ	dan ja ja. dhu
rimanere ferito	ဒဏ်ရာရစေသည်	dan ja ja. zei de
grave (ferita ~)	ပြင်းထန်သော	pjin: dan dho:

185. Guerra. Azioni militari. Parte 2

prigionia (f)	သုံ့ပန်း	thoun. ban:
fare prigioniero	သုံ့ပန်းအဖြစ်ဖမ်းသည်	thoun. ban: ahpji' hpan: de
essere prigioniero	သုံ့ပန်းဖြစ်သွားသည်	thoun. ban: bji' thwa: de
essere fatto prigioniero	သုံ့ပန်းအဖြစ် အဖမ်းခံရသည်	thoun. ban: ahpji' ahpan: gan ja. de
campo (m) di concentramento	ညှင်းပန်းနှိပ်စက်ရာစခန်း	hnjin: ban: nei' ze' ja za. gan:
prigioniero (m) di guerra	စစ်သုံ့ပန်း	si' thoun. ban:
fuggire (vi)	လွတ်မြောက်သည်	lu' mjau' te
tradire (vt)	သစ္စာဖောက်သည်	thi' sabau' te
traditore (m)	သစ္စာဖောက်သူ	thi' sabau' thu
tradimento (m)	သစ္စာဖောက်မှု	thi' sabau' hmu.
fucilare (vt)	ပစ်သတ်ကွပ်မျက်ခံရသည်	pi' tha' ku' mje' khan ja. de
fucilazione (f)	ပစ်သတ်ကွပ်မျက်ခြင်း	pi' tha' ku' mje' chin:
divisa (f) militare	ပစ္စည်းကိရိယာများ	pji' si: gi. ji. ja mja:
spallina (f)	ပခုံးဘားတန်း	pakhoun: ba: dan:
maschera (f) antigas	ဓာတ်ငွေ့ကာမျက်နှာဖုံး	da' ngwei. ga mje' na boun:
radiotrasmettitore (m)	ရေဒီယိုစက်ကွင်း	rei di jou ze' kwin:
codice (m)	လျှို့ဝှက် ကုဒ်သင်္ကေတ	shou. hwe' kou' dha
complotto (m)	လျှို့ဝှက်ခြင်း	shou hwe' chin:
parola (f) d'ordine	စကားဝှက်	zaga: hwe'

mina (f)	မြေမြှုပ်မိုင်း	mjei hmja' main:
minare (~ la strada)	မိုင်းထောင်သည်	main: daun de
campo (m) minato	မိုင်းမြေ	main: mjei
allarme (m) aereo	လေကြောင်းအန္တရာယ်သ တိပေးဥဩသံ	lei kjan: an da. ja dha. di. bei: nja. o. dhan
allarme (m)	သတိပေးခေါင်းလောင်းသံ	dhadi. pei: gaun: laun: dhan
segnale (m)	အချက်ပြ	ache' pja.
razzo (m) di segnalazione	အချက်ပြမီးကျည်	ache' pja. mi: gji
quartier (m) generale	ဌာနချုပ်	hta. na. gjou'
esplorazione (m)	ထောက်လှမ်းခြင်း	htau' hlan: gjin:
situazione (f)	အခြေအနေ	achei anei
rapporto (m)	အစီရင်ခံစာ	asi jin gan za
agguato (m)	ချုံခိုတိုက်ခိုက်ခြင်း	choun gou dai' khai' chin:
rinforzo (m)	စစ်ကူ	si' ku
bersaglio (m)	ပစ်မှတ်	pi' hma'
terreno (m) di caccia	လေ့ကျင့်ရေးကွင်း	lei. kjin. jei: gwin:
manovre (f pl)	စစ်ရေးလေ့ကျင့်မှု	si' jei: lei. gjin. hmu.
panico (m)	ထိတ်ထိတ်ပြာပြာဖြစ်ခြင်း	htei' htei' pja bja bji' chin:
devastazione (f)	ကြီးစွာသောအပျက်အစီး	kji: zwa dho apje' asi:
distruzione (m)	အပျက်အစီး	apje' asi:
distruggere (vt)	ဖျက်ဆီးသည်	hpje' hsi: de
sopravvivere (vi, vt)	အသက်ရှင်ကျန်ရစ်သည်	athe' shin kjin ja' te
disarmare (vt)	လက်နက်သိမ်းသည်	le' ne' thain de
maneggiare (una pistola, ecc.)	ကိုင်တွယ်သည်	kain dwe de
Attenti!	သတိ	thadi.
Riposo!	သက်သာ	the' tha
atto (m) eroico	စွန့်စားမှု	sun. za: hmu.
giuramento (m)	ကျမ်းသစ္စာ	kjan: thi' sa
giurare (vi)	ကျမ်းသစ္စာဆိုသည်	kjan: thi' sa hsou de
decorazione (f)	တန်ဆာဆင်မှု	tan za zin hmu.
decorare (qn)	ဆုတံဆိပ်ချီးမြှင့်သည်	hsu. dazei' chi: hmjin. de
medaglia (f)	ဆုတံဆိပ်	hsu. dazei'
ordine (m) (~ al Merito)	ဘွဲ့တံဆိပ်	bwe. dan zi'
vittoria (f)	အောင်ပွဲ	aun bwe:
sconfitta (m)	အရှုံး	ashoun:
armistizio (m)	စစ်ရပ်ဆိုင်းသဘော တူညီမှု	si' ja' hsain: dhabo: du nji hmu.
bandiera (f)	စံ	san
gloria (f)	ထင်ပေါ်ကျော်ကြားမှု	htin bo gjo gja: hmu.
parata (f)	စစ်ရေးပြ	si' jei: bja.
marciare (in parata)	စစ်ရေးပြသည်	si' jei: bja. de

186. Armi

armi (f pl)	လက်နက်	le' ne'
arma (f) da fuoco	မီးပွင့်သေနတ်	mi: bwin. dhei na'
arma (f) bianca	ဓါးအမျိုးမျိုး	da: mjou: mjou:
armi (f pl) chimiche	ဓာတုလက်နက်	da tu. le' ne'
nucleare (agg)	နျူကလီးယား	nju ka. li: ja:
armi (f pl) nucleari	နျူကလီးယားလက်နက်	nju ka. li: ja: le' ne'
bomba (f)	ဗုံး	boun:
bomba (f) atomica	အက်တမ်ဗုံး	e' tan boun:
pistola (f)	ပစ္စတို	pji' sa. tou
fucile (m)	ရိုင်ဖယ်	jain be
mitra (m)	မောင်းပြန်သေနတ်	maun: bjan dhei na'
mitragliatrice (f)	စက်သေနတ်	se' thei na'
bocca (f)	ပြောင်းဝ	pjaun: wa.
canna (f)	ပြောင်း	pjaun:
calibro (m)	သေနတ်ပြောင်းအချင်း	thei na' pjan: achin:
grilletto (m)	ခလုတ်	khalou'
mirino (m)	ချိန်ရွက်	chein kwe'
caricatore (m)	ကျည်ကပ်	kji ke'
calcio (m)	သေနတ်ဒင်	thei na' din
bomba (f) a mano	လက်ပစ်ဗုံး	le' pi' boun:
esplosivo (m)	ပေါက်ကွဲစေသောပစ္စည်း	pau' kwe: zei de. bji' si:
pallottola (f)	ကျည်ဆံ	kji. zan
cartuccia (f)	ကျည်ဆံ	kji. zan
carica (f)	ကျည်ထိုးခြင်း	kji dou: gjin:
munizioni (f pl)	ခဲယမ်းမီးကျောက်	khe: jan: mi: kjau'
bombardiere (m)	ဗုံးကြဲလေယာဉ်	boun: gje: lei jin
aereo (m) da caccia	တိုက်လေယာဉ်	tai' lei jan
elicottero (m)	ရဟတ်ယာဉ်	jaha' jan
cannone (m) antiaereo	လေယာဉ်ပစ်စက်သေနတ်	lei jan pi' ze' dhei na'
carro (m) armato	တင့်ကား	tin. ga:
cannone (m)	တင့်အမြောက်	tin. amjau'
artiglieria (f)	အမြောက်	amjau'
cannone (m)	ရှေးခေတ်အမြောက်	shei: gi' amjau'
mirare a …	ချိန်ရွယ်သည်	chein jwe de
proiettile (m)	အမြောက်ဆံ	amjau' hsan
granata (f) da mortaio	စိန်ပြောင်းကျည်	sein bjaun: gji
mortaio (m)	စိန်ပြောင်း	sein bjaun:
scheggia (f)	ဗုံးစ	boun: za
sottomarino (m)	ရေအောက်နှင့်ဆိုင်သော	jei au' hnin. zain de.
siluro (m)	တော်ပီဒို	to pi dou
missile (m)	ဒုံး	doun:

caricare (~ una pistola)	ကျည်ထိုးသည်	kji dou: de
sparare (vi)	သေနတ်ပစ်သည်	thei na' pi' te
puntare su …	ချိန်သည်	chein de
baionetta (f)	လှံစွပ်	hlan zu'
spada (f)	ရာပီယာဓားရှည်	ra pi ja da: shei
sciabola (f)	စစ်သုံးဓားရှည်	si' thoun: da shi
lancia (f)	လှံ	hlan
arco (m)	လေး	lei:
freccia (f)	မြား	mja:
moschetto (m)	ပြောင်းချောသေနတ်	pjaun: gjo: dhei na'
balestra (f)	ဒူးလေး	du: lei:

187. Gli antichi

primitivo (agg)	ရှေးဦးကာလ	shei: u: ga la.
preistorico (agg)	သမိုင်းမတိုင်မီကာလ	thamain: ma. dain mi ga la.
antico (agg)	ရှေးကျသော	shei: gja. de
Età (f) della pietra	ကျောက်ခေတ်	kjau' khi'
Età (f) del bronzo	ကြေးခေတ်	kjei: gei'
epoca (f) glaciale	ရေခဲခေတ်	jei ge: gei'
tribù (f)	မျိုးနွယ်စု	mjou: nwe zu.
cannibale (m)	လူသားစားလူရိုင်း	lu dha: za: lu jain:
cacciatore (m)	မုဆိုး	mou' hsou:
cacciare (vt)	အမဲလိုက်သည်	ame: lai' de
mammut (m)	အမွေးရှည်ဆင်ကြီးတစ်မျိုး	ahmwei shei zin kji: ti' mjou:
caverna (f), grotta (f)	ဂူ	gu
fuoco (m)	မီး	mi:
falò (m)	မီးပုံ	mi: boun
pittura (f) rupestre	နံရံဆေးရေးပန်းချီ	nan jan zei: jei: ban: gji
strumento (m) di lavoro	ကိရိယာ	ki. ji. ja
lancia (f)	လှံ	hlan
ascia (f) di pietra	ကျောက်ပုဆိန်	kjau' pu. hsain
essere in guerra	စစ်ပွဲတွင်ပါဝင်ဆင်နွှဲသည်	si' pwe: dwin ba win zin hnwe: de
addomesticare (vt)	ယဉ်ပါးစေသည်	jin ba: zei de
idolo (m)	ရုပ်တု	jou' tu
idolatrare (vt)	ကိုးကွယ်သည်	kou: kwe de
superstizione (f)	အယူသီးခြင်း	aju dhi: gjin:
rito (m)	ရိုးရာထုံးတမ်းဓလေ့	jou: ja doun: dan: da lei.
evoluzione (f)	ဆင့်ကဲဖြစ်စဉ်	hsin. ke: hpja' sin
sviluppo (m)	ဖွံ့ဖြိုးတိုးတက်မှု	hpjun. bjou: dou: de' hmu.
estinzione (f)	ပျောက်ကွယ်ခြင်း	pjau' kwe gjin
adattarsi (vr)	နေသားကျရန်ပြင်ဆင်သည်	nei dha: gja. jan bjin zin de
archeologia (f)	ရှေးဟောင်းသုတေသန	shei: haun
archeologo (m)	ရှေးဟောင်းသုတေသနပညာရှင်	shei: haun thu. dei dha. na. bji nja shin

archeologico (agg)	ရှေးဟောင်းသုတေသနဆိုင်ရာ	shei: haun thu. dei dha. na. zain ja
sito (m) archeologico	တူးဖော်ရာနေရာ	tu: hpo ja nei ja
scavi (m pl)	တူးဖော်မှုလုပ်ငန်း	tu: hpo hmu. lou' ngan:
reperto (m)	တွေ့ရှိချက်	twei. shi. gje'
frammento (m)	အပိုင်းအစ	apain: asa.

188. Il Medio Evo

popolo (m)	လူမျိုး	lu mjou:
popoli (m pl)	လူမျိုး	lu mjou:
tribù (f)	မျိုးနွယ်စု	mjou: nwe zu.
tribù (f pl)	မျိုးနွယ်စုများ	mjou: nwe zu. mja:
barbari (m pl)	အရိုင်းအစိုင်းများ	ajou: asain: mja:
galli (m pl)	ဂေါလ်လူမျိုးများ	go l lu mjou: mja:
goti (m pl)	ဂေါ့တ်လူမျိုးများ	go. t lu mjou: mja:
slavi (m pl)	စလဗ်လူမျိုးများ	sala' lu mjou: mja:
vichinghi (m pl)	ဗိုက်ကင်းလူမျိုး	bai' kin: lu mjou:
romani (m pl)	ရောမလူမျိုး	ro: ma. lu mjou:
romano (agg)	ရောမနှင့်ဆိုင်သော	ro: ma. hnin. zain de
bizantini (m pl)	ဘိုင်ဇင်တိုင်လူမျိုးများ	bain zin dain lu mjou: mja:
Bisanzio (m)	ဘိုင်ဇင်တိုင်အင်ပါယာ	bain zin dain in ba ja
bizantino (agg)	ဘိုင်ဇင်တိုင်နှင့်ဆိုင်သော	bain zin dain hnin. zain de.
imperatore (m)	ဧကရာဇ်	ei gaja'
capo (m)	ခေါင်းဆောင်	gaun: zaun
potente (un re ~)	အင်အားကြီးသော	in a: kji: de.
re (m)	ဘုရင်	ba. jin
governante (m) (sovrano)	အုပ်ချုပ်သူ	ou' chou' thu
cavaliere (m)	ဆာဘွဲ့ရသူရဲကောင်း	hsa bwe. ja. dhu je gaun:
feudatario (m)	မြေရှင်ပဒေသရာဇ်	mjei shin badei dhaja'
feudale (agg)	မြေရှင်ပဒေသရာဇ်စနစ်နှင့်ဆိုင်သော	mjei shin badei dhaja' sani' hnin. zain de.
vassallo (m)	မြေကျွန်	mjei gjun
duca (m)	မြို့စားကြီး	mjou. za: gji:
conte (m)	ဗြိတိသျှမှူး မတ်သူရဲကောင်း	bri ti sha hmu: ma' thu je: gaun:
barone (m)	ဘယ်ရွန် အမတ်	be jwan ama'
vescovo (m)	ဘုန်းတော်ကြီး	hpoun do: gji:
armatura (f)	ချပ်ဝတ်တန်ဆာ	cha' wu' tan za
scudo (m)	ဒိုင်း	dain:
spada (f)	ဓား	da:
visiera (f)	စစ်မျက်နှာကာ	si' mje' na ga
cotta (f) di maglia	သံဇကာချပ်ဝတ်တန်ဆာ	than za. ga gja' wu' tan za
crociata (f)	ခရူဆိတ်ဘာသာရေးစစ်ပွဲ	kha ju: zei' ba dha jei: zi' pwe:
crociato (m)	ခရူးဆိတ်တိုက်ပွဲဝင်သူ	kha ju: zei' dai' bwe: win dhu
territorio (m)	နယ်မြေ	ne mjei

attaccare (vt)	တိုက်ခိုက်သည်	tai' khai' te
conquistare (vt)	သိမ်းပိုက်စိုးမိုးသည်	thain: bou' sou: mou: de
occupare (invadere)	သိမ်းပိုက်သည်	thain:
assedio (m)	ဝန်းရံလုပ်ကြံခြင်း	wun: jan lou' chan gjin:
assediato (agg)	ဝန်းရံလုပ်ကြံခံရသော	wun: jan lou' chan gan ja. de.
assediare (vt)	ဝန်းရံလုပ်ကြံသည်	wun: jan lou' chan de
inquisizione (f)	ကာသိုလိပ်ဘုရားကျောင်း တရားစီရင်အဖွဲ့	ka tho li' bou ja: gjan: ta. ja: zi jin ahpwe.
inquisitore (m)	စစ်ကြောမေးမြန်းသူ	si' kjo: mei: mjan: dhu
tortura (f)	ညှဉ်းပန်းနှိပ်စက်ခြင်း	hnjin: ban: hnei' se' chin:
crudele (agg)	ရက်စက်ကြမ်းကြုတ်သော	je' se' kjan: gjou' te.
eretico (m)	ဒိဋ္ဌိ	di hti
eresia (f)	မိစ္ဆာဒိဋ္ဌိ	mei' hsa dei' hti.
navigazione (f)	ပင်လယ်ပျော်	pin le bjo
pirata (m)	ပင်လယ်ဓားပြ	pin le da: bja.
pirateria (f)	ပင်လယ်ဓားပြတိုက်ခြင်း	pin le da: bja. tai' chin:
arrembaggio (m)	လှေကုန်းပတ်ပေါ် တိုက်ခိုက်ခြင်း	hlei goun: ba' po dou' hpou' chin:
bottino (m)	တိုက်ခိုက်ရရှိသောပစ္စည်း	tai' khai' ja. shi. dho: pji' si:
tesori (m)	ရတနာ	jadana
scoperta (f)	စူးစမ်းရှာဖွေခြင်း	su: zan: sha bwei gjin
scoprire (~ nuove terre)	စူးစမ်းရှာဖွေသည်	su: zan: sha bwei de
spedizione (f)	စူးစမ်းလေ့လာရေးခရီး	su: zan: lei. la nei: khaji:
moschettiere (m)	ပြောင်းရှောသေနတ် ကိုင်စစ်သား	pjaun: gjo: dhei na' kain si' tha:
cardinale (m)	ရေဖျန်းခရစ်ယာန် ဘုန်းတော်ကြီး	jei bjan: khaji' jan boun: do gji:
araldica (f)	မျိုးရိုးဘွဲ့တံဆိပ် များလေ့လာခြင်းပညာ	mjou: jou: bwe. dan zai' mja: lei. la gjin: pi nja
araldico (agg)	မျိုးရိုးပညာလေ့လာခြင်း နှင့်ဆိုင်သော	mjou: pi nja lei. la gjin: hnin. zain de.

189. Leader. Capo. Le autorità

re (m)	ဘုရင်	ba jin
regina (f)	ဘုရင်မ	ba jin ma.
reale (agg)	ဘုရင်နှင့်ဆိုင်သော	ba, jin hnin, zain de
regno (m)	ဘုရင်အုပ်ချုပ်သောနိုင်ငံ	ba jin au' chou' dho nin gan
principe (m)	အိမ်ရှေ့မင်းသား	ein shei. min: dha:
principessa (f)	မင်းသမီး	min: dhami:
presidente (m)	သမ္မတ	thamada.
vicepresidente (m)	ဒုသမ္မတ	du. dhamada.
senatore (m)	ဆီနိတ်လွှတ်တော်အမတ်	hsi nei' hlwa' do: ama'
monarca (m)	သက်ဦးဆံပိုင်	the'
governante (m) (sovrano)	အုပ်ချုပ်သူ	ou' chou' thu
dittatore (m)	အာဏာရှင်	a na shin

tiranno (m)	ဖိနှိပ်ချုပ်ချယ်သူ	hpana' chou' che dhu
magnate (m)	လုပ်ငန်းရှင်သူဌေးကြီး	lou' ngan: shin dhu dei: gji:
direttore (m)	ညွှန်ကြားရေးမှူး	hnjun gja: jei: hmu:
capo (m)	အကြီးအကဲ	akji: ake:
dirigente (m)	မန်နေဂျာ	man nei gji
capo (m)	အကြီးအကဲ	akji: ake:
proprietario (m)	ပိုင်ရှင်	pain shin
leader (m)	ခေါင်းဆောင်	gaun: zaun
capo (m) (~ delegazione)	အဖွဲ့ခေါင်းဆောင်	ahpwe. gaun: zaun:
autorità (f pl)	အာဏာပိုင်အဖွဲ့	a na bain ahpwe.
superiori (m pl)	အထက်လူကြီးများ	a hte' lu gji: mja:
governatore (m)	ပြည်နယ်အုပ်ချုပ်ရေးမှူး	pji ne ou' chou' jei: hmu:
console (m)	ကောင်စစ်ဝန်	kaun si' wun
diplomatico (m)	သံတမန်	than taman.
sindaco (m)	မြို့တော်ဝန်	mjou. do wun
sceriffo (m)	နယ်မြေတာဝန်ခံ ရဲအရာရှိ	ne mjei da wun gan je: aja shi.
imperatore (m)	ဧကရာဇ်	ei gaja'
zar (m)	ဇာဘုရင်	za bou jin
faraone (m)	ရှေးအီဂျစ်နိုင်ငံဘုရင်	shei: i gji' nain ngan bu. jin
khan (m)	ခန်	khan

190. Strada. Via. Indicazioni

strada (f)	လမ်း	lan:
cammino (m)	လမ်းကြောင်း	lan: gjaun:
superstrada (f)	အမြန်လမ်းမကြီး	aman lan: ma. mji:
autostrada (f)	အဝေးပြေးလမ်းမကြီး	awei: bjei: lan: ma. gji:
strada (f) statale	ပင်မလမ်းမကြီး	pin lan: ma. gji:
strada (f) principale	မိန်းလမ်း	mein: lan:
strada (f) sterrata	မြေလမ်း	mjei lan
viottolo (m)	လူသွားလမ်း	lu dhwa: lan:
sentiero (m)	လူသွားလမ်းကလေး	lu dhwa: lan: ga. lei:
Dove? (~ è?)	ဘယ်မှာလဲ	be hma le:
Dove? (~ vai?)	ဘယ်ကိုလဲ	be gou le:
Di dove?, Da dove?	ဘယ်ကလဲ	be ga. le:
direzione (f)	ဦးတည်ရာ	u: te ja
indicare (~ la strada)	ညွှန်ပြသည်	hnjun bja. de
a sinistra (girare ~)	ဘယ်ဘက်	be be'
a destra (girare ~)	ညာဘက်	nja be'
dritto (avv)	တည့်တည့်	te. de.
indietro (tornare ~)	နောက်သို့	nau' dhou.
curva (f)	အကွေ့	akwei.
girare (~ a destra)	ကွေ့သည်	kwei. de

fare un'inversione a U	ကွေ့သည်	kwei. de
essere visibile	မြင်ရသည်	mjin ja. de
apparire (vi)	မြင်နေရသည်	mjin nei ja. de
sosta (f) (breve fermata)	ရပ်နားခြင်း	ja' na: gjin:
riposarsi, fermarsi (vr)	အနားယူသည်	ana: ju de
riposo (m)	အနားယူခြင်း	ana: ju gjin:
perdersi (vr)	လမ်းပျောက်သည်	lan: bjau' de
portare verso …	ဦးတည်သည်	u: ti de
raggiungere (arrivare a)	လမ်းပေါ်ထွက်လာသည်	lan: bo dwe' la de
tratto (m) di strada	တစ်ကန့်	ti' kan.
asfalto (m)	ကတ္တရာစေး	ka' ta' ja zi:
cordolo (m)	ပလက်ဖောင်းဘောင်	pa. je' hpaun: baun:
fosso (m)	လမ်းဘေးမြောင်း	lan: bei: mjaun:
tombino (m)	မန်းဟိုး	man: hou:
ciglio (m) della strada	လမ်းဘေးမြေသား	lan: bei: mjei dha:
buca (f)	ချိုင့်	chain.
andare (a piedi)	သွားသည်	thwa: de
sorpassare (vt)	ကျော်တက်သည်	kjo de' te
passo (m)	ခြေလှမ်း	chei hlan:
a piedi	ခြေလျင်သွားသည်	chei ljin dhwa: de
sbarrare (~ la strada)	ပိတ်ဆို့ထားသည်	pei' hsou. da: de
sbarra (f)	မြို့အဝင်ဂိတ်	mjou. awin gei'
vicolo (m) cieco	လမ်းဆုံး	lan: zoun:

191. Infrangere la legge. Criminali. Parte 1

bandito (m)	ဓားပြ	damja.
delitto (m)	ရာဇဝတ်မှု	raza. wu' hma.
criminale (m)	ရာဇဝတ်သား	raza. wu' tha:
ladro (m)	သူခိုး	thu khou:
rubare (vi, vt)	ခိုးသည်	khou: de
furto (m), ruberia (f)	ခိုးမှု	khou: hmu
ruberia (f)	ခိုးခြင်း	khou: chin:
reato (m) di furto	သူခိုး	thu khou:
rapire (vt)	ပြန်ပေးဆွဲသည်	pjan bei: zwe: de
rapimento (m)	ပြန်ပေးဆွဲခြင်း	pjan bei: zwe: gjin:
rapitore (m)	ပြန်ပေးသမား	pjan bei: dhama:
riscatto (m)	ပြန်ရွေးငွေ	pjan jwei: ngwei
chiedere il riscatto	ပြန်ပေးဆွဲသည်	pjan bei: zwe: de
rapinare (vt)	ဓားပြတိုက်သည်	damja. tai' te
rapina (f)	လုယက်မှု	lu. je' hmu.
rapinatore (m)	လုယက်သူ	lu. je' dhu
estorcere (vt)	ခြိမ်းခြောက်ပြီးငွေညှစ်သည်	chein: gjau' pji: ngwe hnji' te
estorsore (m)	ခြိမ်းခြောက်ငွေညှစ်သူ	chein: gjau' ngwe hnji' thu

estorsione (f)	ခြိမ်းခြောက်ပြီး ငွေညှစ်ခြင်း	chein: gjau' pji: ngwe hnji' chin:
uccidere (vt)	သတ်သည်	tha' te
assassinio (m)	လူသတ်မှု	lu dha' hmu.
assassino (m)	လူသတ်သမား	lu dha' thama:
sparo (m)	ပစ်ချက်	pi' che'
tirare un colpo	ပစ်သည်	pi' te
abbattere (con armi da fuoco)	ပစ်သတ်သည်	pi' tha' te
sparare (vi)	ပစ်သည်	pi' te
sparatoria (f)	ပစ်ချက်	pi' che'
incidente (m) (rissa, ecc.)	ဆူပူမှု	hsu. bu hmu.
rissa (f)	ရန်ပွဲ	jan bwe:
Aiuto!	ကူညီပါ	ku nji ba
vittima (f)	ရန်ပြုခံရသူ	jab bju. gan ja. dhu
danneggiare (vt)	ဖျက်ဆီးသည်	hpje' hsi: de
danno (m)	အပျက်အစီး	apje' asi:
cadavere (m)	အလောင်း	alaun:
grave (reato ~)	စိုးရိမ်ဖွယ်ဖြစ်သော	sou: jein bwe bji' te.
aggredire (vt)	တိုက်ခိုက်သည်	tai' khai' te
picchiare (vt)	ရိုက်သည်	jai' te
malmenare (picchiare)	ရိုက်သည်	jai' te
sottrarre (vt)	ယူသည်	ju de
accoltellare a morte	ထိုးသတ်သည်	htou: dha' te
mutilare (vt)	သေရာပါဒဏ်ရာရစေသည်	thei ja ba dan ja ja. zei de
ferire (vt)	ဒဏ်ရာရသည်	dan ja ja. de
ricatto (m)	ခြိမ်းခြောက်ငွေညှစ်ခြင်း	chein: gjau' ngwe hnji' chin:
ricattare (vt)	ခြိမ်းခြောက်ငွေညှစ်သည်	chein: gjau' ngwe hnji' te
ricattatore (m)	ခြိမ်းခြောက်ငွေညှစ်သူ	chein: gjau' ngwe hnji' thu
estorsione (f)	ရာဇဝတ်ဂိုဏ်းဆက် ကြေးကောက်ခြင်း	raza. wu' goun: hse' kjei: gau' chin:
estortore (m)	ဆက်ကြေးတောင်း-ရာ ဇဝတ်ဂိုဏ်း	hse' kjei: daun: ra za. wu' gain:
gangster (m)	လူဆိုးဂိုဏ်းဝင်	lu zou: gain: win
mafia (f)	မာဖီးယားဂိုဏ်း	ma bi: ja: gain:
borseggiatore (m)	ခါးပိုက်နှိုက်	kha: bai' hnai'
scassinatore (m)	ဖောက်ထွင်းသူခိုး	hpau' htwin: dhu gou:
contrabbando (m)	မှောင်ခို	hmaun gou
contrabbandiere (m)	မှောင်ခိုသမား	hmaun gou dhama:
falsificazione (f)	လိမ်လည်အတုပြုမှု	lein le atu. bju hmu.
falsificare (vt)	အတုလုပ်သည်	atu. lou' te
falso, falsificato (agg)	အတု	atu.

192. Infrangere la legge. Criminali. Parte 2

stupro (m)	မုဒိမ်းမှု	mu. dein: hmu.
stuprare (vt)	မုဒိန်းကျင့်သည်	mu. dein: gjin. de

stupratore (m)	မုဒိမ်းကျင့်သူ	mu. dein: gjin. dhu
maniaco (m)	အရူး	aju:
prostituta (f)	ပြည့်တန်ဆာ	pjei. dan za
prostituzione (f)	ပြည့်တန်ဆာမှု	pjei. dan za hmu.
magnaccia (m)	ဖာခေါင်း	hpa gaun:
drogato (m)	ဆေးစွဲသူ	hsei: zwe: dhu
trafficante (m) di droga	မူးယစ်ဆေးရောင်းဝယ်သူ	mu: ji' hsei: jaun we dhu
far esplodere	ပေါက်ကွဲသည်	pau' kwe: de
esplosione (f)	ပေါက်ကွဲမှု	pau' kwe: hmu.
incendiare (vt)	မီးရှို့သည်	mi: shou. de
incendiario (m)	မီးရှို့မှုကျူးလွန်သူ	mi: shou. hmu. gju: lun dhu
terrorismo (m)	အကြမ်းဖက်ဝါဒ	akjan: be' wa da.
terrorista (m)	အကြမ်းဖက်သမား	akjan: be' tha. ma:
ostaggio (m)	ဓားစာခံ	daza gan
imbrogliare (vt)	လိမ်လည်သည်	lein le de
imbroglio (m)	လိမ်လည်မှု	lein le hmu.
imbroglione (m)	လူလိမ်	lu lein
corrompere (vt)	လာဘ်ထိုးသည်	la' htou: de
corruzione (f)	လာဘ်ပေးလာဘ်ယူ	la' pei: la' thu
bustarella (f)	လာဘ်	la'
veleno (m)	အဆိပ်	ahsei'
avvelenare (vt)	အဆိပ်ခတ်သည်	ahsei' kha' te
avvelenarsi (vr)	အဆိပ်သောက်သည်	ahsei' dhau' te
suicidio (m)	မိမိကိုယ်မိမိ သတ်သေခြင်း	mi. mi. kou mi. mi. dha' thei gjin:
suicida (m)	မိမိကိုယ်မိမိ သတ်သေသူ	mi. mi. kou mi. mi. dha' thei dhu
minacciare (vt)	ခြိမ်းခြောက်သည်	chein: gjau' te
minaccia (f)	ခြိမ်းခြောက်မှု	chein: gjau' hmu.
attentare (vi)	လုပ်ကြံသည်	lou' kjan de
attentato (m)	လုပ်ကြံခြင်း	lou' kjan gjin:
rubare (~ una macchina)	ခိုးသည်	khou: de
dirottare (~ un aereo)	လေယာဉ်အပိုင်စီးသည်	lei jan apain zi: de
vendetta (f)	လက်စားချေခြင်း	le' sa: gjei gjin:
vendicare (vt)	လက်စားချေသည်	le' sa: gjei de
torturare (vt)	ညှဉ်းပန်းနှိပ်စက်သည်	hnjin: ban: hnei' se' te
tortura (f)	ညှဉ်းပန်းနှိပ်စက်ခြင်း	hnjin: ban: hnei' se' chin:
maltrattare (vt)	နှိပ်စက်သည်	hnei' se' te
pirata (m)	ပင်လယ်ဓားပြ	pin le da: bja.
teppista (m)	လမ်းသရဲ	lan: dhaje:
armato (agg)	လက်နက်ကိုင်ဆောင်သော	le' ne' kain zaun de.
violenza (f)	ရက်စက်ကြမ်းကြုတ်မှု	je' se' kjan: gjou' hmu.
illegale (agg)	တရားမဝင်သော	taja: ma. win de.

spionaggio (m)	သူလျှိုလုပ်ခြင်း	thu shou lou' chin:
spiare (vi)	သူလျှိုလုပ်သည်	thu shou lou' te

193. Polizia. Legge. Parte 1

giustizia (f)	တရားမျှတမှု	taja: hmja. ta. hmu.
tribunale (m)	တရားရုံး	taja: joun:

giudice (m)	တရားသူကြီး	taja: dhu gji:
giurati (m)	ဂျူရီအဖွဲ့ဝင်များ	gju ji ahpwe. win mja:
processo (m) con giuria	ဂျူရီလူကြီးအဖွဲ့	gju ji lu gji: ahpwe.
giudicare (vt)	တရားစီရင်သည်	taja: zi jin de

avvocato (m)	ရှေ့နေ	shei. nei
imputato (m)	တရားပြိုင်	taja: bjain
banco (m) degli imputati	တရားရုံးဝက်ခြံ	taja: joun: we' khjan

accusa (f)	စွပ်စွဲခြင်း	su' swe: chin:
accusato (m)	တရားစွဲခံရသော	taja: zwe: gan ja. de.

condanna (f)	စီရင်ချက်	si jin gje'
condannare (vt)	စီရင်ချက်ချသည်	si jin gje' cha. de

colpevole (m)	တရားခံ	tajakhan
punire (vt)	ပြစ်ဒဏ်ပေးသည်	pji' dan bei: de
punizione (f)	ပြစ်ဒဏ်	pji' dan

multa (f), ammenda (f)	ဒဏ်ငွေ	dan ngwei
ergastolo (m)	တစ်သက်တစ်ကျွန်းပြစ်ဒဏ်	ti' te' ti' kjun: bji' dan
pena (f) di morte	သေဒဏ်	thei dan
sedia (f) elettrica	လျှပ်စစ်ထိုင်ခုံ	hlja' si' dain boun
impiccagione (f)	ကြိုးစင်	kjou: zin

giustiziare (vt)	ကွပ်မျက်သည်	ku' mje' te
esecuzione (f)	ကွပ်မျက်ခြင်း	ku' mje' gjin

prigione (f)	ထောင်	htaun
cella (f)	အကျဉ်းခန်း	achou' khan:

scorta (f)	အစောင့်အကြပ်	asaun. akja'
guardia (f) carceraria	ထောင်စောင့်	htaun zaun.
prigioniero (m)	ထောင်သား	htaun dha:

manette (f pl)	လက်ထိပ်	le' htei'
mettere le manette	လက်ထိပ်ခတ်သည်	le' htei' kha' te

fuga (f)	ထောင်ဖောက်ပြေးခြင်း	htaun bau' pjei: gjin:
fuggire (vi)	ထောင်ဖောက်ပြေးသည်	htaun bau' pjei: de
scomparire (vi)	ပျောက်ကွယ်သည်	pjau' kwe de
liberare (vt)	ထောင်မှလွတ်သည်	htaun hma. lu' te
amnistia (f)	လွတ်ငြိမ်းချမ်းသာခွင့်	lu' njein: gjan: dha gwin.

polizia (f)	ရဲ	je:
poliziotto (m)	ရဲအရာရှိ	je: aja shi.

commissariato (m)	ရဲစခန်း	je: za. gan:
manganello (m)	သံတုတ်	than dou'
altoparlante (m)	လက်ကိုင်စပီကာ	le' kain za. bi ka
macchina (f) di pattuglia	ကင်းလှည့်ကား	kin: hle. ka:
sirena (f)	အချက်ပေးဥသြသံ	ache' pei: ou' o: dhan
mettere la sirena	အချက်ပေးဥသြဆွဲသည်	ache' pei: ou' o: zwe: de
suono (m) della sirena	အချက်ပေးဥသြဆွဲသံ	ache' pei: ou' o: zwe: dhan
luogo (m) del crimine	အခင်းဖြစ်ပွါးရာနေရာ	achin: hpji' pwa: ja nei ja
testimone (m)	သက်သေ	the' thei
libertà (f)	လွတ်လပ်မှု	lu' la' hmu.
complice (m)	ကြံရာပါ	kjan ja ba
fuggire (vi)	ပုန်းသည်	poun: de
traccia (f)	ခြေရာ	chei ja

194. Polizia. Legge. Parte 2

ricerca (f) (~ di un criminale)	ဝရမ်းရှာဖွေခြင်း	wajan: sha bwei gjin:
cercare (vt)	ရှာသည်	sha de
sospetto (m)	မသင်္ကာမှု	ma. dhin ga hmu.
sospetto (agg)	သံသယဖြစ်ဖွယ်ကောင်းသော	than thaja. bji' hpwe gaun: de.
fermare (vt)	ရပ်သည်	ja' te
arrestare (qn)	ထိန်းသိမ်းထားသည်	htein: dhein: da: de
causa (f)	အမှု	ahmu.
inchiesta (f)	စုံစမ်းစစ်ဆေးခြင်း	soun zan: zi' hsei: gjin:
detective (m)	စုံထောက်	soun dau'
investigatore (m)	အလွတ်စုံထောက်	alu' zoun htau'
versione (f)	အဆိုကြမ်း	ahsou gjan:
movente (m)	စေ့ဆော်မှု	sei. zo hmu.
interrogatorio (m)	စစ်ကြောမှု	si' kjo: hmu.
interrogare (sospetto)	စစ်ကြောသည်	si' kjo: de
interrogare (vicini)	မေးမြန်းသည်	mei: mjan: de
controllo (m) (~ di polizia)	စစ်ဆေးသည်	si' hsei: de
retata (f)	ဝိုင်းဝန်းမှု	wain: wan: hmu.
perquisizione (f)	ရှာဖွေခြင်း	sha hpwei gjin:
inseguimento (m)	လိုက်လံဖမ်းဆီးခြင်း	lai' lan ban: zi: gjin:
inseguire (vt)	လိုက်သည်	lai' de
essere sulle tracce	ခြေရာခံသည်	chei ja gan de
arresto (m)	ဖမ်းဆီးခြင်း	hpan: zi: gjin:
arrestare (qn)	ဖမ်းဆီးသည်	hpan: zi: de
catturare (~ un ladro)	ဖမ်းမိသည်	hpan: mi. de
cattura (f)	သိမ်းခြင်း	thain: gjin:
documento (m)	စာရွက်စာတမ်း	sajwe' zatan:
prova (f), reperto (m)	သက်သေပြချက်	the' thei pja. gje'
provare (vt)	သက်သေပြသည်	the' thei pja. de
impronta (f) del piede	ခြေရာ	chei ja
impronte (f pl) digitali	လက်ဗွေရာများ	lei' bwei ja mja:

elemento (m) di prova	သဲလွန်စ	the: lun za.
alibi (m)	ဆင်ခြေ	hsin gjei
innocente (agg)	အပြစ်ကင်းသော	apja' kin: de.
ingiustizia (f)	မတရားမှု	ma. daja: hmu.
ingiusto (agg)	မတရားသော	ma. daja: de.
criminale (agg)	ပြုမှုကျူးလွန်သော	pju. hmu. gju: lun de.
confiscare (vt)	သိမ်းယူသည်	thein: ju de
droga (f)	မူးယစ်ဆေးဝါး	mu: ji' hsei: wa:
armi (f pl)	လက်နက်	le' ne'
disarmare (vt)	လက်နက်သိမ်းသည်	le' ne' thain de
ordinare (vt)	အမိန့်ပေးသည်	amin. bei: de
sparire (vi)	ပျောက်ကွယ်သည်	pjau' kwe de
legge (f)	ဥပဒေ	u. ba. dei
legale (agg)	ဥပဒေနှင့် ညီညွတ်သော	u. ba. dei hnin. nji nju' te.
illegale (agg)	ဥပဒေနှင့်မညီညွတ်သော	u. ba. dei hnin. ma. nji nju' te.
responsabilità (f)	တာဝန်ယူခြင်း	ta wun ju gjin:
responsabile (agg)	တာဝန်ရှိသော	ta wun shi. de.

LA NATURA

La Terra. Parte 1

195. L'Universo

cosmo (m)	အာကာသ	akatha.
cosmico, spaziale (agg)	အာကာသနှင့်ဆိုင်သော	akatha. hnin zain dho:
spazio (m) cosmico	အာကာသဟင်းလင်းပြင်	akatha. hin: lin: bjin
mondo (m)	ကမ္ဘာ	ga ba
universo (m)	စကြာဝဠာ	sa kja wa. la
galassia (f)	ကြယ်စုတန်း	kje zu. dan:
stella (f)	ကြယ်	kje
costellazione (f)	ကြယ်နက္ခတ်စု	kje ne' kha' zu.
pianeta (m)	ဂြိုဟ်	gjou
satellite (m)	ဂြိုဟ်ငယ်	gjou nge
meteorite (m)	ဥက္ကာခဲ	ou' ka ge:
cometa (f)	ကြယ်တံခွန်	kje dagun
asteroide (m)	ဂြိုဟ်သိမ်ဂြိုဟ်မွှား	gjou dhein gjou hmwa:
orbita (f)	ပတ်လမ်း	pa' lan:
ruotare (vi)	လည်သည်	le de
atmosfera (f)	လေထု	lei du.
il Sole	နေ	nei
sistema (m) solare	နေစကြာဝဠာ	nei ze kja. wala
eclisse (f) solare	နေကြတ်ခြင်း	nei gja' chin:
la Terra	ကမ္ဘာလုံး	ga ba loun:
la Luna	လ	la.
Marte (m)	အင်္ဂါဂြိုဟ်	in ga gjou
Venere (f)	သောကြာဂြိုဟ်	thau' kja gjou'
Giove (m)	ကြာသပတေးဂြိုဟ်	kja dha ba. dei: gjou'
Saturno (m)	စနေဂြိုဟ်	sanei gjou'
Mercurio (m)	ဗုဒ္ဓဟူးဂြိုဟ်	bou' da. gjou'
Urano (m)	ယူရေးနတ်ဂြိုဟ်	ju rei: na' gjou
Nettuno (m)	နက်ပကျွန်းဂြိုဟ်	ne' pa. gjun: gjou
Plutone (m)	ပလူတိုဂြိုဟ်	pa lu tou gjou '
Via (f) Lattea	နဂါးငွေ့ကြယ်စုတန်း	na. ga: ngwe. gje zu dan:
Orsa (f) Maggiore	မြောက်ပိုင်းဂရိတ်ဘဲး၏ကြယ်စု	mjau' pain: gajei' be:j gje zu.
Stella (f) Polare	ဓူဝံကြယ်	du wan gje
marziano (m)	အင်္ဂါဂြိုဟ်သား	in ga gjou dha:
extraterrestre (m)	အခြားကမ္ဘာဂြိုဟ်သား	apja: ga ba gjou dha

alieno (m)	ဂြိုဟ်သား	gjou dha:
disco (m) volante	ပန်းကန်ပြားပျံ	bagan: bja: bjan
nave (f) spaziale	အာကာသယာဉ်	akatha. jin
stazione (f) spaziale	အာကာသစခန်း	akatha. za khan:
lancio (m)	လွှတ်တင်ခြင်း	hlu' tin gjin:
motore (m)	အင်ဂျင်	in gjin
ugello (m)	နော်ဇယ်	no ze
combustibile (m)	လောင်စာ	laun za
cabina (f) di pilotaggio	လေယာဉ်မောင်းအခန်း	lei jan maun akhan:
antenna (f)	အင်တန်နာတိုင်	in tan na tain
oblò (m)	ပြတင်း	badin:
batteria (f) solare	နေရောင်ခြည်သုံးဘတ်ထရီ	nei jaun gje dhoun: ba' hta ji
scafandro (m)	အာကာသဝတ်စုံ	akatha. wu' soun
imponderabilità (f)	အလေးချိန်ကင်းမဲ့ခြင်း	alei: gjein gin: me. gjin:
ossigeno (m)	အောက်ဆီဂျင်	au' hsi gjin
aggancio (m)	အာကာသထဲချိတ်ဆက်ခြင်း	akatha. hte: chei' hse' chin:
agganciarsi (vr)	အာကာသထဲချိတ်ဆက်သည်	akatha. hte: chei' hse' te
osservatorio (m)	နက္ခတ်မျှော်စင်	ne' kha' ta. mjo zin
telescopio (m)	အဝေးကြည့်မှန်ပြောင်း	awei: gji. hman bjaun:
osservare (vt)	လေ့လာကြည့်ရှုသည်	lei. la kji. hju. de
esplorare (vt)	သုတေသနပြုသည်	thu. tei thana bjou de

196. La Terra

la Terra	ကမ္ဘာမြေကြီး	ga ba mjei kji:
globo (m) terrestre	ကမ္ဘာလုံး	ga ba loun:
pianeta (m)	ဂြိုဟ်	gjou
atmosfera (f)	လေထု	lei du.
geografia (f)	ပထဝီဝင်	pahtawi win
natura (f)	သဘာဝ	tha. bawa
mappamondo (m)	ကမ္ဘာလုံး	ga ba loun:
carta (f) geografica	မြေပုံ	mjei boun
atlante (m)	မြေပုံစာအုပ်	mjei boun za ou'
Europa (f)	ဥရောပ	u. jo: pa
Asia (f)	အာရှ	a sha.
Africa (f)	အာဖရိက	apha. ri. ka.
Australia (f)	ဩစတြေးလျ	thja za djei: lja
America (f)	အမေရိက	amei ji ka
America (f) del Nord	မြောက်အမေရိက	mjau' amei ri. ka.
America (f) del Sud	တောင်အမေရိက	taun amei ri. ka.
Antartide (f)	အန္တာတိတ်	anta di'
Artico (m)	အာတိတ်	a tei'

197. Punti cardinali

nord (m)	မြောက်အရပ်	mjau' aja'
a nord	မြောက်ဘက်သို့	mjau' be' thou.
al nord	မြောက်ဘက်မှာ	mjau' be' hma
del nord (agg)	မြောက်အရပ်နှင့်ဆိုင်သော	mjau' aja' hnin. zain de.
sud (m)	တောင်အရပ်	taun aja'
a sud	တောင်ဘက်သို့	taun be' thou.
al sud	တောင်ဘက်မှာ	taun be' hma
del sud (agg)	တောင်အရပ်နှင့်ဆိုင်သော	taun aja' hnin. zain de.
ovest (m)	အနောက်အရပ်	anau' aja'
a ovest	အနောက်ဘက်သို့	anau' be' thou.
all'ovest	အနောက်ဘက်မှာ	anau' be' hma
dell'ovest, occidentale	အနောက်အရပ်နှင့်ဆိုင်သော	anau' aja' hnin. zain dho:
est (m)	အရှေ့အရပ်	ashei. aja'
a est	အရှေ့ဘက်သို့	ashei. be' hma
all'est	အရှေ့ဘက်မှာ	ashei. be' hma
dell'est, orientale	အရှေ့အရပ်နှင့်ဆိုင်သော	ashei. aja' hnin. zain de.

198. Mare. Oceano

mare (m)	ပင်လယ်	pin le
oceano (m)	သမုဒ္ဒရာ	thamou' daja
golfo (m)	ပင်လယ်ကွေ့	pin le gwe.
stretto (m)	ရေလက်ကြား	jei le' kja:
terra (f) (terra firma)	ကုန်းမြေ	koun: mei
continente (m)	တိုက်	tai'
isola (f)	ကျွန်း	kjun:
penisola (f)	ကျွန်းဆွယ်	kjun: zwe
arcipelago (m)	ကျွန်းစု	kjun: zu.
baia (f)	အော်	o
porto (m)	သင်္ဘောဆိပ်ကမ်း	thin: bo: zei' kan:
laguna (f)	ပင်လယ်ထုံးအိုင်	pin le doun: ain
capo (m)	အငူ	angu
atollo (m)	သန္တာကျောက်တန်းကျွန်းငယ်	than da gjau' tan: gjun: nge
scogliera (f)	ကျောက်တန်း	kjau' tan:
corallo (m)	သန္တာကောင်	than da gaun
barriera (f) corallina	သန္တာကျောက်တန်း	than da gjau' tan:
profondo (agg)	နက်သော	ne' te.
profondità (f)	အနက်	ane'
abisso (m)	ချောက်နက်ကြီး	chau' ne' kji:
fossa (f) (~ delle Marianne)	မြောင်း	mjaun:
corrente (f)	စီးကြောင်း	si: gaun:
circondare (vt)	ဝိုင်းသည်	wain: de

litorale (m)	ကမ်းစပ်	kan: za'
costa (f)	ကမ်းခြေ	kan: gjei
alta marea (f)	ရေတက်	jei de'
bassa marea (f)	ရေကျ	jei gja.
banco (m) di sabbia	သောင်စွယ်	thaun zwe
fondo (m)	ကြမ်းပြင်	kan: pjin
onda (f)	လှိုင်း	hlain:
cresta (f) dell'onda	လှိုင်းခေါင်းဖြူ	hlain: gaun: bju.
schiuma (f)	အမြှုပ်	a hmjou'
tempesta (f)	မုန်တိုင်း	moun dain:
uragano (m)	ဟာရီကိန်းမုန်တိုင်း	ha ji gain: moun dain:
tsunami (m)	ဆူနာမီ	hsu na mi
bonaccia (f)	ရေသေ	jei dhei
tranquillo (agg)	ငြိမ်သက်အေးဆေးသော	njein dhe' ei: zei: de.
polo (m)	ဝင်ရိုးစွန်း	win jou: zun
polare (agg)	ဝင်ရိုးစွန်းနှင့်ဆိုင်သော	win jou: zun hnin. zain de.
latitudine (f)	လတ္တီတွဒ်	la' ti. tu'
longitudine (f)	လောင်ဂျီတွဒ်	laun gji twa'
parallelo (m)	လတ္တီတွဒ်မျဉ်း	la' ti. tu' mjin:
equatore (m)	အီကွေတာ	i kwei: da
cielo (m)	ကောင်းကင်	kaun: gin
orizzonte (m)	မိုးကုပ်စက်ဝိုင်း	mou kou' se' wain:
aria (f)	လေထု	lei du.
faro (m)	မီးပြတိုက်	mi: bja dai'
tuffarsi (vr)	ရေငုပ်သည်	jei ngou' te
affondare (andare a fondo)	ရေမြုပ်သည်	jei mjou' te
tesori (m)	ရတနာ	jadana

199. Nomi dei mari e degli oceani

Oceano (m) Atlantico	အတ္တလန္တိတ် သမုဒ္ဒရာ	a' ta. lan ti' thamou' daja
Oceano (m) Indiano	အိန္ဒိယ သမုဒ္ဒရာ	indi. ja thamou. daja
Oceano (m) Pacifico	ပစိဖိတ် သမုဒ္ဒရာ	pa. si. hpi' thamou' daja
mar (m) Glaciale Artico	အာတိတ် သမုဒ္ဒရာ	a tei' thamou' daja
mar (m) Nero	ပင်လယ်နက်	pin le ne'
mar (m) Rosso	ပင်လယ်နီ	pin le ni
mar (m) Giallo	ပင်လယ်ဝါ	pin le wa
mar (m) Bianco	ပင်လယ်ဖြူ	pin le bju
mar (m) Caspio	ကက်စပီယန် ပင်လယ်	ke' za. pi jan pin le
mar (m) Morto	ပင်လယ်သေ	pin le dhe:
mar (m) Mediterraneo	မြေထဲပင်လယ်	mjei hte: bin le
mar (m) Egeo	အေဂီယန်းပင်လယ်	ei gi jan: bin le
mar (m) Adriatico	အဒရီရာတစ်ပင်လယ်	a da yi ya ti' pin le
mar (m) Arabico	အာရေဘီးယန်း ပင်လယ်	a ra bi: an: bin le

mar (m) del Giappone	ဂျပန် ပင်လယ်	gja pan pin le
mare (m) di Bering	ဘယ်ရင်း ပင်လယ်	be jin: bin le
mar (m) Cinese meridionale	တောင်တရုတ်ပင်လယ်	taun dajou' pinle
mar (m) dei Coralli	ကော်ရယ်လ်ပင်လယ်	ko je l pin le
mar (m) di Tasman	တက်စမန်းပင်လယ်	te' sa. man: bin le
mar (m) dei Caraibi	ကာရေးဘီးယန်းပင်လယ်	ka rei: bi: jan: bin le
mare (m) di Barents	ဘာရန့်စ် ပင်လယ်	ba jan's bin le
mare (m) di Kara	ကာရာ ပင်လယ်	kara bin le
mare (m) del Nord	မြောက်ပင်လယ်	mjau' pin le
mar (m) Baltico	ဘောလ်တစ်ပင်လယ်	bo' l ti' pin le
mare (m) di Norvegia	နော်ဝေးဂျီယန်း ပင်လယ်	no wei: bin le

200. Montagne

monte (m), montagna (f)	တောင်	taun
catena (f) montuosa	တောင်တန်း	taun dan:
crinale (m)	တောင်ကြော	taun gjo:
cima (f)	ထိပ်	htei'
picco (m)	တောင်ထွတ်	taun htu'
piedi (m pl)	တောင်ခြေ	taun gjei
pendio (m)	တောင်စောင်း	taun zaun:
vulcano (m)	မီးတောင်	mi: daun
vulcano (m) attivo	မီးတောင်ရှင်	mi: daun shin
vulcano (m) inattivo	မီးငြိမ်းတောင်	mi: njein: daun
eruzione (f)	မီးတောင်ပေါက်ကွဲခြင်း	mi: daun pau' kwe: gjin:
cratere (m)	မီးတောင်ဝ	mi: daun wa.
magma (m)	ကျောက်ရည်ပူ	kjau' ji bu
lava (f)	ချော်ရည်	cho ji
fuso (lava ~a)	အရမ်းပူသော	ajam: bu de.
canyon (m)	တောင်ကြားချိုင့်ဝှမ်းနက်	taun gja: gjain. hwan: ne'
gola (f)	တောင်ကြား	taun gja:
crepaccio (m)	အက်ကွဲကြောင်း	e' kwe: gjaun:
precipizio (m)	ချောက်ကမ်းပါး	chau' kan: ba:
passo (m), valico (m)	တောင်ကြားလမ်း	taun gja: lan:
altopiano (m)	ကုန်းပြင်မြင့်	koun: bjin mjin:
falesia (f)	ကျောက်ဆောင်	kjau' hsain
collina (f)	တောင်ကုန်း	taun goun:
ghiacciaio (m)	ရေခဲမြစ်	jei ge: mji'
cascata (f)	ရေတံခွန်	jei dan khun
geyser (m)	ရေပူစမ်း	jei bu zan:
lago (m)	ရေကန်	jei gan
pianura (f)	မြေပြန့်	mjei bjan:
paesaggio (m)	ရှုခင်း	shu. gin:
eco (f)	ပဲ့တင်သံ	pe. din than

alpinista (m)	တောင်တက်သမား	taun de' thama:
scalatore (m)	ကျောက်တောင်တက်သမား	kjau' taun de dha ma:
conquistare (~ una cima)	အောင်နိုင်သူ	aun nain dhu
scalata (f)	တောင်တက်ခြင်း	taun de' chin:

201. Nomi delle montagne

Alpi (f pl)	အဲ့လ်ပ်တောင်	e.lp daun
Monte (m) Bianco	မောင့်ဘလန့်စ်တောင်	maun. ba. lan. s taun
Pirenei (m pl)	ပီရန်းနီးစ်တောင်	pi jan: ni:s taun
Carpazi (m pl)	ကာပသီယန်စ်တောင်	ka pa. dhi jan s taun
gli Urali (m pl)	ယူရယ်တောင်တန်း	ju re daun dan:
Caucaso (m)	ကော့ကေးဆပ်တောင်တန်း	ko: kei: zi' taun dan:
Monte (m) Elbrus	အယ်ဘရုတ်စ်တောင်	e ba. ja's daun
Monti (m pl) Altai	အယ်လတိုင်တောင်	e la. tain daun
Tien Shan (m)	တိုင်ယန်ရှန်းတောင်	tain jan shin: daun
Pamir (m)	ပါမီယာတောင်တန်း	pa mi ja daun dan:
Himalaia (m)	ဟိမဝန္တာတောင်တန်း	hi. ma. wan da daun dan:
Everest (m)	ဧဝရတ်တောင်	ei wa. ja' taun
Ande (f pl)	အန်းဒီတောင်တန်း	an: di daun dan:
Kilimangiaro (m)	ကီလီမန်ဂျာရိုတောင်	ki li man gja gou daun

202. Fiumi

fiume (m)	မြစ်	mji'
fonte (f) (sorgente)	စမ်း	san:
letto (m) (~ del fiume)	ရေကြောစီးကြောင်း	jei gjo: zi: gjaun:
bacino (m)	မြစ်ချိုင့်ဝှမ်း	mji' chain. hwan:
sfociare nel ...	စီးဝင်သည်	si: win de
affluente (m)	မြစ်လက်တက်	mji' le' te'
riva (f)	ကမ်း	kan:
corrente (f)	စီးကြောင်း	si: gaun:
a valle	ရေစုန်	jei zoun
a monte	ရေဆန်	jei zan
inondazione (f)	ရေကြီးမှု	jei gji: hmu.
piena (f)	ရေလျှံခြင်း	jei shan gjin:
straripare (vi)	လျှံသည်	shan de
inondare (vt)	ရေလွှမ်းသည်	jei hlwan: de
secca (f)	ရေတိမ်ပိုင်း	jei dein bain:
rapida (f)	ရေအောက်ကျောက်ဆောင်	jei au' kjau' hsaun
diga (f)	ဆည်	hse
canale (m)	တူးမြောင်း	tu: mjaun:
bacino (m) di riserva	ရေလှောင်ကန်	jei hlaun gan
chiusa (f)	ရေလွှဲပေါက်	jei hlwe: bau'

specchio (m) d'acqua	ရေထု	jei du.
palude (f)	ရွှံ့ညွန်	shwan njun
pantano (m)	စိမ့်မြေ	sein. mjei
vortice (m)	ရေဝဲ	jei we:
ruscello (m)	ချောင်းကလေး	chaun: galei:
potabile (agg)	သောက်ရေ	thau' jei
dolce (di acqua ~)	ရေချို	jei gjou
ghiaccio (m)	ရေခဲ	jei ge:
ghiacciarsi (vr)	ရေခဲသည်	jei ge: de

203. Nomi dei fiumi

Senna (f)	စိန်မြစ်	sein mji'
Loira (f)	လော်ရီမြစ်	lo ji mji'
Tamigi (m)	သိမ်းမြစ်	thain: mji'
Reno (m)	ရိုင်းမြစ်	rain: mji'
Danubio (m)	ဒင်နယူမြစ်	din na. ju mji'
Volga (m)	ဗော်လဂါမြစ်	bo la. ga mja'
Don (m)	ဒွန်မြစ်	dun mja'
Lena (f)	လီနာမြစ်	li na mji'
Fiume (m) Giallo	မြစ်ဝါ	mji' wa
Fiume (m) Azzurro	ရမ်ဇီးမြစ်	jan zi: mji'
Mekong (m)	မဲခေါင်မြစ်	me: gaun mji'
Gange (m)	ဂင်္ဂါမြစ်	gan ga. mji'
Nilo (m)	နိုင်းမြစ်	nain: mji'
Congo (m)	ကွန်ဂိုမြစ်	kun gou mji'
Okavango	အိုကာဗန်ဂိုမြစ်	ai' hou ban
Zambesi (m)	ဇမ်ဘီဇီးမြစ်	zan bi zi: mji'
Limpopo (m)	လင်ပိုပိုမြစ်	lin po pou mji'
Mississippi (m)	မစ်စစ္စပီမြစ်	mi' si. si. pi. mji'

204. Foresta

foresta (f)	သစ်တော	thi' to:
forestale (agg)	သစ်တောနှင့်ဆိုင်သော	thi' to: hnin. zain de.
foresta (f) fitta	ထူထပ်သောတော	htu da' te. do:
boschetto (m)	သစ်ပင်အုပ်	thi' pin ou'
radura (f)	တောတွင်းလဟာပြင်	to: dwin: la. ha bjin
roveto (m)	ချုံပိတ်ပေါင်း	choun bei' paun:
boscaglia (f)	ချုံထနောင်းတော	choun hta naun: de.
sentiero (m)	လူသွားလမ်းကလေး	lu dhwa: lan: ga. lei:
calanco (m)	လျှို	shou
albero (m)	သစ်ပင်	thi' pin

foglia (f)	သစ်ရွက်	thi' jwe'
fogliame (m)	သစ်ရွက်များ	thi' jwe' mja:
caduta (f) delle foglie	သစ်ရွက်ကြွေခြင်း	thi' jwe' kjwei gjin:
cadere (vi)	သစ်ရွက်ကြွေသည်	thi' jwe' kjwei de
cima (f)	အဖျား	ahpja:
ramo (m), ramoscello (m)	အကိုင်းခွဲ	akain: khwe:
ramo (m)	ပင်မကိုင်း	pin ma. gain:
gemma (f)	အဖူး	ahpu:
ago (m)	အပ်နှင့်တူသောအရွက်	a' hnin. bu de. ajwe'
pigna (f)	ထင်းရှူးသီး	htin: shu: dhi:
cavità (f)	အခေါင်းပေါက်	akhaun: bau'
nido (m)	ငှက်သိုက်	hnge' thai'
tana (f) (del fox, ecc.)	မြေတွင်း	mjei dwin:
tronco (m)	ပင်စည်	pin ze
radice (f)	အမြစ်	amji'
corteccia (f)	သစ်ခေါက်	thi' khau'
musco (m)	ရေညှိ	jei hnji.
sradicare (vt)	အမြစ်မှဆွဲနှုတ်သည်	amji' hma zwe: hna' te
abbattere (~ un albero)	ခုတ်သည်	khou' te
disboscare (vt)	တောပြုန်းစေသည်	to: bjoun: zei de
ceppo (m)	သစ်ငုတ်တို	thi' ngou' tou
falò (m)	မီးပုံ	mi: boun
incendio (m) boschivo	မီးလောင်ခြင်း	mi: laun gjin:
spegnere (vt)	မီးသတ်သည်	mi: tha' de
guardia (f) forestale	တောခေါင်း	to: gaun:
protezione (f)	သစ်တောဝန်ထမ်း	thi' to: wun dan:
proteggere (~ la natura)	ထိန်းသိမ်းစောင့်ရှောက်သည်	htein: dhein: zaun. shau' te
bracconiere (m)	ခိုးယူသူ	khou: ju dhu
tagliola (f) (~ per orsi)	သံမဏိထောင်ချောက်	than mani. daun gjau'
raccogliere (~ i funghi)	ဆွတ်သည်	hsu' te
cogliere (~ le fragole)	ခူးသည်	khu: de
perdersi (vr)	လမ်းပျောက်သည်	lan: bjau' de

205. Risorse naturali

risorse (f pl) naturali	သယံဇာတ	thajan za da.
minerali (m pl)	တွင်းထွက်ပစ္စည်း	twin: htwe' pji' si:
deposito (m) (~ di carbone)	နုန်း	noun:
giacimento (m) (~ petrolifero)	ဓာတ်သတ္တုထွက်ရာမြေ	da' tha' tu dwe' ja mjei
estrarre (vt)	တူးဖော်သည်	tu: hpo de
estrazione (f)	တူးဖော်ခြင်း	tu: hpo gjin:
minerale (m) grezzo	သတ္တုရိုင်း	tha' tu. jain:
miniera (f)	သတ္တုတွင်း	tha' tu. dwin:
pozzo (m) di miniera	မိုင်းတွင်း	main: dwin:
minatore (m)	သတ္တုတွင်း အလုပ်သမား	tha' tu. dwin: alou' thama:

gas (m)	ဓာတ်ငွေ့	da' ngwei.
gasdotto (m)	ဓါတ်ငွေ့ပိုက်လိုင်း	da' ngwei. bou' lain:
petrolio (m)	ရေနံ	jei nan
oleodotto (m)	ရေနံပိုက်လိုင်း	jei nan bou' lain:
torre (f) di estrazione	ရေနံတွင်း	jei nan dwin:
torre (f) di trivellazione	ရေနံစင်	jei nan zin
petroliera (f)	လောင်စာတင်သင်္ဘော	laun za din dhin bo:
sabbia (f)	သဲ	the:
calcare (m)	ထုံးကျောက်	htoun: gjau'
ghiaia (f)	ကျောက်စရစ်	kjau' sa. ji'
torba (f)	မြေဆွေးခဲ	mjei zwei: ge:
argilla (f)	မြေစေး	mjei zei:
carbone (m)	ကျောက်မီးသွေး	kjau' mi dhwei:
ferro (m)	သံ	than
oro (m)	ရွှေ	shwei
argento (m)	ငွေ	ngwei
nichel (m)	နီကယ်	ni ke
rame (m)	ကြေးနီ	kjei: ni
zinco (m)	သွပ်	thu'
manganese (m)	မဂ္ဂနီးစ်	ma' ga. ni:s
mercurio (m)	ပြဒါး	bada:
piombo (m)	ခဲ	khe:
minerale (m)	သတ္တုဆား	tha' tu. za:
cristallo (m)	သလင်းကျောက်	thalin: gjau'
marmo (m)	စကျင်ကျောက်	zagjin kjau'
uranio (m)	ယူရေနီယမ်	ju rei ni jan

La Terra. Parte 2

206. Tempo

tempo (m)	ရာသီဥတု	ja dhi nja. tu.
previsione (f) del tempo	မိုးလေဝသခန့်မှန်းချက်	mou: lei wa. dha. gan. hman: gje'
temperatura (f)	အပူချိန်	apu gjein
termometro (m)	သာမိုမီတာ	tha mou mi ta
barometro (m)	လေဖိအားတိုင်းကိရိယာ	lei bi. a: dain: gi. ji. ja
umido (agg)	စိုထိုင်းသော	sou htain: de
umidità (f)	စိုထိုင်းမှု	sou htain: hmu.
caldo (m), afa (f)	အပူရှိန်	apu shein
molto caldo (agg)	ပူလောင်သော	pu laun de.
fa molto caldo	ပူလောင်ခြင်း	pu laun gjin:
fa caldo	နွေးခြင်း	nwei: chin:
caldo, mite (agg)	နွေးသော	nwei: de.
fa freddo	အေးခြင်း	ei: gjin:
freddo (agg)	အေးသော	ei: de.
sole (m)	နေ	nei
splendere (vi)	သာသည်	tha de
di sole (una giornata ~)	နေသာသော	nei dha de.
sorgere, levarsi (vr)	နေထွက်သည်	nei dwe' te
tramontare (vi)	နေဝင်သည်	nei win de
nuvola (f)	တိမ်	tein
nuvoloso (agg)	တိမ်ထူသော	tein du de
nube (f) di pioggia	မိုးတိမ်	mou: dain
nuvoloso (agg)	ညှို့မှိုင်းသော	njou. hmain: de.
pioggia (f)	မိုး	mou:
piove	မိုးရွာသည်	mou: jwa de.
piovoso (agg)	မိုးရွာသော	mou: jwa de.
piovigginare (vi)	မိုးဖွဲဖွဲရွာသည်	mou: bwe: bwe: jwa de
pioggia (f) torrenziale	သည်းထန်စွာရွာသောမိုး	thi: dan zwa jwa dho: mou:
acquazzone (m)	မိုးပုဆိန်	mou: bu. zain
forte (una ~ pioggia)	မိုးသည်းသော	mou: de: de.
pozzanghera (f)	ရေအိုင်	jei ain
bagnarsi (~ sotto la pioggia)	မိုးမိသည်	mou: mi de
foschia (f), nebbia (f)	မြူ	mju
nebbioso (agg)	မြူထူထပ်သော	mju htu hta' te.
neve (f)	နှင်း	hnin:
nevica	နှင်းကျသည်	hnin: gja. de

207. Rigide condizioni metereologiche. Disastri naturali

temporale (m)	မိုးသက်မုန်တိုင်း	mou: dhe' moun dain:
fulmine (f)	လျှပ်စီး	hlja' si:
lampeggiare (vi)	လျှပ်ပြက်သည်	hlja' pje' te
tuono (m)	မိုးကြိုး	mou: kjou:
tuonare (vi)	မိုးကြိုးပစ်သည်	mou: gjou: pi' te
tuona	မိုးကြိုးပစ်သည်	mou: gjou: pi' te
grandine (f)	မိုးသီး	mou: dhi:
grandina	မိုးသီးကြွေသည်	mou: dhi: gjwei de
inondare (vt)	ရေကြီးသည်	jei gji: de
inondazione (f)	ရေကြီးမှု	jei gji: hmu.
terremoto (m)	ငလျင်	nga ljin
scossa (f)	တုန်ခါခြင်း	toun ga gjin:
epicentro (m)	ငလျင်ဗဟိုချက်	nga ljin ba hou che'
eruzione (f)	မီးတောင်ပေါက်ကွဲခြင်း	mi: daun pau' kwe: gjin:
lava (f)	ချော်ရည်	cho ji
tromba (f) d'aria	လေဆင်နှာမောင်း	lei zin hna maun:
tornado (m)	လေဆင်နှာမောင်း	lei zin hna maun:
tifone (m)	တိုင်ဖွန်းမုန်တိုင်း	tain hpun moun dain:
uragano (m)	ဟာရီကိန်းမုန်တိုင်း	ha ji gain: moun dain:
tempesta (f)	မုန်တိုင်း	moun dain:
tsunami (m)	ဆူနာမီ	hsu na mi
ciclone (m)	ဆိုင်ကလုန်းမုန်တိုင်း	hsain ga. loun: moun dain:
maltempo (m)	ဆိုးရွားသောရာသီဥတု	hsou: jwa: de. ja dhi u. tu.
incendio (m)	မီးလောင်ခြင်း	mi: laun gjin:
disastro (m)	ဘေးအန္တရာယ်	bei: an daje
meteorite (m)	ဥက္ကာခဲ	ou' ka ge:
valanga (f)	ရေခဲနှင့်ကျောက်တုံး များထိုးကျခြင်း	jei ge: hnin kjau' toun: mja: htou: gja. gjin:
slavina (f)	လေတိုက်ပြီးဖြစ်နေ သောနှင်းပုံ	lei dou' hpji: bi' nei dho: hnin: boun
tempesta (f) di neve	နှင်းမုန်တိုင်း	hnin: moun dain:
bufera (f) di neve	နှင်းမုန်တိုင်း	hnin: moun dain:

208. Rumori. Suoni

silenzio (m)	တိတ်ဆိတ်မှု	tei' hsei' hmu.
suono (m)	အသံ	athan
rumore (m)	ဆူညံသံ	hsu. njan dhan.
far rumore	ဆူညံသည်	hsu. njan de
rumoroso (agg)	ဆူညံသော	hsu. njan de.
ad alta voce (parlare ~)	ကျယ်လောင်စွာ	kje laun zwa
alto (voce ~a)	ကျယ်လောင်သော	kje laun de

costante (agg)	ဆက်တိုင်ဖြစ်သော	hse' dain bja' de.
grido (m)	အော်သံ	o dhan
gridare (vi)	အော်သည်	o de
sussurro (m)	တီးတိုးပြောသံ	ti: dou: bjo dhan
sussurrare (vi, vt)	တီးတိုးပြောသည်	ti: dou: bjo de
abbaiamento (m)	ဟောင်သံ	han dhan
abbaiare (vi)	ဟောင်သည်	han de
gemito (m) (~ di dolore)	တကျွိကျွိမြည်သံ	ta kjwi. kjwi. mji dhan
gemere (vi)	တကျွိကျွိမြည်သည်	ta kjwi. kjwi. mji de
tosse (f)	ချောင်းဆိုးခြင်း	gaun: zou: gjin:
tossire (vi)	ချောင်းဆိုးသည်	gaun: zou: de
fischio (m)	လေချွန်သံ	lei gjun dhan
fischiare (vi)	လေချွန်သည်	lei gjun de
bussata (f)	တံခါးခေါက်သံ	daga: khau' than
bussare (vi)	တံခါးခေါက်သည်	daga: khau' te
crepitare (vi)	တိုက်သည်	tai' te
crepitio (m)	ဒိုင်းခနဲမြည်သံ	dein: ga. ne: mji dhan.
sirena (f)	အချက်ပေးဥသြသံ	ache' pei: ou' o: dhan
sirena (f) (di fabbrica)	ဥသြဆွဲသံ	udhja zwe: dhan
emettere un fischio	ဥသြဆွဲသည်	udhja zwe: de
colpo (m) di clacson	ဟွန်းသံ	hwun: dhan
clacsonare (vi)	ဟွန်းတီးသည်	hwun: di: de

209. Inverno

inverno (m)	ဆောင်းရာသီ	hsaun: ja dhi
invernale (agg)	ဆောင်းရာသီနှင့်ဆိုင်သော	hsaun: ja dhi hnin. zain de.
d'inverno	ဆောင်းရာသီမှာ	hsaun: ja dhi hma
neve (f)	နှင်း	hnin:
nevica	နှင်းကျသည်	hnin: gja. de
nevicata (f)	ဆီးနှင်းကျခြင်း	hsi: hnin: gja gjin:
mucchio (m) di neve	နှင်းခဲပုံ	hnin: ge: boun
fiocco (m) di neve	ဆီးနှင်းပွင့်	hsi: hnin: bwin.
palla (f) di neve	နှင်းဆုပ်လုံး	hnin: zou' loun:
pupazzo (m) di neve	နှင်းခဲလူရုပ်	hnin: ge: lu jou'
ghiacciolo (m)	ရေခဲပန်းဆွဲ	jei ge: ban: zwe:
dicembre (m)	ဒီဇင်ဘာလ	di zin ba la.
gennaio (m)	ဇန်နဝါရီလ	zan na. wa ji la.
febbraio (m)	ဖေဖော်ဝါရီလ	hpei bo wa ji la
gelo (m)	နှင်းခဲခြင်း	hnin: ge: gjin:
gelido (aria ~a)	နှင်းခဲသော	hnin: ge: de.
sotto zero	သုညအောက်	thoun nja. au'
primi geli (m pl)	နှင်းခါး	hnin: ga:
brina (f)	နှင်းပေါက်ခဲဖြူ	hnin: bau' khe: bju

freddo (m)	အေးခြင်း	ei: gjin:
fa freddo	အေးသည်	ei: de
pelliccia (f)	သားမွေးအနွေးထည်	tha: mwei: anwei: de
manopole (f pl)	နှစ်ကန့်လက်အိတ်	hni' kan. le' ei'
ammalarsi (vr)	အဖျားဝင်သည်	ahpja: win de
raffreddore (m)	အအေးမိခြင်း	aei: mi. gjin:
raffreddarsi (vr)	အအေးမိသည်	aei: mi. de
ghiaccio (m)	ရေခဲ	jei ge:
ghiaccio (m) trasparente	ရေခဲပြင်ပါး	jei ge: bjin ba:
ghiacciarsi (vr)	ရေခဲသည်	jei ge: de
banco (m) di ghiaccio	ရေခဲမျော	jei ge: mjo:
sci (m pl)	နှင်းလျှောစီးစကိတ်	hnin: sho: zi: zakei'
sciatore (m)	နှင်းလျှောစီးစကိတ်သမား	hnin: sho: zi: zakei' dhama:
sciare (vi)	နှင်းလျှောစီးသည်	hnin: sho: zi: de
pattinare (vi)	ရေခဲပြင်စကိတ်စီးသည်	jei ge: bjin za. gei' si: de

Fauna

210. Mammiferi. Predatori

predatore (m)	သားရဲ	tha: je:
tigre (f)	ကျား	kja:
leone (m)	ခြင်္သေ့	chin dhei.
lupo (m)	ဝံပုလွေ	wun bu. lwei
volpe (m)	မြေခွေး	mjei gwei:
giaguaro (m)	ဂျာကွာကျားသစ်မျိုး	gja gwa gja: dhi' mjou:
leopardo (m)	ကျားသစ်	kja: dhi'
ghepardo (m)	သစ်ကျုတ်	thi' kjou'
pantera (f)	ကျားသစ်နက်	kja: dhi' ne'
puma (f)	ပျူမားတောင်ခြင်္သေ့	pju. ma: daun gjin dhei.
leopardo (m) delle nevi	ရေခဲတောင်ကျားသစ်	jei ge: daun gja: dhi'
lince (f)	လင့်ကြောင်မျိုးတို	lin. gjaun mji: dou
coyote (m)	ဝံပုလွေငယ်တစ်မျိုး	wun bu. lwei nge di' mjou:
sciacallo (m)	ခွေးအ	khwei: a.
iena (f)	ဟိုင်အီးနား	hain i: na:

211. Animali selvatici

animale (m)	တိရစ္ဆာန်	tharei' hsan
bestia (f)	ခြေလေးချောင်းသတ္တဝါ	chei lei: gjaun: dhadawa
scoiattolo (m)	ရှဉ့်	shin.
riccio (m)	ဖြူကောင်	hpju gaun
lepre (f)	တောယုန်ကြီး	to: joun gji:
coniglio (m)	ယုန်	joun
tasso (m)	ခွေးတူဝက်တူကောင်	khwei: du we' tu gaun
procione (f)	ရက်ကွန်းဝံ	je' kwan: wan
criceto (m)	မြီးတိုပါးတွဲကြွက်	mji: dou ba: dwe: gjwe'
marmotta (f)	မားမို့တ်ကောင်	ma: mou. t gaun
talpa (f)	ပွေး	pwei:
topo (m)	ကြွက်	kjwe'
ratto (m)	မြေကြွက်	mjei gjwe'
pipistrello (m)	လင်းနို့	lin: nou.
ermellino (m)	အားမင်ကောင်	a: min gaun
zibellino (m)	ဆေဘယ်	hsei be
martora (f)	အသားစားအကောင်ငယ်	atha: za: akaun nge
donnola (f)	သားစားဖျံ	tha: za: bjan
visone (m)	မင့်ခ်မြွေပါ	min kh mjwei ba

castoro (m)	ဖျံကြီးတစ်မျိုး	hpjan gji: da' mjou:
lontra (f)	ဖျံ	hpjan
cavallo (m)	မြင်း	mjin:
alce (m)	ဦးချိုပြားသော သမင်ကြီး	u: gjou bja: dho: thamin gji:
cervo (m)	သမင်	thamin
cammello (m)	ကုလားအုတ်	kala: ou'
bisonte (m) americano	အမေရိကန်ပြောင်	amei ji kan pjaun
bisonte (m) europeo	အောရက်စ်	o: re' s
bufalo (m)	ကျွဲ	kjwe:
zebra (f)	မြင်းကျား	mjin: gja:
antilope (f)	အပြေးမြန်သော တောဆိတ်	apjei: mjan de. hto: zei'
capriolo (m)	ဒရယ်ငယ်တစ်မျိုး	da. je nge da' mjou:
daino (m)	ဒရယ်	da. je
camoscio (m)	တောင်ဆိတ်	taun zei'
cinghiale (m)	တောဝက်ထီး	to: we' hti:
balena (f)	ဝေလငါး	wei la. nga:
foca (f)	ပင်လယ်ဖျံ	pin le bjan
tricheco (m)	ဝေါရပ်စ်ဖျံ	wo: ra's hpjan
otaria (f)	အမွေးပါသောပင် လယ်ဖျံ	amwei: pa dho: bin le hpjan
delfino (m)	လင်းပိုင်	lin: bain
orso (m)	ဝက်ဝံ	we' wun
orso (m) bianco	ပိုလာဝက်ဝံ	pou la we' wan
panda (m)	ပန်ဒါဝက်ဝံ	pan da we' wan
scimmia (f)	မျောက်	mjau'
scimpanzè (m)	ချင်ပင်ဇီမျောက်ဝံ	chin pin zi mjau' wan
orango (m)	အော်ရန်အူတန်လူဝံ	o ran u tan lu wun
gorilla (m)	ဂေါ်ရီလာမျောက်ဝံ	go ji la mjau' wun
macaco (m)	မာကာကွေမျောက်	ma ga gwei mjau'
gibbone (m)	မျောက်လွှဲကျော်	mjau' hlwe: gjo
elefante (m)	ဆင်	hsin
rinoceronte (m)	ကြံ့	kjan.
giraffa (f)	သစ်ကုလားအုတ်	thi' ku. la ou'
ippopotamo (m)	ရေမြင်း	jei mjin:
canguro (m)	သားပိုက်ကောင်	tha: bai' kaun
koala (m)	ကိုအာလာဝက်ဝံ	kou a la we' wun
mangusta (f)	မြွေပါ	mwei ba
cincillà (f)	ချင်းချီလာ	chin: chi la
moffetta (f)	စကန့်စ်ဖျံ	sakan. kh hpjan
istrice (m)	ဖြူ	hpju

212. Animali domestici

gatta (f)	ကြောင်	kjaun
gatto (m)	ကြောင်ထီး	kjaun di:
cane (m)	ခွေး	khwei:

cavallo (m)	မြင်း	mjin:
stallone (m)	မြင်းထီး	mjin: di:
giumenta (f)	မြင်းမ	mjin: ma.
mucca (f)	နွား	nwa:
toro (m)	နွားထီး	nwa: di:
bue (m)	နွားထီး	nwa: di:
pecora (f)	သိုး	thou:
montone (m)	သိုးထီး	thou: hti:
capra (f)	ဆိတ်	hsei'
caprone (m)	ဆိတ်ထီး	hsei' hti:
asino (m)	မြည်း	mji:
mulo (m)	လား	la:
porco (m)	ဝက်	we'
porcellino (m)	ဝက်ကလေး	we' ka lei:
coniglio (m)	ယုန်	joun
gallina (f)	ကြက်	kje'
gallo (m)	ကြက်ဖ	kje' pha.
anatra (f)	ဘဲ	be:
maschio (m) dell'anatra	ဘဲထီး	be: di:
oca (f)	ဘဲငန်း	be: ngan:
tacchino (m)	ကြက်ဆင်	kje' hsin
tacchina (f)	ကြက်ဆင်	kje' hsin
animali (m pl) domestici	အိမ်မွေးတိရစ္ဆာန်များ	ein mwei: ti. ji. swan mja:
addomesticato (agg)	ယဉ်ပါးသော	jin ba: de.
addomesticare (vt)	ယဉ်ပါးစေသည်	jin ba: zei de
allevare (vt)	သားပေါက်သည်	tha: bau' te
fattoria (f)	စိုက်ပျိုးမွေးမြူရေးခြံ	sai' pjou: mwei: mju jei: gjan
pollame (m)	ကြက်ငှက်တိရစ္ဆာန်	kje' ti ji za hsan
bestiame (m)	ကျွဲနွားတိရစ္ဆာန်	kjwe: nwa: tarei. zan
branco (m), mandria (f)	အုပ်	ou'
scuderia (f)	မြင်းဇောင်း	mjin: zaun:
porcile (m)	ဝက်ခြံ	we' khan
stalla (f)	နွားတင်းကုပ်	nwa: din: gou'
conigliera (f)	ယုန်အိမ်	joun ein
pollaio (m)	ကြက်လှောင်အိမ်	kje' hlaun ein

213. Cani. Razze canine

cane (m)	ခွေး	khwei:
cane (m) da pastore	သိုးကျောင်းခွေး	thou: kjaun: gwei:
pastore (m) tedesco	ဂျာမနီသိုးကျောင်းခွေး	gja ma. ni hnin. gjaun: gwei:
barbone (m)	ပူဒယ်လ်ခွေး	pu de l gwei:
bassotto (m)	ဒတ်ရှန်းခွေး	da' shan: gwei:
bulldog (m)	ခွေးဘီလူး	khwei: bi lu:

boxer (m)	ဘောက်ဆာခွေး	bo' hsa gwei:
mastino (m)	အိမ်စောင့်ခွေးကြီးတစ်မျိုး	ein zaun. gwei: gji: di' mjou:
rottweiler (m)	ရော့ဝီလာခွေး	ro. wi la gwei:
dobermann (m)	ဒိုဘာမင်န်းခွေး	dou ba min: gwei:
bassotto (m)	ခြေတံတိုအမဲလိုက်ခွေး	chei dan dou ame: lai' gwei:
bobtail (m)	ခွေးပုတစ်မျိုး	khwei: bu di' mjou:
dalmata (m)	ဒယ်မေးရှင်းခွေး	de mei: shin gwe:
cocker (m)	ကိုကာစပန်နီရယ်ခွေး	kou ka sa. pan ni je khwei:
terranova (m)	နယူးဖောင်လန်ခွေး	na. ju: hpaun lan gwe:
sanbernardo (m)	ကြက်ခြေနီခွေး	kje' chei ni khwei:
husky (m)	စွတ်ဖားဆွဲခွေး	su' hpa: zwe: gwei:
chow chow (m)	တရုတ်ပြည်ပေါက် အမွေးထူခွေး	tajou' pji bau' amwei: htu gwei:
volpino (m)	စပစ်ဇ်ခွေး	sapi's khwei:
carlino (m)	ပဂ်ခွေး	pa' gwei:

214. Versi emessi dagli animali

abbaiamento (m)	ဟောင်သံ	han dhan
abbaiare (vi)	ဟောင်သည်	han de
miagolare (vi)	ကြောင်အော်သည်	kjaun o de
fare le fusa	ညိမ့်ညိမ့်လေးမြည်သံပေးသည်	njein. njein. le: mje dhan bei: de
muggire (vacca)	နွားအော်သည်	nwa: o de
muggire (toro)	တိရစ္ဆာန်အော်သည်	tharei' hsan o de
ringhiare (vi)	မာန်ဖီသည်	man bi de
ululato (m)	အူသံ	u dhan
ululare (vi)	အူသည်	u de
guaire (vi)	ရှည်လျားစူးရှစွာအော်သည်	shei lja: zu: sha. zwa o de
belare (pecora)	သိုးအော်သည်	thou: o de
grugnire (maiale)	တအီအီမြည်သည်	ta. i i mji de
squittire (vi)	တစီစီအော်မြည်သည်	ta. zi. zi. jo mje de
gracidare (rana)	ဖားအော်သည်	hpa: o de
ronzare (insetto)	တဝီဝီအော်သည်	ta. wi wi o de
frinire (vi)	ကျည်ကျည်ကျာကျာအော်သည်	kji kji kja kja o de

215. Cuccioli di animali

cucciolo (m)	သားပေါက်	tha: bau'
micino (m)	ကြောင်ပေါက်ကလေး	kjaun bau' ka. lei:
topolino (m)	ကြွက်ပေါက်ကလေး	kjwe' bau' ka. lei:
cucciolo (m) di cane	ခွေးကလေး	khwei: galei:
leprotto (m)	ယုန်ပေါက်ကလေး	joun bau' kalei:
coniglietto (m)	ယုန်ကလေး	joun galei:

cucciolo (m) di lupo	ဝံပုလွေပေါက်ကလေး	wun lwei bau' ka. lei:
cucciolo (m) di volpe	မြေခွေးပေါက်ကလေး	mjei gwei: bau' kalei:
cucciolo (m) di orso	ဝက်ဝံပေါက်ကလေး	we' wun bau' ka. lei:
cucciolo (m) di leone	ခြင်္သေ့ပေါက်ကလေး	chin dhei. bau' kalei:
cucciolo (m) di tigre	ကျားပေါက်ကလေး	kja: bau' ka. lei:
elefantino (m)	ဆင်ပေါက်ကလေး	hsin bau' ka. lei:
porcellino (m)	ဝက်ကလေး	we' ka lei:
vitello (m)	နွားပေါက်ကလေး	nwa: bau' ka. lei:
capretto (m)	ဆိတ်ပေါက်ကလေး	hsei' pau' ka. lei:
agnello (m)	သိုးပေါက်ကလေး	thou: bau' kalei:
cerbiatto (m)	သမင်ပေါက်ကလေး	thamin bau' kalei:
cucciolo (m) di cammello	မြင်းပေါက်ကလေး	mjin: bau' kalei:
piccolo (m) di serpente	မြွေပေါက်ကလေး	mwei bau' kalei:
piccolo (m) di rana	ဖားပေါက်ကလေး	hpa: bau' ka. lei:
uccellino (m)	ငှက်ပေါက်ကလေး	hnge' pau' ka. lei:
pulcino (m)	ကြက်ပေါက်ကလေး	kje' pau' ka. lei:
anatroccolo (m)	ဘဲပေါက်ကလေး	pe: bau' ga. lei:

216. Uccelli

uccello (m)	ငှက်	hnge'
colombo (m), piccione (m)	ခို	khou
passero (m)	စာကလေး	sa ga. lei:
cincia (f)	စာဝတီးငှက်	sa wadi: hnge'
gazza (f)	ငှက်ကျား	hnge' kja:
corvo (m)	ကျီးနက်	kji: ne'
cornacchia (f)	ကျီးကန်း	kji: kan:
taccola (f)	ဥရောပကျီးတစ်မျိုး	u. jo: pa gji: di' mjou:
corvo (m) nero	ကျီးအ	kji: a.
anatra (f)	ဘဲ	be:
oca (f)	ဘဲငန်း	be: ngan:
fagiano (m)	ရစ်ငှက်	ji' hnge'
aquila (f)	လင်းယုန်	lin: joun
astore (m)	သိမ်းငှက်	thain: hnge'
falco (m)	အမဲလိုက်သိမ်းငှက်တစ်မျိုး	ame: lai' thein: hnge' ti' mjou:
grifone (m)	လင်းတ	lin: da.
condor (m)	တောင်အမေရိကလင်းတ	taun amei ri. ka. lin: da.
cigno (m)	ငန်း	ngan:
gru (f)	ငှက်ကုလား	hnge' ku. la:
cicogna (f)	ချည်ခင်စွပ်ငှက်	che gin zu' hnge'
pappagallo (m)	ကြက်တူရွေး	kje' tu jwei:
colibrì (m)	ငှက်ပိတုန်း	hnge' pi. doun:
pavone (m)	ဥဒေါင်း	u. daun:
struzzo (m)	ငှက်ကုလားအုတ်	hnge' ku. la: ou'
airone (m)	ငဟစ်ငှက်	nga hi' hnge'

fenicottero (m)	ကြိုးကြာနီ	kjou: kja: ni
pellicano (m)	ငှက်ကြီးဝန်ပို	hnge' kji: wun bou
usignolo (m)	တေးဆိုငှက်	tei: hsou hnge'
rondine (f)	ပျံလွှား	pjan hlwa:
tordo (m)	မြေလူးငှက်	mjei lu: hnge'
tordo (m) sasello	တေးဆိုမြေလူးငှက်	tei: hsou mjei lu: hnge'
merlo (m)	ငှက်မည်း	hnge' mji:
rondone (m)	ပျံလွှားတစ်မျိုး	pjan hlwa: di' mjou:
allodola (f)	ဘီလုံးငှက်	bi loun: hnge'
quaglia (f)	ငုံး	ngoun:
picchio (m)	သစ်တောက်ငှက်	thi' tau' hnge'
cuculo (m)	ဥဩငှက်	udhja hnge'
civetta (f)	ဇီးကွက်	zi: gwe
gufo (m) reale	သိမ်းငှက်အနွယ်ဝင်ဇီးကွက်	thain: hnge' anwe win zi: gwe'
urogallo (m)	ရစ်	ji'
fagiano (m) di monte	ရစ်နက်	ji' ne'
pernice (f)	ခါ	kha
storno (m)	ကျွဲဆက်ရက်	kjwe: hse' je'
canarino (m)	စာဝါငှက်	sa wa hnge'
francolino (m) di monte	ရစ်ညို	ji' njou
fringuello (m)	စာကျွဲခေါင်း	sa gjwe: gaun:
ciuffolotto (m)	စာကျွဲခေါင်းငှက်	sa gjwe: gaun: hngwe'
gabbiano (m)	စင်ရော်	sin jo
albatro (m)	ပင်လယ်စင်ရော်ကြီး	pin le zin jo gji:
pinguino (m)	ပင်ဂွင်း	pin gwin:

217. Uccelli. Cinguettio e versi

cantare (vi)	ငှက်တေးဆိုသည်	hnge' tei: zou de
gridare (vi)	အော်သည်	o de
cantare (gallo)	တွန်သည်	tun de
chicchirichì (m)	ကြက်တွန်သံ	kje' twan dhan
chiocciare (gallina)	ကြက်မကတော်သည်	kje' ma. ka. do de
gracchiare (vi)	ကျီးအာသည်	kji: a de
fare qua qua	တဂတ်ဂတ်အောင်သည်	ta. ge' ge' aun de
pigolare (vi)	ကျည်ကျည်ကျာကျာမြည်သည်	kji kji kja kja mji de
cinguettare (vi)	တွတ်ထိုးသည်	tu' htou: de

218. Pesci. Animali marini

abramide (f)	ငါးကြင်းတစ်မျိုး	nga: gjin: di' mjou
carpa (f)	ငါးကြင်း	nga gjin:
perca (f)	ငါးပြေမတစ်မျိုး	nga: bjei ma. di' mjou:
pesce (m) gatto	ငါးခူ	nga: gu
luccio (m)	ပိုက်ငါး	pai' nga

salmone (m)	ဆော်လမွန်ငါး	hso: la. mun nga:
storione (m)	စတာဂျင်ငါးကြီးမျိုး	sata gjin nga: gji: mjou:
aringa (f)	ငါးသလောက်	nga: dha. lau'
salmone (m)	ဆော်လမွန်ငါး	hso: la. mun nga:
scombro (m)	မက်ကရယ်ငါး	me' ka. je nga:
sogliola (f)	ဥရောပ ငါးခွေးလျှာတစ်မျိုး	u. jo: pa nga: gwe: sha di' mjou:
lucioperca (f)	ငါးပြေမအနွယ်ဝင်ငါးတစ်မျိုး	nga: bjei ma. anwe win nga: di' mjou:
merluzzo (m)	ငါးကြီးဆီထုတ်သောငါး	nga: gji: zi dou' de. nga:
tonno (m)	တူနာငါး	tu na nga:
trota (f)	ထရောက်ငါး	hta. jau' nga:
anguilla (f)	ငါးရှဉ့်	nga: shin.
torpedine (f)	ငါးလက်ထုံ	nga: le' htoun
murena (f)	ငါးရှဉ့်ကြီးတစ်မျိုး	nga: shin. gji: da' mjou:
piranha (f)	အသားစားငါးငယ်တစ်မျိုး	atha: za: nga: nge ti' mjou:
squalo (m)	ငါးမန်း	nga: man:
delfino (m)	လင်းပိုင်	lin: bain
balena (f)	ဝေလငါး	wei la. nga:
granchio (m)	ကဏန်း	kanan:
medusa (f)	ငါးဖန်ခွက်	nga: hpan gwe'
polpo (m)	ရေဘဝဲ	jei ba. we:
stella (f) marina	ကြယ်ငါး	kje nga:
riccio (m) di mare	သံပချိုပ်	than ba. gjou'
cavalluccio (m) marino	ရေနဂါး	jei naga:
ostrica (f)	ကမာကောင်	kama kaun
gamberetto (m)	ပုစွန်	bazun
astice (m)	ကျောက်ပုစွန်	kjau' pu. zun
aragosta (f)	ကျောက်ပုစွန်	kjau' pu. zun

219. Anfibi. Rettili

serpente (m)	မြွေ	mwei
velenoso (agg)	အဆိပ်ရှိသော	ahsei' shi. de.
vipera (f)	မြွေပွေး	mwei bwei:
cobra (m)	မြွေဟောက်	mwei hau'
pitone (m)	စပါးအုံးမြွေ	saba: oun: mwei
boa (m)	စပါးကြီးမြွေ	saba: gji: mwei
biscia (f)	မြက်လျှောမြွေ	mje' sho: mwei
serpente (m) a sonagli	ခလောက်ဆွဲမြွေ	kha. lau' hswe: mwei
anaconda (f)	အနာကွန်ဒါမြွေ	ana kun da mwei
lucertola (f)	တွားသွားသတ္တဝါ	twa: dhwa: tha' tawa
iguana (f)	ဖွတ်	hpu'
varano (m)	ပုတ်သင်	pou' thin

salamandra (f)	ရေပုတ်သင်	jei bou' thin
camaleonte (m)	ပုတ်သင်ညို	pou' thin njou
scorpione (m)	ကင်းမြီးကောက်	kin: mji: kau'
tartaruga (f)	လိပ်	lei'
rana (f)	ဖား	hpa:
rospo (m)	ဖားပြုပ်	hpa: bju'
coccodrillo (m)	မိကျောင်း	mi. kjaun:

220. Insetti

insetto (m)	ပိုးမွှား	pou: hmwa:
farfalla (f)	လိပ်ပြာ	lei' pja
formica (f)	ပုရွက်ဆိတ်	pu. jwe' hsei'
mosca (f)	ယင်ကောင်	jin gaun
zanzara (f)	ခြင်	chin
scarabeo (m)	ပိုးတောင်မာ	pou: daun ma
vespa (f)	နကျယ်ကောင်	na. gje gaun
ape (f)	ပျား	pja:
bombo (m)	ပိတုန်း	pi. doun:
tafano (m)	မှက်	hme'
ragno (m)	ပင့်ကူ	pjin. gu
ragnatela (f)	ပင့်ကူအိမ်	pjin gu ein
libellula (f)	ပုစဉ်း	bazin
cavalletta (f)	နှံကောင်	hnan gaun
farfalla (f) notturna	ပိုးဖလံ	pou: ba. lan
scarafaggio (m)	ပိုးဟပ်	pou: ha'
zecca (f)	မွှား	hmwa:
pulce (f)	သန်း	than:
moscerino (m)	မှက်အသေးစား	hme' athei: za:
locusta (f)	ကျိုင်းကောင်	kjain: kaun
lumaca (f)	ခရု	khaju.
grillo (m)	ပုရစ်	paji'
lucciola (f)	ပိုးစုန်းကြူး	pou: zoun: gju:
coccinella (f)	လေဒီဘတ်ပိုးတောင်မာ	lei di ba' pou: daun ma
maggiolino (m)	အုန်းပိုး	oun: bou:
sanguisuga (f)	မျှော့	hmjo.
bruco (m)	ပေါက်ဖက်	pau' hpe'
verme (m)	တီကောင်	ti gaun
larva (f)	ပိုးတုံးလုံး	pou: doun: loun:

221. Animali. Parti del corpo

becco (m)	ငှက်နှုတ်သီး	hnge' hnou' thi:
ali (f pl)	တောင်ပံ	taun pan
zampa (f)	ခြေထောက်	chei htau'

piumaggio (m)	အမွေး	ahmwei
penna (f), piuma (f)	ငှက်မွေး	hnge' hmwei:
cresta (f)	အမောက်	amou'
branchia (f)	ပါးဟက်	pa: he'
uova (f pl)	ငါးဥ	nga: u.
larva (f)	ပိုးလောက်လန်း	pou: lau' lan:
pinna (f)	ဆူးတောင်	hsu: daun
squama (f)	ကြေးခွံ	kjei: gwan
zanna (f)	အစွယ်	aswe
zampa (f)	ခြေသည်းရှည်ပါသောဖဝါး	chei dhi: shi ba dho: ba. wa:
muso (m)	နှုတ်သီး	hnou' thi:
bocca (f)	ပါးစပ်	pa: zi'
coda (f)	အမြီး	ami:
baffi (m pl)	နှုတ်ခမ်းမွေး	hnou' khan: hmwei:
zoccolo (m)	ခွာ	khwa
corno (m)	ဦးချို	u: gjou
carapace (f)	လိပ်ကျောခွံ	lei' kjo: ghwan
conchiglia (f)	အခွံ	akhun
guscio (m) dell'uovo	ဥခွံ	u. gun
pelo (m)	အမွေး	ahmwei
pelle (f)	သားရေ	tha: ei

222. Azioni degli animali

volare (vi)	ပျံသည်	pjan de
volteggiare (vi)	ဝဲသည်	we: de
volare via	ပျံထွက်သွားသည်	pjan dwe' dwa: de
battere le ali	အတောင်ခတ်သည်	ataun khai' te
beccare (vi)	နှုတ်သီးဖြင့်ဆိတ်သည်	hnou' thi: bjin. zei' te
covare (vt)	ဝပ်သည်	wu' te
sgusciare (vi)	ဥမှသားပေါက်သည်	u. hma. dha: bau' te
fare il nido	အသိုက်ပြုလုပ်သည်	athai' pju. lou' dhe
strisciare (vi)	တွားသွားသည်	twa: dhwa: de
pungere (insetto)	တုပ်သည်	tou' te
mordere (vt)	ကိုက်သည်	kou' de
fiutare (vt)	အနံ့ခံနှာရှူ့သည်	anan. khan hna shun. de
abbaiare (vi)	ဟောင်သည်	han de
sibilare (vi)	ရှူးရှူးရှဲရှဲ အသံပြုသည်	shu: shu: she: she: athan bju. de
spaventare (vt)	ခြောက်လှန့်သည်	chau' hlan. de
attaccare (vt)	တိုက်ခိုက်သည်	tai' khai' te
rodere (osso, ecc.)	ကိုက်ဖြတ်သည်	kou' hpja' te
graffiare (vt)	ကုတ်သည်	kou' te
nascondersi (vr)	ပုန်းသည်	poun: de
giocare (vi)	ကစားသည်	gaza: de

cacciare (vt)	အမဲလိုက်သည်	ame: lai' de
ibernare (vi)	ဆောင်းခိုသည်	hsaun: gou de
estinguersi (vr)	မျိုးသုဉ်းသည်	mjou: dhou: de

223. Animali. Ambiente naturale

ambiente (m) naturale	ကျက်စားရာဒေသ	kje' za: ja dei dha.
migrazione (f)	ပြောင်းရွှေ့နေထိုင်ခြင်း	pjaun: shwei nei dain gjin:
monte (m), montagna (f)	တောင်	taun
scogliera (f)	ကျောက်တန်း	kjau' tan:
falesia (f)	ကျောက်ဆောင်	kjau' hsain
foresta (f)	သစ်တော	thi' to:
giungla (f)	တောရိုင်း	to: jain:
savana (f)	အပူပိုင်းမြက်ခင်းလွင်ပြင်	apu bain: gjin gin: lwin pjin
tundra (f)	တန်ဒြာ-ကျတ်တီးမြေ	tun dra kje' bi: mjei
steppa (f)	မြက်ခင်းလွင်ပြင်	mje' khin: lwin bjin
deserto (m)	သဲကန္တာရ	the: gan da ja.
oasi (f)	အိုအေစစ်	ou ei zi'
mare (m)	ပင်လယ်	pin le
lago (m)	ရေကန်	jei gan
oceano (m)	သမုဒ္ဒရာ	thamou' daja
palude (f)	ရွှံ့ ညွန်	shwan njun
di acqua dolce	ရေချို	jei gjou
stagno (m)	ရေကန်ငယ်	jei gan nge
fiume (m)	မြစ်	mji'
tana (f) (dell'orso)	သားရဲလှောင်အိမ်တွင်း	tha: je: hlaun ein twin:
nido (m)	ငှက်သိုက်	hnge' thai'
cavità (f) (~ in un albero)	အခေါင်းပေါက်	akhaun: bau'
tana (f) (del fox, ecc.)	မြေတွင်း	mjei dwin:
formicaio (m)	ခြတောင်ပို့	cha. daun bou.

224. Cura degli animali

zoo (m)	တိရစ္ဆာန်ဥယျာဉ်	tharei' hsan u. jin
riserva (f) naturale	စားကျက်	sa: gja'
allevatore (m)	တိရစ္ဆာန်မျိုးဖောက်သူ	tharei' hsan mjou: hpau' thu
gabbia (f) all'aperto	လှောင်အိမ်	hlaun ein
gabbia (f)	လှောင်အိမ်	hlaun ein
canile (m)	ခွေးအိမ်	khwei: ein
piccionaia (f)	ခိုအိမ်	khou ein
acquario (m)	အလှမွေးငါးကန်	ahla. mwei: nga: gan
delfinario (m)	လင်းပိုင်မွေးကန်	lin: bain mwei kan
allevare (vt)	သားပေါက်သည်	tha: bau' te
cucciolata (f)	သားပေါက်အုပ်စု	tha: bau' ou' zu.

addomesticare (vt)	ယဉ်ပါးစေသည်	jin ba: zei de
ammaestrare (vt)	လေ့ကျင့်ပေးသည်	lei. kjin. bei: de
mangime (m)	အစာ	asa
dare da mangiare	အစာကျွေးသည်	asa gjwei: de.
negozio (m) di animali	အိမ်မွေးတိရစ္ဆာန်ဆိုင်	ein mwei: ti. ji. swan zain
museruola (f)	နှုတ်သီးစွပ်	hnou' thi: zu'
collare (m)	လည်ပတ်	le ba'
nome (m) (di un cane, ecc.)	အမည်	amji
pedigree (m)	ခွေးမျိုးရိုးမှတ်တမ်း	khwei: mjou: jou: hma' tan:

225. Animali. Varie

branco (m)	အုပ်	ou'
stormo (m)	အုပ်	ou'
banco (m)	အုပ်	ou'
mandria (f)	အုပ်	ou'
maschio (m)	အထီး	a hti:
femmina (f)	အမ	ama.
affamato (agg)	ဆာလောင်သော	hsa laun de.
selvatico (agg)	တောရိုင်း	to: jain:
pericoloso (agg)	အန္တရာယ်ရှိသော	an dare shi. de.

226. Cavalli

cavallo (m)	မြင်း	mjin:
razza (f)	အမျိုးအစားကောင်းသောမြင်း	amjou: asa: gaun: dho: mjin:
puledro (m)	မြင်းပေါက်	mjin: bau'
giumenta (f)	မြင်းမ	mjin: ma.
mustang (m)	မာစတန်မြင်း	ma za. dan mjin:
pony (m)	မြင်းပု	mjin: bu.
cavallo (m) da tiro pesante	ခိုင်းမြင်း	khain: mjin:
criniera (f)	လည်ဆံမွေး	le zan hmwei:
coda (f)	အမြီး	ami:
zoccolo (m)	ခွါ	khwa
ferro (m) di cavallo	မြင်းသံခွါ	mjin: dhan gwa
ferrare (vt)	မြင်းသံခွါရိုက်သည်	mjin: dhan gwa jai' te
fabbro (m)	ပန်းပဲသမား	pan: be: dhama:
sella (f)	မြင်းကုန်းနှီး	mjin: goun: ni:
staffa (f)	ခြေနင်းကွင်း	chei nin: gwin:
briglia (f)	မြင်းဇက်ကြိုး	mjin: ze' kjou:
redini (m pl)	မြင်းထိန်းကြိုး	mjin: dein: gjou:
frusta (f)	ကြာပွတ်	kja bu'
fantino (m)	မြင်းစီးသူ	mjin: zi: dhu
sellare (vt)	မြင်းကုန်းနှီးချုပ်သည်	mjin: goun: ni: gjou' te

montare in sella	မြင်းပေါ်တက်သည်	mjin: bo da' te
galoppo (m)	မြင်းဒုန်းစိုင်းစီးခြင်း	mjin: oun: zain: zi: gjin:
galoppare (vi)	မြင်းဒုန်းစိုင်းစီးသည်	mjin: oun: zain: zi: de
trotto (m)	ရွရွပြေးသည်	jwa. jwa. bjei: de
al trotto	ရွရွပြေးသည့်ခြေလှမ်း	jwa. jwa. bjei: de. gjei hlan:
andare al trotto	ရွရွစီးသည်	jwa. jwa. zi: de
cavallo (m) da corsa	ပြိုင်မြင်း	pjain mjin:
corse (f pl)	မြင်းပြိုင်ခြင်း	mjin: bjain gjin:
scuderia (f)	မြင်းဇောင်း	mjin: zaun:
dare da mangiare	အစာကျွေးသည်	asa gjwei: de.
fieno (m)	မြက်ခြောက်	mje' khau'
abbeverare (vt)	ရေတိုက်သည်	jei dai' te
lavare (~ il cavallo)	ရေချိုးပေးသည်	jei gjou bei: de
carro (m)	မြင်းသည်လှည်း	mjin: de hli:
pascolare (vi)	စားကျက်တွင်လွှတ်ထားသည်	sa: gja' twin hlu' hta' de
nitrire (vi)	မြင်းဟီသည်	mjin: hi de
dare un calcio	မြင်းကန်သည်	mjin: gan de

Flora

227. Alberi

albero (m)	သစ်ပင်	thi' pin
deciduo (agg)	ရွက်ပြတ်	jwe' pja'
conifero (agg)	ထင်းရှူးပင်နှင့်ဆိုင်သော	htin: shu: bin hnin. zain de.
sempreverde (agg)	အဲဗားဂရင်းပင်	e ba: ga rin: bin
melo (m)	ပန်းသီးပင်	pan: dhi: bin
pero (m)	သစ်တော်ပင်	thi' to bin
ciliegio (m)	ချယ်ရီသီးအချိုပင်	che ji dhi: akjou bin
amareno (m)	ချယ်ရီသီးအချဉ်ပင်	che ji dhi: akjin bin
prugno (m)	ဆီးပင်	hsi: bin
betulla (f)	ဘုဇပတ်ပင်	bu. za. ba' pin
quercia (f)	ဝက်သစ်ချပင်	we' thi' cha. bin
tiglio (m)	လင်ဒန်ပင်	lin dan pin
pioppo (m) tremolo	ပေါ့ပလာပင်တစ်မျိုး	po. pa. la bin di' mjou:
acero (m)	မေပယ်ပင်	mei pe bin
abete (m)	ထင်းရှူးပင်တစ်မျိုး	htin: shu: bin ti' mjou:
pino (m)	ထင်းရှူးပင်	htin: shu: bin
larice (m)	ကတော့ပုံထင်းရှူးပင်	ka dau. boun din: shu: pin
abete (m) bianco	ထင်းရှူးပင်တစ်မျိုး	htin: shu: bin ti' mjou:
cedro (m)	သစ်ကတိုးပင်	thi' gadou: bin
pioppo (m)	ပေါ့ပလာပင်	po. pa. la bin
sorbo (m)	ရာအန်ပင်	ra an bin
salice (m)	မိုးမခပင်	mou: ma. ga. bin
alno (m)	အိုလ်ဒါပင်	oun da bin
faggio (m)	ယင်းသစ်	jin: dhi'
olmo (m)	အမ်ပင်	an bin
frassino (m)	အက်ရှ်အပင်	e' sh apin
castagno (m)	သစ်အယ်ပင်	thi' e
magnolia (f)	တတိုင်းမွှေးပင်	ta tain: hmwei: bin
palma (f)	ထန်းပင်	htan: bin
cipresso (m)	စိုက်ပရက်စ်ပင်	sai' pa. je's pin
mangrovia (f)	လမုပင်	la. mu. bin
baobab (m)	ကန္တာရပေါက်ပင်တစ်မျိုး	kan ta ja. bau' bin di' chju:
eucalipto (m)	ယူကလစ်ပင်	ju kali' pin
sequoia (f)	ဆီကွိုလာပင်	hsi gwou la pin

228. Arbusti

cespuglio (m)	ချုံပုတ်	choun bou'
arbusto (m)	ချုံ	choun

vite (f) စပျစ် zabji'
vigneto (m) စပျစ်ခြံ zabji' chan

lampone (m) ရက်စဘယ်ရီ re' sa be ji
ribes (m) nero ဘလက်ကားရန့် ba. le' ka: jan.
ribes (m) rosso အနီရောင်ဘယ်ရီသီး ani jaun be ji dhi:
uva (f) spina ကုလားဆီးဖြူပင် kala: zi: hpju pin

acacia (f) အကေရှားပင် akei sha: bin:
crespino (m) ဘားဘယ်ရီပင် ba: be' ji bin
gelsomino (m) စံပယ်ပင် san be bin

ginepro (m) ဂျူနီပါပင် gju ni ba bin
roseto (m) နှင်းဆီချုံ hnin: zi gjun
rosa (f) canina တောရိုင်းနှင်းဆီပင် to: ein: hnin: zi bin

229. Funghi

fungo (m) မှို hmou
fungo (m) commestibile စားသုံးနိုင်သောမှို sa: dhoun: nein dho: hmou
fungo (m) velenoso အဆိပ်ရှိသောမှို ahsei shi. de. hmou
cappello (m) မှိုပွင့် hmou bwin.
gambo (m) မှိုခြေထောက် hmou gjei dau'

porcino (m) မှိုခြင်ထောင် hmou gjin daun
boleto (m) rufo ထိပ်အဝါရောင်ရှိသောမှို htei' awa jaun shi. de. hmou
porcinello (m) ခြေထောက်ရှည်မှိုတစ်မျိုး chei htau' shi hmou di' mjou:
gallinaccio (m) ချန်တရယ်မှို chan ta. je hmou
rossola (f) ရုဆယ်လာမှို ja. ze la hmou

spugnola (f) ထိပ်လုံးသောမှို တစ်မျိုး htei' loun: dho: hmou di' mjou:
ovolaccio (m) အနီရောင်ရှိသော မှိုတစ်မျိုး ani jaun shi. dho: hmou di' mjou:
fungo (m) moscario ဒက်ကဲ့ပ်မှို de' ke. p hmou

230. Frutti. Bacche

frutto (m) အသီး athi:
frutti (m pl) အသီးများ athi: mja:

mela (f) ပန်းသီး pan: dhi:
pera (f) သစ်တော်သီး thi' to dhi:
prugna (f) ဆီးသီး hsi: dhi:

fragola (f) စတော်ဘယ်ရီသီး sato be ri dhi:
amarena (f) ချယ်ရီချဉ်သီး che ji gjin dhi:
ciliegia (f) ချယ်ရီချိုသီး che ji gjou dhi:
uva (f) စပျစ်သီး zabji' thi:

lampone (m) ရက်စဘယ်ရီ re' sa be ji
ribes (m) nero ဘလက်ကားရန့် ba. le' ka: jan.

ribes (m) rosso	အနီရောင်ဘယ်ရီသီး	ani jaun be ji dhi:
uva (f) spina	ကလားဆီးဖြူ	ka. la: his: hpju
mirtillo (m) di palude	ကရမ်ဘယ်ရီ	ka. jan be ji
arancia (f)	လိမ္မော်သီး	limmo dhi:
mandarino (m)	ပျားလိမ္မော်သီး	pja: lein mo dhi:
ananas (m)	နာနတ်သီး	na na' dhi:
banana (f)	ငှက်ပျောသီး	hnge' pjo: dhi:
dattero (m)	စွန်ပလွံသီး	sun palun dhi:
limone (m)	သံပုယိုသီး	than bu. jou dhi:
albicocca (f)	တရုတ်ဆီးသီး	jau' hsi: dhi:
pesca (f)	မက်မွန်သီး	me' mwan dhi:
kiwi (m)	ကီဝီသီး	ki wi dhi
pompelmo (m)	ဂရိတ်ဖရုသီး	ga. ri' hpa. ju dhi:
bacca (f)	ဘယ်ရီသီး	be ji dhi:
bacche (f pl)	ဘယ်ရီသီးများ	be ji dhi: mja:
mirtillo (m) rosso	အနီရောင်ဘယ်ရီသီးတစ်မျိုး	ani jaun be ji dhi: di: mjou:
fragola (f) di bosco	စတော်ဘယ်ရီရိုင်း	sato be ri jain:
mirtillo (m)	ဘီလ်ဘယ်ရီအသီး	bi' l be ji athi:

231. Fiori. Piante

fiore (m)	ပန်း	pan:
mazzo (m) di fiori	ပန်းစည်း	pan: ze:
rosa (f)	နှင်းဆီပန်း	hnin: zi ban:
tulipano (m)	ကျူးလစ်ပန်း	kju: li' pan:
garofano (m)	ဇော်မွှားပန်း	zo hmwa: bin:
gladiolo (m)	သစ္စာပန်း	thi' sa ban:
fiordaliso (m)	အပြာရောင်တောပန်းတစ်မျိုး	apja jaun dho ban: da' mjou:
campanella (f)	ခေါင်းရန်းအပြာပန်း	gaun: jan: apja ban:
soffione (m)	တောပန်းအဝါတစ်မျိုး	to: ban: awa ti' mjou:
camomilla (f)	မေ့မြို့ပန်း	mei. mjou. ban:
aloe (m)	ရှားစောင်းလက်ပတ်ပင်	sha: zaun: le' pa' pin
cactus (m)	ရှားစောင်းပင်	sha: zaun: bin
ficus (m)	ရော်ဘာပင်	jo ba bin
giglio (m)	နှင်းပန်း	hnin: ban:
geranio (m)	ကြွေပန်းတစ်မျိုး	kjwei ban: da' mjou:
giacinto (m)	ဗေဒါပန်း	bei da ba:
mimosa (f)	ထိကရုံးကြီးပင်	hti. ga. joun: gji: bin
narciso (m)	နားစီဆက်စ်ပင်	na: zi ze's pin
nasturzio (m)	တောင်ကြာကလေး	taun gja galei:
orchidea (f)	သစ်ခွပင်	thi' khwa. bin
peonia (f)	စန္ဒပန်း	san dapan:
viola (f)	ဗိုင်းအိုးလက်	bain: ou le'
viola (f) del pensiero	ပေါင်ဒါပန်း	paun da ban:
nontiscordardimé (m)	ခင်မမေ့ပန်း	khin ma. mei. pan:

margherita (f)	ဒေစီပန်း	dei zi bin
papavero (m)	ဘိန်းပင်	bin: bin
canapa (f)	ဆေးခြောက်ပင်	hsei: chau' pin
menta (f)	ပူစီနံ	pu zi nan
mughetto (m)	နှင်းပန်းတစ်မျိုး	hnin: ban: di' mjou:
bucaneve (m)	နှင်းခေါင်းလောင်းပန်း	hnin: gaun: laun: ban:
ortica (f)	ဖက်ယားပင်	hpe' ja: bin
acetosa (f)	မှော်ချဉ်ပင်	hmjo gji bin
ninfea (f)	ကြာ	kja
felce (f)	ဖန်းပင်	hpan: bin
lichene (m)	သစ်ကပ်မှော်	thi' ka' hmo
serra (f)	ဖန်လုံအိမ်	hpan ain
prato (m) erboso	မြက်ခင်း	mje' khin:
aiuola (f)	ပန်းစိုက်ခင်း	pan: zai' khan:
pianta (f)	အပင်	apin
erba (f)	မြက်	mje'
filo (m) d'erba	ရွက်ချွန်း	jwe' chun:
foglia (f)	အရွက်	ajwa'
petalo (m)	ပွင့်ချပ်	pwin: gja'
stelo (m)	ပင်စည်	pin ze
tubero (m)	ဥမြစ်	u. mi'
germoglio (m)	အစို့၊အညှောက်	asou./a hnjau'
spina (f)	ဆူး	hsu:
fiorire (vi)	ပွင့်သည်	pwin: de
appassire (vi)	ညှိုးနွမ်းသည်	hnjou: nun: de
odore (m), profumo (m)	အနံ့	anan.
tagliare (~ i fiori)	ရိတ်သည်	jei' te
cogliere (vt)	ခူးသည်	khu: de

232. Cereali, granaglie

grano (m)	နှံစားပင်တို့ ၏ အစေ့အဆန်	hnan za: bin dou. i. asei. ahsan
cereali (m pl)	ကောက်ပဲသီးနှံ	kau' pe: dhi: nan
spiga (f)	အနှံ	ahnan
frumento (m)	ဂျုံ	gja. mei: ka:
segale (f)	ဂျုံရိုင်း	gjoun jain:
avena (f)	မြင်းစားဂျုံ	mjin: za: gjoun
miglio (m)	ကောက်ပဲသီးနှံပင်	kau' pe: dhi: nan bin
orzo (m)	မုယောစပါး	mu. jo za. ba:
mais (m)	ပြောင်းဖူး	pjaun: bu:
riso (m)	ဆန်စပါး	hsan zaba
grano (m) saraceno	ပန်းဂျုံ	pan: gjun
pisello (m)	ပဲစေ့	pe: zei.
fagiolo (m)	ဗိုလ်စားပဲ	bou za: be:

soia (f)	ပဲပုပ်ပဲ	pe: bou' pe
lenticchie (f pl)	ပဲနီကလေး	pe: ni ga. lei:
fave (f pl)	ပဲအမျိုးမျိုး	pe: amjou: mjou:

233. Ortaggi. Verdure

ortaggi (m pl)	ဟင်းသီးဟင်းရွက်	hin: dhi: hin: jwe'
verdura (f)	ဟင်းခတ်အမွှေးရွက်	hin: ga' ahmwei: jwe'
pomodoro (m)	ခရမ်းချဉ်သီး	khajan: chan dhi:
cetriolo (m)	သခွါးသီး	thakhwa: dhi:
carota (f)	မုန်လာဥနီ	moun la u. ni
patata (f)	အာလူး	a lu:
cipolla (f)	ကြက်သွန်နီ	kje' thwan ni
aglio (m)	ကြက်သွန်ဖြူ	kje' thwan bju
cavolo (m)	ဂေါ်ဖီ	go bi
cavolfiore (m)	ပန်းဂေါ်ဖီ	pan: gozi
cavoletti (m pl) di Bruxelles	ဂေါ်ဖီထုပ်အသေးစား	go bi dou' athei: za:
broccolo (m)	ပန်းဂေါ်ဖီအစိမ်း	pan: gozi asein:
barbabietola (f)	မုန်လာဥနီလုံး	moun la u. ni loun:
melanzana (f)	ခရမ်းသီး	khajan: dhi:
zucchina (f)	ဘူးသီး	bu: dhi:
zucca (f)	ဖရုံသီး	hpa joun dhi:
rapa (f)	တရုတ်မုန်လာဥ	tajou' moun la u.
prezzemolo (m)	တရုတ်နံနံပင်	tajou' nan nan bin
aneto (m)	စမြိတ်ပင်	samjei' pin
lattuga (f)	ဆလပ်ရွက်	hsa. la' jwe'
sedano (m)	တရုတ်နံနံကြီး	tajou' nan nan gji:
asparago (m)	ကညွတ်မာပင်	ka. nju' ma bin
spinaci (m pl)	ဒေါက်ခွ	dau' khwa.
pisello (m)	ပဲပင်	pe: bin
fave (f pl)	ပဲအမျိုးမျိုး	pe: amjou: mjou:
mais (m)	ပြောင်းဖူး	pjaun: bu:
fagiolo (m)	ဗိုလ်စားပဲ	bou za: be:
peperone (m)	ငရုတ်သီး	nga jou' thi:
ravanello (m)	မုန်လာဥသေး	moun la u. dhei:
carciofo (m)	အာတီချော့	a ti cho.

GEOGRAFIA REGIONALE

Paesi. Nazionalità

234. Europa occidentale

Europa (f)	ဥရောပ	u. jo: pa
Unione (f) Europea	ဥရောပသမဂ္ဂ	u. jo: pa dha: me' ga.
europeo (m)	ဥရောပသား	u. jo: pa dha:
europeo (agg)	ဥရောပနှင့်ဆိုင်သော	u. jo: pa hnin. zain de
Austria (f)	ဩစတြီးယား	o. sa. tji: ja:
austriaco (m)	ဩစတြီးယန်းအမျိုးသား	o. sa. tji: jan: amjou: dha:
austriaca (f)	ဩစတြီးယန်းအမျိုးသမီး	o. sa. tji: jan: amjou: dhami:
austriaco (agg)	ဩစတြီးယားနှင့်ဆိုင်သော	o. sa. tji: ja: hnin. zain de.
Gran Bretagna (f)	အင်္ဂလန်	angga. lan
Inghilterra (f)	အင်္ဂလန်	angga. lan
britannico (m), inglese (m)	အင်္ဂလန်နိုင်ငံသား	angga. lan nain ngan dha:
britannica (f), inglese (f)	အင်္ဂလန်နိုင်ငံသူ	angga. lan nain ngan dhu
inglese (agg)	အင်္ဂလန်နှင့်ဆိုင်သော	angga. lan hnin. zein dho:
Belgio (m)	ဘယ်လ်ဂျီယံ	be l gji jan
belga (m)	ဘယ်လ်ဂျီယံအမျိုးသား	be l gji jan dha:
belga (f)	ဘယ်လ်ဂျီယံအမျိုးသမီး	be l gji jan dhami:
belga (agg)	ဘယ်လ်ဂျီယံနှင့်ဆိုင်သော	be l gji jan hnin. zain de.
Germania (f)	ဂျာမန်	gja man
tedesco (m)	ဂျာမန်အမျိုးသား	gja man amjou: dha:
tedesca (f)	ဂျာမန်အမျိုးသမီး	gja man amjou: dhami:
tedesco (agg)	ဂျာမန်နှင့်ဆိုင်သော	gja man hnin. zain de.
Paesi Bassi (m pl)	နယ်သာလန်	ne dha lan
Olanda (f)	ဟော်လန်	ho lan
olandese (m)	ဒတ်ချ်အမျိုးသား	da' ch amjou: dha:
olandese (f)	ဒတ်ချ်အမျိုးသမီး	da' ch amjou: dhami:
olandese (agg)	ဒတ်ချ်နှင့်ဆိုင်သော	da' ch hnin. zain de
Grecia (f)	ဂရိ	ga. ri.
greco (m)	ဂရိအမျိုးသား	ga. ri. amjou: dha:
greca (f)	ဂရိအမျိုးသမီး	ga. ri. amjou: dhami:
greco (agg)	ဂရိနှင့်ဆိုင်သော	ga. ri. hnin. zain de.
Danimarca (f)	ဒိန်းမတ်	dein: ma'
danese (m)	ဒိန်းမတ်သား	dein: ma' dha:
danese (f)	ဒိန်းမတ်သူ	dein: ma' dhu
danese (agg)	ဒိန်းမတ်နှင့်ဆိုင်သော	dein: ma' hnin. zain de.
Irlanda (f)	အိုင်ယာလန်	ain ja lan
irlandese (m)	အိုင်ယာလန်အမျိုးသား	ain ja lan amjou: dha:

irlandese (f)	အိုင်ယာလန်အမျိုးသမီး	ain ja lan amjou: dha. mi:
irlandese (agg)	အိုင်ယာလန်နှင့်ဆိုင်သော	ain ja lan hnin. zain de.
Islanda (f)	အိုက်စလန်း	ai' sa lan:
islandese (m)	အိုက်စလန်းသား	ai' sa lan: dha:
islandese (f)	အိုက်စလန်းသူ	ai' sa lan: dhu
islandese (agg)	အိုက်စလန်းနှင့်ဆိုင်သော	ai' sa lan: hnin. hsain de.
Spagna (f)	စပိန်	sapein
spagnolo (m)	စပိန်အမျိုးသား	sapein mjou: dha:
spagnola (f)	စပိန်အမျိုးသမီး	sapein mjou: dhami:
spagnolo (agg)	စပိန်နှင့်ဆိုင်သော	sapein hnin. zain de.
Italia (f)	အီတလီ	ita. li
italiano (m)	အီတလီအမျိုးသား	ita. li amjou: dha:
italiana (f)	အီတလီအမျိုးသမီး	ita. li amjou: dhami:
italiano (agg)	အီတလီနှင့်ဆိုင်သော	ita. li hnin. zain de.
Cipro (m)	ဆူးပရက်စ်	hsu: pa. je' s te.
cipriota (m)	ဆူးပရက်စ်သား	hsu: pa. je' s tha:
cipriota (f)	ဆူးပရက်စ်သူ	hsu: pa. je' s thu
cipriota (agg)	ဆူးပရက်စ်နှင့်ဆိုင်သော	hsu: pa. je' s hnin. zain de.
Malta (f)	မာတာ	ma ta
maltese (m)	မာတာသား	ma ta dha:
maltese (f)	မာတာသူ	ma ta dhami:
maltese (agg)	မာတာနှင့်ဆိုင်သော	ma ta hnin. zain de.
Norvegia (f)	နော်ဝေး	no wei:
norvegese (m)	နော်ဝေးအမျိုးသား	no wei: amjou: dha:
norvegese (f)	နော်ဝေးအမျိုးသမီး	no wei: amjou: dhami:
norvegese (agg)	နော်ဝေးနှင့်ဆိုင်သော	no wei: hnin. zain de.
Portogallo (f)	ပေါ်တူဂီ	po tu gi
portoghese (m)	ပေါ်တူဂီအမျိုးသား	po tu gi amjou: dha:
portoghese (f)	ပေါ်တူဂီအမျိုးသမီး	po tu gi amjou: dhami:
portoghese (agg)	ပေါ်တူဂီနှင့်ဆိုင်သော	po tu gi hnin. zain de.
Finlandia (f)	ဖင်လန်	hpin lan
finlandese (m)	ဖင်လန်အမျိုးသား	hpin lan dha:
finlandese (f)	ဖင်လန်အမျိုးသမီး	hpin lan dhami:
finlandese (agg)	ဖင်လန်နှင့်ဆိုင်သော	hpin lan hnin. zain de.
Francia (f)	ပြင်သစ်	pjin dhi'
francese (m)	ပြင်သစ်အမျိုးသား	pjin dhi' amjou: dha:
francese (f)	ပြင်သစ်အမျိုးသမီး	pjin dhi' amjou: dhami:
francese (agg)	ပြင်သစ်နှင့်ဆိုင်သော	pjin dhi' hnin. zain de.
Svezia (f)	ဆွီဒင်	hswi din
svedese (m)	ဆွီဒင်အမျိုးသား	hswi din amjou: dha:
svedese (f)	ဆွီဒင်အမျိုးသမီး	hswi din amjou: dhami:
svedese (agg)	ဆွီဒင်နှင့်ဆိုင်သော	hswi din hnin. zain de.
Svizzera (f)	ဆွစ်ဇာလန်	hswa' za lan
svizzero (m)	ဆွစ်ဇာလန်အမျိုးသား	hswa' za lan amjou: dha:
svizzera (f)	ဆွစ်ဇာလန်အမျိုးသမီး	hswa' za lan amjou: dhami:

svizzero (agg)	ဆွစ်ဇာလန်နှင့်ဆိုင်သော	hswa' za lan hnin. zain de.
Scozia (f)	စကော့တလန်	sa. ko: talan
scozzese (m)	စကော့တလန်အမျိုးသား	sa. ko: talan mjou: dha:
scozzese (f)	စကော့တလန်အမျိုးသမီး	sa. ko: talan mjou: dha:
scozzese (agg)	စကော့တလန်နှင့်ဆိုင်သော	sa. ko: talan hnin. zain de.
Vaticano (m)	ဗာတီကန်	ba di gan
Liechtenstein (m)	ဗာတီကန်လူမျိုး	ba di gan dhu mjo:
Lussemburgo (m)	လျူဆန်ဘော့	lju hsan bo.
Monaco (m)	မိုနာကို	mou na kou

235. Europa centrale e orientale

Albania (f)	အယ်လ်ဘေးနီးယား	e l bei: ni: ja:
albanese (m)	အယ်လ်ဘေးနီးယားအမျိုးသား	e l bei: ni: ja amjou: dha:
albanese (f)	အယ်လ်ဘေးနီးယားအမျိုးသမီး	e l bei: ni: ja: amjou: dhami:
albanese (agg)	အယ်လ်ဘေးနီးယားနှင့်ဆိုင်သော	e l bei: ni: ja: hnin. zain de.
Bulgaria (f)	ဘူလ်ဂေးရီးယား	bou gei: ji: ja
bulgaro (m)	ဘူလ်ဂေးရီးယားအမျိုးသား	bou gei: ji: ja amjou: dha:
bulgara (f)	ဘူလ်ဂေးရီးယားအမျိုးသမီး	bou gei: ji: ja amjou: dhami:
bulgaro (agg)	ဘူလ်ဂေးရီးယားနှင့်ဆိုင်သော	bou gei: ji: ja hnin. zain de.
Ungheria (f)	ဟန်ဂေရီ	han gei ji
ungherese (m)	ဟန်ဂေရီအမျိုးသား	han gei ji amjou: dha:
ungherese (f)	ဟန်ဂေရီအမျိုးသမီး	han gei ji amjou: dhami:
ungherese (agg)	ဟန်ဂေရီနှင့်ဆိုင်သော	han gei ji hnin. zain de.
Lettonia (f)	လတ်ဗီယန်	la' bi jan
lettone (m)	လတ်ဗီယန်အမျိုးသား	la' bi jan amjou: dha:
lettone (f)	လတ်ဗီယန်အမျိုးသမီး	la' bi jan amjou: dhami:
lettone (agg)	လတ်ဗီယန်နှင့်ဆိုင်သော	la' bi jan hnin. zein de.
Lituania (f)	လစ်သူနီယံ	li' thu ni jan
lituano (m)	လစ်သူနီယံအမျိုးသား	li' thu ni jan amjou: dha:
lituana (f)	လစ်သူနီယံအမျိုးသမီး	li' thu ni jan amjou: dhami:
lituano (agg)	လစ်သူနီယံနှင့်ဆိုင်သော	li' thu ni jan hnin. zain de.
Polonia (f)	ပိုလန်	pou lan
polacco (m)	ပိုလန်အမျိုးသား	pou lan amjou: dha:
polacca (f)	ပိုလန်အမျိုးသမီး	pou lan amjou: dhami:
polacco (agg)	ပိုလန်နှင့်ဆိုင်သော	pou lan hnin. zain de.
Romania (f)	ရူမေးနီးယား	ru mei: ni: ja:
rumeno (m)	ရူမေးနီးယားအမျိုးသား	ru mei: ni: ja: amjou: dha:
rumena (f)	ရူမေးနီးယားအမျိုးသမီး	ru mei: ni: ja: amjou: dha:
rumeno (agg)	ရူမေးနီးယားနှင့်ဆိုင်သော	ru mei: ni: ja: hnin. zain de.
Serbia (f)	ဆယ်ဗီယံ	hse bi jan.
serbo (m)	ဆာဗီယံအမျိုးသား	hsa bi jan amjou: dha:
serba (f)	ဆာဗီယံအမျိုးသမီး	hsa bi jan amjou: dhami:
serbo (agg)	ဆာဗီယံနှင့်ဆိုင်သော	hsa bi jan hnin. zain de.
Slovacchia (f)	ဆလိုဗာကီယာ	hsa. lou ba ki ja
slovacco (m)	ဆလိုဗာကီယာအမျိုးသား	hsa. lou ba ki ja amjou: dha:

slovacca (f)	ဆလိုဗာကီယာ အမျိုးသမီး	hsa. lou ba ki ja amjou: dhami:
slovacco (agg)	ဆလိုဗာကီယာနှင့်ဆိုင်သော	hsa. lou ba ki ja hnin. zain de.
Croazia (f)	ခရိုအေးရှား	kha. jou ei: sha:
croato (m)	ခရိုအေးရှားအမျိုးသား	kha. jou ei: sha: amjou: dha:
croata (f)	ခရိုအေးရှား အမျိုးသမီး	kha. jou ei: sha: amjou: dhami:
croato (agg)	ခရိုအေးရှား နှင့်ဆိုင်သော	kha. jou ei: sha: hnin. zain de.
Repubblica (f) Ceca	ချက်	che'
ceco (m)	ချက်အမျိုးသား	che' amjou: dha:
ceca (f)	ချက်အမျိုးသမီး	che' amjou: dhami:
ceco (agg)	ချက်နှင့်ဆိုင်သော	che' hnin. zain de.
Estonia (f)	အက်စ်တိုးနီးယား	e's to' ni: ja:
estone (m)	အက်စ်တိုးနီးယံအမျိုးသား	e's to' ni: ja: dha:
estone (f)	အက်စ်တိုးနီးယံအမျိုးသမီး	e's to' ni: ja: dhami:
estone (agg)	အက်စ်တိုးနီးယားနှင့်ဆိုင်သော	e's to' ni: ja: hnin. zain de
Bosnia-Erzegovina (f)	ဘော့စ်နီးယားနှင့်ဟာ ဇီဂိုဗီနာ	bo'. ni: ja: hnin. ha zi gou bi na
Macedonia (f)	မက်ဆီဒိုးနီးယား	me' hsi: dou: ni: ja:
Slovenia (f)	ဆလိုဗီနီးယား	hsa. lou bi ni: ja:
Montenegro (m)	မွန်တန်နီဂရို	mun dan ni ga. jou

236. Paesi dell'ex Unione Sovietica

Azerbaigian (m)	အာဇာဘိုင်ဂျန်း	a za bain gjin:
azerbaigiano (m)	အာဇာဘိုင်ဂျန်းအမျိုးသား	a za bain gjin: dha:
azerbaigiana (f)	အာဇာဘိုင်ဂျန်းအမျိုးသမီး	a za bain gjin: dhami:
azerbaigiano (agg)	အာဇာဘိုင်ဂျန်းနှင့်ဆိုင်သော	a za bain gjin: hnin. zain de.
Armenia (f)	အာမေးနီးယား	a me: ni: ja:
armeno (m)	အာမေးနီးယားအမျိုးသမီး	a me: ni: ja: amjou: dhami:
armena (f)	အာမေးနီးယားအမျိုးသမီး	a me: ni: ja: amjou: dhami:
armeno (agg)	အာမေးနီးယားနှင့်ဆိုင်သော	a me: ni: ja: hnin. zain de.
Bielorussia (f)	ဘီလာရုစ်	bi la ju'
bielorusso (m)	ဘီလာရုစ်အမျိုးသား	bi la ju' amjou: dha:
bielorussa (f)	ဘီလာရုစ်အမျိုးသမီး	bi la ju' amjou: dhami:
bielorusso (agg)	ဘီလာရုစ်နှင့်ဆိုင်သော	bi la ju' hnin. zain de.
Georgia (f)	ဂျော်ဂျီယာ	gjo gji ja
georgiano (m)	ဂျော်ဂျီယာအမျိုးသား	gjo gji ja amjou: dhami:
georgiana (f)	ဂျော်ဂျီယာအမျိုးသမီး	gjo gji ja amjou: dha:
georgiano (agg)	ဂျော်ဂျီယာနှင့်ဆိုင်သော	gjo gji ja hnin. zain de.
Kazakistan (m)	ကာဇက်စတန်	ka ze' satan
kazaco (m)	ကာဇက်စတန်အမျိုးသမီး	ka ze' satan amjou: dhami:
kazaca (f)	ကာဇက်စတန်အမျိုးသမီး	ka ze' satan amjou: dhami:
kazaco (agg)	ကာဇက်စတန်နှင့်ဆိုင်သော	ka ze' satan hnin. zain de.
Kirghizistan (m)	ကစ်ဂျီကစ္စတန်	ki' ji ki' za. tan

kirghiso (m)	ကစ်ရှီကစ္စတန်အမျိုးသား	ki' ji ki' za. tan amjou: dha:
kirghisa (f)	ကစ်ရှီကစ္စတန်အမျိုးသမီး	ki' ji ki' za. tan amjou: dhami:
kirghiso (agg)	ကစ်ရှီကစ္စတန်နှင့်ဆိုင်သော	ki' ji ki' za. tan hnin. zain de.
Moldavia (f)	မိုဒိုရာ	mou dou ja
moldavo (m)	မိုဒိုရာအမျိုးသား	mou dou ja amjou: dha:
moldava (f)	မိုဒိုရာအမျိုးသမီး	mou dou ja amjou: dhami:
moldavo (agg)	မိုဒိုရာနှင့်ဆိုင်သော	mou dou ja hnin. zain de.
Russia (f)	ရုရှား	ru. sha:
russo (m)	ရုရှားအမျိုးသား	ru sha: amjou: dha:
russa (f)	ရုရှားအမျိုးသမီး	ru. sha: amjou: dhami:
russo (agg)	ရုရှားနှင့်ဆိုင်သော	ru. sha: hnin. zain de.
Tagikistan (m)	တာဂျစ်ကစ္စတန်	ta gji' ki' sa. tan
tagico (m)	တာဂျစ်အမျိုးသား	ta gji' amjou: dha:
tagica (f)	တာဂျစ်အမျိုးသမီး	ta gji' amjou: dhami:
tagico (agg)	တာဂျစ်နှင့်ဆိုင်သော	ta gji' hnin. zain de.
Turkmenistan (m)	တပ်မင်နစ္စတန်	ta' min ni' sa. tan
turkmeno (m)	တပ်မင်နစ္စတန်အမျိုးသား	ta' min ni' sa. tan amjou: dha:
turkmena (f)	တပ်မင်နစ္စတန် အမျိုးသမီး	ta' min ni' sa. tan amjou: dhami:
turkmeno (agg)	တပ်မင်နစ္စတန် နှင့်ဆိုင်သော	ta' min ni' sa. tan hnin. zain de.
Uzbekistan (m)	ဥဇဘက်ကစ္စတန်	u. za. be' ki' sa. tan
usbeco (m)	ဥဇဘက်အမျိုးသား	u. za. be' amjou: dha:
usbeca (f)	ဥဇဘက်အမျိုးသမီး	u. za. be' amjou: dha:
usbeco (agg)	ဥဇဘက်ကစ္စတန် နှင့်ဆိုင်သော	u. za. be' ki' sa. tan hnin. zain de.
Ucraina (f)	ယူကရိန်း	ju ka. jein:
ucraino (m)	ယူကရိန်းအမျိုးသား	ju ka. jein: amjou: dha:
ucraina (f)	ယူကရိန်းအမျိုးသမီး	ju ka. jein: amjou: dhami:
ucraino (agg)	ယူကရိန်းနှင့်ဆိုင်သော	ju ka. jein: hnin. zain de.:

237. Asia

Asia (f)	အာရှ	a sha.
asiatico (agg)	အာရှနှင့်ဆိုင်သော	a sha. hnin. zain de.
Vietnam (m)	ဗီယက်နမ်	bi je' nan
vietnamita (m)	ဗီယက်နမ်အမျိုးသား	bi ja' nan amjou: dha:
vietnamita (f)	ဗီယက်နမ်အမျိုးသမီး	bi je' nan amjou dha mi:
vietnamita (agg)	ဗီယက်နမ်နှင့်ဆိုင်သော	bi je' nan hnin. zain de.
India (f)	အိန္ဒိယ	indi. ja
indiano (m)	အိန္ဒိယအမျိုးသား	indi. ja amjou: dha:
indiana (f)	အိန္ဒိယအမျိုးသမီး	indi. ja amjou: dhami:
indiano (agg)	အိန္ဒိယနှင့်ဆိုင်သော	indi. ja hnin. zain de.
Israele (m)	အစ္စရေး	a' sa. jei:
israeliano (m)	အစ္စရေးအမျိုးသား	a' sa. jei: amjou: dha:

israeliana (f)	အစ္စရေးအမျိုးသမီး	a' sa. jei: amjou: dhami:
israeliano (agg)	အစ္စရေးနှင့်ဆိုင်သော	a' sa. jei: hnin. zain de.
ebreo (m)	ဂျူး	gju:
ebrea (f)	ဂျူးအမျိုးသမီး	gju: amjou: dhami:
ebraico (agg)	ဂျူးအမျိုးသား	gju: amjou: dha:
Cina (f)	တရုတ်	tajou'
cinese (m)	တရုတ်အမျိုးသား	tajou' amjou: dha:
cinese (f)	တရုတ်အမျိုးသမီး	tajou' amjou: dhami:
cinese (agg)	တရုတ်နှင့်ဆိုင်သော	tajou' hnin. zain de.
coreano (m)	ကိုးရီးယားအမျိုးသား	kou: ji: ja: amjou: dha:
coreana (f)	ကိုးရီးယားအမျိုးသမီး	kou: ji: ja: amjou: dhami:
coreano (agg)	ကိုးရီးယားနှင့်ဆိုင်သော	kou: ji: ja: hnin. zain de.
Libano (m)	လက်ဘနွန်	le' ba. nun
libanese (m)	လက်ဘနွန်အမျိုးသား	le' ba. nun amjou: dha:
libanese (f)	လက်ဘနွန်အမျိုးသမီး	le' ba. nun amjou: dhami:
libanese (agg)	လက်ဘနွန်နှင်ဆိုင်သော	le' ba. nun hnin zain de
Mongolia (f)	မွန်ဂိုလီးယား	mun gou li: ja:
mongolo (m)	မွန်ဂိုလီးယားအမျိုးသား	mun gou li: ja: amjou: dha:
mongola (f)	မွန်ဂိုလီးယားအမျိုးသမီး	mun gou li: ja: amjou: dhami:
mongolo (agg)	မွန်ဂိုလီးယားနှင့်ဆိုင်သော	mun gou li: ja: hnin. zain de.
Malesia (f)	မလေးရှား	ma. lei: sha:
malese (m)	မလေးရှားအမျိုးသား	ma. lei: sha: amjou: dha:
malese (f)	မလေးရှားအမျိုးသမီး	ma. lei: sha: amjou: dhami:
malese (agg)	မလေးရှားနှင့်ဆိုင်သော	ma. lei: sha: hnin. zain de.
Pakistan (m)	ပါကစ္စတန်	pa ki' sa. tan
pakistano (m)	ပါကစ္စတန်အမျိုးသား	pa ki' sa. tan dha:
pakistana (f)	ပါကစ္စတန်အမျိုးသမီး	pa ki' sa. tan dhami:
pakistano (agg)	ပါကစ္စတန်နှင့်ဆိုင်သော	pa ki' sa. tan hnin. zain de
Arabia Saudita (f)	ဆော်ဒီအာရေ့ဗီးယား	hso: di a jei. bi: ja:
arabo (m), saudita (m)	အာရပ်အမျိုးသား	a ra' amjou: dha:
araba (f), saudita (f)	အာရပ်အမျိုးသမီး	a ra' amjou: dhami:
arabo (agg)	အာရပ်နှင့်ဆိုင်သော	a ra' hnin. zain de.
Tailandia (f)	ထိုင်း	htain:
tailandese (m)	ထိုင်းအမျိုးသား	htain: amjou: dha:
tailandese (f)	ထိုင်းအမျိုးသမီး	htain: amjou: dhami:
tailandese (agg)	ထိုင်းနှင့်ဆိုင်သော	htain: hnin. zain de.
Taiwan (m)	ထိုင်ဝမ်	htain wan
taiwanese (m)	ထိုင်ဝမ်အမျိုးသား	htain wan amjou: dha:
taiwanese (f)	ထိုင်ဝမ်အမျိုးသမီး	htain wan amjou: dhami:
taiwanese (agg)	ထိုင်ဝမ်နှင့်ဆိုင်သော	htain wan hnin. zain de.
Turchia (f)	တူရကီ	tu ra. ki
turco (m)	တူရကီအမျိုးသား	tu ra. ki amjou: dha:
turca (f)	တူရကီအမျိုးသမီး	tu ra. ki amjou: dhami:
turco (agg)	တူရကီနှင့်ဆိုင်သော	tu ra. ki hnin. zain de
Giappone (m)	ဂျပန်	gja pan

giapponese (m)	ဂျပန်အမျိုးသား	gja pan amjou: dha:
giapponese (f)	ဂျပန်အမျိုးသမီး	gja pan amjou: dhami:
giapponese (agg)	ဂျပန်နှင့်ဆိုင်သော	gja pan hnin. zain de
Afghanistan (m)	အာဖဂန်နစ္စတန်	apha. gan na' tan
Bangladesh (m)	ဘင်္ဂလားဒေ့ရှ်	bang la: dei. sh
Indonesia (f)	အင်ဒိုနီးရှား	in do ni: sha:
Giordania (f)	ဂျော်ဒန်	gjo dan
Iraq (m)	အီရတ်	ira'
Iran (m)	အီရန်	iran
Cambogia (f)	ကမ္ဘောဒီးယား	ga khan ba di: ja:
Kuwait (m)	ကူဝိတ်	ku wi'
Laos (m)	လာအို	la ou
Birmania (f)	မြန်မာ	mjan ma
Nepal (m)	နီပေါ	ni po:
Emirati (m pl) Arabi	အာရပ်နိုင်ငံများ	a ra' nain ngan mja:
Siria (f)	ဆီးရီးယား	hsi: ji: ja:
Palestina (f)	ပါလက်စတိုင်း	pa le' sa tain:
Corea (f) del Sud	တောင်ကိုရီးယား	taun kou ri: ja:
Corea (f) del Nord	မြောက်ကိုရီးယား	mjau' kou ji: ja:

238. America del Nord

Stati (m pl) Uniti d'America	အမေရိကန် ပြည်ထောင်စု	amei ji kan pji htaun zu
americano (m)	အမေရိကန်အမျိုးသား	amei ji kan amjou: dha:
americana (f)	အမေရိကန်အမျိုးသမီး	amei ji kan amjou: dhami:
americano (agg)	အမေရိကန်	amei ji kan
Canada (m)	ကနေဒါနိုင်ငံ	ka. nei da nain gan
canadese (m)	ကနေဒါအမျိုးသား	ka. nei da amjou: dha:
canadese (f)	ကနေဒါအမျိုးသမီး	ka. nei da amjou: dhami:
canadese (agg)	ကနေဒါနိုင်ငံ နှင့် ဆိုင်သော	ka. nei da nain gan hnin. zain de.
Messico (m)	မက္ကစီကိုနိုင်ငံ	me' ka. hsi kou nain ngan
messicano (m)	မက္ကစီကို အမျိုးသား	me' ka. hsi kou amjou: dha:
messicana (f)	မက္ကစီကို အမျိုးသမီး	me' ka. hsi kou amjou: dhami:
messicano (agg)	မက္ကစီကိုနိုင်ငံနှင့်ဆိုင်သော	me' ka. hsi kou hnin. zain de.

239. America centrale e America del Sud

Argentina (f)	အာဂျင်တီးနား	agin ti: na:
argentino (m)	အာဂျင်တီးနားအမျိုးသား	agin ti: na: amjou: dha:
argentina (f)	အာဂျင်တီးနားအမျိုးသမီး	agin ti: na: amjou: dhami:
argentino (agg)	အာဂျင်တီးနားနှင့်ဆိုင်သော	agin ti: na: hnin. zain de.
Brasile (m)	ဘရာဇီးလ်	ba. ra zi'l
brasiliano (m)	ဘရာဇီးလီယံအမျိုးသား	ba. ra zi'l amjou: dha:

brasiliana (f)	ဘရာဇီလီယံအမျိုးသမီး	ba. ra zi'l amjou: dhami:
brasiliano (agg)	ဘရာဇီလ်နှင့်ဆိုင်သော	ba. ra zi'l hnin. zain de.
Colombia (f)	ကိုလမ်းဘီးယား	kou lan: bi: ja:
colombiano (m)	ကိုလမ်းဘီးယားအမျိုးသား	kou lan: bi: ja: amjou: dha:
colombiana (f)	ကိုလမ်းဘီးယားအမျိုးသမီး	kou lan: bi: ja: amjou: dhami:
colombiano (agg)	ကိုလမ်းဘီးယားနှင့်ဆိုင်သော	kou lan: bi: ja: hnin. lain de.
Cuba (f)	ကျူးဘား	kju: ba:
cubano (m)	ကျူးဘားအမျိုးသား	kju: ba: amjou: dha:
cubana (f)	ကျူးဘားအမျိုးသမီး	kju: ba: amjou: dhami:
cubano (agg)	ကျူးဘားနှင့်ဆိုင်သော	kju: ba: hnin. zain de.
Cile (m)	ချီလီ	chi li
cileno (m)	ချီလီအမျိုးသား	chi li amjou: dha:
cilena (f)	ချီလီအမျိုးသမီး	chi li amjou: dhami:
cileno (agg)	ချီလီနှင့်ဆိုင်သော	chi li hnin. zain de.
Bolivia (f)	ဘိုလစ်ဗီးယား	bou la' bi: ja:
Venezuela (f)	ဗယ်နီဇွဲလား	be ni zwe: la:
Paraguay (m)	ပါရာဂွေး	pa ja gwei:
Perù (m)	ပီရူး	pi ju:
Suriname (m)	ဆူရီနိမ်း	hsu. ji nei:
Uruguay (m)	အုရုဂွေး	ou. ju gwei:
Ecuador (m)	အီကွေဒေါ	i kwei: do:
Le Bahamas	ဘာဟာမက်	ba ha me'
Haiti (m)	ဟိုင်တီ	hain ti
Repubblica (f) Dominicana	ဒိုမီနီကန်	dou mi ni kan
Panama (m)	ပနားမား	pa. na: ma:
Giamaica (f)	ဂျမေးကား	g'me:kaa:

240. Africa

Egitto (m)	အီဂျစ်	igji'
egiziano (m)	အီဂျစ်အမျိုးသား	igji' amjou: dha:
egiziana (f)	အီဂျစ်အမျိုးသမီး	igji' amjou: dhami:
egiziano (agg)	အီဂျစ်နှင့်ဆိုင်သော	igji' hnin. zain de.
Marocco (m)	မော်ရိုကို	mo jou gou
marocchino (m)	မော်ရိုကိုအမျိုးသား	mou jou gou amjou: dha:
marocchina (f)	မော်ရိုကိုအမျိုးသမီး	mou jou gou amjou: dhami:
marocchino (agg)	မော်ရိုကိုနှင့်ဆိုင်သော	mou jou gou hnin. zain de.
Tunisia (f)	တူနစ်ရှား	tu ni' sha:
tunisino (m)	တူနစ်ရှားအမျိုးသား	tu ni' sha: amjou: dha:
tunisina (f)	တူနစ်ရှာအမျိုးသမီး	tu ni' sha: amjou: dhami:
tunisino (agg)	တူနစ်ရှားနှင့်ဆိုင်သော	tu ni' sha: hnin. zain de.
Ghana (m)	ဂါနာ	ga na
Zanzibar	ဇန်ဇီဗာ	zan zi ba
Kenya (m)	ကင်ညာ	kin nja
Libia (f)	လီဗီယာ	li bi ja

Madagascar (m) မာဒဂ်ကာစကာ ma de' ka za ga
Namibia (f) နမ်မီးဘီးယား nami: bi: ja:
Senegal (m) ဆယ်နီဂေါ် hse ni go
Tanzania (f) တန်ဇားနီးယား tan za: ni: ja:
Repubblica (f) Sudafricana တောင်အာဖရိက taun a hpa. ji. ka.

africano (m) အာဖရိကတိုက်သား apha. ri. ka. dhai' tha:
africana (f) အာဖရိကသူ apha. ri. ka. dhu
africano (agg) အာဖရိကန်နှင့်ဆိုင်သော apha. ri. kan hnin. zain de.

241. Australia. Oceania

Australia (f) ဩစတြေးလျ thja za djei: lja
australiano (m) ဩစတြေးလျားအမျိုးသား o. sa. tjei: lja: amjou: dha:
australiana (f) ဩစတြေးလျားအမျိုးသမီး o. sa. tjei: lja: amjou: dhami:
australiano (agg) ဩစတြေးလျနှင့်ဆိုင်သော o. sa. tjei: lja: hnin. zain de.

Nuova Zelanda (f) နယူးဇီလန် na. ju: zi lan
neozelandese (m) နယူးဇီလန်အမျိုးသား na. ju: zi lan dha:
neozelandese (f) နယူးဇီလန်အမျိုးသမီး na. ju: zi lan dhami:
neozelandese (agg) နယးဇီလန်နှင့်ဆိုင်သော na. ja: zi lan hnin. zain de

Tasmania (f) တာ့စ်မေးနီးယား ta. s mei: ni: ja:
Polinesia (f) Francese ပြင်သစ် ပေါ်လီးနီးရှား pjin dhi' po li: ni: sha:

242. Città

L'Aia ဒဟာဂူးမြို့ da. ha gu: mjou.
Amburgo ဟန်းဘာ့ဂ်မြို့ han: ba. k mjou.
Amsterdam အမ်စတာဒမ်မြို့ an za ta dan mjou.
Ankara အမ်ကာရာမြို့ an ga ja mjou.
Atene အေသင်မြို့ e thin mjou.
L'Avana ဟာဗားနားမြို့ ha ba: na: mjou.

Baghdad ဘဂ္ဂဒတ်မြို့ ba' ga. da mjou.
Bangkok ဘန်ကောက်မြို့ ban gou' mjou.
Barcellona ဘာစီလိုနာမြို့ ba zi lou na mjou.
Beirut ဘီရာရုမြို့ bi ja ju. mjou.
Berlino ဘာလင်မြို့ ba lin mjou.

Bombay, Mumbai မွန်ဘိုင်းမြို့ mun bain mjou.
Bonn ဘွန်းမြို့ bwun: mjou.
Bordeaux ဘော်ဒိုးမြို့ bo dou: mjou.
Bratislava ဘရာတစ်ဆလာဗာမြို့ ba. ra ta' hsa. la ba mjou.
Bruxelles ဘရပ်ဆဲလ်မြို့ ba. ja' hse:' mjou.
Bucarest ဗူးခရက်မြို့ bu: ga. ja' mjou.
Budapest ဘူဒါပတ်စ်မြို့ bu da pa' s mjou.

Il Cairo ကိုင်ရိုမြို့ kain jou mjou.
Calcutta ကာလကတ္တားမြို့ ka la ka' ta mjou.
Chicago ချီကာဂိုမြို့ chi ka gou mjou.
Città del Messico မက္ကဆီကိုမြို့ me' ka. hsi kou mjou.

Copenaghen	ကိုပင်ဟေးဂန်မြို့	kou pin hei: gin mjou.
Dar es Salaam	ဒါရူစလမ်မြို့	da ju za. lan mjou.
Delhi	ဒေလီမြို့	dei li mjou.
Dubai	ဒူဘိုင်းမြို့	du bain mjou.
Dublino	ဒပ်ဗလင်မြို့	da' ba lin mjou.
Düsseldorf	ဂျူဆက်ဒေါ့ဖ်မြို့	gju hse' do. hp mjou.
Firenze	ဖလောရန့်စ်မြို့	hpa. lau jan s mjou.
Francoforte	ဖရန့်ဖော့တ့်မြို့	hpa. jan. hpa. t. mjou.
Gerusalemme	ဂျေရုဆလင်မြို့	gjei jou hsa. lin mjou.
Ginevra	ဂျနီဗာမြို့	gja. ni ba mjou.
Hanoi	ဟနွိုင်းမြို့	ha. noin: mjou.
Helsinki	ဟယ်လ်ဆင်ကီမြို့	he l hsin ki mjou.
Hiroshima	ဟီရိုရှီးမားမြို့	hi jou si: ma: mjou.
Hong Kong	ဟောင်ကောင်မြို့	haun: gaun: mjou.
Istanbul	အစ္စတန်ဘူလ်မြို့	a' sa. tan bun mjou.
Kiev	ကီးယပ်မြို့	ki: je' mjou.
Kuala Lumpur	ကွာလာလမ်ပူမြို့	kwa lan pu mjou.
Lione	လိုင်ယွန်မြို့	lain jun mjou.
Lisbona	လစ်စဘွန်းမြို့	li' sa bun: mjou.
Londra	လန်ဒန်မြို့	lan dan mjou.
Los Angeles	လော့အိန်ဂျလီမြို့	lau in gja. li mjou.
Madrid	မတ်ဒရစ်မြို့	ma' da. ji' mjou.
Marsiglia	မာရ်ဆေးမြို့	ma zei: mjou.
Miami	မီရာမီမြို့	mi ja mi mjou.
Monaco di Baviera	မြူးနစ်မြို့	mju: ni' mjou.
Montreal	မွန်ထရီရယ်မြို့	mun da. ji je mjou.
Mosca	မော်စကိုမြို့	ma sa. kou mjou.
Nairobi	နိုင်ရိုဘီမြို့	nain jou bi mjo.
Napoli	နီပေါမြို့	ni po: mjou.
New York	နယူးယောက်မြို့	na. ju: jau' mjou.
Nizza	နိုက်စ်မြို့	nai's mjou.
Oslo	အော်စလိုမြို့	o sa lou mjou.
Ottawa	အော့တဝါမြို့	o. ta wa mjou.
Parigi	ပဲရစ်မြို့	pe: ji' mjou.
Pechino	ပီကင်းမြို့	pi gin: mjou.
Praga	ပရဂ်မြို့	pa. ra' mjou.
Rio de Janeiro	ရီရိုဒေးဂျန်နီရိုမြို့	ri jou dei: gjan ni jou mjou.
Roma	ရောမမြို့	ro: ma. mjou.
San Pietroburgo	စိန့်ပီတာစဘတ်မြို့	sein. pi ta za ba' mjou.
Seoul	ဆိုးလ်မြို့	hsou: l mjou.
Shanghai	ရှန်ဟိုင်းမြို့	shan hain: mjou.
Sidney	စစ်ဒနေမြို့	si' danei mjou.
Singapore	စင်္ကာပူ	sin ga pu
Stoccolma	စတော့ဟုမ်းမြို့	sato. houn: mjou.
Taipei	တိုင်ပေမြို့	tain bei mjou.
Tokio	တိုကျိုမြို့	tou gjou mjou.
Toronto	တိုရွန်တိုမြို့	tou run tou mjou.
Varsavia	ဝါဆောမြို့	wa so mjou.

Venezia	ဗင်းနစ်မြို့	bin: na' s mjou.
Vienna	ဗီယင်နာမြို့	bi jin na mjou.
Washington	ဝါရှင်တန်မြို့	wa shin tan mjou.

243. Politica. Governo. Parte 1

politica (f)	နိုင်ငံရေး	nain ngan jei:
politico (agg)	နိုင်ငံရေးနှင့်ဆိုင်သော	nain ngan jei: hnin. zain de
politico (m)	နိုင်ငံရေးသမား	nain ngan jei: dhama:
stato (m) (nazione, paese)	နိုင်ငံ	nain ngan
cittadino (m)	နိုင်ငံသား	nain ngan dha:
cittadinanza (f)	နိုင်ငံသားအဖြစ်	nain ngan dha: ahpji'
emblema (m) nazionale	နိုင်ငံတော်တံဆိပ်	nain ngan da dan zei'
inno (m) nazionale	နိုင်ငံတော်သီချင်း	nain ngan do dhi gjin:
governo (m)	အစိုးရ	asou: ja. hpja' te.
capo (m) di Stato	နိုင်ငံခေါင်းဆောင်	nain ngan gaun zaun
parlamento (m)	ပါလီမန်	pa li man
partito (m)	ပါတီ	pa ti
capitalismo (m)	အရင်းရှင်ဝါဒ	ajin: hjin wa da.
capitalistico (agg)	အရင်းရှင်	ajin: shin
socialismo (m)	ဆိုရှယ်လစ်ဝါဒ	hsou she la' wa da.
socialista (agg)	ဆိုရှယ်လစ်	hsou she la'
comunismo (m)	ကွန်မြူနစ်ဝါဒ	kun mu ni' wa da.
comunista (agg)	ကွန်မြူနစ်	kun mu ni'
comunista (m)	ကွန်မြူနစ်ဝါဒယုံကြည်သူ	kun mu ni' wa da. joun kji dhu
democrazia (f)	ဒီမိုကရေစီဝါဒ	di mou ka jei zi wa da.
democratico (m)	ဒီမိုကရေစီယုံကြည်သူ	di mou ka jei zi joun gji dhu
democratico (agg)	ဒီမိုကရေစီနှင့်ဆိုင်သော	di mou ka jei zi hnin zain de.
partito (m) democratico	ဒီမိုကရေစီပါတီ	di mou ka jei zi pa ti
liberale (m)	လစ်ဘရယ်	li' ba. je
liberale (agg)	လစ်ဘရယ်နှင့်ဆိုင်သော	li' ba. je hnin. zain de.
conservatore (m)	ကွန်ဆာဗေးတစ်လိုလားသူ	kun sa bei: ti' lou la: dhu:
conservatore (agg)	ကွန်ဆာဗေးတစ်နှင့်ဆိုင်သော	kun sa bei: ti' hnin. zain de.
repubblica (f)	သမ္မတနိုင်ငံ	thamada. nain ngan
repubblicano (m)	သမ္မတစနစ်လိုလားသူ	thamada. zani' lou la: dhu
partito (m) repubblicano	သမ္မတစနစ်လိုလားသော	thamada. zani' lou la: de.
elezioni (f pl)	ရွေးကောက်ပွဲ	jwei: kau' pwe:
eleggere (vt)	မဲပေးရွေးချယ်သည်	me: bei: jwei: gje de
elettore (m)	မဲဆန္ဒရှင်	me: hsan da. shin
campagna (f) elettorale	မဲဆွယ်ပွဲ	me: hswe bwe:
votazione (f)	ဆန္ဒမဲပေးခြင်း	hsan da. me: pwei: gjin
votare (vi)	ဆန္ဒမဲပေးသည်	hsan da. me: pwei: de

diritto (m) di voto	ဆန္ဒမဲပေးခွင့်	hsan da. me: khwin.
candidato (m)	ကိုယ်စားလှယ်လောင်း	kou za: hle laun:
candidarsi (vr)	ရွေးကောက်ပွဲဝင်သည်	jwei: kau' pwe: win de
campagna (f)	လှုပ်ဆောင်မှုများ	lou' zaun hmu. mja:
d'opposizione (agg)	အတိုက်အခံဖြစ်သော	atoi' akhan hpja' tho:
opposizione (f)	အတိုက်အခံပါတီ	atoi' akhan ba di
visita (f)	အလည်အပတ်	ale apa'
visita (f) ufficiale	တရားဝင်အလည်အပတ်	taja: win alei apa'
internazionale (agg)	အပြည်ပြည်ဆိုင်ရာဖြစ်သော	apji pji zain ja bja' de.
trattative (f pl)	ဆွေးနွေးပွဲ	hswe: nwe: bwe:
negoziare (vi)	ဆွေးနွေးသည်	hswe: nwe: de

244. Politica. Governo. Parte 2

società (f)	လူထု	lu du
costituzione (f)	ဖွဲ့စည်းပုံအခြေ ခံဥပဒေ	hpwe. zi: boun akhei gan u. ba. dei
potere (m) (~ politico)	အာဏာ	a na
corruzione (f)	ခြစားမှု	cha. za: hmu.
legge (f)	ဥပဒေ	u. ba. dei
legittimo (agg)	တရားဥပဒေဘောင် တွင်းဖြစ်သော	taja: u ba dei baun twin: bji' te.
giustizia (f)	တရားမျှတခြင်း	taja: hmja. ta. gjin:
giusto (imparziale)	တရားမျှတသော	taja: hmja. ta. de.
comitato (m)	ကော်မတီ	ko ma. din
disegno (m) di legge	ဥပဒေကြမ်း	u. ba. dei gjan:
bilancio (m)	ဘတ်ဂျက်	ba' gje'
politica (f)	မူဝါဒ	mu wa da.
riforma (f)	ပြုပြင်ပြောင်းလဲမှု	pju. bjin bjaun: le: hmu.
radicale (agg)	အစွန်းရောက်သော	aswan: jau' de.
forza (f) (potenza)	အား	a:
potente (agg)	အင်အားကြီးသော	in a: kji: de.
sostenitore (m)	ထောက်ခံအားပေးသူ	htau' khan a: bei: dhu
influenza (f)	ဩဇာ	o: za
regime (m) (~ militare)	အစိုးရစနစ်	asou: ja. za. na'
conflitto (m)	အငြင်းပွားမှု	anjin: bwa: hmu.
complotto (m)	လျှို့ဝှက်ပူးပေါင်း ကြံစည်ချက်	shou. hwe' pu: baun: kjan ze gje'
provocazione (f)	ရန်စခြင်း	jan za gjin:
rovesciare (~ un regime)	ဖြုတ်ချသည်	hpjou' cha. de
rovesciamento (m)	ဖြုတ်ချခြင်း	hpjou' cha. chin:
rivoluzione (f)	တော်လှန်ရေး	to hlan jei:
colpo (m) di Stato	အာဏာသိမ်းခြင်း	a na thein: gjin:
golpe (m) militare	လက်နက်နှင့် အာဏာသိမ်းခြင်း	le' ne' hnin.a na dhain: gjin:

crisi (f)	အခက်အခဲကာလ	akhe' akhe: ga la.
recessione (f) economica	စီးပွါးရေးကျဆင်းခြင်း	si: bwa: jei: gja zin: gjin:
manifestante (m)	ဆန္ဒပြသူ	hsan da. bja dhu
manifestazione (f)	ဆန္ဒပြပွဲ	hsan da. bja bwe:
legge (f) marziale	စစ်အခြေအနေ	si' achei anei
base (f) militare	စစ်စခန်း	si' sakhan
stabilità (f)	တည်ငြိမ်မှု	ti njein hnu
stabile (agg)	တည်ငြိမ်သော	ti njein de.
sfruttamento (m)	ခေါင်းပုံဖြတ်ခြင်း	gaun: boun bja' chin:
sfruttare (~ i lavoratori)	ခေါင်းပုံဖြတ်သည်	gaun: boun bja' te
razzismo (m)	လူမျိုးကြီးဝါဒ	lu mjou: gji: wa da.
razzista (m)	လူမျိုးရေးခွဲခြားသူ	lu mjou: jei: gwe: gjal dhu
fascismo (m)	ဖက်ဆစ်ဝါဒ	hpe' hsi' wa da.
fascista (m)	ဖက်ဆစ်ဝါဒီ	hpe' hsi' wa di

245. Paesi. Varie

straniero (m)	နိုင်ငံခြားသား	nain ngan gja: dha:
straniero (agg)	နိုင်ငံခြားနှင့်ဆိုင်သော	nain ngan gja: hnin. zain de.
all'estero	နိုင်ငံရပ်ခြား	nain ngan ja' cha:
emigrato (m)	အခြားနိုင်ငံတွင် အခြေချသူ	apja: nain ngan dwin agjei gja dhu
emigrazione (f)	အခြားနိုင်ငံတွင် အခြေချခြင်း	apja: nain ngan dwin agjei gja gjin:
emigrare (vi)	အခြားနိုင်ငံတွင် အခြေချသည်	apja: nain ngan dwin agjei gja de
Ovest (m)	အနောက်အရပ်	anau' aja'
Est (m)	အရှေ့အရပ်	ashei. aja'
Estremo Oriente (m)	အရှေ့ဖျား	ashei. bja:
civiltà (f)	လူနေမှုစနစ် ထွန်းကားခြင်း	lu nei hma za ni' htun: ga: gjin:
umanità (f)	လူသားခြင်းစာနာမှု	lu dha: gjin: za na hmu
mondo (m)	ကမ္ဘာ	ga ba
pace (f)	ငြိမ်းချမ်းရေး	njein: gjan: jei:
mondiale (agg)	ကမ္ဘာတခွင်ဖြစ်နေသော	ga ba ta khwin hpji' nei de.
patria (f)	မွေးရပ်မြေ	mwei: ja' mjei
popolo (m)	ပြည်သူလူထု	pji dhu lu du.
popolazione (f)	လူဦးရေ	lu u: ei
gente (f)	လူများ	lu mja:
nazione (f)	လူမျိုး	lu mjou:
generazione (f)	မျိုးဆက်	mjou: ze'
territorio (m)	နယ်မြေ	ne mjei
regione (f)	အပိုင်း	apain:
stato (m)	ပြည်နယ်	pji ne
tradizione (f)	အစဉ်အလာ	asin ala
costume (m)	ဓလေ့	da lei.

ecologia (f)	ဂေဟဗေဒ	gei ha. bei da.
indiano (m)	အိန္ဒိယလူမျိုး	indi. ja thu amjou:
zingaro (m)	ဂျစ်ပစီ	gji' pa. si
zingara (f)	ဂျစ်ပစီမိန်းကလေး	gji' pa. si min: ga. lei
di zingaro	ဂျစ်ပစီနှင့်ဆိုင်သော	gji' pa. si hnin. zain de.
impero (m)	အင်ပါယာ	in pa jaa
colonia (f)	ကိုလိုနီ	kou lou ni
schiavitù (f)	ကျွန်ဘဝ	kjun: ba. wa.
invasione (f)	ကျူးကျော်ခြင်း	kju: gjo gjin:
carestia (f)	ငတ်မွတ်ခြင်းဘေး	nga' mwa' khin: dhei:

246. Principali gruppi religiosi. Credi religiosi

religione (f)	ဘာသာအယူဝါဒ	ba dha alu wa da.
religioso (agg)	ဘာသာရေးကိုင်းရှိုင်းသော	ba dha jei: gain: shin: de.
fede (f)	ယုံကြည်ကိုးကွယ်မှု	joun kji gou: gwe hmu.
credere (vi)	ယုံကြည်ကိုးကွယ်သည်	joun kji gou: gwe de
credente (m)	ယုံကြည်ကိုးကွယ်သူ	joun kji gou: gwe dhu
ateismo (m)	ဖန်ဆင်းရှင်ဘုရား မဲ့ဝါဒ	hpan zin: shin bu ja: me. wa da.
ateo (m)	ဖန်ဆင်းရှင်ဘုရား မဲ့ဝါဒီ	hpan zin: shin bu ja: me. wa di
cristianesimo (m)	ခရစ်ယာန်ဘာသာ	khari' jan ba dha
cristiano (m)	ခရစ်ယာန်	khari' jan
cristiano (agg)	ခရစ်ယာန်နှင့်ဆိုင်သော	khari' jan hnin. zain de
cattolicesimo (m)	ရိုမန်ကတ်သလစ်ဝါဒ	jou man ga' tha. li' wa da.
cattolico (m)	ကတ်သလစ်ဂိုဏ်းဝင်	ka' tha li' goun: win
cattolico (agg)	ကတ်သလစ်နှင့်ဆိုင်သော	ka' tha li' hnin zein de
Protestantesimo (m)	ပရိုတက်စတင့်ဝါဒ	pa. jou te' sa tin. wa da.
Chiesa (f) protestante	ပရိုတက်စတင့်အသင်းတော်	pa. jou te' sa tin athin: do
protestante (m)	ပရိုတက်စတင့်ဂိုဏ်းဝင်	pa. jou te' sa tin gain: win
Ortodossia (f)	အော်သိုဒေါ့ဝါဒ	o dhou do. athin wa da.
Chiesa (f) ortodossa	အော်သိုဒေါ့အသင်းတော်	o dhou do. athin: do
ortodosso (m)	အော်သိုဒေါ့နှင့်ဆိုင်သော	o dhou do. athin: de.
Presbiterianesimo (m)	ပရက်စ်ဘိုင်တီးရီးယန်းဝါဒ	pa. je's bain di: ji: jan: wa da.
Chiesa (f) presbiteriana	ပရက်စ်ဘိုင်တီးရီး ယန်အသင်းတော်	pa. je's bain di: ji: jan athin: do
presbiteriano (m)	ပရက်စ်ဘိုင်တီးရီး ယန်းဂိုဏ်းဝင်	pa. je's bain di: ji: jan: gain: win
Luteranesimo (m)	လူသာရင်ဝါဒ	lu dha jin wa da.
luterano (m)	လူသာရင်ဂိုဏ်းဝင်	lu dha jin gain: win
confessione (f) battista	နှစ်ခြင်းအသင်းတော်	hni' chin: a thin: do
battista (m)	နှစ်ခြင်းဂိုဏ်းဝင်	hni' chin: gain: win
Chiesa (f) anglicana	အင်္ဂလိကန်အသင်းတော်	angga. li kan - athin: do

anglicano (m)	အင်္ဂလိကန်ဂိုဏ်းဝင်	angga. li kan gain win
mormonismo (m)	မောမောန်ဝါဒ	mo maun wa da.
mormone (m)	မော်မောန်ဂိုဏ်းဝင်	mo maun gain: win
giudaismo (m)	ဂျူးဘာသာ	gju: ba dha
ebreo (m)	ဂျူးဘာသာဝင်	gju: ba dha win
buddismo (m)	ဗုဒ္ဓဘာသာ	bou' da. ba dha
buddista (m)	ဗုဒ္ဓဘာသာဝင်	bou' da. ba dha win
Induismo (m)	ဟိန္ဒူဘာသာ	hin du ba dha
induista (m)	ဟိန္ဒူဘာသာဝင်	hin du ba dha win
Islam (m)	အစ္စလမ်ဘာသာ	a' sa. lan ba dha
musulmano (m)	မွတ်စလင်ဘာသာဝင်	mu' sa lin ba dha win
musulmano (agg)	မွတ်စလင်နှင့်ဆိုင်သော	mu' sa lin hnin. zain de.
sciismo (m)	ရှီးအိုက်အစ္စလာမ်ဂိုဏ်း	shi: ai' asa. lan gain:
sciita (m)	ရှီးအိုက်ထောက်ခံသူ	shi: ai' htau' khan dhu
sunnismo (m)	စွန်နီအစ္စလာမ်ဂိုဏ်း	sun ni i' sa lan gain:
sunnita (m)	စွန်နီထောက်ခံသူ	sun ni dau' khan dhu

247. Religioni. Sacerdoti

prete (m)	ခရစ်ယာန်ဘုန်းကြီး	khari' jan boun: gji:
Papa (m)	ပုပ်ရဟန်းမင်းကြီး	pou' ja. han: min: gji:
monaco (m)	ဘုန်းကြီး	hpoun: gji:
monaca (f)	သီလရှင်	thi la shin
pastore (m)	သင်းအုပ်ဆရာ	thin: ou' zaja
abate (m)	ကျောင်းထိုင်ဆရာတော်	kjaun: dain zaja do
vicario (m)	ဗိကာဘုန်းတော်ကြီး	bi ka boun: do kji:
vescovo (m)	ဘစ်ရှော့ပ်ဘုန်းကြီး	ba' shau' hpoun: gja:
cardinale (m)	ကာဒီနယ်ဘုန်းကြီး	ka di ne boun: gji:
predicatore (m)	ခရစ်ယာန်တရားဟောဆရာ	khari' jan da. ja ho: zaja
predica (f)	တရာဟောခြင်း	taja ho: gjin:
parrocchiani (m)	အသင်းတော်နှင့်သက်ဆိုင်သူများ	athin: do hnin. dha' hsain: dhu mja:
credente (m)	ယုံကြည်ကိုးကွယ်သူ	joun kji gou: gwe dhu
ateo (m)	ဖန်ဆင်းရှင်မရှိယုံကြည်သူ	hpan zin: shin ma. shi. joun gji dhu

248. Fede. Cristianesimo. Islam

Adamo	အာဒံ	adan
Eva	ဧဝ	ei wa.
Dio (m)	ဘုရား	hpaja:
Signore (m)	ဘုရားသခင်	hpaja: dha gin

Onnipotente (m)	ထာဝရဘုရားသခင်	hta wa. ja. bu. ja: dha. gin
peccato (m)	အပြစ်	apja'
peccare (vi)	မကောင်းမှုပြုသည်	ma. gaun: hmu. bju. de
peccatore (m)	မကောင်းမှုပြုလုပ်သူ	ma. gaun: hmu. bju. lou' thu
peccatrice (f)	မကောင်းမှုပြုလုပ်သူ	ma. gaun: hmu. bju. lou' thu
inferno (m)	ငရဲ	nga. je:
paradiso (m)	ကောင်းကင်ဘုံ	kaun: gin boun
Gesù	ယေရှု	jei shu
Gesù Cristo	ယေရှုခရစ်တော်	jei shu khari' to
Spirito (m) Santo	သန့်ရှင်းသောဝိညာဉ်တော်	than. shin: dho: bein njin do
Salvatore (m)	ကယ်တင်ရှင်သခင်	ke din shin dhakhin
Madonna	ဘုရားသခင်၏ မိခင်အပျိုစင်မာရိ	hpaja: dha gin i. amjou za' ma ji.
Diavolo (m)	မကောင်းဆိုးဝါး	ma. gaun: zou: wa:
del diavolo	မကောင်းဆိုးဝါး နှင့်ဆိုင်သော	ma. gaun: zou: wa: hnin. zain de.
Satana (m)	ဆာတန်မာရ်နတ်	hsa tan ma na'
satanico (agg)	စေတန်မာရ်နတ်ဖြစ်သော	sei tan man na' hpji' te.
angelo (m)	ဘုရားသခင်၏တမန်	hpaja: dha gin i. da man
angelo (m) custode	ကိုယ်စောင့်ကောင်းကင်တမန်	kou zaun. kan: kin da. man
angelico (agg)	အပြစ်ကင်းစင်သော	apja' kin: zin de.
apostolo (m)	တမန်တော်	taman do
arcangelo (m)	ကောင်းကင်တမန်မင်း	kaun: gin da. man min:
Anticristo (m)	အန္တိခရစ်-ခရစ်တော် ကိုဆန့်ကျင်သူ	anti khari' - khari' to kou zin. kjin dhu
Chiesa (f)	အသင်းတော်	athin: do
Bibbia (f)	ခရစ်ယာန်သမ္မာကျမ်းစာ	khari' jan dhan ma gjan: za
biblico (agg)	သမ္မာကျမ်းလာ	than ma gjan: la
Vecchio Testamento (m)	ဓမ္မဟောင်းကျမ်း	dama. hain gjan:
Nuovo Testamento (m)	ဓမ္မသစ်ကျမ်း	dama. dha' kjan:
Vangelo (m)	ခရစ်ဝင်ကျမ်း	khari' win gjan:
Sacra Scrittura (f)	သန့်ရှင်းမြင့်မြတ် သောသမ္မာကျမ်းစာ	than. shin: mjin. mja' te. than ma gjan: za
Il Regno dei Cieli	ကောင်းကင်ဘုံ	kaun: gin boun
comandamento (m)	ကျင့်စောင့်ရမည့် ပညတ်တရား	kjin. zain. ja. mji. ba. nja' ta ja:
profeta (m)	ပရောဖက်	pa. jo. hpe'
profezia (f)	ကြိုတင်ဟောကိန်း	kjou din ho: kein:
Allah	အလ္လာဟ်	al la'
Maometto	မိုဟာမက်	mou ha ma'
Corano (m)	ကိုရန်ကျမ်း	kou jan kjein:
moschea (f)	ဗလီ	bali
mullah (m)	ဗလီဆရာ	bali zaja
preghiera (f)	ဆုတောင်းစကား	hsu. daun: zaga:
pregare (vi, vt)	ရှိခိုးသည်	shi. gou: de

pellegrinaggio (m)	ဘုရားဖူးခရီး	hpaja: hpu: ga ji:
pellegrino (m)	ဘုရားဖူး	hpaja: hpu:
La Mecca (f)	မက္ကာမြို့	me' ka mjou.
chiesa (f)	ခရစ်ယာန်ဘုရားကျောင်း	khari' jan bu. ja: gjaun:
tempio (m)	ဘုရားကျောင်း	hpaja: gjaun:
cattedrale (f)	ဘုရားရှိခိုးကျောင်းတော်	hpaja: gjaun: do:
gotico (agg)	ဂေါ့သစ်ခ် ဗိသုကာဖြစ်သော	go. dhi' kh bi. dhou ka bji' de
sinagoga (f)	ဂျူးဘုရားရှိခိုးကျောင်း	gju: bou ja: shi. gou: kjaun:
moschea (f)	ဗလီ	bali
cappella (f)	ဝတ်ပြုဆုတောင်းရာနေရာ	wa' pju. u. daun: ja nei ja
abbazia (f)	ခရစ်ယာန်ကျောင်းတိုက်	khari' jan gjaun: dai'
convento (m) di suore	သီလရှင်ကျောင်း	thi la shin kjaun:
monastero (m)	ဘုန်းကြီးကျောင်း	hpoun: gji: gjaun:
campana (f)	ခေါင်းလောင်း	gaun: laun:
campanile (m)	ခေါင်းလောင်းစင်	gaun: laun: zin
suonare (campane)	တီးသည်	ti: de
croce (f)	လက်ဝါးကပ်တိုင်	le' wa: ka' tain
cupola (f)	လိပ်ခုံးပုံအမိုး	lei' khoun: boun amou:
icona (f)	ခရစ်ယာန်သူတော်စင်ပုံ	khari' jan dhu do zin boun
anima (f)	အသက်ဝိညဉ်	athe'
destino (m), sorte (f)	ကံတရား	kan daja:
male (m)	အဆိုး	ahsou:
bene (m)	ကောင်းမှု	kaun: hma.
vampiro (m)	သွေးစုပ်ဖုတ်ကောင်	thwei: zou' hpou' kaun
strega (f)	စုန်းမ	soun: ma.
demone (m)	နတ်ဆိုး	na' hsou:
spirito (m)	ဝိညာဉ်	wi. njan
redenzione (f)	အပြစ်မှကယ်နှုတ် ခံရခြင်း	apja' hma. ge hnou' knan ja. gjin:
redimere (vt)	အပြစ်မှကယ်နုတ်သည်	apja' hma. ge nou' te
messa (f)	အသင်းတော်ဝတ်ပြုစည်းဝေး	athin: do wu' pju zi: wei:
dire la messa	ဝတ်ပြုသည်	wa' pju. de
confessione (f)	ဝန်ခံခြင်း	wun khan gjin:
confessarsi (vr)	အပြစ်ဝန်ခံသည်	apja' wun gan de
santo (m)	သူတော်စင်	thu do zin
sacro (agg)	မြင့်မြတ်သော	mjin. mja' te.
acqua (f) santa	သန့်ရှင်းမြင့်မြတ်သောရေ	than. shin: mjin. mja' te. jei
rito (m)	ထုံးတမ်းဓလေ့	htoun: dan: dalei.
rituale (agg)	ထုံးတမ်းဓလေ့ဖြစ်သော	htoun: dan: dalei. bji' te.
sacrificio (m) (offerta)	ယဇ်ပူဇော်ခြင်း	ji' pu zo gjin:
superstizione (f)	အယူသီးခြင်း	aju dhi: gjin:
superstizioso (agg)	အယူသီးသော	aju dhi: de
vita (f) dell'oltretomba	တမလွန်	tamalun
vita (f) eterna	ထာဝရ ရှင်သန် ခြင်းဘဝ	hta wa. ja. shin dhan gjin: ba. wa.

VARIE

249. Varie parole utili

aiuto (m)	အကူအညီ	aku anji
barriera (f) (ostacolo)	အတားအဆီး	ata: ahsi:
base (f)	အခြေခံ	achei khan
bilancio (m) (equilibrio)	ဟန်ချက်ညီမျှမှု	han gje' nji hma. hmu.
categoria (f)	အမျိုးအစား	amjou: asa:
causa (f) (ragione)	အကြောင်း	akjaun:
coincidenza (f)	တိုက်ဆိုင်မှု	tai' hsain hmu.
comodo (agg)	သက်သောင့်သက်သာရှိသော	the' thaun. dhe' tha shi. de
compenso (m)	လျော်ကြေး	jo kjei:
confronto (m)	နှိုင်းယှဉ်ခြင်း	hnain: shin gjin:
cosa (f) (oggetto, articolo)	ပစ္စည်း	pji' si:
crescita (f)	ကြီးထွားမှု	kji: htwa: hmu.
differenza (f)	ကွာဟချက်	kwa ha. che'
effetto (m)	အကျိုးဆက်	akjou: amja' hse'
elemento (m)	အစိတ်အပိုင်း	asei' apain:
errore (m)	အမှား	ahma:
esempio (m)	နမူနာ	na. mu na
fatto (m)	အချက်အလက်	ache' ale'
forma (f) (aspetto)	ပုံသဏ္ဌာန်	poun thadan
frequente (agg)	မကြာခဏဖြစ်သော	ma. gja gan bji' de.
genere (m) (tipo, sorta)	အမျိုးအစား	amjou: asa:
grado (m) (livello)	အတိုင်းအတာ	atain: ata
ideale (m)	စံပြ	san bja.
inizio (m)	အစ	asa.
labirinto (m)	ဝင်္ကပါ	win gaba
modo (m) (maniera)	နည်းလမ်း	ne: lan:
momento (m)	အခိုက်	akhai'
oggetto (m) (cosa)	အရာ	aja
originale (m) (non è una copia)	မူရင်း	mu jin:
ostacolo (m)	အဟန့်အတား	ahan. ata:
parte (f) (~ di qc)	အပိုင်း	apain:
particella (f)	အမှုန်	ahmoun.
pausa (f)	ရပ်နားခြင်း	ja' na: gjin:
pausa (f) (sosta)	ရပ်ခြင်း	ja' chin:
posizione (f)	နေရာ	nei ja
principio (m)	အခြေခံသဘောတရား	achei khan dha. bo da. ja:
problema (m)	ပြဿနာ	pjadhana
processo (m)	ဖြစ်စဉ်	hpji' sin
progresso (m)	တိုးတက်မှု	tou: te'

proprietà (f) (qualità)	အရည်အချင်း	aji achin:
reazione (f)	တုံ့ပြန်မှု	toun. bjan hmu
rischio (m)	စွန့်စားခြင်း	sun. za: gjin:
ritmo (m)	အရှိန်	ashein
scelta (f)	ရွေးချယ်မှု	jwei: che hmu.
segreto (m)	လျှို့ဝှက်ချက်	shou. hwe' che'
serie (f)	အစဉ်	asin
sfondo (m)	နောက်ခံ	nau' khan
sforzo (m) (fatica)	အားထုတ်ကြိုးပမ်းမှု	a: htou' kjou: ban: hmu.
sistema (m)	စနစ်	sani'
situazione (f)	အခြေအနေ	achei anei
soluzione (f)	ဖြေရှင်းချက်	hpjei shin: gje'
standard (agg)	စံဖြစ်သော	san bji' te.
standard (m)	စံ	san
stile (m)	ပုံစံ	poun zan
sviluppo (m)	ဖွံ့ဖြိုးတိုးတက်မှု	hpjun. bjou: dou: de' hmu.
tabella (f) (delle calorie, ecc.)	ဇယား	za ja:
termine (m)	အဆုံး	ahsoun:
termine (m) (parola)	ဝေါဟာရ	wo: ha ra.
tipo (m)	အမျိုးအစား	amjou: asa:
turno (m) (aspettare il proprio ~)	အလှည့်	ahle.
urgente (agg)	အမြန်လိုသော	aman lou de.
urgentemente	အမြန်	aman
utilità (f)	အကျိုး	akjou:
variante (f)	အမျိုးကွဲ	amjou: asa: gwe:
verità (f)	အမှန်တရား	ahman da ja:
zona (f)	ဇုန်	zoun

250. Modificatori. Aggettivi. Parte 1

a buon mercato	ဈေးပေါသော	zei: po: de.
abbronzato (agg)	အသားညိုသော	atha: njou de.
acido, agro (sapore)	ချဉ်သော	q'useaa
affamato (agg)	ဆာလောင်သော	hsa laun de.
affilato (coltello ~)	ချွန်ထက်သော	chwan de' te.
allegro (agg)	ပျော်ရွှင်သော	pjo shwin de.
alto (voce ~a)	ကျယ်လောင်သော	kje laun de
amaro (sapore)	ခါးသော	kha: de.
antico (civiltà, ecc.)	ရှေးကျသော	shei: gja. de
aperto (agg)	ဖွင့်ထားသော	hpwin. da: de.
artificiale (agg)	သဘာဝအတိုင်းမဟုတ်သော	tha. bawa ahtain: ma. hou' te.
bagnato (vestiti ~i)	စိုစွတ်သော	sou zu' te.
basso (~a voce)	တိုးသော	tou: dho:
bello (agg)	လှပသော	hla. ba. de.
breve (di breve durata)	တိုတောင်းသော	tou daun: de.
bruno (agg)	ညိုသော	njou de.

buio, scuro (stanza ~a)	မှောင်သော	hmaun de.
buono (un libro, ecc.)	ကောင်းသော	kaun: de.
buono, gentile	သဘောကောင်းသော	thabo: kaun: de.
buono, gustoso	အရသာရှိသော	aja. dha shi. de.
caldo (agg)	ပူသော	pu dho:
calmo (agg)	တိတ်ဆိတ်သော	tei' hsei' te
caro (agg)	ဈေးကြီးသော	zei: kji: de.
cattivo (agg)	ဆိုးသော	hsou: de.
centrale (agg)	အလယ်ဗဟိုဖြစ်သော	ale ba hou hpji' te.
chiaro (un significato ~)	ရှင်းလင်းသော	shin: lin: de.
chiaro, tenue (un colore ~)	ဖျော့သော	hpjo. de.
chiuso (agg)	ပိတ်ထားသော	pei' ta: de.
cieco (agg)	မမြင်ရသော	ma. mjin ja. de.
civile (società ~)	အများပြည်သူနှင့်ဆိုင်သော	amja: pji dhu hnin. zain de.
clandestino (agg)	လျှို့ဝှက်စွာလုပ်သော	shou. hwe' swa lou' te.
collegiale (decisione ~)	ပူးတွဲဖြစ်သော	pu: twe: bji' te.
compatibile (agg)	လိုက်ဘက်ညီသော	lai' be' nji de.
complicato (progetto, ecc.)	ခက်ခဲသော	khe' khe: de.
contento (agg)	ကျေနပ်သော	kjei na' de.
continuo (agg)	ရှည်ကြာသော	shei gja de.
continuo (ininterrotto)	နားချိန်မရှိသော	na: gjein ma. shi. de.
cortese (gentile)	ချစ်စရာကောင်းသော	chi' saja kaun: de.
corto (non lungo)	တိုသော	tou de.
crudo (non cotto)	အစိမ်းသက်သက်ဖြစ်သော	asain: dhe' dhe' hpja' te.
denso (fumo ~)	ထူထပ်သော	htu da' te.
destro (lato ~)	ညာဘက်	nja be'
di seconda mano	သုံးပြီးသားဖြစ်သော	thoun: bji: dha: bji' te.
di sole (una giornata ~)	နေသာသော	nei dha de.
differente (agg)	အမျိုးစုံသော	amjou: zoun de.
difficile (decisione)	ခက်ခဲသော	khe' khe: de.
distante (agg)	ဝေးကွာသော	wei: kwa de.
diverso (agg)	ကွဲပြားခြားနားသော	kwe: bja: gja: na: de.
dolce (acqua ~)	ရေချို	jei gjou
dolce (gusto)	ချိုသော	chou de.
dolce, tenero	ကြင်နာသနားတတ်သော	kjin na dha. na: da' de.
dritto (linea, strada ~a)	ဖြောင့်တန်းသော	hpjaun. dan: de.
duro (non morbido)	မာကြောသော	ma gjo: de.
eccellente (agg)	အလွန်ကောင်းသော	alun kaun: de.
eccessivo (esagerato)	လွန်ကဲသော	lun ge: de.
enorme (agg)	အလွန်ကြီးမားသော	alun gji: ma: de.
esterno (agg)	အပြင်ပန်းဖြစ်သော	apjin ban hpja' te.
facile (agg)	လွယ်ကူသော	lwe gu de.
faticoso (agg)	ပင်ပန်းနေသော	pin ban: nei de
felice (agg)	ပျော်ရွှင်သော	pjo shwin de.
fertile (terreno)	အကျိုးဖြစ်ထွန်းသော	akjou: hpji' htun: de.
fioco, soffuso (luce ~a)	မှိန်ဖျသော	hmein bja de.
fitto (nebbia ~a)	ထူထပ်သော	htu da' te.

forte (una persona ~)	သန်မာသော	than ma de.
fosco (oscuro)	မှုန်မှိုင်းနေသော	hmoun hmain: nei de.
fragile (porcellana, vetro)	ကွဲလွယ်သော	kwe: lwe de.
freddo (bevanda, tempo)	အေးသော	ei: de.
fresco (freddo moderato)	အေးမြသော	ei: mja. de.
fresco (pane ~)	လတ်ဆတ်သော	la' hsa' te.
gentile (agg)	ယဉ်ကျေးသော	jin gjei: de.
giovane (agg)	ငယ်ရွယ်သော	ngwe jwe de.
giusto (corretto)	မှန်ကန်သော	hman gan de.
gradevole (voce ~)	သာယာသော	tha ja de.
grande (agg)	ကြီးသော	kji: de.
grasso (cibo ~)	အဆီများသော	ahsi mja: de.
grato (agg)	ကျေးဇူးတင်သော	kjei: zu: din de.
gratuito (agg)	အခမဲ့	akha me.
idoneo (adatto)	အသုံးဝင်သော	athoun: win de.
il più alto	အမြင့်ဆုံးဖြစ်သော	amjin. zoun: bje' te.
il più importante	အရေးအကြီးဆုံးသော	ajei: akji: zoun: de.
il più vicino	အနီးဆုံး	ani: zoun:
immobile (agg)	လှုပ်ရှားမှုကင်းသော	hlou' sha: hmu. gin: de.
importante (agg)	အရေးကြီးသော	ajei: akji: de.
impossibile (agg)	မဖြစ်နိုင်သော	ma. bji' nain de.
incomprensibile (agg)	နားမလည်နိုင်သော	ma: ma. le nain de.
indispensabile	မရှိမဖြစ်သော	ma. shi ma. bji' te.
inesperto (agg)	အတွေ့အကြုံမရှိသော	atwei. akjoun ma. shi. dho:
insignificante (agg)	အရေးမပါသော	ajei: ma. ba de.
intelligente (agg)	သွက်လက်ထက်မြက်သော	thwe' le' the' mja' te.
interno (agg)	အတွင်းပိုင်းဖြစ်သော	atwin: bain: bji' tho:
intero (agg)	အားလုံးဖြစ်သော	a: loun: bji' te.
largo (strada ~a)	ကျယ်သော	kje de.
legale (agg)	ဥပဒေနှင့် ညီညွတ်သော	u. ba. dei hnin. nji nju' te.
leggero (che pesa poco)	ပေါ့ပါးသော	po. ba: de.
libero (agg)	လွတ်လပ်သော	lu' la' de.
limitato (agg)	အကန့်အသတ်ရှိသော	akan. atha' shi. de.
liquido (agg)	အရည်ဖြစ်သော	aja hpja' te.
liscio (superficie ~a)	ချောမွတ်သော	cho: mu' te.
lontano (agg)	ဝေးသော	wei: de.
lungo (~a strada, ecc.)	ရှည်လျားသော	shei lja: de.

251. Modificatori. Aggettivi. Parte 2

magnifico (agg)	လှပသော	hla. ba. de.
magro (uomo ~)	ပိန်သော	pein de.
malato (agg)	နေမကောင်းသော	nei ma. kaun: de.
maturo (un frutto ~)	မှည့်သော	hme. de.
meticoloso, accurato	စေ့စပ်သော	sei. sa' te.
miope (agg)	အဝေးမှုန်သော	awei: hmun de.
misterioso (agg)	လျှို့ဝှက်ဆန်းကြယ်သော	shou. hwe' hsan: gje de.

molto magro (agg)	ပိန်ကပ်ကပ်ဖြစ်သော	pein ga' ka' hpji' te.
molto povero (agg)	ခိုကိုးရာမဲ့သော	khou gou: ja me. de.
morbido (~ al tatto)	နူးညံ့သော	nu: njan. de.
morto (agg)	သေနေသော	thei nei de.
nativo (paese ~)	မွေးရာဇာတိဖြစ်သော	mwei: ja za di. bji' te.
necessario (agg)	လိုအပ်သော	lou a' de.
negativo (agg)	ဆန့်ကျင်ဘက်ဖြစ်သော	hsan. gjin ba' hpja' te.
nervoso (agg)	စိတ်လှုပ်ရှားသော	sei' hlou' sha: de.
non difficile	မခက်ခဲသော	ma. ge' khe: de.
non molto grande	မကြီးသော	ma. gji: de.
noncurante (negligente)	နမော်နမဲ့နိုင်သော	na. mo na. me nain de.
normale (agg)	ပုံမှန်ဖြစ်သော	poun hman gji' te.
notevole (agg)	အရာရောက်သော	aja jau' de.
nuovo (agg)	အသစ်ဖြစ်သော	athi' hpji' te.
obbligatorio (agg)	မလုပ်မနေဖြစ်သော	ma. lou' ma. nei bji' te.
opaco (colore)	မှိုင်းသော	main: dho:
opposto (agg)	ဆန့်ကျင်ဘက်ဖြစ်သော	hsan. gjin ba' hpja' te.
ordinario (comune)	သာမန်ဖြစ်သော	tha man bji' te.
originale (agg)	မူရင်းဖြစ်သော	mu jin: bji' te.
ostile (agg)	ရန်လိုသော	jan lou de.
passato (agg)	အတိတ်ကဖြစ်သော	ati' ka. hpja' te.
per bambini	ကလေးများနှင့်ဆိုင်သော	kalei: mja: hnin.zain de.
perfetto (agg)	ထိပ်တန်းဖြစ်သော	htei' tan: hpi' te.
pericoloso (agg)	အန္တရာယ်ရှိသော	an dare shi. de.
permanente (agg)	အမြဲတမ်းဖြစ်သော	amje: dan: bji' te.
personale (agg)	ကိုယ်ပိုင်	kou bain
pesante (agg)	လေးလံသော	lei: lan de.
piatto (schermo ~)	ညီညာပြန့်ပြူးသော	nji nja bjan. bju: de.
piatto, piano (superficie ~a)	ညီညာပြန့်ပြူးသော	nji nja bjan. bju: de.
piccolo (agg)	သေးသော	thei: de.
pieno (bicchiere, ecc.)	ပြည့်သော	pjei. de.
poco chiaro (agg)	မရှင်းလင်းသော	ma. shin: lin: de.
poco profondo (agg)	တိမ်သော	tein de
possibile (agg)	ဖြစ်နိုင်သော	hpji' nein de.
posteriore (agg)	နောက်ကျောဖြစ်သော	nau' kjo: bji' te.
povero (agg)	ဆင်းရဲသော	hsin: je: de.
precedente (agg)	အရင်ကဖြစ်သော	ajin ka. hpja' de.
preciso, esatto	တိကျသော	ti. gja. de.
premuroso (agg)	ဂရုစိုက်သော	ga ju. sai' te.
presente (agg)	ပစ္စုပ္ပန်ဖြစ်သော	pji' sou' pan bji' te.
principale (più importante)	အဓိက	adi. ka.
principale (primario)	အဓိက	adi. ka.
privato (agg)	ကိုယ်ပိုင်	kou bain
probabile (agg)	ဖြစ်နိုင်ခြေရှိသော	hpji' nain gjei shi. de.
prossimo (spazio)	နီးသော	ni: de.
pubblico (agg)	အများပြည်သူနှင့်ဆိုင်သော	amja: pji dhu hnin. zain de.
pulito (agg)	သန့်ရှင်းသော	than. shin: de.

puntuale (una persona ~)	အချိန်မှန်ကန်တိကျသော	achein hman kan ti. gja. de.
raro (non comune)	ရှားပါးသော	sha: ba: de.
rischioso (agg)	အန္တရာယ်များသော	an dare mja: de.

salato (cibo)	ငန်သော	ngan de.
scorso (il mese ~)	လွန်ခဲ့သော	lun ge. de.
secco (asciutto)	ခြောက်သော	chau' de.
semplice (agg)	လွယ်ကူသော	lwe gu de.

sereno (agg)	°တိမ်ကင်းစင်သော	tain gin: dhin de.
sicuro (non pericoloso)	လုံခြုံသော	loun gjoun de.
simile (agg)	တူညီသော	tu nji de.
sinistro (agg)	ဘယ်	be

soddisfatto (agg)	အားရကျေနပ်သော	a: ei kjei nin de.
solido (parete ~a)	အစိုင်အခဲဖြစ်သော	asoun akhe:
spazioso (stanza ~a)	ကျယ်ဝန်းသော	kje wan de.
speciale (agg)	အထူးဖြစ်သော	a htu: hpja' te.
spesso (un muro ~)	ထူသော	htu de.

sporco (agg)	ညစ်ပတ်သော	nji' pa' te.
stanco (esausto)	ပင်ပန်းသော	pin ban: de.
straniero (studente ~)	နိုင်ငံခြားနှင့်ဆိုင်သော	nain ngan gja: hnin. zain de.
stretto (scarpe ~e)	ကျပ်သော	kja' te.
stretto (un vicolo ~)	ကျဉ်းသော	kjin de.

stupido (agg)	မိုက်မဲ ထုံထိုင်းသော	mai' me: doun dain: de.
successivo, prossimo	နောက်ရောက်လာမည်ဖြစ်သော	nau' jau' la me bji' te.
supplementare (agg)	ထပ်ဖြည့်သော	hta' hpi. de.
surgelato (cibo ~)	အေးခဲနေသော	ei: khe: nei de.

tiepido (agg)	နွေးထွေးသော	nwei: dwei: de.
tranquillo (agg)	အေးဆေးသော	ei: hsei: de.
trasparente (agg)	ဖောက်ထွင်းမြင်နိုင်သော	hpau' htwin: mjin nain de.
triste (infelice)	ဝမ်းနည်းသော	wan: ne: de.

triste, mesto	ဝမ်းနည်းသော	wan: ne: de.
uguale (identico)	တူညီသော	tu nji de.
ultimo (agg)	နောက်ဆုံးဖြစ်သော	nau' hsoun: bji' te.
umido (agg)	စိုထိုင်းသော	sou htain: de
unico (situazione ~a)	ပြိုင်ဘက်ကင်းသော	pjain be' kin: de.

vecchio (una casa ~a)	ဟောင်းသော	haun: de.
veloce, rapido	မြန်သော	mjan de.
vicino, accanto (avv)	အနီးအနားတွင်ရှိသော	ani: ana: dwin shi. de
vicino, prossimo	အိမ်နီးချင်းဖြစ်သော	ein ni: na: gjin: hpji' tho:
vuoto (un bicchiere ~)	ဘာမျှမရှိသော	ba hmja. ma. shi. de.

I 500 VERBI PRINCIPALI

252. Verbi A-C

abbagliare (vt)	ကန်းစေသည်	kan: zei de
abbassare (vt)	အောက်ချသည်	au' cha. de
abbracciare (vt)	ဖက်သည်	hpe' te
abitare (vi)	နေထိုင်သည်	nei dain de
accarezzare (vt)	ပွတ်သပ်သည်	pu' tha' te
accendere (~ la tv, ecc.)	ဖွင့်သည်	hpwin. de
accendere (con una fiamma)	မီးညှိသည်	mi: hnji de
accompagnare (vt)	လိုက်ပို့သည်	lai' pou. de
accorgersi (vr)	သတိထားမိသည်	dhadi. da: mi. de
accusare (vt)	စွပ်စွဲသည်	su' swe: de
aderire a …	ပေါင်းစပ်သည်	paun: za' te
adulare (vt)	မြှောက်သည်	hmjau' de
affermare (vt)	အခိုင်အမာပြောဆိုသည်	akhain ama pjo hsou de
afferrare (la palla, ecc.)	ဖမ်းသည်	hpan: de
affittare (dare in affitto)	ငှားသည်	hnga: de
aggiungere (vt)	ထည့်သည်	hte de.
agire (Come intendi ~?)	ပြုလုပ်သည်	pju. lou' te
agitare (scuotere)	လှုပ်ခါသည်	hlou' kha de
agitare la mano	လက်ပြသည်	le' pja de
aiutare (vt)	ကူညီသည်	ku nji de
alleggerire (~ la vita)	လွယ်စေသည်	lwe zei de
allenare (vt)	လေ့ကျင့်ပေးသည်	lei. kjin. bei: de
allenarsi (vr)	လေ့ကျင့်သည်	lei. kjin. de
alludere (vi)	စောင်းပြောသည်	saun: bjo: de
alzarsi (dal letto)	အိပ်ရာထသည်	ei' ja hta. de
amare (qn)	ချစ်သည်	chi' te
ammaestrare (vt)	လေ့ကျင့်ပေးသည်	lei. kjin. bei: de
ammettere (~ qc)	ဝန်ခံသည်	wun khan de
ammirare (vi)	ချီးကျူးသည်	chi: kju: de
amputare (vt)	ဖြတ်တောက်ကုသသည်	hpja' tau' ku. dha de
andare (in macchina)	သွားသည်	thwa: de
andare a letto	အိပ်ရာဝင်သည်	ei' ja win de
annegare (vi)	ရေနစ်သည်	jei ni' te
annoiarsi (vr)	ပျင်းသည်	pjin: de
annotare (vt)	ရေးထားသည်	jei: da: de
annullare (vt)	ပယ်ဖျက်သည်	pe hpje' te
apparire (vi)	ပေါ်လာသည်	po la de
appartenere (vi)	ပိုင်ဆိုင်သည်	pain zain de

appendere (~ le tende)	ချိတ်သည်	chei' te
applaudire (vi, vt)	လက်ခုပ်ဩဘာပေးသည်	le' khou' thja ba bei: de
aprire (vt)	ဖွင့်သည်	hpwin. de
arrendersi (vr)	အလျှော့ပေးသည်	asho. bei: de
arrivare (di un treno)	လာရောက်သည်	la jau' te
arrossire (vi)	မျက်နှာနီသည်	mje' hna ni de
asciugare (~ i capelli)	အခြောက်လှန်းသည်	a chou' hlan: de
ascoltare (vi)	နားထောင်သည်	na: daun de
aspettare (vt)	စောင့်သည်	saun. de
aspettarsi (vr)	မျှော်လင့်သည်	hmjo. lin. de
aspirare (vi)	ရည်မှန်းသည်	ji hman: de
assistere (vt)	ကူညီသည်	ku nji de
assomigliare a …	တူသည်	tu de
assumere (~ personale)	လုပ်အားငှါးသည်	lou' a: hnga: de
attaccare (vt)	တိုက်ခိုက်သည်	tai' hsai' te
aumentare (vi)	မြင့်တက်သည်	mjin. da' te
aumentare (vt)	မြှင့်တင်သည်	hmja. din de
autorizzare (vt)	ခွင့်ပြုသည်	khwin bju. de
avanzare (vi)	တိုးတက်သည်	tu: te' te
avere (vt)	ရှိသည်	shi. de
avere fretta	အလျင်စလိုပြုသည်	aljin za lou pju. de
avere paura	ကြောက်သည်	kjau' te
avvertire (vt)	သတိပေးသည်	dhadi. pei: de
avviare (un progetto)	စတင်သည်	sa. tin de
avvicinarsi (vr)	ချဉ်းကပ်သည်	chan: ga' te
basarsi su …	အခြေခံသည်	achei khan dhe
bastare (vi)	လုံလောက်သည်	loun lau' te
battersi (~ contro il nemico)	တိုက်ခိုက်သည်	tai' hsai' te
bere (vi, vt)	သောက်သည်	thau' te
bruciare (vt)	မီးရှို့သည်	mi: shou. de
bussare (alla porta)	တံခါးခေါက်သည်	daga: khau' te
cacciare (vt)	အမဲလိုက်သည်	ame: lai' de
cacciare via	မောင်းထုတ်သည်	maun: dou' te
calmare (vt)	ငြိမ်သက်စေသည်	njein dhe' sei de
cambiare (~ opinione)	ပြောင်းလဲသည်	pjaun: le: de
camminare (vi)	သွားသည်	thwa: de
cancellare (gomma per ~)	ဖျက်ပစ်သည်	hpje' pa' te
canzonare (vt)	သရော်သည်	thajo: de
capeggiare (vt)	ဦးဆောင်သည်	u: zaun de
capire (vt)	နားလည်သည်	na: le de
capovolgere (~ qc)	မှောက်သည်	hmau' de
caricare (~ un camion)	ကုန်တင်သည်	koun din de
caricare (~ una pistola)	ကျည်ထိုးသည်	kji dou: de
cenare (vi)	ညစာစားသည်	nja. za za: de
cercare (vt)	ရှာသည်	sha de
cessare (vt)	ရပ်သည်	ja' te

chiamare (nominare)	အမည်ပေးသည်	amji bei: de
chiamare (rivolgersi a)	ခေါ်သည်	kho de
chiedere (~ aiuto)	ခေါ်သည်	kho de
chiedere (domandare)	တောင်းဆိုသည်	taun: hsou: de
chiudere (~ la finestra)	ပိတ်သည်	pei' te
citare (vt)	ကိုးကားသည်	kou: ga: de
cogliere (fiori, ecc.)	ခူးသည်	khu: de
collaborare (vi)	ပူးပေါင်းဆောင်ရွက်သည်	pu: baun: zaun jwe' te
collocare (vt)	နေရာချသည်	nei ja gja de
coltivare (vt)	စိုက်ပျိုးသည်	sai' pjou: de
combattere (vi)	တိုက်သည်	tai' te
cominciare (vt)	စတင်သည်	sa. tin de
compensare (vt)	လျော်ကြေးပေးသည်	jo kjei: bei: de
competere (vi)	ပြိုင်ဆိုင်သည်	pjain zain de
compilare (vt)	ရေးဆွဲသည်	jei: zwe: de
complicare (vt)	ခဲခက်စေသည်	khe: ga' sei de
comporre (~ un brano musicale)	ရေးဖွဲ့သီကုံးသည်	jei: bwe dhi goun: de
comportarsi (vr)	ပြုမူဆက်ဆံသည်	pju. hmu. ze' hsan de
comprare (vt)	ဝယ်သည်	we de
compromettere (vt)	နာမည်ဖျက်သည်	na me bje' te
concentrarsi (vr)	အာရုံစူးစိုက်သည်	a joun su: zai' dhi
condannare (vt)	ပြစ်ဒဏ်ပေးသည်	pji' dan bei: de
confessarsi (vr)	ဝန်ခံသည်	wun khan de
confondere (vt)	ရောထွေးသည်	jo: dwei: de
confrontare (vt)	နှိုင်းယှဉ်သည်	hnain: shin de
congratularsi (con qn per qc)	ဂုဏ်ပြုသည်	goun bju de
conoscere (qn)	သိသည်	thi. de
consigliare (vt)	အကြံပေးသည်	akjan bei: de
consultare (medico, ecc.)	တိုင်ပင်သည်	tain bin de
contagiare (vt)	ရောဂါကူးသည်	jo ga gu: de
contagiarsi (vr)	ကူးစက်သည်	ku: ze' te
contare (calcolare)	ရေတွက်သည်	jei dwe' te
contare su …	အားကိုးသည်	a: kou: de
continuare (vt)	ဆက်လုပ်သည်	hse' lou' te
controllare (vt)	ထိန်းချုပ်သည်	htein: gjou' te
convincere (vt)	လက်ခံယုံကြည်စေသည်	le' khan joun gji zei de
convincersi (vr)	လက်ခံယုံကြည်စေသည်	le' khan joun gji zei de
coordinare (vt)	ညှိနှိုင်းဆောင်ရွက်သည်	hnji. hnain: zaun jwe' te
correggere (vt)	အမှားပြင်သည်	ahma: pjin de
correre (vi)	ပြေးသည်	pjei: de
costare (vt)	ကုန်ကျသည်	koun kja de
costringere (vt)	အတင်းလုပ်ခိုင်းသည်	atin: lou' khain: dhe
creare (vt)	ဖန်တီးသည်	hpan di: de
credere (vt)	ယုံကြည်သည်	joun kji de
curare (vt)	ကုသည်	ku. de

253. Verbi D-G

dare (vt)	ပေးသည်	pei: de
dare da mangiare	အစာကျွေးသည်	asa gjwei: de.
dare istruzioni	ညွှန်ကြားသည်	hnjun gja: de
decidere (~ di fare qc)	ဆုံးဖြတ်သည်	hsoun: hpja' te
decollare (vi)	ပျံတက်သည်	pjan de' te
decorare (adornare)	အလှဆင်သည်	ahla. zin dhe
decorare (qn)	ချီးမြှင့်သည်	chi: hmjin. de
dedicare (~ un libro)	ရည်ညွှန်းသည်	ji hman: de
denunciare (vt)	လူသိရှင်ကြားစွပ်စွဲရှုတ်ချသည်	lu dhi shin gja: zu' swe: sha' khja. de
desiderare (vt)	လိုချင်သည်	lou gjin de
difendere (~ un paese)	ကာကွယ်သည်	ka gwe de
difendersi (vr)	ခုခံသည်	khu. gan de
dimenticare (vt)	မေ့သည်	mei. de
dipendere da …	မူတည်သည်	mu de de
dire (~ la verità)	ပြောသည်	pjo: de
dirigere (~ un'azienda)	ညွှန်ကြားသည်	hnjun gja: de
discutere (vt)	ဆွေးနွေးသည်	hswe: nwe: de
disprezzare (vt)	အထင်သေးသည်	a htin dhei: de
distribuire (~ volantini, ecc.)	ဖြန့်ဝေသည်	hpjan. wei de
distribuire (vt)	ဝေငှသည်	wei hnga. de
distruggere (~ documenti)	ဖျက်ဆီးသည်	hpje' hsi: de
disturbare (vt)	နှောင့်ယှက်သည်	hnaun. hje' te
diventare pensieroso	တွေးသည်	twei: de
diventare, divenire	ဖြစ်လာသည်	hpji' la de
divertire (vt)	ဖျော်ဖြေသည်	hpjo bjei de
divertirsi (vr)	ပျော်ရွှင်သည်	pjo shwin de
dividere (vt)	စားသည်	sa: de
dovere (v aus)	ရမည်	ja. me
dubitare (vi)	သံသယဖြစ်သည်	than thaja. bji' te
eliminare (un ostacolo)	ဖယ်ရှားသည်	hpe sha: de
emanare (~ odori)	ပြန့်သည်	pjan. de
emanare odore	အနံ့ထွက်သည်	anan. htwei de
emergere (sommergibile)	ပေါ်လာသည်	po la de
entrare (vi)	ဝင်သည်	win de
equipaggiare (vt)	တပ်ဆင်သည်	ta' hsin de
ereditare (vt)	အမွေဆက်ခံသည်	amwei ze' khan de
esaminare (~ una proposta)	စဉ်းစားသည်	sin: za: de
escludere (vt)	ထုတ်သည်	tou' te
esigere (vt)	တိုက်တွန်းသည်	tai' tun: de
esistere (vi)	တည်ရှိသည်	ti shi. de
esprimere (vt)	ဖော်ပြသည်	hpjo bja. de
essere (vi)	ဖြစ်သည်	hpji' te
essere arrabbiato con …	စိတ်ဆိုးသည်	sei' hsou: de

essere causa di ...	အကြောင်းရင်းဖြစ်သည်	akjaun: jin: hpji' te
essere conservato	မပျက်မစီးဖြစ်နေသည်	ma. bje' ma. zi: bji' nei de
essere d'accordo	သဘောတူသည်	dhabo: tu de
essere diverso da ...	ခြားနားသည်	hpja: na: de
essere in guerra	စစ်ပွဲတွင်ပါဝင်ဆင်နွှဲသည်	si' pwe: dwin ba win zin hnwe: de
essere necessario	အလိုရှိသည်	alou' shi. de
essere perplesso	စိတ်ရှုပ်ထွေးသည်	sei' shou' htwei: de
essere preoccupato	စိတ်ပူသည်	sei' pu de
essere sdraiato	လှဲသည်	hle: de
estinguere (~ un incendio)	မီးငြိမ်းသတ်သည်	mi: njein: dha' te
evitare (vt)	ရှောင်သည်	shaun de
far arrabbiare	စိတ်ဆိုးအောင်လုပ်သည်	sei' hsou: aun lou' te
far conoscere	မိတ်ဆက်ပေးသည်	mi' hse' pei: de
far fare il bagno	ရေချိုးပေးသည်	jei gjou bei: de
fare (vt)	ပြုလုပ်သည်	pju. lou' te
fare colazione	နံနက်စာစားသည်	nan ne' za za: de
fare copie	မိတ္တူကူးသည်	mi' tu gu: de
fare foto	ဓာတ်ပုံရိုက်သည်	da' poun jai' te
fare il bagno	ရေကူးသည်	jei ku: de
fare il bucato	လျှော်ဖွပ်သည်	sho ba' de
fare la conoscenza di ...	မိတ်ဆက်သည်	mi' hse' te
fare le pulizie	သန့်ရှင်းရေးလုပ်သည်	than. shin: jei: lou' te
fare un bagno	ရေချိုးသည်	jei gjou: de
fare un rapporto	သတင်းပို့သည်	dhadin: bou. de
fare un tentativo	စမ်းကြည့်သည်	san: kji. de
fare, preparare	ချက်ပြုတ်သည်	che' pjou' te
fermarsi (vr)	ရပ်သည်	ja' te
fidarsi (vt)	ယုံကြည်သည်	joun kji de
finire, terminare (vt)	ပြီးသည်	pji: de
firmare (~ un documento)	လက်မှတ်ထိုးသည်	le' hma' htou: de
formare (vt)	ဖွဲ့စည်းသည်	hpwe. zi: de
garantire (vt)	အာမခံပေးသည်	a ma. gan bei: de
gettare (~ il sasso, ecc.)	ပစ်သည်	pi' te
giocare (vi)	ကစားသည်	gaza: de
girare (~ a destra)	ကွေ့သည်	kwei. de
girare lo sguardo	နောက်ကိုလှည့်သည်	nau' kou hle. de
gradire (vt)	ကြိုက်သည်	kjai' de
graffiare (vt)	ကုတ်သည်	kou' te
gridare (vi)	အော်သည်	o de
guardare (~ fisso, ecc.)	ကြည့်သည်	kji. de
guarire (vi)	ရောဂါပျောက်သည်	jo ga bjau' te
guidare (~ un veicolo)	ကားမောင်းသည်	ka: maun: de

254. Verbi I-O

illuminare (vt)	မီးထွန်းသည်	mi: dwan: de
imballare (vt)	ထုပ်သည်	htou' te
imitare (vt)	အတုလုပ်သည်	atu. lou' te
immaginare (vt)	စိတ်ကူးသည်	sei' ku: de
importare (vt)	တင်သွင်းသည်	tin dhwin: de
incantare (vt)	ညှို့သည်	hnjou. de
indicare (~ la strada)	ညွှန်ပြသည်	hnjun bja. de
indignarsi (vr)	မခံမရပ်နိုင်ဖြစ်သည်	ma. gan ma. ja' nain bji' te
indirizzare (vt)	ဦးတည်သည်	u: te de
indovinare (vt)	မှန်းဆသည်	hman za de
influire (vt)	ဩဇာလွှမ်းသည်	o: za hlan: de
informare (vt)	အကြောင်းကြားသည်	akjaun: kja: de
informare di …	အကြောင်းကြားသည်	akjaun: kja: de
ingannare (vt)	လိမ်ပြောသည်	lain bjo: de
innaffiare (vt)	ရေလောင်းသည်	jei laun: de
innamorarsi di …	ချစ်မိသည်	chi' mi. de
insegnare (qn)	သင်ပေးသည်	thin bei: de
inserire (vt)	ထည့်သည်	hte de.
insistere (vi)	တိုက်တွန်းပြောဆိုသည်	tou' tun: bjo: zou de
insultare (vt)	စော်ကားသည်	so ga: de
interessare (vt)	စိတ်ဝင်စားစေသည်	sei' win za: zei de
interessarsi di …	စိတ်ဝင်စားသည်	sei' win za: de
intervenire (vi)	ကြားဝင်သည်	ka: win de
intraprendere (vt)	ပြုလုပ်ဆောင်ရွက်သည်	pju. lou' hsaun jwe' te
intravedere (vt)	လျှပ်တပျက်မြင်သည်	lja' ta bje' mjin de
inventare (vt)	တီထွင်သည်	ti htwin de
inviare (~ una lettera)	ပို့သည်	pou. de
invidiare (vt)	မနာလိုဖြစ်သည်	ma. na lou bji' te
invitare (vt)	ဖိတ်သည်	hpi' de
irritare (vt)	ဒေါသထွက်အောင်လုပ်သည်	do: dha. dwe' aun lou' te
irritarsi (vr)	ဒေါသထွက်သည်	do: dha. dwe' de
iscrivere (su una lista)	ထည့်သွင်းရေးထားသည်	hte dhwin: jei: da: de
isolare (vt)	ခွဲခြားထားသည်	khwe: gja: da: de
ispirare (vt)	အားပေးသည်	a: bei: de
lamentarsi (vr)	တိုင်ပြောသည်	tain bjo: de
lasciar cadere	ဖြုတ်ချသည်	hpjou' cha. de
lasciare (abbandonare)	ပစ်ထားသည်	pi' hta: de
lasciare (ombrello, ecc.)	ချန်သည်	chan de
lavare (vt)	ဆေးသည်	hsei: de
lavorare (vi)	အလုပ်လုပ်သည်	alou' lou' te
legare (~ qn a un albero)	ချည်နှောင်သည်	che naun de
legare (~ un prigioniero)	တုတ်နှောင်သည်	tou' hnaun de
leggere (vi, vt)	ဖတ်သည်	hpa' te
liberare (vt)	လွှတ်မြောက်စေသည်	lu' mjau' sei de

liberarsi (~ di qn, qc)	ရှင်းပစ်သည်	shin: ba' te
limitare (vt)	ချုပ်ချယ်သည်	chou' che de
lottare (sport)	နပန်းလုံးသည်	naban: loun: de
mancare le lezioni	ပျက်ကွက်သည်	pje' kwe' te
mangiare (vi, vt)	စားသည်	sa: de
memorizzare (vt)	မှတ်ထားသည်	hma' hta: de
mentire (vi)	လိမ်ပြောသည်	lain bjo: de
menzionare (vt)	ဖော်ပြသည်	hpjo bja. de
meritare (vt)	ထိုက်တန်သည်	htai' tan de
mescolare (vt)	ရောသည်	jo: de
mettere fretta a …	လောသည်	lo de
mettere in ordine	အစီအစဉ်တကျထားသည်	asi asin da. gja. da: de
mettere via	သိမ်းဆည်းသည်	thain: zain: de
mettere, collocare	ထားသည်	hta: de
minacciare (vt)	ခြိမ်းခြောက်သည်	chein: gjau' te
mirare, puntare su …	ချိန်သည်	chein de
moltiplicare (vt)	မြှောက်သည်	hmjau' de
mostrare (vt)	ပြသည်	pja. de
nascondere (vt)	ဖုံးကွယ်သည်	hpoun: gwe de
negare (vt)	ငြင်းပယ်သည်	njin: be de
negoziare (vi)	စေ့စပ်ညှိနှိုင်းသည်	sei. sa' njou hmain: de
noleggiare (~ una barca)	ငှားရမ်းသည်	hna: jan: de
nominare (incaricare)	ခန့်အပ်သည်	khan. a' te
nuotare (vi)	ရေကူးသည်	jei ku: de
obbedire (vi)	လိုက်နာသည်	lai' na de
obiettare (vt)	ငြင်းသည်	njin: de
occorrere (vi)	လိုအပ်သည်	lou a' te
odorare (sentire odore)	ရှူကြည့်သည်	shu gjei. de
offendere (qn)	စိတ်ထိခိုက်စေသည်	sei' hti. gai' sei de
omettere (vt)	ပယ်သည်	pe de
ordinare (~ il pranzo)	မှာသည်	hma de
ordinare (mil.)	အမိန့်ပေးသည်	amin. bei: de
organizzare (vt)	ကျင်းပသည်	kjin: ba. de
origliare (vi)	ချောင်းပြီးနားထောင်သည်	gaun: bji: na: daun de
ormeggiarsi (vr)	ဆိုက်ကပ်သည်	hseu' ka' de
osare (vt)	လုပ်ရဲသည်	lou' je: de
osservare (vt)	စောင့်ကြည့်သည်	saun. gji. de

255. Verbi P-R

pagare (vi, vt)	ပေးချေသည်	pei: gjei de
parlare con …	ပြောသည်	pjo: de
partecipare (vi)	ပါဝင်ဆင်နွှဲသည်	pa win zin hnwe: de
partire (vi)	ထွက်ခွာသည်	htwe' kha de
peccare (vi)	မကောင်းမှုပြုသည်	ma. gaun: hmu. bju. de
penetrare (vi)	ထိုးဖောက်သည်	tou: bau' te

pensare (credere)	ထင်သည်	htin de
pensare (vi, vt)	ထင်သည်	htin de
perdere (ombrello, ecc.)	ပျောက်သည်	pjau' te
perdonare (vt)	ခွင့်လွှတ်သည်	khwin. hlu' te
permettere (vt)	ခွင့်ပြုသည်	khwin bju. de
pesare (~ molto)	အလေးချိန်ရှိသည်	a lei: chein shi. de
pescare (vi)	ငါးဖမ်းသည်	nga: ban: de
pettinarsi (vr)	ဖြီးသည်	hpji: de
piacere (vi)	ကြိုက်သည်	kjai' de
piangere (vi)	ငိုသည်	ngou de
pianificare (~ di fare qc)	စီစဉ်သည်	si zin de
picchiare (vt)	ရိုက်သည်	jai' te
picchiarsi (vr)	ခိုက်ရန်ဖြစ်သည်	khai' jan bji' te
portare (qc a qn)	ယူလာသည်	ju la de
portare via	ယူသွားသည်	ju dhwa: de
possedere (vt)	ပိုင်ဆိုင်သည်	pain zain de
potere (vi)	တတ်နိုင်သည်	ta' nain de
pranzare (vi)	နေ့လယ်စာစားသည်	nei. le za za de
preferire (vt)	ပိုကြိုက်သည်	pou gjai' te
pregare (vi, vt)	ရှိခိုးသည်	shi. gou: de
prendere (vt)	ယူသည်	ju de
prendere in prestito	ချေးယူသည်	chei: dhu de
prendere nota	ရေးမှတ်သည်	jei: hma' te
prenotare (~ un tavolo)	မှာသည်	hma de
preoccupare (vt)	စိတ်ပူအောင်လုပ်သည်	sei' pu aun lou' te
preoccuparsi (vr)	စိတ်ပူသည်	sei' pu de
preparare (~ un piano)	ပြင်ဆင်သည်	pjin zin de
presentare (~ qn)	မိတ်ဆက်ပေးသည်	mi' hse' pei: de
preservare (~ la pace)	ထိန်းသည်	htein: de
prevalere (vi)	လွှမ်းမိုးသည်	hlwan: mou: de
prevedere (vt)	ကြိုမြင်သည်	kjou mjin de
privare (vt)	ပိတ်ပင်ထားသည်	pei' hsou. da: de
progettare (edificio, ecc.)	ပုံစံဆွဲသည်	poun zan zwe: de
promettere (vt)	ကတိပေးသည်	gadi pei: de
pronunciare (vt)	အသံထွက်သည်	athan dwe' te
proporre (vt)	အဆိုပြုသည်	ahsou bju. de
proteggere (vt)	ကာကွယ်စောင့်ရှောက်သည်	ka gwe zaun. sha' te
protestare (vi)	ကန့်ကွက်သည်	kan gwe' te
provare (vt)	သက်သေပြသည်	the' thei pja. de
provocare (vt)	ရန်စသည်	jan za de
pubblicizzare (vt)	ကြော်ငြာသည်	kjo nja de
pulire (vt)	သန့်ရှင်းအောင်လုပ်သည်	than. shin: aun: lou' te
pulirsi (vr)	သန့်ရှင်းရေးလုပ်သည်	than. shin: jei: lou' te
punire (vt)	အပြစ်ပေးသည်	apja' pei: de
raccomandare (vt)	အကြံပြုထောက်ခံသည်	akjan pju htau' khan de

raccontare (~ una storia)	ပြောပြသည်	pjo: bja. de
raddoppiare (vt)	နှစ်ဆဖြစ်စေသည်	hni' has. bji' sei de
rafforzare (vt)	ခိုင်မာစေသည်	khain ma zei de
raggiungere (arrivare a)	ရောက်သည်	jau' te
raggiungere (obiettivo)	ရရှိသည်	ja. hji. de
rammaricarsi (vr)	နောင်တရသည်	naun da. ja. de
rasarsi (vr)	ရိတ်သည်	jei' te
realizzare (vt)	ဆောင်ရွက်သည်	hsaun jwe' de
recitare (~ un ruolo)	သရုပ်ဆောင်သည်	thajou' hsaun de
regolare (~ un conflitto)	ဖြေရှင်းသည်	hpjei shin: de
respirare (vi)	အသက်ရှူသည်	athe' shu de
riconoscere (~ qn)	မှတ်မိသည်	hma' mi. de
ricordare (a qn di fare qc)	သတိပေးသည်	dhadi. pei: de
ricordare (vt)	မှတ်မိသည်	hma' mi. de
ricordarsi di (~ qn)	သတိရသည်	dhadi. ja. de
ridere (vi)	ရယ်သည်	je de
ridurre (vt)	လျှော့သည်	sho. de
riempire (vt)	ဖြည့်သည်	hpjei. de
rifare (vt)	ပြန်ပြင်သည်	pjan bjin de
rifiutare (vt)	ငြင်းဆန်သည်	njin: zan de
rimandare (vt)	ပြန်ပို့သည်	pjan bou. de
rimproverare (vt)	အပြစ်တင်သည်	apja' tin te
rimuovere (~ una macchia)	ဖယ်ရှားသည်	hpe sha: de
ringraziare (vt)	ကျေးဇူးတင်သည်	kjei: zu: din de
riparare (vt)	ပြင်သည်	pjin de
ripetere (ridire)	ထပ်လုပ်သည်	hta' lou' te
riposarsi (vr)	အနားယူသည်	ana: ju de
risalire a (data, periodo)	ရက်စွဲတပ်သည်	je' swe: da' te
rischiare (vi, vt)	စွန့်စားသည်	sun. za: de
risolvere (~ un problema)	ဖြေရှင်းသည်	hpjei shin: de
rispondere (vi, vt)	ဖြေသည်	hpjei de
ritornare (vi)	ပြန်သည်	pjan de
rivolgersi a ...	အမည်တပ်သည်	amji din te
rompere (~ un oggetto)	ဖျက်ဆီးသည်	hpje' hsi: de
rovesciare (~ il vino, ecc.)	ဖိတ်ကျသည်	hpi' kja de
rubare (~ qc)	ခိုးသည်	khou: de

256. Verbi S-V

salpare (vi)	စွန့်ပစ်သည်	sun. bi' de
salutare (vt)	နှုတ်ဆက်သည်	hnou' hsei' te
salvare (~ la vita a qn)	ကယ်ဆယ်သည်	ke ze de
sapere (qc)	သိသည်	thi. de
sbagliare (vi)	မှားသည်	hma: de
scaldare (vt)	နွှေးသည်	hnwei: de

scambiare (vt)	ပြောင်းလဲသည်	pjaun: le: de
scambiarsi (vr)	အပြန်အလှန်လဲသည်	apjan a hlan le: de
scavare (~ un tunnel)	တူးသည်	tu: de
scegliere (vt)	ရွေးသည်	jwei: de
scendere (~ per le scale)	အောက်ဆင်းသည်	au' hsin: de
scherzare (vi)	စနောက်သည်	sanau' te
schiacciare (~ un insetto)	ဖိသတ်သည်	hpi. dha' te
scoppiare (vi)	ပြတ်သည်	pja' te
scoprire (vt)	စုံစမ်းသည်	soun zan: de
scoprire (vt)	ရှာဖွေတွေ့ရှိသည်	sha hpwei dwei. shi. de
screpolarsi (vr)	အက်ကွဲသည်	e' kwe: de
scrivere (vi, vt)	ရေးသည်	jei: de
scusare (vt)	ခွင့်လွှတ်သည်	khwin. hlu' te
scusarsi (vr)	တောင်းပန်သည်	thaun: ban de
sedere (vi)	ထိုင်သည်	htain de
sedersi (vr)	ထိုင်သည်	htain de
segnare (~ con una croce)	မှတ်သည်	hma' te
seguire (vt)	လိုက်သည်	lai' te
selezionare (vt)	ရွေးချယ်သည်	jwei: che de
seminare (vt)	မျိုးကြဲသည်	mjou: gje: de
semplificare (vt)	လွယ်ကူစေသည်	lwe gu zei de
sentire (percepire)	အာရုံခံစားသည်	a joun gan za: dhi
servire (~ al tavolo)	တည်ခင်းသည်	ti khin: de
sgridare (vt)	ဆူသည်	hsu. de
significare (vt)	ဆိုလိုသည်	hsou lou de
slegare (vt)	ဖြေသည်	hpjei de
smettere di parlare	နှုတ်ဆိတ်သွားသည်	hnou' hsei' thwa: de
soddisfare (vt)	ကျေနပ်စေသည်	kjei na' sei de
soffiare (vento, ecc.)	တိုက်ခတ်သည်	tai' hsai' te
soffrire (provare dolore)	နာကျင်ခံစားသည်	na gjin hmu. gan za: de
sognare (fantasticare)	စိတ်ကူးယဉ်သည်	sei' ku: jin de
sognare (fare sogni)	အိပ်မက်မက်သည်	ei' me' me' te
sopportare (~ il freddo)	သည်းခံသည်	thi: khan de
sopravvalutare (vt)	တန်ဖိုးပြန်ဖြတ်သည်	tan bou: bjan bja' te
sorpassare (vt)	ဖြတ်သွားသည်	hpja' thwa: de
sorprendere (stupire)	အံ့ဩစေသည်	an. o: sei: de
sorridere (vi)	ပြုံးသည်	pjoun: de
sospettare (vt)	သံသယရှိသည်	than thaja. shi. de
sospirare (vi)	သက်ပြင်းချသည်	the' pjin: gja. de
sostenere (~ una causa)	ထောက်ခံသည်	htau' khan de
sottolineare (vt)	အလေးထားဖော်ပြသည်	a lei: da: hpo pja. de
sottovalutare (vt)	လျှော့တွက်သည်	sho. dwe' de
sovrastare (vi)	မိုးနေသည်	mou: nei de
sparare (vi)	ပစ်သည်	pi' te
spargersi (zucchero, ecc.)	သွန်မိသည်	thun mi. de
sparire (vi)	ပျောက်ကွယ်သည်	pjau' kwe de

spegnere (~ la luce)	မီးပိတ်သည်	mi: pi' te
sperare (vi, vt)	မျှော်လင့်သည်	hmjo. lin. de
spiare (vt)	ချောင်းကြည့်သည်	chaun: gje. de
spiegare (vt)	ရှင်းပြသည်	shin: bja. de
spingere (~ la porta)	တွန်းသည်	tun: de
splendere (vi)	မီးရောင်ထွက်သည်	mi: jaun htwe' te
sporcarsi (vr)	ညစ်ပေသွားသည်	nji' pei dhwa: de
sposarsi (vr)	မိန်းမယူသည်	mein: ma. ju de
spostare (~ i mobili)	ရွှေ့သည်	shwei. de
sputare (vi)	ထွေးသည်	htwei: de
staccare (vt)	ခုတ်ဖြတ်သည်	khou' bja' te
stancare (vt)	ပင်ပန်းစေသည်	pin ban: zei de
stancarsi (vr)	ပင်ပန်းသည်	pin ban: de
stare (sul tavolo)	တည်ရှိသည်	ti shi. de
stare (vi)	ဖြစ်နေသည်	hpji' nei de
stare bene (vestito)	သင့်တော်သည်	thin. do de
stirare (con ferro da stiro)	မီးပူတိုက်သည်	mi: bu tai' te
strappare (vt)	ဆုတ်ဖြဲသည်	hsou' hpje: de
studiare (vt)	သင်ယူလေ့လာသည်	thin ju lei. la de
stupirsi (vr)	အံ့ဩသည်	an. o. de
supplicare (vt)	အနူးအညွတ်တောင်းပန်သည်	anu: anwi' taun: ban de
supporre (vt)	ယူဆသည်	ju za. de
sussultare (vi)	သိမ့်သိမ့်တုန်သည်	thein. dhein. doun de
svegliare (vt)	နှိုးသည်	hnou: de
tacere (vi)	နှုတ်ဆိတ်သည်	hnou' hsei' te
tagliare (vt)	ဖြတ်သည်	hpja' te
tenere (conservare)	သိမ်းဆည်းသည်	thain: zain: de
tentare (vt)	ကြိုးစားသည်	kjou: za: de
tirare (~ la corda)	ဆွဲသည်	hswe: de
toccare (~ il braccio)	ထိသည်	hti. de
togliere (rimuovere)	ဖြုတ်ချသည်	hpjou' cha. de
tradurre (vt)	ဘာသာပြန်သည်	ba dha bjan de
trarre una conclusione	ကောက်ချက်ချသည်	kau' che' cha. de
trasformare (vt)	ပုံစံပြောင်းလဲသည်	poun zan bjaun: le: de
trattenere (vt)	တားဆီးသည်	ta: zi: de
tremare (~ dal freddo)	တုန်သည်	toun de
trovare (vt)	ရှာတွေ့သည်	sha dwei. de
tuffarsi (vr)	ရေငုပ်သည်	jei ngou' te
uccidere (vt)	သတ်သည်	tha' te
udire (percepire suoni)	ကြားသည်	ka: de
unire (vt)	ပေါင်းစည်းသည်	paun: ze: de
usare (vt)	သုံးစွဲသည်	thoun: zwe: de
uscire (andare fuori)	ထွက်သည်	htwe' te
uscire (libro)	ထွက်သည်	htwe' te
utilizzare (vt)	အသုံးပြုသည်	athoun: bju. de
vaccinare (vt)	ကာကွယ်ဆေးထိုးသည်	ka gwe hsei: dou: de

vantarsi (vr)	ကြွားသည်	kjwa: de
vendere (vt)	ရောင်းသည်	jaun: de
vendicare (vt)	လက်စားချေသည်	le' sa: gjei de
versare (~ l'acqua, ecc.)	လောင်းထဲ့သည်	laun: de. de
vietare (vt)	တားမြစ်သည်	ta: mji' te
vivere (vi)	နေသည်	nei de
volare (vi)	ပျံသည်	pjan de
voler dire (significare)	ဆိုလိုသည်	hsou lou de
volere (desiderare)	လိုချင်သည်	lou gjin de
votare (vi)	ဆန္ဒမဲပေးသည်	hsan da. me: pwei: de

www.ingramcontent.com/pod-product-compliance
Lightning Source LLC
Chambersburg PA
CBHW071321090426
42738CB00012B/2753
* 9 7 8 1 8 3 9 5 5 0 6 1 4 *